U0583318

渤海國志長編 二

金毓黻 著

渤海國志長編卷十五

遼陽金毓黻 撰集

職官考第二　渤海國志十三

渤海職官壹遵唐制惟名號稍異唐書本傳略具其凡取以校百官志所次多得其比儗之迹册府元龜紀朝唐諸臣具官稱者僅數人不若日本史所紀之詳茲以唐書本傳爲主而以見於中外古籍者補其未備並爲之說於下備考覽焉

政堂省

大內相一人居左右相上典領百司其屬有六卿一曰忠部卿二曰仁部卿三曰義部卿四曰智部卿五曰禮部卿六曰信部卿庶政皆會決焉

謹案唐書百官志以下簡稱唐志尚書省尚書令一人正二品掌

典領百官其屬有六尚書一曰吏部二曰戶部三曰禮部四曰兵部五曰刑部六曰工部庶務皆會決焉據此則渤海政堂省正比唐尚書省大內相正比尚書令蓋典領百司會決庶政職之最尊者也所屬六卿亦以比唐之六部尚書

又案遼史本紀云太祖天顯元年命惕隱等將萬騎爲先鋒遇諲譔老相兵破之又云改渤海國爲東丹以渤海老相爲右大相疑此老相即渤海內大相以其位尊故以老稱之也

左右司政各一人居左右平章事之下爲大內相之貳

謹案唐志尚書省左右僕射各一人從二品掌統理六官爲令之貳令闕則總省事據此則左右司政正比唐之左

右僕射爲大內相之貳者也

又案東國通鑑高麗太祖九年春契丹滅渤海司政大元鈞等前後來奔此即政堂省左右司政之官

左右允各一人爲司政之佐分總左右六司之事

謹案唐志尚書省左丞一人正四品上右丞一人正四品下掌辨六官之儀糾正省內吏部戶部禮部左丞總焉兵部刑部工部右丞總焉據此則左右允正比唐之左右丞分總左右六司之事者也

謹案日本史載渤海聘使楊成規王文矩賀福延烏孝愼皆官政堂省左允王新福行左允此其證也

左三部六司

忠部卿一人（居司政下餘放此）少卿一人掌文選勳封考課之政其屬

司有二一曰忠部爲正司二曰爵部爲支司

忠部郎中一人掌之員外郎額未詳

爵部郎中一人掌之員外郎額未詳

謹案唐志吏部尚書一人正三品侍郎二人正四品上掌文選勳封考課之政以三銓之法官天下之材其屬有四一曰吏部二曰司封三曰司勳四曰考功各設郎中員外郎掌之據此則忠部卿正比唐之吏部尚書少卿正比唐之侍郎其屬司亦正比唐吏部之所屬唐志司封原名主爵此渤海爵部之所仿也蓋併司封司勳考功爲一而名之曰爵部或將考功併入吏部釐爲兩司以國小事簡也唐書稱爵部曰支司（以下各部俱有支司）則忠部爲正司矣又各司有郎中員外唐制以郎中一人掌其事故此亦定爲一人

員外郎或不止一人故云額未詳下放此

又案唐書本傳不載諸部有少卿惟册府元龜載有和部少卿裴璆朝貢於梁又日本史載有和部少卿是諸部有少卿而唐書失載也又日本史載渤海聘使有政堂省少卿高承祖亦諸部少卿也茲特補入

仁部卿一人少卿一人掌土地錢穀之政貢賦之差其屬司有二一曰仁部爲正司二曰倉部爲支司

仁部郎中一人掌之員外郎額未詳

倉部郎中一人掌之員外郎額未詳

謹案唐志戶部尚書一人正三品侍郎二人正四品下掌天下土地人民錢穀之政貢賦之差其屬有四一曰戶部二曰度支三曰金部四曰倉部據此則仁部以擬唐戶部

也又併度支金部於仁部故倉部之名獨存

義部卿一人少卿一人掌禮儀祭享貢舉之政其屬司有二一

曰義部爲正司二曰膳部爲支司

義部郎中一人掌之員外郎額未詳

膳部郎中一人掌之員外郎額未詳

謹案唐志禮部尚書一人正三品侍郎一人正四品下掌

禮儀祭享貢舉之政其屬有四一曰禮部二曰祠部三曰

膳部四曰主客據此則義部以儗唐禮部也蓋以祠部併

於義部主客併於膳部故祇設二司

右三部六司

智部卿一人少卿一人掌武選地圖車馬甲械之政其屬司有

二一曰智部爲正司二曰戎部爲支司

智部郎中一人掌之員外郎額未詳

戎部郎中一人掌之員外郎額未詳

謹案唐志兵部尚書一人正三品侍郎二人正四品下掌武選地圖車馬甲械之政其屬有四一曰兵部二曰職方三曰駕部四曰庫部據此則智部以擬唐兵部也唐高宗龍朔二年曾改兵部曰司戎此渤海戎部之所由仿也蓋武選地圖之事智部掌之車馬甲械之事戎部掌之

禮部卿一人少卿一人掌律令刑法徒隸案覆讞禁之政其屬司有二一曰禮部爲正司二曰計部爲支司

禮部郎中一人掌之員外郎額未詳

計部郎中一人掌之員外郎額未詳

謹案唐志刑部尚書一人正三品侍郎一人正四品下掌

律令刑法徒隸案覆讞禁之政其屬有四一曰刑部二曰都官三曰比部四曰司門據此則禮部以儗唐刑部也唐高宗龍朔二年玄宗天寶十一載皆嘗改比部曰司計此渤海計部之所由仿也蓋以禮部掌律令刑法之政計部掌徒隸案覆讞禁之政此二司之所由分也

又案東國通鑑載渤海亡時有禮部卿大和鈞來奔此其證也

信部卿一人少卿一人掌山澤屯田營造之事其屬司有二一曰信部爲正司二曰水部爲支司

信部郎中一人掌之員外郎額未詳

水部郎中一人掌之員外郎額未詳

謹案唐志工部尚書一人正三品侍郎一人正四品下掌

山澤屯田工匠諸司公廨紙筆墨之事其屬有四一曰工部二曰屯田三曰虞部四曰水部據此則信部以擬唐工部也此蓋以屯田虞部併入信部故設二司掌之

又案日本史裴璆官信部少卿見醍醐天皇延喜二十年告身敕書

又案日本史渤海有工部郎中呂定琳往聘又高麗史載渤海亡時有工部卿大福謩來奔似渤海亦名信部爲工部或以至異國改稱此名如日本式部少輔菅原道眞改稱禮部侍郎之例

又案裴璆高南容皆官和部少卿似和部亦爲六部之一例以信部又名工部則其他諸部難保不無異名也

又案唐志六尚書吏部兵部爲前行戶部刑部爲中行禮

部工部爲後行行總四司以本行爲頭司餘爲子司此又

渤海各部正司支司之所由仿也

孔目額未詳

謹案日本史載渤海聘使楊中遠官政堂省孔目是蓋唐

尚書省都事主事之類左右允以下之屬曹也

宣詔省

左相一人掌出納王命凡國之政事與內大相右相參總而專

判省事

謹案唐志門下省侍中二人正二品掌出納帝命相禮儀

凡國家之務與中書令參總而顓判省事高宗龍朔二年

玄宗天寶元年皆改稱侍中爲左相此宣詔省當唐之門

下省左相當侍中而名曰左相亦仿唐制也宣詔省既與

中臺省並設且以宣詔命名則其職掌與唐門下省同自不待言

又案高麗史崔彥撝傳紀渤海宰相烏炤度朝唐此王瑋瑎年間事也惟未詳其爲左相或右相又册府元龜稱大諲譔差其相大誠諤朝貢此皆渤海宰相之僅見者

左平章事一人侍中一人爲左相之貳

謹案唐志門下省門下侍郎二人正三品掌貳侍中之職又唐代有同中書門下平章事即謂同侍中中書令亦宰相也渤海之平章事蓋仿於此然其職既居左相之下蓋如唐之門下侍郎同中書門下平章事至其所謂侍中乃侍郎之異名即如唐之門下侍郎平章事與侍中同處左相之下故皆以貳名之

又案遼太祖改渤海國爲東丹以其弟迭刺爲左大相渤海司徒大素賢左次相疑左大相即左相左次相即左平章事國號雖改而官制猶仍其舊也

左常侍諫議掌侍從顧問諷諫過失員額未詳

謹案唐志門下省左散騎常侍正三品下掌規諷過失侍從顧問左諫議四人正四品下掌諫諭得失侍從贊相此所謂左常侍蓋比唐左散騎常侍諫議比唐左諫議大夫蓋二官非一名也然中臺省無右常侍及諫議之官豈唐書失載歟

又案日本史載渤海聘使有獻可大夫史都蒙匡諫大夫呂定琳其職名皆與諫議大夫爲近豈諫議之別稱歟其詳不可考矣

中臺省

右相一人掌司王言執國政與大內相左相參決而總判省事

謹案唐志中書省中書令二人正二品掌佐天子執大政而總判省事凡王言宣署申覆然後行高宗龍朔二年玄宗天寶元年皆嘗改中書令爲右相此中臺省即仿唐中書省而右相即中書令之職也其職掌亦與唐中書省同

右平章事一人內史一人爲右相之貳

謹案唐志中書省門下侍郎二人正三品掌貳侍中之職此右平章事即唐中書侍郎同中書門下平章事內史即中書侍郎也隋名中書令曰內史令其下有內史唐武后光宅元年則改中書令爲內史此以內史貳右相則隋內史之職也右平章事及內史同處右相之下故皆以貳名

之
又案册府元龜載渤海使臣高寶英官同中書右平章事此中書蓋即中臺比以唐制故曰同中書即中臺省之右平章事也
詔誥舍人掌草擬詔誥修記王言員額未詳
謹案唐志中書省舍人六人正五品上掌侍進奏參議表章凡詔旨制敕皆起草進畫其後或以他官兼知制誥又起居舍人二人從六品上掌修記言之史此即詔誥舍人之所仿也惟詔誥舍人爲一官抑二官則不能詳
又案日本史紀渤海聘使持國書及中臺省牒及使臣返日本亦予以國書及太政官牒此必依仿唐制又以中臺省比於日本之太政官則其職必重於他省矣

中正臺

大中正一人居司政下掌以刑法典章糾正百司之辠惡

少正一人爲大中正之貳餘官未詳

謹案唐志御史臺大夫一人正三品中丞二人正四品下大夫掌以刑法典章糾正百官之辠惡中丞爲之貳此中正臺即此唐御史臺大中正即比御史大夫少正即比御史中丞

又案唐制大夫中丞下有侍御史殿中侍御史監察御史各若干人渤海中正臺大中正少正以下之官疑稱中正以比唐御史唐書不載蓋從略耳

殿中寺

大令一人掌國王服御之事

少令一人爲大令之貳餘官未詳

謹案唐志殿中省監一人從三品少監二人從四品上監掌天子服御之事此殿中寺之所仿也

又案唐制少監下尚有丞二人從五品上其屬有六局渤海當亦有屬官特唐書從略耳下諸寺監司局皆放此

又案册府元龜載渤海朝渠使有殿中少令崔光禮即其證也

宗屬寺

大令一人掌王族親屬籍

少令一人爲大令之貳餘官未詳

謹案唐志宗正寺卿一人從三品少卿二人從四品上掌天子族親屬籍以別昭穆此宗屬寺之所仿也又武后光

宅元年改宗正曰司屬此又宗屬司之所以名也

文籍院

監一人掌經籍圖書之事

少監一人爲監之貳

述作郎掌撰述餘官未詳

謹案唐志秘書省監一人從三品少監二人從四品上監掌經籍圖書之事少監爲之貳又有著作郎二人著作佐郎二人掌撰碑誌祝文祭文此文籍院之所仿也又案日本史載渤海聘使有文籍院少監裴頲裴璆王龜謀又有文籍院述作郎李承英即其證也

太常寺

卿一人掌禮樂郊廟之事餘官未詳

謹案唐志太常寺卿一人正三品少卿二人正四品上掌禮樂郊廟之事少卿爲之貳此太常寺與唐同名度必有少卿而史略之下仿此

司賓寺

卿一人掌賓客及凶儀之事餘官未詳

謹案唐志鴻臚寺卿一人從三品少卿二人從四品上掌賓客及凶儀之事此司賓寺之所仿也又武后光宅元年改鴻臚寺曰司賓寺此又司賓寺之所以名也

又案唐制鴻臚寺掌夷狄君長襲官爵者辨嫡庶諸蕃封命則受册而往諸蕃朝貢使有下從留其半於境入朝所獻之物先上於鴻臚凡客還鴻籍衣齎賜多少以報主客此所言鴻臚之職當與渤海之司賓相仿唐之册使屢至

渤海新羅日本聘使亦時相往來奚及契丹及東北屬部皆當有來使此司賓之所掌也

又案日本史載渤海聘使有司賓少令史都蒙據此司賓卿應稱令又有少令視唐之少卿

大農寺

卿一人掌倉儲委積之事餘官未詳

謹案唐志司農寺卿一人從三品少卿一人從四品上掌倉儲委積之事此大農寺之所仿也

司藏寺

令一人掌財貨廩藏貿易

丞一人爲令之貳餘官未詳

謹案唐志太府寺卿一人從三品少卿二人從四品上掌

財貨廩藏貿易此司藏寺之所仿也又武后光宅元年改曰司府司府與司藏義同

又案渤海與唐及日本皆有就市交易之事其職蓋司藏寺掌之

司膳寺

令一人掌酒醴膳羞之政

丞一人爲令之貳餘官未詳

謹案唐志光祿寺卿一人從三品少卿二人從四品上丞二人從六品上掌酒醴膳羞之事此司膳寺之所仿也又武后光宅元年改光祿曰司膳此又司膳寺之所以名也

胄子監

監一人掌儒學訓導之政

長一人爲監之貳餘官未詳

謹案唐志國子監祭酒一人從三品司業二人從四品下掌儒學訓導之事總國子太學廣文四門律學書算凡七學又有丞一人掌判監事此胄子監之所仿也尙書曰敎胄子是其命名所自義實同於國子監比祭酒長比於司業及丞也

又案册府元龜載渤海朝唐使大元讓官學堂親衞豈胄子監屬官歟

又案張賁東京記云土人掘地得斷碑有下瞰臺城儒生盛於東觀十字蓋國學碑也此即胄子監之所在

巷伯局

常侍掌內侍奉宣制令員額未詳

謹案唐志內侍省監二人從三品少監二人內侍四人皆從四品上掌內侍奉宣制令其下倘有內常侍內給事內謁者等官此巷伯局之所仿也詩小雅有巷伯篇序云巷伯奄官亦稱寺人此爲命名之由唐書云有常侍等官則其官不止於常侍矣

右文職凡三省一臺七寺一院一監一局

左右猛賁衛

大將軍各一人掌宮禁宿衛

將軍各一人爲大將軍之貳餘官未詳

謹案唐志左右衛上將軍各一人從二品大將軍各一人正三品將軍各一人從三品掌宮禁宿衛凡五府及外府皆總制焉此左右猛賁之所仿也唐書稱左右猛賁無衛

此既仿唐制應有衛字大將軍以比唐上將軍及大將軍將軍比唐將軍以下尙有屬官蓋唐書從略耳

又案日本史載聘使李與晟官左猛賁衛少將此猛賁稱衛之證其少將之官必將軍以下屬官也

左右熊衛

大將軍各一人將軍各一人掌同左右猛賁衛餘官未詳

謹案日本史載渤海聘使大昌泰官左熊衛都將高仁官郎將是將軍之下尙有都將郎將之官唐制諸衛屬官有左右翊中郎將府中郎將左右郎將此都將及郎將之比也

左右羆衛

大將軍各一人將軍各一人掌同左右猛賁衛餘官未詳

謹案唐志有左右驍衛左右武衛左右威衛左右領軍衛左右金吾衛左右監門衛左右千牛衛合左右衛稱十六衛置上將軍大將軍將軍各員皆與左右衛同其職掌驍衛武衛威衛領軍衛皆同左右衛金吾衛掌宮中京城巡警烽候道路水旱之宜監門衛掌諸門禁衛及門籍千牛衛掌侍衛及供御兵杖此左右熊衛羆衛大概仿此諸衛而分任拱衛京城之職者也

南左右衛

大將軍各一人將軍各一人掌南衛禁兵餘官未詳

北左右衛

大將軍各一人將軍各一人掌北衛禁兵餘官未詳

謹案唐志有左右羽林軍左右龍武軍左右神武軍羽林

軍以大將軍一人將軍三人統之龍武神武二軍各以大將軍一人統軍一人將軍三人統之羽林龍武皆掌北衙禁兵神武總射生兵謂之六軍此南左右衞北左右衞之所仿也蓋居於南者曰南左右衞居於北者曰北左右衞如唐之南北衙此所以有南北之名

又案渤海亡後有左右衞將軍大審理將軍申德等奔高麗蓋即南北衞中之將軍也

又案舊唐書文宗本紀太和六年十二月內養王宗禹渤海使迴言渤海置左右神策軍左右三軍一百二十司畫圖以進此所謂神策軍疑即本傳所載諸衞王彝震時初置此軍被以諸名宗禹以中國之神策軍當之耳若於諸衞外別立六軍又有百二十司何其多也恐非小國所能

堪故不敢擅增

又案日本史載渤海聘使德周官果毅都尉此蓋唐官而

德周稱之唐志諸衛有果毅都尉是也又有別將舍那婁

別將之名亦見唐志

右武職凡十衛

謹案右文武各職皆見唐書本傳亦皆爲內官至外官則

爲本傳所不載別詳於後

太尉司徒司空各一人爲三公佐王平治邦國無所不統

謹案遼史本紀太祖改渤海國曰東丹以渤海司徒大素

賢爲左次相此爲渤海僭置三公之證唐志三公佐天子

理陰陽平邦國無所不統是也

長史掌統府僚紀綱職務唐所置以王國之相兼之

謹案文宗與王彝震書有副王長史平章事各有賜物之語是其國有長史也唐書黑水靺鞨傳安東都護薛泰請置黑水府以部長爲都督刺史朝廷爲置長史監之又唐志王府官長史一人從四品上掌統府僚紀綱職務唐以渤海爲國應爲置長史如黑水府之例又長史之階在副王之下平章事之上副王即王世子平章事爲左右相之貳蓋以其內大相或左右相兼充不由中朝遣官也余所考者如此

兵署少正職掌未詳

謹案日本史載渤海聘使楊承慶官兵署少正未詳其職茲考中正臺有少正其他無徵考唐志衛尉寺所屬有武器署設令一人丞二人掌戎器蓋即渤海之兵署也惟渤

海不設寺而以少正之官比唐之丞又楊承慶本官木底

州刺史兼兵署少正當爲加銜

和幹苑使其職未詳

謹案高南容以和部少卿兼和幹苑使見日本逸史和幹

苑當爲渤海宫苑之一如唐之有京師苑也

又案唐書百官志有沙苑監掌畜隴右諸牧牛羊給宴祭

及尙食所用舊唐書職官志又有京師苑總監及四面監

掌管宫苑内館園池之事據此則和幹苑使之職當不出

此使即監也

檢校官非正員也

謹案新唐書百官志太宗時有員外置其後又有特置同

正員至於檢校兼守判知之類皆非本制此即檢校官之

釋義也唐時三公尚書加檢校字者皆非正員日本三代實錄載渤海檢校官門孫宰等漂著日本是渤海亦仿唐制有檢校官也

又案以高一秩之官任某職曰行如續日本紀渤海使楊承慶行木底州刺史王新福官行政堂省左允是也又以下一秩之官任某職曰守如册府元龜載裴璆守和部少卿是也其義可與檢校相比

右補內官

都督掌所部兵馬甲械城隍鎭戍糧廪國初諸大州置都督後於諸府亦置都督統屬諸州兼判民事

謹案續日本紀載渤海聘使胥要德官若忽州都督此州置都督之明證也又册府元龜載渤海朝後唐貢使列周

道官南海府都督此雖爲東丹國之官必仍渤海舊制此府置都督之明證也遼史地理志謂東京龍原府都督慶鹽穆賀四州西京鴨淥府都督神桓豐正四州南京南海府都督沃晴椒三州按此必爲渤海國記之文而遼史録之云都督者渤海以都督爲諸府之長官也蓋渤海建國之初祗有州而無府故大州有都督其後又於州上置府故府亦置都督兼總民事爲各州刺史之長此有明文可稽非無徵不信之比余考渤海職官壹遵唐制唐鳳翔成都等府置尹不轄州别於州刺史之上有諸道觀察采訪等使爲其長官渤海是否有此官無明文可考疑以都督得兼總之觀遼太祖討安邊府誅判帥二人不及文臣此非以武臣兼總民事之旁證乎

又案唐志有大都督府中都督府下都督府皆置都督一人掌督諸州兵馬甲械城隍鎭戍糧廩總判府事是其職也渤海必仿之

節度使掌總軍旅於諸府之衝要處置之兼總民事

謹案遼史本紀太祖天顯元年二月安邊鄚頡南海定理等府及諸道節度刺史來朝是渤海有節度使之證唐志節度使掌總軍旅顓誅殺是其職也渤海旣於諸府置都督或仿唐制於各衝要處之都督加以節度之名非必諸府俱有故曰諸道節度唐之節度多兼觀察營田支度諸使兼總民事渤海亦必仿之又唐於中葉後都督之官有名無實節度使亦不必繫都督之名疑渤海亦遵是制也

州置刺史一人掌宣德化歲巡屬縣觀風俗錄囚恤鰥寡屬官

未詳

謹案續日本紀載渤海聘使高南申官玄菟州刺史楊承慶官木底州刺史又遼史本紀載渤海鐵州刺史衞鈞叛討平之此渤海各州置刺史之明證也唐志州刺史分上中下自從三品至正四品下職同牧尹牧尹之職則如右舉者是也渤海蓋亦彷之

又案日本弘法大師全集有致渤海王太守記室書太守即指王孝廉此葢諸州刺史之異稱猶清代稱知府曰太守非眞置太守之官也

縣置縣丞一人掌導風化察寃滯聽訟獄屬官未詳

謹案日本史載渤海聘使王文矩官永寧縣丞此縣置縣丞之明證也唐志分京縣畿縣及上中下三等各置縣令

自正五品上至從七品下令下有丞所掌如右所述永寧爲渤海上京龍泉府附郭首縣階比唐之京縣令秩稍尊故與出使之選則其所官之縣丞必同於唐之令此亦其官制之可考者

右補外官

首領爲庶民之長亦庶官之通稱也

謹案日本逸史謂渤海都督刺史以下之百姓皆曰首領百姓者别於庶民金代有猛安千夫長謀克百夫長之制即以軍制部勒庶民而爲之長渤海之首領制即猛安謀克之制之所自出也出使鄰國大使以下之屬官亦有首領其位次在録事品官之下亦與金代之謀克相等故首領者亦庶官之稱也

又案册府元龜屢稱渤海某大首領某首領某來朝此爲中國稱夷官之通名非稱其本職

押靺鞨使諸靺鞨貢使押領之稱也

謹案册府元龜稱渤海朝唐貢使楊吉福爲押靺鞨使此蓋黑水越喜虞婁鐵利諸部俱來而以吉福爲押使以領之其聘日本使又有押領之名亦同此意

虞婁蕃長主虞婁部之長也

謹案册府元龜稱渤海朝貢使茹富仇爲虞婁蕃長蓋是時渤海已臣服虞婁部而以富仇爲之長

押衙官管領儀仗侍衛之官也

謹案高南申以輔國大將軍玄菟州刺史兼押衙官見續日本紀押衙唐官衙謂儀仗侍衛押衙謂管領之人也太

平廣記四百八十六唐薛調無雙傳有古押衙古姓押衙

官名

右雜職

大使

副使

大判官

少判官 解臂

大錄事

中錄事

少錄事

譯語

品官

首領

謹案凡出使鄰國以秩高者一人爲大使秩次者一人爲副使續日本紀天平寶字二年授渤海大使楊承慶正三位副使楊泰師從三位是也大使副使之下有判官判官之下有錄事而判官錄事又皆有大少之稱續日本紀寶龜八年授渤海大判官高祿思少判官高鬱琳並正五位上大錄事史道仙正五位下少錄事高珪宣從五位下是也而錄事之中又有中錄事之稱續日本後紀嘉祥二年授中錄事多安壽從五位下是也錄事以下有譯語日本後紀弘仁六年授譯語李俊雄從五位下是也然譯語或以品官充之或祇稱品官不稱譯語者以品官之職不限於譯語也續日本紀天平寶字七年於判官楊懷珍下敘

品官達能信即其顯證品官以下有首領日本三代實錄貞觀十四年品官以下並首領授位有差是也又續日本後紀承和九年有譯語以下首領以上之語此亦以品官充譯語之證愚謂大使副使判官錄事譯語皆出使時所具之稱而品官首領則爲其國內所原有不以出使而改稱者也品官首領之義已具別章茲不贅舉

又案續日本紀天平寶字四年渤海大使下有解臂安貴寶其次在判官下錄事上解臂官名未詳其職本朝通鑑作臂鷹安貴琮據此則渤海以鷹爲名產渡海求售於日本司鷹之官因名臂鷹或稱解臂

右出使職名

紫綬大夫

青綬大夫

謹案聘日本使王新福官紫綬大夫壹萬福官青綬大夫疑紫綬大夫即比於唐之金紫光祿大夫第三階青綬大夫比於唐之銀青光祿大夫第四階皆文散階參列傳下同

英緒大夫

謹案王諲譔時裴璆官英緒大夫蓋青綬大夫以下之文散階也

又案唐志文散階凡二十九渤海之可考者祇此三階

右文散階

輔國大將軍與唐同在第二階

謹案高南申慕施蒙楊承慶俱官此階

慰軍大將軍比唐鎮軍或冠軍大將軍在第三第四兩階

謹案大昌泰官此階又楊成規官慰軍上鎭將軍疑爲此階之異名

雲麾將軍與唐同在第七階

謹案已珍蒙官此階

歸德將軍與唐同在第九階

謹案楊泰師官此階

忠武將軍與唐同在第十階

謹案胥要德官此階

寧遠將軍與唐同在第十七階

謹案高仁官此階

義游將軍比唐游擊將軍在第十九階

謹案德周官此階

又案唐志武散階凡四十五而渤海多與之同或謂此階爲唐所授非其本國所有然又何以解於慰軍大將軍及義游將軍乎觀渤海之官多有襲唐名而不改者此不足爲非其本國散官之證

右武散階

上柱將

謹案大昌泰官此見列傳

又案唐志十有二轉爲上柱國爲勳官第一級渤海改稱上柱將

右勳官

開國公

謹案楊承慶高南申封此爵見列傳下同

開國侯

開國伯

開國子

謹案大昌泰封開國子

開國男

謹案史都蒙王新福俱封此爵又有朴漁爲檢校開國男

又案唐志爵凡九等四曰開國郡公五曰開國縣公八曰

開國縣子九曰開國縣男此渤海之所仿也

右五等爵

以品爲秩官分九秩每秩分正從

謹案唐制每品分正從四品以下正從皆分上下渤海仿

之秩亦稱品其聘日本使楊成規裴頲皆正四品李與晟

正五品是也其稱品有正則必有從矣

又案出使日本諸官中嘗有品官之稱次於錄事之下此指末秩之品官而言也大使楊成規副使李興晟既有品秩可考則隨行之判官錄事亦必各有品秩此不待言也錄事以下之有品秩者既無職事之專名乃泛稱品官以當之清代仍有品官之稱亦指七八品以下之無專職者以後例前可知其然

三秩以上服紫牙笏金魚五秩以上服緋牙笏銀魚六秩七秩淺緋衣八秩綠衣皆木笏九秩未詳

謹案唐書車服志以紫爲三品之服緋爲四品之服淺緋爲五品之服深綠爲六品之服淺綠爲七品之服深青爲八品之服淺青爲九品之服五品象笏上圓下方蓋五品以上皆

如此六品以竹本上挫下方蓋六品以下皆如此又衣紫者魚袋以金飾之衣緋者以銀飾之駙馬都尉從五品假紫金魚袋都督刺史品卑者假緋魚袋此唐制之大略也渤海仿唐制而略有變易牙笏即象笏以象牙爲之故又稱牙笏也又案楊成規李興晟裴頲銜皆繫賜紫金魚袋蓋國王自賜非受之於唐也又達能信隨王新福使於日本稱著緋品官又壹萬福使於日本隨行有著綠品官據此可證稱著緋者六秩七秩之品官也稱著綠者八秩之品官也

右品秩及章服

東丹國中臺省甘露元年置五十七年國除並省中臺省

謹案遼史百官志大東丹國中臺省太祖天顯元年置景宗乾亨元年省此爲東丹國建省之證天顯元年即東丹

甘露元年而本紀於太宗天顯六年書四月置中臺省於南京年月在後茲以志爲正

又案遼史本紀乾亨四年九月聖宗即位十二月庚辰省中臺省乾亨四年即東丹國五十七年也志云元年省恐誤茲從本紀

左大相一人右大相一人左次相一人右次相一人

謹案遼史百官志於東丹國中臺省下載此四相之名又本紀太祖天顯元年十二月以迭剌爲左大相渤海老相爲右大相渤海司徒大素賢爲左次相耶律羽之爲右次相即其證也其後則簡稱左相右相天顯中牒蠟爲中臺省右相應曆初高模翰爲右相九年正月遷左相皆見本傳保寧五年七月耶律斜里底爲左相見本紀皆是也

政堂省工部卿

謹案五代會要後唐清泰三年以渤海入朝使政堂省工部卿烏濟顯試光祿卿此渤海使即東丹所使是東丹國有政堂省六部之設一如渤海舊制其曰工部者即信部之別名耳

翰林學士

謹案遼史義宗傳倍命王繼遠撰建南京碑又元好問王黃華墓志云王氏家牒遼太祖平渤海封其子爲東丹王樂德之曾孫繼遠仕爲翰林學士此即撰南京碑之繼遠也此東丹職官之有明文可考者

右錄事試大理評事

謹案五代會要後唐長興四年以渤海奏事右錄事試大

理評事高保乂爲朝散郎右驍騎長史此渤海使即東丹所使右錄事試大理評事亦東丹職官也

又案新唐書百官志大理寺評事八人從八品下掌出使推案錄事二人蓋渤海仿唐制有大理寺之設而東丹仍之也

兵器寺少令

謹案陸游南唐書烈祖昇元二年六月契丹使梅里捺盧古同東丹使兵器寺少令高徒煥奉書致貢此亦東丹職官有明文可考者兵器寺即唐之衛尉寺少令比唐之丞蓋渤海已置此官又名兵署少正説已見前

南海府都督

謹案五代會要後唐清泰二年渤海遣南海府都督列周

道入朝貢方物此渤海使亦東丹所遣渤海已置有都督東丹仍之說已見前此云南海府即遼志之海州南海軍非渤海之南京南海府也

又案遼史義宗傳人皇王置左右大次四相及百官一用漢法據此則東丹職官尚多以史無明文故不之及

右東丹國職官

契丹太祖滅渤海存其族帳亞於遙輦設渤海帳司之官

渤海宰相

渤海太保

渤海撻馬

渤海近侍詳穩司

謹案遼史載羅漢官渤海宰相解里官渤海撻馬俱見聖

宗本紀夏行美官渤海太保耶律阿思官渤海近侍詳穩司俱見本傳遼史國語解云撻馬㞒從之官

又案遼史百官志北面諸部族職名有左右宰相太師太保太尉司徒節度使等官渤海族帳之有宰相太保用此制也宋人稱女眞部長楊割太祖之叔父追謚穆宗曰楊割太師亦用此制金史世紀謂遼人呼節度使爲太師蓋遼授楊割爲女眞部族節度使族人尊稱爲太師而敵國亦以是稱之

契丹置渤海軍設官如左

渤海軍都指揮司

渤海軍詳穩司

謹案遼史百官志有渤海軍都指揮司及詳穩司之官蓋

以渤海人爲之天祚時有渤海軍八百人與金太祖戰於寧江州金太祖與渤海軍戰攻其左翼七謀克天祚又遣海州刺史高仙壽統渤海軍應援皆其明證

渤海軍監門軍

渤海軍監門隊

渤海軍判官

渤海軍孔目

謹案高麗史大道行郎仕契丹爲渤海軍監門軍正奇叱火爲監門隊高眞祥爲判官王光祿爲孔目此皆渤海軍諸官之可考者

契丹內侍省

渤海內侍都知

契丹東京渤海承奉官

渤海承奉都知押班

謹案以上各官均見遼史百官志蓋以渤海人爲之又宦官傳趙安仁充契丹漢人渤海內侍都知

右契丹所置渤海職官

渤海國志長編卷十五終

渤海國志長編卷十六

遼陽金毓黻　撰集

渤海國志十四

族俗考第三

近世研人種學者謂東北民族咸出肅愼若挹婁若夫餘若高句麗若勿吉皆肅愼族之支與流裔也勿吉之族一變而稱靺鞨再變而稱渤海其源出於肅愼無待言者大氏立國二百餘年聚族而居代有繁衍已臻極盛迨宗社既屋舉族南遷國易東丹名實俱亡然其族姓遷徙之迹起仆之勢歷遼及金猶多可考蓋因世系分明居有定所不與他族相亂故也遼代稱其遺裔爲渤海人又編其部爲渤海軍皆其分而不淆之證大延琳古欲高永昌之徒於亡國百餘年後振臂一呼萬衆立集其故亦可知已余既考其種族遷徙之迹復爲詳其姓氏以證前

論之不誣至於渤海俗尚多仍勿吉考之載籍大略可知然高王始附於高麗繼家於營州後迫於契丹始東奔挹婁故地故唐書本傳謂其俗與高麗契丹略等余謂俗之有節文者謂之禮其國之禮樂文字語言宗教皆俗尚之流變使然紀載缺闕所得至尠括以禮俗不復別出余以與族姓有關者莫過於禮俗故附著之

渤海部族本爲粟末靺鞨其先居於太白山之北依粟末水以居隋開皇中其酋帥突地稽與高麗戰不勝乃率八部勝兵千餘人自扶餘城西北舉落內附時煬帝已即位授突地稽金紫光祿大夫遼西太守處於營州遼東之役突地稽率部以從每有戰功帝優賚之唐武德初間遣使朝貢高祖以其部落置燕州仍以突地稽爲總管劉黑闥之叛也突地稽率所部赴定州

遣使詣太宗請受節度以戰功封著國公又徙其部落於幽州昌平城會高開道引突厥來攻幽州突地稽率衆邀擊大破之貞觀初拜右衛將軍賜姓李氏尋卒子謹行武力絕人麟德中歷遷營州都督其部落家僮數千人以財力雄邊爲夷人所憚其後屢有戰功累官鎭軍大將軍行右衛大將軍封燕國公永淳元年卒贈幽州都督其同部有別酋乞四比羽及舍利乞乞仲象向附高麗總章元年唐滅高麗乃徙其家屬於營州附於突地稽之遺裔及部屬萬歲通天中契丹李盡忠爲營州都督趙翽所侵侮遂舉兵殺翽據營州作亂靺鞨諸部皆與之比武后命將討盡忠乞四比羽等率衆東奔會盡忠死后遣右玉鈐大將軍李楷固率衆討其餘黨斬乞四比羽時仲象已卒子祚榮繼領其衆即高王也拒楷固敗之遂東保挹婁故地據東牟

山築城建國語具世紀開元元年玄宗遣使册拜祚榮爲渤海郡王自是始去靺鞨之號初勿吉七部俱稱靺鞨其中之白山部素附於高麗伯咄安居骨號室等部亦皆微弱高王建國皆爲編戶其後武文宣諸王斥大土宇拂涅虞婁越喜鐵利諸部胥爲所併故其後所名渤海人者實兼此諸部族而言不得以粟末一部專之也

高王建國之初遣使通於突厥其後則事唐甚謹唐亡事梁及後唐亦以事唐之禮事之此外則通聘於契丹新羅日本書闕有間不盡可徵矣茲考渤海十五王中朝於唐者凡一百三十二次朝於梁者凡五次朝於後唐者凡六次聘於日本者凡三十四次此以紀載差詳故可按也至通於突厥契丹新羅皆祇有一次可考此則以失於紀載故耳唐玄宗時以渤海與黑水

奚契丹合稱四府以平盧節度兼四府經略使以統之後肅宗時營州陷於契丹移平盧節度於青州合稱平盧淄青節度而是時之黑水亦爲渤海所役屬不復能自通於中國於是以平盧淄青節度兼押新羅渤海兩蕃使並於節度所在設新羅渤海兩館以款之其聘日本之使初往以春返以秋常遭飄沒之患其後則往以冬返以夏遂得安渡以今驗之日本海有寒暖二流暖流傍日本國之西岸自南而北而偪近北來之寒流寒流則傍俄領海岸自北而南以壓於南來之暖流渤海之去船蓋藉冬季北風及西北風之力由東京龍原府發航逐寒流而南航復受暖流之迫壓折而東北以達於日本之加賀能登越前等處而登岸焉及其回船則藉夏季南風及東南風之力逐暖流而北至近於寒流之處則逐寒流折而南航以達於龍原

府而登岸以覘往昔安危頓殊此又以久航而得之經驗也日本之入唐使多由南道航海以達蘇州與其役者九死一生因亦迂道渤海以達於唐既藉風力又因海流可去危而即安不僅海程近而已也且其初往日本之使不拘年限日本亦來報聘其後則每十二年往聘一次而日本不復報聘且其每次使節多爲一百五人不解其用意所在或含有拘忌之意歟凡此所考皆渤海交通於各國之大略也

渤海盛時譯鞮四達朝唐之外南通新羅東聘日本西結突厥奚契丹北役黑水已如上述於是國人之足跡徧於宇內使節所到皆禮重之復嫻應對之才擅梯航之利諸書所載有明徵矣及其亡也遼太祖徙王族及名帳千餘戶於臨潢等處其餘部族猶盛乃建東丹國以主之太宗猶慮其不易制乃因耶律

羽之奏請徙東丹國於遼陽分置諸州於東京道悉移渤海遺民以實之藉殺其勢世宗穆宗二世亦有遷徙之事茲取諸書之可考者著之

天顯元年三月以大諲譔舉族行七月衛送大諲譔於皇都西築城以居之賜諲譔名曰烏魯古妻曰阿里只遼史本紀

契丹太祖滅其王大諲譔徙其名帳千餘戶於燕給以田疇蠲其賦入往來貿易皆不征有戰則用爲前驅松漠紀聞

謹案遼史地理志於上京中京等處所置各縣即松漠紀聞所謂徙其名帳千餘家於燕是也惟此所謂燕實爲臨潢之誤宋人多以遼京爲燕故有此誤凡遼志有遷徙明文者別錄於後

天顯三年十二月詔遣耶律羽之遷東丹民以實東平其民

或亡入新羅女眞因詔困乏不能遷者許上國富民給贍而隸屬之遼史本紀

天顯元年渤海平立皇太子爲東丹王以耶律羽之爲中臺省右次相太宗即位羽之上表曰我大聖天皇始有東土擇賢輔以撫斯民不以臣愚而任之國家利害敢不以聞渤海昔畏南朝阻險自衞居忽汗城今去上京遼邈既不爲用又不罷戍果何爲哉先帝因彼離心乘釁而動故不戰而克天授人與彼一時也遺種寖以蕃息今居遠境恐爲後患梁水之地乃其故鄉地衍土沃有木鐵鹽魚之利乘其微弱徙還其民萬世長策也彼得故鄉地衍土沃有木鐵魚鹽之饒必安居樂業然後選徙以翼吾左突厥党項室韋夾輔吾右可以坐制南邦混一天下成聖祖未集之功貽後世無疆之福

表奏帝嘉納之是歲詔徙東丹國民於梁水時稱其善同上列傳

又見本書後紀

謹案羽之奏云梁水之地乃其故鄉地衍土沃有木鐵鹽魚之利又云彼得故鄉又獲木鐵鹽魚之饒必能安居樂業按梁水一名大梁水又稱東梁河即今遼陽之太子河也或據羽之是語謂渤海盛時已據遼陽而有之且曾一都於是其後北遷上京龍泉府以後視前故曰梁水之地乃其故鄉此日本島田好氏所說余謂不然渤海國境應以唐宰相賈耽所記爲準當耽之世猶謂遼陽爲安東都護府所在其時未爲渤海所據明矣或謂渤海之據遼陽應在耽後耽卒於唐順宗永貞元年即康王正曆十一年正當宣王開大境宇之時是說也雖不能證其爲非亦無從證其爲是考遼史地理志謂東

京遼陽府唐於此置安東都護府後爲渤海大氏所有此語最爲明顯然其下文忽稱遼東盛國又曰忽汗州即故平壤城號中京顯德府又曰葺遼陽故城遷東丹國民居之一文之內忽南忽北自爲乖舛且遼東盛國一語實爲海東盛國之誤遼史紀渤海之府州縣皆自北而南徙相去不啻千里其誤已早有人辨之其謂遼陽爲大氏所有誤亦同此不足辨也或又謂王彝震咸和十一年致日本牒有日域東遙遼陽西阻之語又咸和十九年日本復書有想遼陽而如近之語此爲渤海當代之文獻因以證遼陽已爲渤海所有然尋唐人詩中屢稱遼陽皆泛指東北一隅而言渤海與日本之文書當亦習用之且稱遼陽如稱遼東遼史以渤海之地稱遼東者屢矣儻別無顯證即

不能遽謂遼陽爲大氏所有即使爲其所有亦不過爲疆域之一部所謂梁水乃其故鄉又何說耶愚謂大氏之族出自高麗當高麗之滅其族西徙或於是時居於梁水之濱其後又西徙營州梁水爲其初祖所居之地故以故鄉稱之此而不讐則羽之姑爲讆言以誑其君以愚其民而實行其遷徙之計耳夫然則又無考辨之價値矣

上京道臨潢府長泰縣本渤海長平民太祖伐大諲譔先得是邑遷其人於京西北　定霸縣本扶餘府强師縣民太祖下扶餘遷其民於京西　保和縣本渤海富利縣民太祖破龍州盡徙富利縣人散居京南　宣化縣本遼東按應作渤海神化縣民太祖破鴨淥府盡徙其民居京之南遼史地理志

祖州長霸縣本龍州長平民遷於此同上

懷州扶餘縣本龍泉府太祖遷渤海扶餘縣降戶於此　顯理縣本顯理府（疑爲顯德府之誤）人太祖伐渤海俘其王大諲譔遷民於此（同上）

慶州富義縣本義州太宗遷渤海義州民於此　永州長寧縣本顯德府縣名太祖平渤海遷其民於此　義豐縣本鐵利府義州遼兵破之遷其民於南樓之西北（同上）

降聖州永安縣本龍原府慶州縣名太祖平渤海破永安遷其人於此（同上）

饒州長濼縣太祖伐渤海遷其民建縣居之　臨河縣本永豐縣人太宗分兵伐渤海遷於潢水之曲　安民縣太宗以渤海諸邑所俘雜置（同上）

中京道黔州太祖平渤海以所俘戶居之　盛吉縣太祖平

渤海俘興州盛吉縣民來居同上

嚴州太祖平渤海遷戶雜居興州境聖宗於此建城同上

恩州太宗建開泰中以渤海戶實之同上

東京道顯州山東縣穆宗割渤海永豐民爲陵戶　歸義縣初置顯州渤海人自來助役世宗嘉憫因籍其人戶置縣同上

康州世宗遷渤海率賓府人戶置同上

銀州永平縣本渤海優富縣太祖以俘戶置同上

歸州太祖平渤海以降戶置同上

寧州以渤海降戶置同上

謹案遼志東京道諸州縣云本渤海置或本渤海某州某縣者除鴨淥府各州外皆已南徙語具地理考此即天顯三年移東丹民以實東平之事也言東平者舉一以賅其

餘實則南遷之渤海人已滿布於東京一道矣

渤海既亡其遺民多奔高麗遼史有可考之迹而高麗史敘述尤詳自太祖天授九年訖二十一年之十三年間渤海官民先後來奔者共十一次人有數萬之多語雖具遺裔列傳茲爲考覽之便彙錄於左

高模翰渤海人太祖平渤海模翰避地高麗王妻以女因罪亡歸遼史高模翰傳

太祖天授九年秋九月丙申渤海申德等五百人來投庚子渤海禮部卿大和鈞均老司政大元鈞工部卿大福謩左右衛將軍大審理等率民一百戶來附以下俱見高麗史

十年三月甲寅渤海工部卿吳興等五十人僧載雄等六十人來投

十一年三月戊申渤海人金神等六十戶來投秋七月辛亥
渤海人大儒範率民來附九月丁酉渤海人隱繼宗等來附
十二年六月庚申渤海人洪見等以船二十艘載人物來附
九月丙子渤海正近等三百餘人來投
十七年秋七月渤海國世子大光顯率衆數萬來投賜姓名
王繼附之宗籍特授元甫守白州以奉其祀賜僚佐軍士田
有差冬十二月渤海陳林等一百六十人來附
二十一年渤海人林昇以三千餘戶來投
遼太宗遷東丹國於遼陽渤海遺民不願遷徙多有亡入新羅
女眞者此見於遼史而紀載甚略其後間有亡入中國者
周世宗顯德元年七月渤海烏斯多等三十人歸化
宋太宗太平興國四年太宗平晉陽移兵幽州渤海酋帥大

鸞河率小校李勛等十六人部族三百騎來降以鸞河爲渤海都指揮使

謹案日本嵯峨天皇弘仁元年四月渤海首領高多佛請歸化留於越前後安置於越中又醍醐天皇延喜二十年渤海使裴璆等歸國内有四人請留不歸安置越前此爲渤海未滅以前其民遷入日本之僅見者附記於此

遼聖宗太平九年八月大延琳起兵於東京十年八月擒延琳十一月聖宗詔徙渤海舊族分居來隰遷潤等州此亦渤海遺民一大遷徙也遼史地理志敘述頗詳具錄於左

上京道臨潢府易俗縣本遼東渤海之民太平九年大延琳結構遼東夷叛圍守經年乃降盡遷於京北置縣居之又徙渤海人家屬置焉　遷遼縣本遼東諸縣渤海人大延琳叛

擇其謀勇者置之左右後以城降戮之徙其家屬於京東北故名 渤海縣本東京人因叛徙置

中京道遷州聖宗平大延琳遷歸州民置

潤州聖宗平大延琳遷寧州之民居此 海濱縣本東京城內渤海民戶因叛移於此

謹案東丹國翰林學士王繼遠之孫咸飭因避大延琳之亂遷居漁陽語具本傳亦其一也

大延琳被擒之歲爲高麗顯宗二十一年此後四年間渤海人之奔往高麗者絡繹不絕高麗史世家會紀載之此蓋因契丹防制渤海人甚嚴之所致也

顯宗二十一年十月渤海民與契丹奚哥五百餘人來投處之江南州郡

二十二年三月渤海及契丹民四十餘人來投七月渤海監門軍大道行郎等十四人來投渤海諸軍判官高眞祥孔目王光祿自契丹持牒來投

德宗元年正月渤海沙志明童等二十九人來投二月渤海史通等十七人來投五月渤海薩五德等十五人來投六月渤海亏音若己等十二人所乙史等十七人先後來投七月渤海高城等二十人來投十月渤海押司官李南松等十人來奔

二年四月渤海首乙分等十八人可守等三人先後來投五月渤海監門隊正奇叱火等十九人來投六月渤海先宋等七人來投十二月渤海奇叱火等來投處之南地

謹案高麗史文宗四年四月開好等來附此後遂不復見

遼天祚帝天慶六年正月渤海人高永昌起兵於東京金兵攻之未至其族高楨棄家來降言其虛實永昌兵敗東京遂陷遼所遷渤海人於東京者至是盡蕃戶五千餘勝兵可三萬金人慮其難制頻年轉戍於山東每次所徙不過數百戶至熙宗皇統元年辛酉則盡驅以行於是渤海人始微弱不能復振矣

遼太宗天顯二年移東丹國於遼陽其民不能遷者許契丹富民給贍而隸屬之是渤海遺民非盡數遷徙尚有少數人居於故地特爲富民之隸屬耳遼史稱太祖有帝王之度滅渤海存其族帳亞於遙輦渤海族帳有帳司其官曰宰相曰太保曰撻馬曰近侍詳穩雖其職掌如何已不可考然渤海族人自成一部猶能保其故俗蓋可知也又有西北渤海部聖宗統和二十六年有渤海部與兀惹奧里米越里篤越里古等四部遣使朝

貢之事道宗大安三年有西北渤海部進牛之事其見於宋人紀載者太宗太平興國四年既下河東乘勝北伐契丹有渤海酋帥大鸞河率小校李勳等十六人部族三百騎來降六年秋太宗將再伐契丹遣使賜渤海王詔書有爾國本爲大藩近年爲契丹所制迫於兵勢屈膝事之宜盡出族帳助予攻取俟其翦滅當行封賞沙漠之外悉以相與之語高麗史顯宗二年（遼聖宗統和二十九年）亦有渤海使來朝之紀載按此所謂渤海即指族帳而言亦爲契丹屬部之一非能保聚故地自爲一部如大氏之舊也在遼景宗保寧二年及乾亨三年皆有定安國王因女眞使上表於宋之事其言曰本以高麗舊壤渤海遺黎保聚方隅歷涉星紀此蓋居於故地隸屬富民之徒歷年既久建國自存與契丹所立帳司別爲一部遣使高麗亦當屬此是宜分別觀

之

渤海盛時有兵數十萬以謀勇雄於時迨遼滅之之後每用其遺民以服兵役戰則命爲前驅故其時有渤海軍之設且以渤海人統之有所謂渤海軍都指揮司渤海軍詳穩司又王政曾官盧州渤海軍謀克皆是也金太祖初起兵侵遼使胡沙保覘遼兵形勢還言惟四院統軍司與寧江州及渤海軍八百人耳及戰遇渤海軍攻其左翼七謀克衆卻遂敗遼軍天祚帝又遣海州刺史高仙壽統渤海軍應援又於東京募渤海武勇馬軍二千人屯白草谷備禦因是以釀高永昌之變其後又募饑民二萬人編爲怨軍其中多渤海人以郭藥師爲之帥藥師亦渤海人也此皆遼人役屬渤海人前驅作戰之證然遼人防閑亦綦嚴每有徵發渤海兵馬雖奉詔未敢發必俟之遺大將持金

魚符合然後行渤海人故亦桀驁難制且能保其故俗不與漢人及他族相雜遇事內能固結外與高麗遺胤及女眞人合從連橫以禦他族古欲之起兵於饒州大延琳高永昌之建國於東京皆多數渤海人主之亦異徵也金太祖初興亦頗參用渤海人命服兵役且使人招之曰渤海女眞本同一家天輔二年匹里水等有渤海大家奴六謀克之官天會二年又命孛堇大臭統渤海軍八猛安爲萬戶其制蓋與遼同後復慮其難制熙宗皇統五年乃有渤海人不得充猛安謀克之令自是以來渤海人遂於漢人無別不復能狡然思逞矣

右種族

自曹魏置九品中正以爲官人之法東晉以後偏安江左始競以門第相高其風播於河朔歷隋及唐而世族譜牒之學與焉

渤海盛時濡染唐風亦有右姓據洪皓松漠紀聞所述王族之外右姓有六高張楊竇烏李是也部曲奴婢無姓者皆從其主語必有據茲從而博徵之又得庶姓四十有九

一王族

大氏

謹案舊唐書及五代會要皆謂大氏本高麗別種新唐書則謂本粟末靺鞨附高麗者姓大氏二說不同前者蓋謂其族出於高麗一云高王爲高麗舊蔣後據有粟末部之地而靺鞨之衆歸之後者則謂本出於粟末靺鞨而附於高麗後復歸據故地何者爲是別無顯證或如金之始祖函普來自高麗後婚於女眞完顏部之女遂姓完顏氏就其部衆而言則爲粟末部人而其王族則來自高麗故稱曰高麗別

種也高王祚榮之父曰舍利乞乞仲象五代會要又加大字釋之曰大姓舍利官乞乞仲象名也通志氏族略代北複姓有舍利氏北番酋帥舍利部大人因氏焉唐龍朔中有左威衛大將軍舍利阿博故或謂舍利者大氏之本姓也非官名然契丹國志謂富豪民納牛駝十頭馬百匹給契丹名目謂之舍利遼史國語解及通鑑注亦謂舍利爲官名宋宰相宋琪嘗謂遼人高模翰官大舍利模翰即渤海遺臣降於契丹者也蓋乞乞仲象附於契丹官大舍利其子孫遂取其官之上一字爲姓稱曰大氏此爲後來改稱非其本姓可以意度而知之者大氏之宗臣凡四十七人遺裔凡四十八人内有婦人八皆具列傳元以後不聞有姓大者蓋已改用他姓矣

二右姓

高氏

謹案諸臣士庶及遺裔以姓高者爲多自仁以下訖竑凡得五十六人愚疑高氏蓋出自高句驪高句驪王族姓高氏故在渤海爲右姓也

張氏

謹案張氏凡得二十一人大將有張文休諸臣有張仙壽其著者也遺裔張浩仕於金子孫宗族盛於一代凡得十八人惟本姓高自其曾祖霸始姓張語具本傳金史稱浩曰遼陽渤海人即渤海人之居於遼陽者也下放此

楊氏

謹案楊氏自承慶訖朴凡得九人契丹國志大金國志皆

稱朴曰鐵州渤海人

賨氏

謹案渤海諸臣及遺裔無姓賨氏者愚疑洪氏所紀賨字或爲賀字之譌否則佚而無考矣賀氏詳後

烏氏

謹案魏書官氏志烏石蘭氏改稱烏氏渤海烏氏自借芝蒙至玄明昭慶凡得十一人玄明又國於渤海舊疆曰定安則其族姓之大可知

李氏

謹案李氏自盡彥訖英得十六人鉅族也英爲遺裔金史有傳歸潛志云遼東渤海人

三庶姓

賀氏

謹案賀氏得三人曰祚慶曰福延曰王眞愚疑賀氏爲右姓之一

王氏

謹案王氏自新福訖明伯得二十八人亦鉅族也王繼遠一支最顯祖孫凡十九人世所稱熊岳王氏是也

任氏

謹案任氏得一人曰雅新書曰雅相蓋因唐有任雅相而誤也

馬氏

謹案馬氏得二人曰文軌曰福山

馮氏

謹案馮氏得一人曰方禮

呂氏

謹案呂氏得一人曰定琳

裴氏

謹案裴氏得二人曰頲曰璆父子也

崔氏

謹案崔氏得二人曰宗佐曰禮光

已氏

謹案姓纂有已氏謂宋大夫司馬已氏之後渤海已氏得二人曰闕棄蒙曰珍蒙

慕氏

謹案姓氏辨證謂開封有慕氏渤海慕氏得三人曰施蒙

曰昌祿曰感德

郭氏

謹案郭氏得二人曰藥師曰安國父子也此爲遺裔金史本傳云鐵州渤海人

木氏

謹案姓纂有木氏謂端木賜之後避仇改爲木渤海木氏得一人曰智蒙

史氏

謹案史氏得三人曰都蒙曰道仙曰通

辛氏

謹案辛氏得一人曰文德

解氏

謹案解氏得一人曰楚卿

趙氏

謹案趙氏得一人曰孝明

劉氏

謹案劉氏得二人曰寶俊曰忠正

朱氏

謹案朱氏得一人曰承朝

衞氏

謹案衞氏得一人曰鈞

吳氏

謹案吳氏得一人曰興

洪氏

謹案洪氏得一人曰見

林氏

謹案林氏得一人曰昇

申氏

謹案申氏得一人曰德

夏氏

謹案夏氏得一人曰行美

梁氏

謹案梁氏得一人曰福

羅氏

謹案羅氏得一人曰漢

文氏

謹案文氏得一人曰成角

安氏

謹案安氏得二人曰貴寶曰歡喜

朴氏

謹案朴氏得一人曰漁朴一作樸蓋出自新羅王族

胥氏

謹案通志氏族略晉大夫胥臣之後以字爲氏渤海胥氏得一人曰要德

茹氏

謹案通志氏族略蠕蠕入中國爲茹氏魏書官氏志普六茹氏後改爲茹氏渤海茹氏得二人曰富仇曰常

卯氏

謹案路史楚公族有卯氏卯一作茆路史祭公後有茆氏

茆即茅字渤海卯氏得一人曰貞壽

門氏

謹案魏書官氏志叱門氏咄門氏庫門氏均改爲門氏渤

海門氏得一人曰孫宰按今吉林省猶有門氏

隱氏

謹案國策有隱游魏安釐王時人三國時有隱蕃自云魯

隱公之後以謚爲氏渤海隱氏得一人曰繼宗

周氏

謹案周氏得一人曰元伯

列氏

謹案路史列公氏出楚公族古有列禦寇渤海列氏得一

人曰周道

公氏

謹案通志氏族略公以爵爲氏左傳魯昭公子公衍公爲之後漢有主爵都尉公儉渤海公氏得一人曰伯計

多氏

謹案太平寰宇記唐坻丘郡六姓一曰多氏渤海多氏得二人曰蒙固曰安壽

聿氏

謹案周有聿氏之鬲見博古圖又有聿速商人見鐘鼎款識渤海聿氏得一人曰棄計

受氏

謹案受氏見姓苑又後魏有受畲氏一云受氏爲受畲氏

所改渤海受氏得一人曰福子

智氏

謹案姓纂謂智氏出自荀林父之弟荀首食邑於智以邑爲氏渤海智氏得一人曰蒙愚疑與木智蒙爲一人

壹氏

謹案代北姓有壹那蔞及壹斗眷見魏書官氏志壹或作乙蓋爲簡稱渤海壹氏得一人曰萬福

葱氏

謹案葱氏所出未詳渤海葱氏得一人曰勿雅

古氏

謹案風俗通云古公亶父之後因氏焉又魏書官氏志代北姓吐奚氏改爲古氏渤海古氏得一人曰欲

阿氏

謹案魏書官氏志阿伏氏阿賀氏阿干氏並改爲阿氏渤海阿氏得一人曰密古

達氏

謹案魏書官氏志代北姓有達奚氏達勃氏渤海達氏得一人曰能信愚疑達與大音近或爲大氏之族

冒氏

謹案姓氏考略謂冒氏爲楚蚡冒之後如臯冒姓自宋至今爲望族渤海冒氏得一人曰豆干

諤氏

謹案通考氏族略謂古諤者以官爲姓漢有汝南太守諤瓊渤海諤氏得一人曰德

渤海氏

謹案渤海亡後遺族亡入高麗以國號爲姓如百濟遺族亡入爲日本稱百濟氏之例渤海遺裔得一人曰阤失

諸姓之外又有舍那婁味勃計德周荻夫須計失阿利正近恩勝奴仙格斡苔刺乙塞補沙志明 童薩五德丐音在已所乙史首乙分可守正奇叱火奇叱火先宋開好六斤諸人蓋多爲譯音不能槪指爲氏族故未一一敍入即如公伯計多蒙固聿棄計受福子葱勿雅古欲阿密古冒豆干謁德諸人之列入氏族皆以首一字爲諸姓所有故耳政恐亦爲譯音姑闕疑以俟考又有璋瓊蓋失其姓釋仁貞釋貞素薩多德僧載雄皆爲僧人例不冠姓故未敍入

渤海諸姓非盡出於靺鞨或稱大氏之族爲高麗別種前已詳言之矣若王氏之出自漢族高氏張氏之出自高麗朴氏之出

自新羅皆非勿吉故部唐書本傳有高麗餘燼稍稍歸之一語尤爲明證其後融諸族而爲一稱爲渤海人國亡之後結聚甚堅不惟與漢人及契丹有別即勿吉故部之別居者亦自相歧視矣

右姓氏

渤海之先出於勿吉勿吉之俗其地下濕築城穴居屋形似冢開口於上以梯出入佃則耦耕車則步推飲能至醉俗以人溺洗手面頭插虎豹尾善射獵其父母春夏死立埋之冢上作屋不令雨溼若秋冬以其屍捕貂貂食其肉多得之俗皆編髮性凶悍無憂戚貴壯而賤老無屋宇並依山水掘地爲穴架木於上以土覆之狀如中原冢墓相聚而居夏則出隨水草冬則入居穴中死者穿地埋之以身襯土無棺殮之具殺所乘馬於屍

前設祭其酋曰大莫拂瞞咄世相承爲君長其可考者大略如此靺鞨承之猶存故俗高王之先出於高麗及高王建國而與奚契丹接壤故其俗又與高麗契丹爲近迨通於中朝寖染唐風習禮儀之節垂衣冠之制而故俗不能盡保矣

文王大興元年使人如唐寫漢書三國志晉書十六國春秋唐禮宣王之世遣學生李居正朱承朝高壽海等三人王彝震咸和三年遣學生解楚卿趙學明劉寶俊等三人先後入唐太學習識古今制度又咸和七年亦有遣學生入唐習學之事於其國內設文籍院以儲圖書設胄子監以敎諸子弟稽古右文頗極一時之盛且其國之士大夫多擅文藝唐詩人溫庭筠有贈渤海王子詩韓翃有贈渤海使王誕詩又高元固及烏炤度光贊父子以賓貢入唐應舉烏氏父子皆登第元固則謂彼國得

詩人徐夤斬蛇劍御溝水人生幾何諸賦皆以金書列爲屛障聘日本諸臣如楊承慶楊泰師王孝廉周元伯楊成規裴頲及其子璆皆以文酒唱酬才長應對爲所引重而擅長雕刻繪畫者亦有之此皆渤海濡染唐風之證也

金史世紀謂渤海有文字禮樂禮制之可考者有男女婚姻之制跪拜之禮初勿吉之俗男子以豕皮爲裘婦人布裙初婚之夕男就女家執女乳爲定乃爲夫婦至渤海則漸更故俗男女婚娶多不以禮必先攘竊以奔亡後二百餘年猶然金世宗大定十七年曾嚴禁之犯者以姦論唐制太后朝婦人拜而不跪渤海依用之張建章著渤海國記備言其事宋宰相王溥子貽孫嘗稱述之渤海遺民隱繼宗等奔高麗謁王於天德殿三拜或謂失禮其大相含弘曰失土之人三拜古之禮也遼太宗幸

東京人皇王備乘輿羽衛以迎聖宗東巡東京留守亦具儀衛迎之史臣紀之曰此渤海儀衛也此皆其禮制之僅見者宋陳暘樂書載有靺鞨舞之名金史樂志亦紀有渤海樂惟語焉不詳隋開皇初靺鞨使來朝文帝令宴飲於前使者與其徒起舞多戰鬬之容此蓋勿吉故俗也渤海建國後已製新樂大興三年已珍蒙聘日本奏渤海樂是也日本嘗遣内雄來學音聲學成歸國十年無消息文王曾遣烏須弗往問之自是渤海樂遂傳於日本祭神禰時或作之又以爲舞樂之一宋王曾使於契丹至柳河館見其地渤海人歲時聚會作樂先命善歌善舞者數輩前引士女相隨更相唱和回旋宛轉號曰踏鎚金代亦傳有渤海樂自明昌後教坊嘗兼習之泰和初太常工人數少以渤海與漢人教坊兼習蓋其所製新樂必優於舊故金人用之

此又燕樂之可考見者勿吉七部有無文字已不可考渤海建國頗有文字書記則唐書有明文淸初閩人陳昭令於沙蘭掘得一銅鏡其端有篆文[illegible][illegible][illegible]三字又光緒末有人在寧安得小銅印一上鐫一[illegible]字古鏡一背鐫[illegible][illegible][illegible]三字其體殊異應與渤海有關近在東京城及三陵屯附近拾得多數之瓦片上多鑄一字間有二字或三字者不論其字之多少大抵漢字居十之八九且多爲渤海人之姓名其中稍奇異者如妬亐則有亐音若已見於高麗史亐即渤海人之姓也又如[illegible]如朽如仏如[illegible]如取如[illegible]皆爲奇異難識之字愚謂此如日本漢字中之有辻込化學名詞中之有鉀鋅鋇鉬等字蓋以固有漢字不敷於用故別造新字以濟其窮若因有此少數之奇異字遂謂渤海人已別造新字棄漢字而不用則不免强作解人也契丹女眞

皆別造字然以不能行遠垂久故不久而失其用渤海立國之後浸淫於唐之文教習用漢字而匙別造新字之機會故不能以契丹女眞爲例唐書云頗有文字謂其能用漢字有書記謂其能以文字著爲書籍也

渤海稱謂之可考者謂王曰可毒夫一作失夫對面稱王曰聖主牋奏稱王曰基下其命曰教王之父曰老王母曰太妃妻曰貴妃長子曰副王諸子曰王子其他不詳

高王元年遣使朝唐請入寺禮拜是爲佛教流入渤海之始僖王朱雀二年使高禮進朝唐獻金銀佛像各一其聘日本使臣亦有禮佛之事朱雀三年王孝廉使於日本有釋仁貞與之同行仁貞能詩曾與彼邦接伴諸使唱酬建興七年高承祖使於日本亦有僧貞素與之同行貞素亦能詩且數入唐至五臺山

尋日本求法僧靈仙靈仙已亡貞素以詩哭之又唐高彦休闕史謂咸通中有渤海僧薩多羅通鳥獸言雖紀異聞亦爲渤海多僧之證及其亡也有僧載雄等六十人投高麗金熙宗時宗磐本名蒲路虎時有酒過除東京留守將抵治所有一僧以榛柃瓔盂遮道而獻曰可以酌酒宗磐曰上臨遣時戒我勿得飲爾何人乃欲以此器導我邪顧左右令敲殺之行刑者哀其無辜擊其腦不力欲令宵遁而以死告刑未畢宗磐復呼使前僧被血淋漓宗磐曰所以獻我者意安在對曰大王仁慈正直百姓喜幸故敢奉此爲壽無他意也宗磐意解欲釋之詢其籍以渤海對宗磐笑曰汝聞我來用此相鶻突耳豈可赦也卒殺之又於道遇僧尼五輩共輦而載召而責之曰汝曹羣遊已冒法而乃敢顯行吾前邪皆射殺之時渤海亡已二百餘年而遺民猶多

爲僧尼者則其俗尙可知矣今寧安東京城渤海上京故址也其南大寺猶遺存石佛及石製香爐佛原高三丈淸初忽墮其首有人募石工重鑱之高祇丈餘土人掘地常發見銅製泥製之佛像此亦爲佛教盛行之徵

契丹之俗死者不作冢墓送入大山置之樹上渤海之俗間與之同北盟錄云金以女巫爲薩滿或曰珊蠻金與渤海同族度渤海人亦必奉之薩滿亦稱乂瑪奉者多爲婦人蓋女巫之一種也於祀先禱神時戴尖冠著長裙腰繫銅鈴擊鼓蹲舞口喃喃辭不可辨又謂可以療疾今寧安及遼東各地猶存此俗相傳薩滿之死穿穴於樹榦葬屍其中俗多效之此爲契丹之俗置死者於樹上之所由今寧安人嘗於古樹中發見罐匙刀鼓之類多鐵製即是類也

王曾使契丹時至柳河館見其地渤海人之居室皆就山牆開門此蓋就勿吉開口於上以梯出入之製而少變者也

渤海男子多智謀驍勇出他國右至有三人當一虎之諺婦人皆悍妒大抵與他姓相結十姊妹迭譏察其夫不容置側室聞有他遇必謀毒死其所愛一夫有犯妻不之覺者則羣聚而詬之爭以嫉妒相誇故契丹諸國皆有女倡而其良人多有小婦侍婢惟渤海人無之

諸書言渤海禮俗之可考者大略如此

右禮俗

渤海國志長編卷十六終

渤海國志長編卷十七

遼陽金毓黻　撰集

食貨考第四　　渤海國志十五

渤海僻處東北其地瀕海氣候嚴寒故多產鷙禽異獸文石鱗介藥材飢不能常食寒不能盡衣而往往爲中朝殊方之所貴重譯通使輪蹏四達即以所產之物輦之各國以易米粟布帛爲國人日用之需蓋立國二百餘年中無一日不如是也雖其國之南部亦產稻稴中部亦產粟麥然爲量至少不足於用仍有待於鄰國之輸將故考渤海之食貨食貿於貨貨即所以爲食凡俗之所貴朝聘之所將皆所貿以爲食者也諸國之所賜予及迴易皆所以爲貨者也今就諸書所載一一著之並加古詮釋備考覽焉

稱肅愼氏重譯朝於中國獻楛矢及石砮始自虞舜凡五見楛矢及石砮爲東北之所產其獻於中國也亦爲以所產輸於他方之始其後一變而爲挹婁再變而爲勿吉三變而爲靺鞨其所產之種名屢見於紀載而語焉不詳至渤海始漸備渤海之興據地頗廣肅愼扶餘高麗之舊壤皆在提封之内又能役服拂涅虞婁鐵利越喜諸部南接新羅北至黑水西鄰契丹東瀕海地方數千里則其天產之富蓋可知矣文獻不足殊難盡徵始就可考者詮次如左

一俗之所貴者

太白山之菟兎同

謹案唐書北狄傳謂靺鞨土多白兎渤海時拂涅黑水兩部皆產白兎今吉林省產白兎似兎而毛大純白其尾可

製筆太白山即今長白近於吉林其地所產之兔必爲白兔渤海之俗貴之故以爲貢品

南海之昆布

謹案李時珍本草綱目引吳普本草云綸布一名昆布爾雅所謂綸似綸東海有之者即昆布也又引名醫别錄云昆布生東海陶弘景注今惟出高麗繩把索之如卷麻作黃黑色柔靭可食爾雅云綸似綸組似組東海有之今青苔紫菜皆似綸而昆布亦似組恐即是也又引陳藏器本草拾遺云昆布生南海葉如手大似蓴葦紫赤色其細葉者海藻也

又案吉林外紀云海帶俗呼海白菜琿春所出頗盛盛京通志云昆布較之海帶則細其實一類也琿春爲渤海東

京其迤南之地即屬於南海府

又案東國輿地勝覽五十咸鏡北道鏡城鍾城二府東濱海海中產昆布此海渤海謂之南海當爲渤海南京南海府之所屬後爲高麗所有故本草綱目所引書一云出高麗一云生南海也

栅城之豉

謹案說文敊配鹽幽尗也徐鉉曰尗豆也豉俗字從豆從支釋名豉嗜也調和五味可甘嗜也本草綱目敍造豉法甚詳又謂有麩豉瓜豉醬豉諸品俱充食品又分淡豉豉鹹二種史記貨殖列傳鹽豉千合是也栅城爲東京龍原府之別名其地以豉爲名產

夫餘之鹿

謹案契丹國志云女眞國獸多麋鹿胡嶠陷北記云東女眞善射多牛鹿其人常作鹿鳴呼鹿而射之松漠紀聞云北人謂角爲鹿角合頂爲鹿角合南鹿不可車燕以北方可車遼史本紀統和九年女眞進喚鹿人女眞據渤海故壤其地以鹿爲名產清代以柳條邊外之地爲圍場其地產鹿蓋必有長林豐草而鹿乃生息其間今懷德長春農安等縣爲渤海夫餘府故地爾時必有長林豐草故多鹿耳

鄚頡之豕

謹案夫餘好養豕食其肉衣其皮勿吉靺鞨其畜多豬黑水靺鞨畜多豕屢見前史紀載今日之遼東人無不飼豕者鄚頡府爲夫餘故地其俗貴豕蓋沿夫餘國之故俗耳

率賓之馬

謹案夫餘勿吉皆産名馬爲朝貢品渤海二次獻馬於唐李正己爲平盧節度嘗市渤海名馬東丹國初建亦貢馬於契丹此皆爲渤海産馬之證其後鐵驪女眞屢貢馬於契丹見紀遼史率賓府處於渤海上京之東爲今之綏芬河淹東地渤海時以産馬名

顯州之布

謹案肅愼沃沮夫餘皆能製布又有麻布毛布隋書謂靺鞨婦人服布渤海時黑水靺鞨獻六十綜布渤海又使裴璆貢細布於後唐又靺鞨以細白布與契丹交易此皆渤海産布之證顯州爲今吉林省樺甸縣地渤海時以産布名今吉林省産麻顯州之布或織麻爲之

沃州之緜

謹案後漢書東夷傳濊知養蠶作綿布三國魏志濊有蠶桑作緜此所謂緜即樗繭太平御覽引廣志柞蠶食柞葉可以作緜是也若草綿則不宜寒地且唐及日本屢以綿爲贈品亦以渤海不產此耳沃州屬南京南海府爲今朝鮮咸鏡北道濱海之地正與濊故地相近也

又案東國輿地勝覽鏡城一帶產絲絲即繭也此亦爲沃州產緜之證

龍州之紬

謹案後漢書東夷傳濊俗知作緜布緜布即紬也渤海時黑水靺鞨曾獻魚牙紬朝霞紬於唐此爲渤海北部產紬之證龍州爲上京龍泉府之首州即今寧安縣地固近於

黑水靺鞨也

位城之鐵

謹案渤海中京顯德府鐵州以產鐵得名位城其屬縣也遼史食貨志云神册初平渤海得廣州本渤海鐵利府改曰鐵利州地多鐵此廣州在渤海東北部鐵利府之屬州也與顯德府之鐵州異位城應在今吉林省樺甸磐石兩縣界內今未聞產鐵蓋故蹟久湮矣

又案渤海人長於煉鐵宋王曾於柳河館見渤海人就漉沙石煉鐵是也時渤海亡已百餘年

又案金史世紀謂女眞舊無鐵鄰國有以甲冑來鬻者景祖厚價以與貿易此蓋指金之初世據海古勒之地而言其地不產鐵故以厚價外購不能執此以概渤海

盧城之稻

謹案稻一名稌堪作飯作粥有水旱二種南方下濕宜水稻北方澤土宜旱稻此廣羣芳譜所論也盧城即中京顯德府之盧州應在今樺甸縣之東吉林通志云伊通河一帶產稻最佳粒長色白俗名本地鮮案此去盧城爲近今樺甸土人多種水稻其原蓋出自渤海

湄沱之鯽

謹案吉林外紀云鯽魚似小鯿花出寧古塔南湖者極佳柳邊紀略云鯽魚大者重至三斤鮮美不可名狀寧安縣志云鏡泊有貢魚泡即南湖三一曰東大泡南北長十餘里東西寬五五里餘一曰達連泡南北長五里餘東西寬一里有半一曰西大泡南北長十里餘東西寬八里餘內產鯽

極富紅鬐紅翅紅尾紅鱗厚而短異常肥美所稱湄沱湖之鯽即指此也

又案余頗疑湄沱湖非今鏡泊以鏡泊舊名忽汗海也東三省紀略云興凱湖亦名新開湖位於寧安縣正東四百里產鰉魚長丈餘或八九尺味極鮮美其次爲莊魚（俗名大馬哈魚）沿岸黑斤人以捕此魚爲生據此則興凱湖漁業亦盛惟未聞產鯽耳說詳地理考

丸都之李

謹案新唐書丸作九（又同書地理志丸都縣城故高麗王都丸亦作九）蓋爲丸字之誤渤海西京鴨淥府桓州屬縣有桓都桓一作丸即丸都也丸都在今奉天省輯安縣輯安縣志言此地產李花小而白春華夏熟有家李山李之分家李色紅味甘山李

微酸而小多含水性此丸都產李之證也

樂游之梨

謹案渤海諸州屬縣無樂游之名必在所遺諸縣之內未詳今在何地滿洲源流考樂游當作樂浪然渤海屬縣亦無樂浪之名也寧古塔紀略云寧古塔梨子雖小味極美與葡萄作餻色味俱精盛京通志謂又有酸梨皮黑此見於紀載者今吉林省各地及奉天省北部多產梨蓋以產於樂游者爲最美耳

二見於朝聘者

虎皮

謹案魏書東夷傳勿吉有虎豹羆狼今吉林迤東諸山中皆有之末王諲譔二十年曾以虎皮貢於後唐

豹皮

謹案後漢書東夷傳謂濊多文豹盛京通志云豹似虎而小色白者曰白豹黑者曰黑豹文圓者曰金錢豹最貴重文尖長者曰艾葉豹文王大興二年王玄錫元年皆遣使持豹皮聘於日本

海豹皮

謹案明一統志謂女眞出海豹皮柳邊紀略云海豹皮出東北海中長三四尺濶二尺許短毛淡綠色有黑點可染黑作帽渤海東境瀕海故有海豹皮武王仁安十一年以海豹皮貢於唐是也

貂鼠皮

謹案後漢書三國志皆謂挹婁出好貂北盟會編謂女眞

獸多貂鼠明一統志云女眞土產貂鼠皮高士奇扈從日錄云貂鼠一名松鼠喜食松子在山松林中其窟或土穴或樹孔捕者先設網穴口後以草𦶜燒煙熏之貂畏煙出奔即入網中貂皮之利居人藉以衣食愚案鰵稱曰貂鼠箇稱曰貂渤海朝唐貢品有貂鼠皮凡四見拂涅黑水兩部亦以此爲貢品

又案末王諲譔二十年以貂鼠皮被褥各一貢於後唐又楊中遠使日本時以貂裘贈人此以貂鼠皮製爲被褥與裘之證也

又案仁安十一年及大興元年皆以豹鼠皮貢於唐愚謂貂豹二字以形似而誤非於貂鼠之外又有豹鼠也吉林通志引爾雅豹文鼮鼠一語證之未敢曲從

熊皮　羆皮

謹案隋書東夷傳謂靺鞨徒太山有熊羆明一統志云女眞產羆皮盛京通志云小者爲熊大者爲羆大興二年以羆皮聘於日本王玄錫元年謹譔五年皆以熊皮貢於梁是也

又案大興二年玄錫元年皆以大蟲皮聘於日本此蓋虎皮熊皮之別稱非專名

貓皮

謹案高王七年拂涅部貢貓皮於唐此蓋野貓皮也盛京通志云野貓居山谷狐類口方色蒼有斑善搏亦曰野貍

白兔皮

謹案俗所貴者太白山之菟即白兔也高王七年拂涅貢

白兎於唐又黑水靺鞨曾獻白兎皮於唐據此則所貢者其皮耳非取生兎而貢之也

猲獢

謹案說文猲短喙犬也爾雅釋畜短喙猲獢是也獢一作㹻亦犬名元微之詩嬌獢睡猶怒是也建興五年以契丹大猲三口及㹻子三口致於日本文獻通考謂女眞地多良犬元史謂東北有狗站今費雅喀黑斤人尚役犬以供負載渤海所謂猲㹻者恐即此類其曰契丹大猲者種出自契丹也

馬

謹案俗所貴者率賓之馬說已見前仁安十一年貢馬於唐二次各三十匹東丹國甘露元年約歲貢馬千匹於契

丹又十三年貢馬二百匹聘於南唐又黑水部曾賣馬於後唐此皆渤海產馬之證

羊

謹案東丹國十三年以特别羊三萬口聘於南唐此渤海產羊之證也吉林產者有山羊生山中似羊而大善登山皮黑灰色血可治疾又有羱羊一名盤羊野羊一名懸羊皆見諸紀載者

右獸類

鷹

謹案唐會要太平寰宇記皆謂靺鞨土多白鷹又唐書北狄傳黑水靺鞨多白鷹北盟會編云五國之東出名鷹自海東來者謂之海東青小而健柳邊紀略云遼以東皆產

鷹純白爲上而雜他毛者次之而寧古塔尤多每年十月後即打鷹總以得海東青爲主本草綱目謂鵰出遼東最俊者謂之海東青據此則海東青非鷹也自武王仁安三年訖僖王朱雀二年渤海凡九獻鷹於唐其產鷹之多可知

鶻

謹案左傳昭公十七年鶻鳩氏杜注鶻鵰也遼史蕭韓家奴傳賜白海東青鶻又蕭樂音奴傳監障海東青鶻獲白花者十三據此則海東青爲海東青鶻之簡稱亦即鵰也寧古塔紀略云鵰極大而多但用其翎毛爲箭黑斤富者則以鵰翅蓋屋吉林通志云鶻有二種一玉爪一黑爪又有鴉鶻兎鶻之別其拳堅處大如彈丸俯擊鳩鴿食之仁

安十八年大興四年朱雀二年凡三貢鶻於唐此渤海有鶻之證

右禽類

鯨鯢魚睛

謹案唐書黑水靺鞨傳拂涅開元天寶間入獻鯨睛此即高王七年拂涅部獻鯨鯢魚睛於唐之紀事也太平御覽九百三十八云東海有大魚如山長五六里謂之鯨鯢次有如屋者其鬚長一丈廣三尺厚六寸瞳子大如三升椀此即曹廷杰日記所紀東北海口之大魚名麻勒特者也明一統志女眞出鯨睛分析言之鯨爲鯨鯢鯢爲鯢一稱人魚大者長八九尺然與此鯨鯢魚無關此又爲魚之一種其瞳子大如三升椀者即拂涅部所貢之鯨鯢魚睛也

鰡魚

謹案仁安十年貢鰡魚於唐太平御覽九百三十七謂鰡魚長者六七尺盛京通志謂鰡狀如靑魚身圓俗呼柳根鯖

乾文魚

謹案大興元年貢乾文魚一百口於唐郝氏爾雅義疏云鱧一名文魚首戴星夜則北嚮是其證也以文魚曝於日乾之可日久不餒故以爲貢品

右水族

人蔆（蔆一作參）

謹案契丹國志及金史地理志俱謂女眞地饒山林土產人蔆寧江州榷場以人蔆爲市本草綱目引名醫別錄云

人蔆生上黨山谷及遼東如人形者有神李時珍云人蔆年深浸漸長成者根如人形有神故謂之人蔆神草蔆字從浸亦浸漸之義後世因字文繁遂以參星之字代之大興二年以人蔆聘於日本末王十九年及二十年皆貢人蔆於後唐黑水部亦貢人蔆於唐此皆渤海產人蔆之證也

昆布

謹案昆布說已見前大興三年末王十九年及二十四年貢昆布於後唐是也

牛黃

謹案遼史屬國表道宗大安三年西北渤海部進牛契丹國志載胡嶠陷北記謂東女眞以牛負物則其地之產牛

可知本草綱目引名醫別錄云牛黃於特牛膽中得之即陰乾百日使燥無令見日月光又引吳普本草云牛死則黃入膽中如雞子黃也大興十一年黑水部貢牛黃於唐是其證

頭髮

謹案大興十一年黑水部曾貢頭髮於唐末王二十年渤海亦貢髮於後唐本草綱目謂頭髮曰血餘又曰人退可入藥治諸症故以爲貢品

松子

謹案北盟會編云松子女眞所產柳邊紀畧云松塔松子部也打松子者入阿機（按即窩集）中伐木取之木大塔多者取未盡輒滿車末王十九年貢松子於後唐此爲渤海產松

子之證

黃明

謹案末王十九年遣裴璆貢黃明於後唐此當爲藥物之一本草綱目云黃明膠即今水膠乃牛皮所作其色黃明渤海所貢或爲此歟存以俟考

又案吉林通志引詞林海錯云呵膠出虜中可以羽箭又宜婦人貼花鈿口噓隨液故謂之呵膠劉貢父和陸子履詩云此膠出從遼水魚白羽補綴隨呵噓此或渤海所謂黃明歟

又案冊府元龜載璆所貢以黃明與細布連言或云此一物也黃明細布爲布之一種未知確否

白附子

謹案末王二十年貢白附子於後唐契丹國志白附子熟女眞土產女眞所據即渤海故地也

蜜

謹案大興二十七年使臣以蜜聘於日本契丹國志謂女眞產蜜寧古塔紀略云土人不知養蜂蜜有採松子者或樵於枯樹中得蜂窩其蜜無數漢人教以煎熬之法始有蜜然則渤海時所得者殆採自蜂窩者歟

麝香

謹案玄錫六年聘日本使楊中遠曾攜麝香以贈人本草綱目云麝一名香麞其香氣遠射故謂之麝又引陶弘景曰麝形似麞而小黑色常食柏葉其香在陰莖前皮內別有膜袋裹之盛京通志謂東省有麝又云臍血入藥名麝

香魏聲龢吉林地理紀要云麝東人呼爲麞足高毛粗形如初生之駒牡麝之臍成圓椎形割下大如桃爲吉省出口藥材之一蓋渤海時已知採此矣

右藥類

金銀

謹案晉書東夷傳謂夫餘以金飾腰魏略云夫餘國以銀飾帽魏書東夷傳云高句麗金出自夫餘契丹國志謂女眞地多金銀大興十一年黑水部獻金銀於唐此爲渤海附近產此之證

又案遼史地理志東京道銀州本渤海富州又於所統新興縣下云本越喜國地渤海置銀冶嘗置銀州此蓋指屬於懷遠府之銀州而未移置者而言亦爲渤海產銀之徵

熟銅

謹案咸和六年運熟銅至唐登州此渤海產銅之證高麗圖經謂高麗地少金銀而多銅五代史記四夷附錄周世宗時遣尙書水部員外郎韓彥卿以帛數千匹市銅於高麗以鑄錢渤海故疆之南部有入高麗者高麗產銅則渤海亦必產銅矣

右金類

麗布 細布

謹案渤海產布說已見前東丹國初建約歲貢麗布十萬端細布五萬端於契丹是布又有麗細之分

六十綜布

謹案此即細布之一種也大興十一年黑水部獻六十綜

布於唐

魚牙紬　朝霞紬

謹案渤海產紬說已見前大興十一年黑水部獻魚牙紬朝霞紬於唐此蓋因花紋而異其名

靴

謹案渤海人能製靴玄錫六年聘日本使楊中遠餽暗摸靴末王十九年使臣裴璆貢靴於後唐是也此靴蓋爲革製惟暗摸靴命名之義未詳或爲夜行時所需故名暗摸

金銀佛像

謹案朱雀二年使臣高禮進獻金銀佛像各一於唐渤海產金銀故以此鑄製佛像

瑪瑙盃

謹案陳藏器本草云瑪瑙爛紅色似馬之腦故名李時珍曰玉屬也丹鉛錄謂古肅愼氏產寶石大如巨栗盛京通志云靺鞨寶石色赤紅大如栗今嫩江諸岸出五色石通明如瑪瑙紅圓者象含桃高王七年拂涅部獻瑪瑙盃於唐即此寶石所製也咸和十一年渤海貢瑪瑙櫃於唐見杜陽雜編

紫瓷盆

謹案咸和十一年貢紫瓷盆於唐量容半斛內外通瑩其色純紫厚可寸餘舉之則若鴻毛亦見杜陽雜編

玳瑁盃

謹案桂海虞衡志云玳瑁生海洋深處狀如龜黿而殼稍長背有甲十二片黑白斑文相錯而成又陳藏器本草云

玳瑁生嶺南海畔山水間大如扇似龜甲中有文今俄屬東海濱省爲舊渤海地海中未聞産玳瑁而玄錫六年使臣楊中遠曾以玳瑁盃私獻日本當路愚意此玳瑁盃非眞玳瑁所製蓋亦由渤海所産之寶石製成其文采似玳瑁故有此稱

右製品

兒口　女口

奴子

謹案末王三年遣使進女口於梁十九年進奴子二又二十年進兒女口各三於後唐此皆渤海以人口爲貢品之證此蓋爲其國之童男女可供使役者故以奴子稱之

革

謹案末王十九年遣使進革於後唐此蓋由獸皮熟製使柔韌者今吉林黑龍江兩省多有之

白紵

謹案東丹國甘露三年人皇王獻白紵於契丹此亦渤海所產也說文云紵䌰屬細者爲絟粗者爲紵後漢書東夷傳謂夫餘有麻布此即紵所製也契丹國志云女眞國地饒山林田宜麻穀盛京通志載有䌰麻土人需此治繩種之田中吉林外紀云麻有綫麻䌰麻之分綫麻堅實一切繩套綑縛爲用無窮吉林城北種者居多每歲所收不減於蔡並皆轉運內地愚按今奉天吉林兩省多產麻人皇王所獻之白紵即所謂䌰麻綫麻也

玉笛

謹案東丹國甘露五年十月王進玉笛於契丹太宗蓋渤海舊疆出玉故以製笛太平御覽謂挹婁出青玉契丹國志謂女眞土産玉此皆可以製笛者

雕羽

謹案寧古塔紀略云雕極大而多但用其翎毛爲箭黑斤富者則以雕翅蓋屋宋太宗垂拱二年定安國王因女眞使獻雕羽即渤海故地所産也

鳴鏑

謹案說文鏑矢鏠也釋名鏑敵也可以禦敵也史記匈奴傳冒頓乃作爲鳴鏑習勒其騎射令曰鳴鏑所射而不悉射者斬集解引漢書音義曰鏑箭也如今鳴箭也又引韋昭曰矢鏑飛則鳴宋太宗垂拱二年定安國進鳴鏑蓋用

冒頓製法

右雜類

三見於紀載者

粟

謹案隋書東夷傳謂靺鞨土多粟唐書北狄傳云靺鞨有

粟柳邊紀略云穀有粟小米也

麥

謹案隋書東夷傳及唐書北狄傳皆謂靺鞨土多麥柳邊

紀略云寧古塔產小麥是也今吉林省以小麥爲特產

又案柳邊紀略云寧古塔有大麥廣羣芳譜云大麥爾雅

謂之牟莖葉與小麥相似碾米作粥飯甚滑並可作麯此

亦爲麥之一種東省各地多產之

穄

謹案說文穄穈也又穈穄也黍之不黏者今黑龍江省產此穄米爲飯俗呼穄子米隋書東夷傳謂靺鞨土多穄是也

葵

謹案魏書謂勿吉有葵明一統志亦云女眞土產葵菜據此則渤海產葵可知也說文葵菜也古人種爲常食

牡丹

謹案松漠紀聞云渤海富室往往爲園池植牡丹多至三二百本有數十榦叢生者此指渤海遺裔之遷於遼陽者而言盛京通志謂東省牡丹紅黃兩色俱有之

鹽

謹案魏書謂勿吉水氣鹽生鹽於木皮之上亦有鹽池唐書北狄傳云靺鞨有鹽泉氣蒸薄鹽凝樹巔據此則渤海產鹽可知遼史食貨志云產鹽之地如渤海等處五京地司各以地領之此所謂渤海似指遼代之西北渤海部而言非指渤海故地也金史食貨志謂率賓路食海鹽則渤海之鹽蓋產於東部率賓矣

石砮　楛矢

謹案古稱肅愼氏貢石砮又云獻楛矢屢見紀載隋書東夷傳云靺鞨自拂涅以東矢皆石鏃唐書北狄傳云靺鞨居肅愼地其矢石鏃長二寸蓋楛砮遺法又括地志云靺鞨國弓長四尺如弩青石爲鏃明一統志石砮名水花石堅利可入鐵可銼矢鏃柳邊紀略云楛木長三四寸色黑

或黃或微白有文理非鐵非石可以削鐵而每破於石居人多得之勿吉以此爲兵器或曰楛矢或曰石鏃或曰楛砮余所見直楛耳無所謂鏃與砮也郝懿行肅慎氏弩考云寧古塔人言混同江邊榆松二樹枯枝墜水化而爲石可爲箭鏃松爲石氣所生石既爲松松又爲石松石二物其氣本通而形相變枯枝所化其說信而有徵按此言石砮及楛矢之製甚詳又可知二物實一物也

榛柃

謹案松漠紀聞云榛柃木紋縷可愛多用爲椀又謂蒲路虎除東京留守有渤海僧以榛柃瘿盂遮道而獻曰可以酌酒今吉林省產木一種曰黃桲柃質堅可製木器榛字與桲字形似愚疑榛應作桲北盟會編云女眞食器無瓠

陶皆以木爲盆食以木楪盛飯木盌盛羹此又以木爲盂之證也

骨咄角

謹案唐會要謂靺鞨土多骨咄角松漠紀聞續編云契丹重骨咄犀犀不大紋如象牙黃色止是作刀柄已爲無價雲煙過眼錄云骨咄犀迺蛇角也其性至毒而能解毒蓋以毒攻毒也故又蠱毒犀一作殊角明一統志殊角即海象牙是也

青鼠皮

謹案契丹國志靺鞨以青鼠皮與契丹交易盛京通志謂青鼠即灰鼠吉林諸山有之灰白者爲上灰黑者次之愚案青鼠皮可製裘即俗所謂灰鼠皮裘也

銀鼠皮

謹案靺鞨產此亦見契丹國志又盛京通志云吉林諸山中有之毛色潔白皮禦輕寒

膠魚皮

謹案靺鞨產此亦見契丹國志又遼東志云乞列迷人捕魚爲業暑用魚皮柳邊紀略云大發哈魚皮色淡黃若文錦可爲衣裳及爲履襪愚疑此即所謂膠魚皮今黑龍江下游有魚皮韃子即乞列迷人以魚皮爲衣者

雉尾

謹案唐書北狄傳云黑水靺鞨俗插雉尾爲冠飾柳邊紀略云遼東野雞頗有名愚案野雞即雉也

野豕

謹案唐書北狄傳云黑水靺鞨俗編髮綴野豕牙文獻通考謂女眞獸多野豬其牙可以爲飾也

螃蟹

謹案松漠紀聞云渤海螃蟹紅色大如椀螯巨而厚其跪如中國蟹螯北盟會編云女眞多螃蟹吉林通志云今出琿春海中其大者圓徑可二尺餘愚謂此即今名海蟹者出吉林東北海中

鮀魚

謹案松漠紀聞云渤海石舉鮀魚之屬皆有之盛京通志云重脣魚即鯊鮀如鯽而狹淺黃色嘗張口吹沙吉林通志即以重脣魚當鮀魚惟石舉之名未詳

木

謹案漢有南北沃沮後魏有勿吉七部明有渥集部滿語謂森林曰窩集又曰烏稽清初吳漢槎詩有大烏稽行小烏稽行是也沃沮勿吉渥集窩集烏稽皆一音之轉松邊紀略云山間多樹者曰窩稽如那木窩稽色出窩稽朔爾賀綽窩稽之類寧古塔紀略云大烏稽松樹槎枒突兀皆數千年之物緜緜延延横亙千里不知紀極東丹國甘露二年右次相耶律羽之奏稱梁水地衍土沃有木鐵鹽魚之利梁水即今遼陽縣太子河東丹國都於此故云實則渤海舊疆皆盛産木不僅梁水一隅也

右述各品皆渤海之所産也如穀果鐵馬珍禽鱗介則爲天産如紬布杯盆佛像則爲人製如藥材獸皮則以天産而兼人製悉數之而不能終其物然國人資爲利用厚生者不外是矣

渤海有交通五道唐居其二契丹新羅日本各居其一前已詳言之矣考其立國二百餘年間事唐最謹或歲一遣使或一歲數朝一行多至百餘人每朝必貢土物而唐帝亦有回賜歷朱梁及後唐皆然史籍所載章章可稽此外東通日本間數歲或十餘歲一遣使往復贈答東籍紀載頗詳又遼史本紀載太祖神册三年二月渤海遣使來貢契丹國志謂靺鞨以鷹鶻鹿細白布青鼠皮銀鼠皮大馬膠魚皮等與契丹交易其於新羅曾紀遣使結援惟於交易之事則無一字之紀載非無其事蓋史有闕文耳高王之世使臣請於唐玄宗許就市交易代宗以後置渤海館於青州以待渤海之使其交易船舶亦泊於是日本於渤海使臣之初來有交關之禁其後楊中遠至日本始特許內藏寮與之交易又聽都人及諸市人與之私市其時使臣即

同胡賈之長名爲朝聘實爲交易也其貨於各國者雖史無明文大抵不出所貢之物及其使臣回蕃所得之賜贈亦當爲其國之所無依其推斷十得八九貢物已詳於前再就唐及日本賜贈之物依次詮之

唐所賜者

帛

謹案說文帛繒也又本草綱目云帛素絲所織長狹如巾故字從白巾厚者曰繒雙絲者曰縑唐屢以帛賜渤海及拂涅越喜黑水等部使臣蓋爲中土之所產亦爲渤海之所闕

錦綵

謹案說文錦襄色織文也本草綱目云錦以五色絲織成

文章字从帛从金諧聲且貴之也又案玉篇五采備謂之綵集韻云綵繒也朱雀元年及四年咸和七年唐皆以錦綵並賜又有祇賜錦者可知錦綵本二物也

絹

謹案釋名絹絚也其絲絚厚而疏也廣雅絹縑也本草綱目云絹疏帛生曰絹熟曰練仁安九年唐賜以絹

綵練

謹案說文練繒也急就篇注云練者煮縑而熟之也此即本草所謂之熟帛仁安八年唐賜以綵練百疋即練之備五采者

綿

謹案綿本作緜本草綱目云古之綿絮乃繭絲纏延不可

紡織者今之綿絮則多木棉此語分晰至確渤海沃州之
緜即絲綿也朱雀四年唐賜以綿日本亦屢以綿爲贈此
即木綿爲渤海之所無者

粟

謹案仁安九年唐賜粟三百石粟爲渤海之所產說已見
前而唐賜之者其產量至少不敷民食故也

金

謹案末王二年梁以金賜貢使金亦產於渤海此蓋賜以
俾其用非因其所無而賜之

銀器　器皿

謹案朱雀四年咸和七年末王六年唐皆賜以銀器咸和
十六年唐又賜以器皿渤海本產銀亦擅製作此必爲其

國所無故賜之

日本所贈者

絹

謹案日本四贈絹於渤海如大興三年四十年正曆二年虔晃四年是也又有稱土毛絹者大興二十二年日本贈渤海物中有此品

綿

謹案綿即木綿日本產此亦稱白綿凡六贈於渤海如仁安九年大興二十二年二十三年四十年正曆二年虔晃四年是也

絲

謹案說文絲蠶所生也急就篇注云抽引精繭出緒曰絲

此即本草綱目所謂之繭絲亦謂之緜渤海雖產此固甚少也日本凡五贈絲於渤海仁安九年大興二年二十三年四十年正曆二年是也

絁

謹案絁本作緾亦作緾說文緾粗緒也日本凡四贈絁於渤海大興二十三年四十年正曆二年虔晃四年是也

又案大興三年日本以美濃絁三十疋贈於渤海此絁出於美濃故名如出於美濃之紙名美濃紙也

綾

謹案說文東齊謂布帛之細者曰綾經典釋文云綾凌也其文望之如氷凌之理也仁安九年日本以綾十疋贈渤海是也

綵帛

謹案仁安九年大興二十二年日本皆以綵帛贈於渤海此云綵帛蓋帛之備五采者亦有單稱帛者如大興三年日本以帛贈渤海使是也

調錦 調布 庸布

謹案大興三年日本以調錦調布庸布贈於渤海此蓋爲錦布之一種日本制度多倣唐唐之取於民者有租庸調之制此所謂調庸豈以取於民而名耶

又案大興二十二年日本以錦四匹兩面二匹贈渤海錦即調錦之單稱也惟兩面之義未詳

纐羅 白羅

謹案大興二十二年日本以此二品贈渤海羅之釋義詳

後曰額曰白又諸羅之分名

黄金　水銀　金漆　漆　海石榴油　水晶念珠　檳榔

扇

謹案大興四十年日本以此七物贈於渤海蓋皆其國之所産也

羅

東丹國十三年遣使以羊馬鬻於南唐以其價市物如左

謹案類篇羅帛也釋名羅文疏羅也此蓋東丹之所無故以羊馬市易之下同

紈

謹案説文紈素也釋名紈煥也細澤有光煥煥然也

茶

謹案本草綱目拾遺載茶二十餘種皆產中國南部東丹地早寒不產茶故至南唐以物市易之

藥

謹案渤海所產諸藥已具於前然藥之品類至繁有南有而北無者東丹之所市易者皆其國之所無者也

唐書百官志鴻臚寺所掌諸蕃朝賀進貢所獻之物先上其數於鴻臚凡客還鴻臚齎賜物多少以報主客獻馬則殿中太僕寺涖閱良者入殿中駑病入太僕獻藥者鴻臚寺驗覆少府監定價之高下鷹鶻狗豹無估則鴻臚定所報輕重據此則蕃客獻物量其輕重爲報即寓以有易無交濟其利之意非僅限於賓主酢酬也日本贈蕃客物亦有定式其延喜式卷三十大藏一目載賜渤海王絹三十疋絲二百絇綿三百屯並以白布裹

東之賜大使絹十疋絁二十疋絲五十絇綿一百屯副使絁二十疋絲四十絇綿七十屯判官各絁十五疋絲五十絇綿五十屯錄事各絁十疋綿三十屯譯語史及首領各絁五疋綿二十屯此爲例定之數固不寓以有易無之意然亦必取其爲本國所無者贈之

渤海居勿吉故地擅山海林虞之利出其羨餘以事各國世人貴遠賤近輕易重難此邦產物遂每爲各國所珍視故渤海之頻與各國交通非壹於輸誠上國而盡心禮聘也一則輸本邦之貨以應外人之求一則輦外邦之貨以濟國人之用涉霜露冒風濤死者踵接其志彌厲往往去以十數返僅一二然如王文矩裴氏父子之徒雖至三四往返而氣不爲之沮何也豈非爲其國命脈之所在菀枯之所繫故合衆力以赴之蹈百死而

不辭歟考渤海食貨者不可不識此旨

渤海國志長編卷十七終

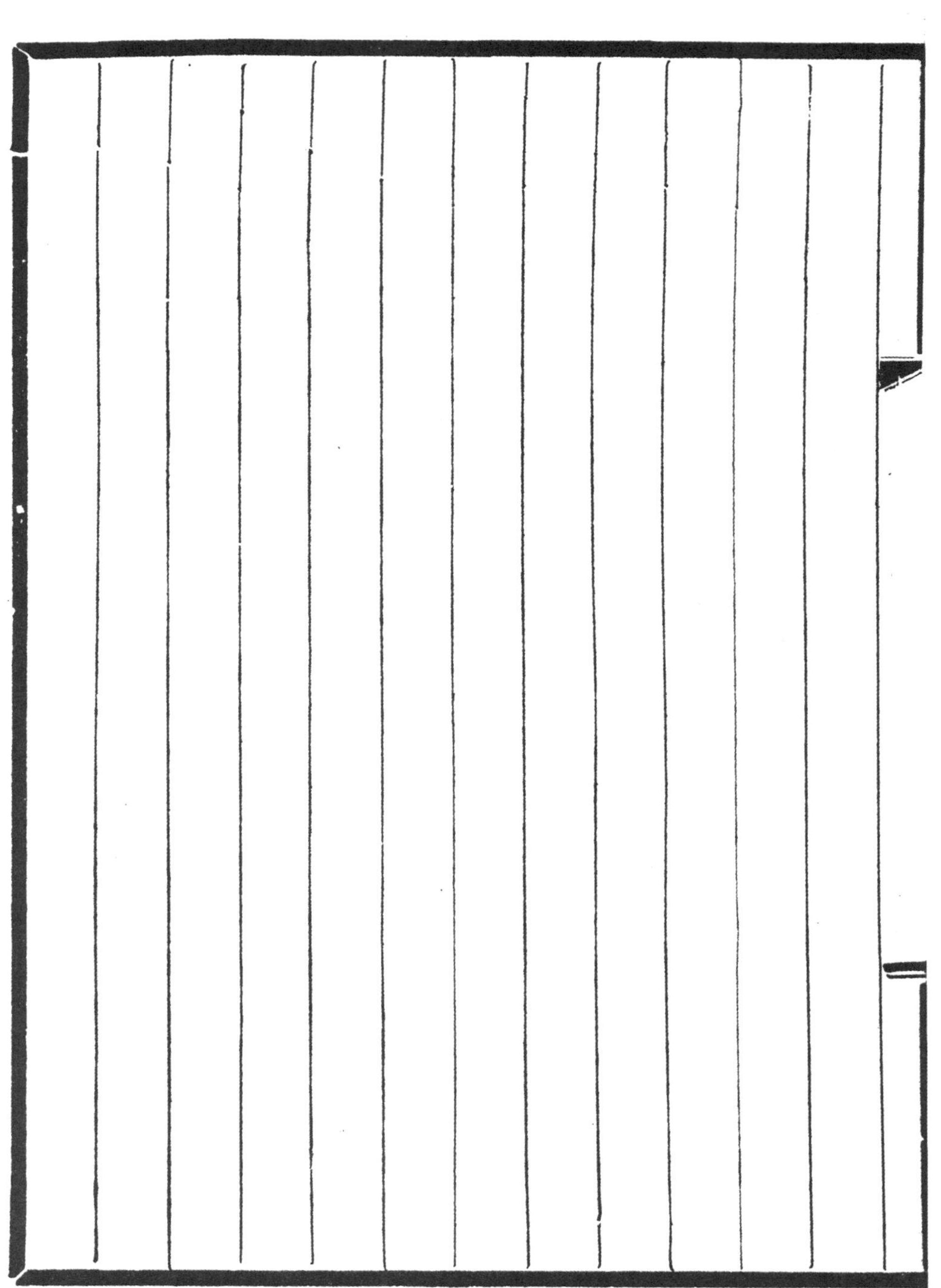

渤海國志長編卷十八

遼陽金毓黻　撰集

文徵　　渤海後志一

敍曰昔者章氏學誠嘗謂欲經紀一方之文獻必立三家之學仿紀傳之體而作志仿律令之體而作掌故仿文選之體而作文徵三書相輔而行缺一不可旨哉言乎修史之法其亦不外此矣余撰渤海國志有世紀有列傳即章氏所謂志也有地理職官族俗食貨諸考即章氏所謂掌故也然無文徵豈得謂備乎或曰渤海藝文散佚殆盡其可考者已擷其要於列傳矣何爲不憚煩而重錄之章氏於此亦有說焉其言曰史家取有關一時之制度者裁入書志之篇有關一人之樹立者編諸列傳之內然而志傳各有斷限廣收則史體不類割愛則文有關遺

宜於正史之外別具專書此又余輯文徵之旨也文徵之例有二一爲渤海人自撰之作其君若臣及遺裔之文屬之一爲他國與渤海有關之作君相之敕牒與臣僚酬酢之文屬之博采羣籍冣而録之凡得二百有九首釐爲八類曰唐敕曰表曰國書曰詩曰銘曰序曰書狀曰遺裔之文其中渤海君若臣自撰之文約十之二遺裔之文約十之五他國之作約十之三儻比類而觀之亦一國得失之林也

唐敕

玄宗敕渤海王大武藝書四首

敕忽汗州刺史渤海郡王大武藝卿於昆弟之間自相忿鬩門藝窮而歸我安得不容文苑英華作從然處之西陲文苑英華作垂爲卿之故亦云不失頗謂得所何則卿地羅海曲常習華風至如兄友弟

悌豈待訓習骨肉情深自所不忍門藝縱有過惡亦合容其改修卿遂請取東歸擬肆屠戮朕教天下以孝友豈復忍聞此事誠惜卿名行豈是保護逃亡卿不知國恩遂爾背德（文苑英華作朕）卿所恃者遠非能有他朕比年含容優恤中土所未命將事亦有時卿能悔過輸誠轉禍爲福言則似（文苑英華作已）順意尚執迷請殺門藝然後歸國是何言也觀卿表狀亦有忠誠可熟思之不容易耳今使內使宣喻朕意一一並具口述使人李盡彥朕亦親有處分皆所知之秋冷卿及衙官首領百姓平安好並遣崔尋挹同往書指不多及（張曲江集又見文苑英華四七一）

敕渤海郡王忽汗州都督大武藝不識逆順之端不知存亡之兆而能有國者未之聞也卿往年背德已爲禍階近能悔過不失臣節迷復非遠善又何加（文苑英華作迷非復善即又可嘉）朕記人之長忘

人之短况此歸伏載用嘉歎永作東土不亦宜乎所令大誠文苑
英華作茂慶等入朝並已處分各加官賞想具知之所請替人亦令
還彼又近得卿表云突厥遣使求合擬打兩蕃奚及契丹今既
内屬而突厥私恨欲讐此蕃卿但不從何妨有使擬行執縛義
所不然此是人情况爲君道然則知卿忠赤動必以聞永保此
誠慶流未已春晚卿及衙官百姓並平安好遣書指不多及同上
勅渤海王忽汗州都督大武藝多蒙固所送水手及承前沒落
人等來表卿輸誠無所不盡長能保此永作邊捍自求多福無
以復加漸冷卿及衙官百姓以下並平安好遣書指不多及同上
勅忽汗州刺史渤海郡王大武藝卿往者誤計幾於禍成而失
道未遙聞義能徙何其智也朕棄人之過收物之誠表卿洗心
良以慰意計卿既盡誠節永固東藩子孫百代復何憂也近文苑

英華作所使至具知欵曲兼請宿衛及替亦已依行大朗雅等先犯國章竄逐南鄙亦皆捨罪仍放歸蕃卿可知之皆朕意也夏初漸熱卿及首領百姓等並平安好遣書指不多及同上

附玄宗勅新羅王金興光書二則張曲江集又文苑英華四七一

頃者渤海靺鞨文苑英華作翔不識恩信負文苑英華作自恃荒遠且爾逋誅卿嫉惡之情常以奮勵故去年遣中使何行成與金思蘭同往欲以叶謀比聞此賊困窮偷生海曲唯以抄竊作梗道路卿當隨近伺隙掩襲取之奇功若有所成重賞更何所愛一作惜適欲多有寄附實慮文苑英華作恐此賊抄奪不可不防豈資窮寇待蕩滅之後終無所惜節錄

近又得思蘭表稱知卿欲於浿江置戍既當渤海衝要又與祿山相望仍有遠圖固是長策且蕞爾渤海久已逋誅重勞

師徒未能撲滅卿每疾惡深用嘉之節錄

附金忠信上新羅王興光表忠信爲興光從弟開元中留宿受授左領軍衛員外將軍二十二年衛代上表冊府元龜九百七十三又三國史記八

臣所奉進止令臣執節本國發兵馬討除靺鞨有事續奏者臣自奉聖旨誓將致命當此之時爲替人金孝方身亡便留臣宿衛臣本國王以臣久侍天庭遣從姪志廉代臣今已到訖臣即合還每思前所奉進止無忘夙夜陛下先有制加本國王興光寧海軍大使錫之旌節以討兇殘皇威載臨雖遠猶近君則有命臣敢不祗蠢爾夷俘計亦悔禍然除惡除本布憲維新故出師義貴乎三申縱敵患貽於數代伏望陛下因臣還國以副使假臣盡將天旨再宣殊裔豈惟斯怒益振固亦武夫作氣必傾其巢穴靜此荒隅遂夷臣之小誠爲國

家之大利臣等復乘桴滄海獻捷丹闈效毛髮之功答雨露之施臣所望也伏惟陛下圖之

玄宗冊渤海郡王大欽茂文

皇帝若曰於戲王者宅中守在海外必立藩長以寧遐荒咨爾故渤海郡王嫡子大欽茂代承緒業早聞才幹昔在爾考忠於國家爰逮爾躬當茲負荷豈惟立嫡亦乃擇賢休問可嘉寵章宜及是用命爾爲渤海郡王爾往欽哉永爲藩屏長保忠信效節本朝作藩殊俗可不美歟冊府元龜九百六十四又見全唐文

玄宗弔渤海王大欽茂書

念爾亡父素勵誠節與善無徵奄至殂謝興言求往軫念良深卿是長嫡當襲父位宜全忠孝以繼前蹤今故遣使持節册命兼申弔祭同上

穆宗授青州道渤海授金吾將軍等放還蕃制

敕愼能至王姪大公則等洲海一作東之國知義之道與華夏同風者爾輩是也冒越深阻和會於庭予嘉乃誠命以崇秩用奮威衛保爾恩榮無怠無違永作藩服可依前件元氏長慶集

穆宗授青州道渤海等授諸衛將軍放還蕃制

敕大定順王姪大多英等我有十二衛將軍以率其屬皆匡備左右爲吾近臣自非勳庸不以輕授以汝各贊琛賮勞於梯航俾耀遠人宜示恩寵歸撫爾類知吾勸來可依前件同上

穆宗加渤海王子官制

敕渤海王子舉國内屬遣子來朝祇命奉章禮無違者夫入修職貢出錫爵秩茲惟舊典舉而行之白氏長慶集

文宗敕渤海王大彝震書

勑渤海王大彝震王子大昌輝等自省表陳賀並進奉事具悉卿代襲忠貞器資仁厚遵禮義而封部和樂持法度而渤海晏寧遠慕華風聿修誠節梯航萬里任土之貢獻俱來夙夜一心朝天之禮儀克備龍庭必會鯷域何遙言念嘉猷豈忘寤歎勉弘教義常奉恩榮今因王子大昌輝等回國賜卿及信物至宜領之妃及副王長史平章事各有賜物具如別錄 文苑英華四七一封敖

表

賀正表

三陽應律載肇於歲華萬壽稱觴欣逢於元會恭惟受天之祜如日之升布治惟新順夏時而謹始卜年方永邁周歷以垂休臣幸際明昌良深抃頌遠馳信幣用申祝聖之誠仰冀清躬茂集履端之慶 松漠紀聞載此表題曰渤海賀正表殆爲渤海盛時遣使臣朝唐賀正旦所用之表流傳於後而洪

氏鈔之者

國書可考者祇有與日本往來國書他國無考

武王致日本聖武天皇書仁安八年

武藝啓山河異域國土不同延聽風猷但增傾仰伏惟大王天朝受命日本開基奕葉重光本支百世武藝忝當列國監一作濫總諸藩復高麗之舊居有扶餘之遺俗但以天涯路阻海漢悠悠音耗未通吉凶絶問親仁結援庶叶前經通使聘鄰始於今日謹遣寧遠將軍郎將高仁義游將軍果毅都尉德周别將舍那婁等二十四人賫狀並附貂皮三百張奉送土宜雖賤用表獻芹之誠皮幣非珍還慚掩口之誚主理有限披膳未期時嗣徽音永敦鄰好續日本紀十

日本聖武天皇答武王書仁安九年

天皇敬問渤海郡王省啟具知恢復舊壤聿修曩好朕以嘉之宜佩義懷仁監撫有境滄波雖隔不斷往來便因首領高齊德等還次付書並信物綵帛一十疋綾一十疋絁二十疋絲一百絇綿二百屯仍差送使發遣歸鄉漸熱想平安好（同上）

文王致日本聖武天皇書（大興二年）

欽茂（按原作欽武誤）啓山河杳絕國土敻遙佇望風猷惟增傾仰伏惟天皇聖殿至德遐暢奕葉重光澤流萬姓欽茂忝繼祖業監總如始義洽情深每修鄰好今彼國使朝臣廣成等風濤失便漂落投此每加優賞欲待來春放回使者（按原於此文下有貪前二字）苦請及年歸去訴詞至重鄰義非輕因備行資即爲發遣仍差若忽州都督胥要德等充使領廣成等令送彼國並附大蟲皮羆皮各七張豹皮六張人參三十斤密三斤（一作蚒）進上至彼請檢領（同上）

十三

日本孝謙天皇致文王書（大興十六年）

天皇敬問渤海國王朕以寡德虔奉寶圖亭毒黎民照臨八極王僻居海外遣（按一作遠）使入朝丹心至明深可嘉尚但省來啓無稱臣名仍檢高麗舊記國平之日上表文云族惟兄弟義則君臣或乞援兵或賀踐祚修朝聘之恒式效忠欵之懇誠故先朝善其貞節待以殊恩榮命之隆日新無絶想所知之何假一二言也由是先廻之後既賜敕書何其今歲之朝重無上表以禮進退彼此共同王熟思之季夏甚熱比無恙也使人今還指宣往意並賜物如別（同上十九）

文王致日本淳仁天皇書（大興二十一年）

渤海（原文作高麗）國王大欽茂言承聞在於日本照臨八方聖明皇

帝登遐天宮攀號感慕不能默止是以差輔國將軍楊承慶歸德將軍楊泰師等令齎表文並貢常物入朝同上二十二

日本淳仁天皇致文王書大興二十二年

敬問渤海原作高麗國王使楊承慶等遠涉滄海來弔國憂誠表慇懃深增酷痛但隨時變禮聖哲通規從吉履新更無餘事兼復所貽信物依數領之即因還使相酬土毛絹三十匹美濃絁三十匹絲二百絢綿三百屯殊嘉爾忠更加優賜錦四匹兩面二匹纈羅四匹白羅十匹綵帛三十匹白綿一百帖物雖輕尠寄思良深至宜並納國使附來無船駕去仍差單使送還本蕃便從彼鄉達於大唐欲迎前年入唐大使朝臣河淸宜資相知餘寒未退想王如常遣書指不多及同上

中臺省致日本牒大興二十二年

迎藤原河清使總九十九人大唐祿山先爲逆命思明後作亂常內外騷荒未有平殄即欲放還恐被害殘又欲勒還慮違鄰志仍放首領高元度等十一人往大唐迎河清即差此使同爲發遣其判官全成等並放歸鄉亦差此使隨往道報委曲（同上）

日本光仁天皇致文王書（大興三十五年）

天皇敬問渤海（原文作高麗）國王朕繼體承基臨馭區宇恩覃德澤寧濟蒼生率土之濱化有輯於同軌普天之下恩無隔於殊鄰昔高麗全盛時其王高氏（氏一作武）祖宗奕世介居瀛表親如兄弟義若君臣航海梯山朝貢相續逮乎季歲高氏淪亡自爾以來音問寂絕爰洎神龜四年王之先考左金吾衛大將軍渤海郡王遣使來朝始修職貢先朝嘉其丹欵寵待優隆王襲遺風纂修前業獻誠述職不墜家聲今省來書頓改文道（一作父）日下不

注官品姓名書尾虛陳天孫僭號遠度王意豈有是乎近慮事勢疑有似一作錯誤故仰有司停其賓禮但使人萬福等深悔前咎代王申謝朕矜遠來聽其悛改王悉此意永念良圖昔者昔一作諸高氏之世兵亂無休爲假朝威被稱兄弟方今大氏曾無事故忘一作妄稱舅甥於禮失矣後歲之使不可更然若能改往自新實乃繼好無窮耳春景漸和想王佳也今因回使指示此懷並贈物如別同上三十二

日本光仁天皇致文王書大興四十年

天皇敬問渤海國王使史都蒙等遠渡滄溟來賀踐祚顧慚寡德叨嗣洪基若涉大川罔知所濟王修朝聘於典故慶寶曆於維新勤懇之誠實有嘉尚但都蒙等比及此岸忽遇惡風有損人物無船駕去想彼聞此復以傷懷言念越鄉倍加軫悼故造

船差使送至本鄉並附絹五十疋絁五十疋絲二百約綿三百屯又緣都蒙請加附黃金小一百兩水銀大一百兩金漆一缶漆一缶海石榴油一缶水精念珠四貫檳榔扇十枚至宜領之夏景炎熱想平安和同上三十四

日本光仁天皇弔文王妃喪書大興四十年

禍故無常賢室殞逝聞以惻怛不淑如何雖松檟未茂而居諸稍改吉凶有制存之而已今因還使贈絹二十疋絁二十疋綿二百屯宜領之同上

附史都蒙等上光仁天皇牋

都蒙等一百六十餘人遠賀皇祚航海來朝忽被風漂致死一百二十幸得存活纔四十六人既是險浪之下萬死一生自非聖朝至德何以獨得存生況復殊蒙進入將拜天闕天

下幸民何處亦有然死餘都蒙等四十餘人心同骨肉期共苦樂今承十六人別被處置分留海岸譬猶割一身而分背失四體而匍匐仰望宸輝曲照聽同入朝（同上）

康王致日本桓武天皇告國喪書（正曆元年）

上天降禍祖大行大王以大興五十七年三月四日薨背善鄰之義必問吉凶限以滄溟所以緩告嵩璘無狀招禍不自滅亡不孝罪咎酷罰罹苦謹狀力奉啓荒迷不次孤孫大嵩璘頓首（日本逸史五）

康王致日本桓武天皇報嗣位書（正曆元年）

哀緒已具別啓伏惟天皇陛下動止萬福寢膳勝常嵩璘視息苟延奄及祥制官僚感義奪志抑情起續洪基祇統先烈朝維依舊封域如初顧自思惟實荷顧眷而滄溟括地波浪漫天奉

膳無由徒增傾仰謹差庭諫大夫工部郎中呂定琳等濟海起居兼修舊好其少土物具在別狀荒迷不次同上

日本桓武天皇復康王書正曆二年

天皇敬問渤海國王朕運承下武業膺守文德澤攸潭既有洽於同軌風聲所暢庶無隔於殊方王新纘先基肇臨舊服慕徽猷於上國輸禮信於闕廷眷言欵誠載深慶慰而有司執奏勝寶以前數度之啓頗存體制詞義可觀今檢定琳所上之啓首尾不慥既違舊義者朕以修聘之道禮敬爲先苟乖於斯何須來往但定琳等漂着邊夷悉被刧掠僅存性命言念艱苦有憫於懷仍加優賞存撫發遣又先王不愸無終遐壽聞之惻然情不能止今依定琳等還次特寄絹二十匹絁二十匹絲一百絇綿二百屯以充遠信至宜領之夏熱王及首領百姓並平安好

略此遺書一二無悉同上

康王致日本桓武天皇書正曆二年

嵩璘啟差使奔波貴申情禮佇承休眷瞻望徒勞天皇頓降敦私貺之使命佳問盈耳珍奇溢目俯仰自欣伏增慰悅其定琳等不料邊虜被陷賊場俯垂恤存生還本國奉惟天造去留同賴嵩璘猥以寡德幸屬時來官承先爵土統舊封制命策書冬中錫及金印紫綬遼外光輝思欲修禮勝方結交貴國歲時朝覲桅帆相望而巨木掄材土之難長小船汎海不沒即危亦或引海不諳一作謹遭羅夷害雖慕盛化如艱阻何儻長尋舊好幸許來往則送使數不過廿以茲爲限式作永規其隔年多少任聽彼裁裁定之使望於來秋許以往期則德鄰常在事與望異則足表不依其所寄絹二十匹絁二十匹絲一百絇綿二百屯

依數領足今廣岳等使略畢情求迨時便欲差人送使奉諭新命之恩使等辭以未奉本朝之旨故不敢淹滯隨意依心謹因回次奉付土物具在別狀自知鄙薄不勝羞愧（日本後紀五）

日本桓武天皇復康王書（正曆四年）

天皇敬問渤海王前年廣岳等還省啟具之益用慰意彼渤海國隔以滄溟世修聘禮有自來矣往者高氏繼緒每慕化而相尋大家復基亦占風而靡絕中間書疏傲慢有乖舊儀爲此待彼行人不爲常禮王追蹤曩烈修聘於今因請隔年之裁庶作永歲之則丹欵攸着深有嘉焉朕祇膺叡圖嗣奉神器聲教滂洎既無偏於朔南區宇雖殊豈有隔於懷抱所以依彼所請許其往來使人之數勿限多少但顧巨海之無際非一葦之可航驚風湧浪動罹患害若以每年爲期艱虞叵測間以六載遠近

合宜故差從五位下行河內國介內藏宿禰賀茂等充使發遣宣告朕懷並附信物其數如別夏中已熱惟王淸好官吏百姓並存問之略此遣書言無所悉日本逸史七

康王致日本桓武天皇書正曆四年

嵩璘啓使賀茂一作萬等至所貺之書及信物絹絁各三十匹絲二百絇綿三百屯依數領足慰悅實深雖復巨海漫天滄波浴日路無倪限望斷雲霞而巽氣送帆指期舊浦乾涯斥候無闕餱糧豈非彼此契齊暗符人道南北義感特叶天心者哉嵩璘莅有舊封纘承先業遠蒙善獎聿修如常天皇遙降德音重貺使命恩重懷抱慰喻慇按下應有懃字況復俯記片書眷依前請不遺信物許以年期書疏之間喜免瑕纇庇陰之顧誠異他時而一葦難航奉智審喻六年爲限竊憚其遲請更貺嘉圖並回通鑒

促其期限傍合素懷然則向風之趣自不倦於寡情慕化之勤可尋蹤於高氏又書中所許雖不限少多聊依使者之情省約行人之數謹差慰軍大將軍左熊衛都將上柱將開國子大昌泰等充使送國兼奉附信物具如別狀土無奇異自知羞惡同上

日本桓武天皇復康王書正曆五年

天皇敬問渤海國王使昌泰等隨賀萬至得啓具之王逖慕風化重請聘期占雲之譯交肩驟水之貢繼踵每念美志嘉尚無已故遣專使告以年期而猶嫌其遲更事覆請夫制以六載本爲路難彼如此不辭豈論遲促宜其修聘之使勿勞年限今因昌泰使還差式部省少錄正六位上滋野宿彌船白充使領送并附信物色目如別夏首正熱惟王平安略此代懷指不繁及日本後紀八

康王再致日本桓武天皇書（正曆五年）

嵩璘啟使船白（一作代）等至枉辱休問兼信物絁絹各三十匹絲二百絇綿三百屯准數領足懷愧實深嘉貺厚情伏知稠疊前年附啟請許量載往還去歲承書遂以半紀爲限嵩璘情勤馳系求縮程期天皇舍己從人便依所請筐篚攸行雖無珍奇特見允依荷欣何極比者天書降渙制使莅朝嘉命優加寵章總萃班霑燮理列等端揆惟念寡菲殊蒙庇蔭其使昌泰等才慙專對將命非能而承貺優容倍增喜慰而今秋暉欲暮序雜涼風遠客思歸情勞望日崇迨時節無滯迴帆既許隨心正宜相送未及期限不敢同行謹因迴使奉附輕尠具如別狀（同上）

定王致日本嵯峨天皇書（永德元年）

南容等迴遠辱書問悲切三（疑作先字）考慰及藐孤捧讀之時無任

哀感伏承先帝仙馭昇遐太上天皇怡神閑館萬機之重早識所歸孟秋尚熱伏惟天皇起居萬福即此元瑜蒙免天皇繼登寶位置命惟新歡洽兆民之心賴及一方之外在於文好休感攸同事貴及時不可淹滯重差和部少卿兼和幹苑使開國子高南容等奉啓用申慶賀之禮兼上土物具在別錄况南容等再駕窮船旋涉大水放還之路恐動不虞伏望遠降彼使押領同來實謂當仁伏惟照諒封域遙隔拜賀末由（同上二十）

日本嵯峨天皇復定王書（永德二年）

天皇敬問渤海國王南容入賀省啓具之惟王資質宏茂性度弘深敦惠輯中盡恭奉外代居北涯與國修好浴（原作汲）日滄溟企乃到矣接天波浪葦能亂之責深（按此二字應爲賨琛之譌）劾精慶賀具禮眷彼情欵嘉賞何止朕嗣膺景命虔承睿圖尅己以臨寰區

丕顯以撫兆庶德未懷邇化曷覃遐王念濬善隣心切事大弗難劬勞聿修先業況南容荐（按應作洊）至使命不墮船舶窮危譬志增勵雖靡來請豈能忍之仍換駕船副使押送同附少物至宜領之春寒惟王平安指此遣書旨不多及（同上二十一）

日本嵯峨天皇致信王書（朱雀三年日本全史作定王誤）

天皇敬問渤海王孝廉等至省啓具懷先王不終遐壽奄然殂背乍聞惻怛情不能已王祚流累葉慶溢連枝遠發使臣聿修舊業占風北海指蟠木而問津望日南朝凌鯨波以修聘永念誠欵歎慰攸深前年附南容等啟云南容再駕窮船旋涉大水伏望辱降彼使押領同來者朕矜其遠來聽許所請因差林東仁充使分配兩船押送東仁來歸不齎啟因言曰改啓作狀不遵舊例由是發日棄而不取者彼國修聘由來久矣書疏往來

皆有故實專輒乖違斯則長傲夫克己復禮聖人明訓失之者亡典籍垂規苟禮義之或虧何須貴於來往今問孝廉等對云世移主易不知前事今之上啟不敢違常然不遵舊例僭在本國不謝之罪惟命是聽者朕不咎既往容其自新所以敕於有司待以恒禮宜悉此懷間以雲海相見無由良用爲念也春首餘寒王及首領百姓並平安好有少信物色目如別略此還報一二無悉（同上二十四）

日本嵯峨天皇贈渤海使王孝廉正三位敕書（朱雀三年）

悼往飾終事茂舊範褒忠錄績義存先彝故渤海國使從三位王孝廉闕庭修聘滄溟廻艫復命未申昊蒼不慭寔雖有命在天薤露難駐而銜恨使命不得更歸朕痛於懷加贈榮爵死而有靈應照泉扃宜可正三位（日本後紀二十四）

日本嵯峨天皇復僖王書 朱雀四年

天皇敬問渤海王孝廉等至省啟具懷先王不終遐壽奄然殂背乍聞惻怛情不能已王祚流累葉慶溢連枝遠發使臣聿修舊業占風北海指蟠木而問津望日南朝凌鯨波以修聘永念誠欵歎慰攸深間以雲海相見無由良以爲念也去年孝廉等却廻忽遭惡風漂蕩還著本船破壞不勝過海更造一船未得颿便孝廉患瘡卒然殞逝王昇基釋仁貞等續物故甚以愴然今寄高景秀且有信物仲夏炎熱王及首領百姓並平安好略此呈報指不一二 日本逸史二十四

宣王致日本嵯峨天皇書 建興元年

仁秀啟仲秋已涼伏惟天皇起居萬福即此仁秀蒙免慕感德等廻到伏奉書問慰沃寸誠欣幸之情言無以喻此使去日海

路遭風船舶摧殘幾漂波浪天皇時垂惠領風義攸敦嘉貺頻繁供億繁重實賴船舶歸國下情每蒙感荷厚幸厚幸伏以兩邦繼好今古是常萬里尋修始終不替謹遣文籍院述作郎李承英賫啟入覲兼令申謝有少土物謹錄別狀伏垂昭亮幸甚雲海路遙未期拜展謹奉啟同上二十七

日本嵯峨天皇復宣王書建興二年

天皇敬問渤海國王承英等至省啟具之王信義成性禮儀立身嗣守蕃緒踐修舊好候雲呂而聳望傃風律以馳誠行李無曠於歲時琛贄不盡於天府況前使感德等駕船漂獻一作沒利涉無由朕特遣賜一舟還其依風之恩王受施勿忘追廸前良虔發使臣遠令報謝言念丹欵深有嘉焉悠悠絕域煙水間之廼睠北領遐不謂矣因還寄物色目如別春首餘寒比無恙也

擾局之內當並平安略遣此不多及同上二十八

宣王致日本嵯峨天皇書建興三年

仁秀啓孟秋尙熱伏惟天皇起居萬福即此仁秀蒙免承英等至伏奉書問用院勤佇俯存嘉貺悚戢伏增但以貴國弊邦天海雖阻飛封轉幣風義是敦音等每嗣於歲時惠賚幸承於珍異眷念之分一何厚焉仁秀不才幸修先業交好庶保於終始延誠冀踵於尋修伏惟照鑒幸甚謹遣政堂省左允王文矩等賫啓入覲遠修國禮以固勤情奉少土毛謹錄別紙惟垂檢到青山極地碧海連天拜謁末由伏增鴻□謹奉啓同上二十九

日本嵯峨天皇復宣王書建興四年

天皇敬問渤海國王使至省啓深具雅懷朕以菲昧虔守先基情存善鄰慮切來遠王俗傳禮樂門襲衣冠器範淹通襟靈劭

舉其儀不忒執德有恒靡憚艱究頻令朝聘絕鯤溟而挂帆駿奔滄波隨雁序而輸琛磬制絳闕不有君子其能國乎言念血誠無忘興寢風馬異壤斗牛同天道之云遥愛而不見附少國信至宜領受春初尚寒比平安好今日還次略此不悉同上三十

日本淳和天皇復宣王書建興八年

天皇敬問渤海國王使承祖等轉送在唐學問僧靈仙□表物來省啓具之載深嘉慰王信確金石操貞松筠褒國命於西秦五臺之嶺非邈敦隣好於南夏萬里之航自通煙波雖遼義誠密邇有斐君子秉心塞淵感激之懷不可導說土宜見贈深領遠情答信輕毛別附檢到其釋貞素操行所缺者承祖周悉風景正熱無恙也略此寄懷不復煩云同上三十四

王彝震致日本仁明天皇書咸和十一年

渤海國王大彝震啓季秋漸冷伏惟天皇起居萬福即此彝震蒙恩前者王文矩等入覲初到貴界文矩即從界未却回到國之日勘問不得入覲逗留文矩口傳天皇之旨年滿一紀後許入覲彝震仰計天皇衷旨不要頻煩謹依口傳仍守前約今者天星（原作皇）轉運躔次過紀覲覿之禮爰恐愆期差使奉啓任約命覲彝震限以溟渤不獲拜覲下情無任馳戀謹遣政省堂左允賀福延奉啓（續日本後紀十一）

王彝震致日本仁明天皇別狀（咸和十一年）

彝震祖父王在日差高承祖入覲之時天皇注送在唐住五臺山僧靈仙黃金百兩寄附承祖承祖領將到國之日具陳天皇附金之旨祖父王欽承眷意轉附朝唐賀正之使令尋靈仙所在將送其金待使復佇付金否而程途隔海過期不返後年朝

唐使人却迴之日方知前年使等從海却歸到塗里浦疾風暴起皆悉陷沒亦悉往五臺覓靈仙送金之時靈仙遷化不得付與其金同陷沒以此其後文矩入覲啓中縷陳事由冀達天皇文矩不遂覲禮將啟却歸今再述失命事由故遣賀福延輸申誠志伏望體悉同上

中臺省致日本太政官牒咸和十一年

渤海國中臺省牒日本國太政官應差入覲貴國使政堂省左允賀福延並行從一百五人牒奉處分日域東遙遼陽西阻兩邦相去萬里有餘溟漲滔天風雲雖可難測扶光出地程途亦或易漂所以展親舊意拜覲須一本此下有申字每航海以占風長候時而入覲年祀雖限星軺尙通賫書遣使爰至於今宜遵舊章欽修覲禮謹差政堂省左允賀福延令覲貴國者准狀牒上日

本國太政官者謹錄牒上同上

日本仁明天皇復王彝震書咸和十二年

天皇敬問渤海國王福延等至得啟具之惟王奉遵明約沿酌舊章一紀星迴朝覲之期不爽萬里溟濶賝貢之欵仍通言念乃誠無忘鑒寐前年聘唐使人却迴詳知苾蒭靈仙化去今省別狀事自合符亦悉付遺黃金陷沒綠浦雖人逝貨失元圖不諧而思夫轉送之勞遙感應接之義悠悠天際足非可跂予相見無由惄焉不已耳附少國信色目如別夏首初蒸比平安好略此還答指不多及同上

日本太政官致中臺省牒咸和十二年

日本國太政官牒渤海國中臺省入覲使政堂省左允賀福延等壹佰伍人牒得中臺省牒稱牒奉處分日域東遙遼陽西阻

兩邦相去萬里有餘溟漲滔天風雲雖可難測扶光出地程途亦或易漂所以每航海以占風長候時而入覲宜遵舊章欽修覲禮謹差政堂省左允賀福延令覲貴國者福延等來修聘禮守一紀之龍信凌千里之鼇波乘風便以企心仰日光而追影事有成規准例奏請被敕報曰鄰好相尋匪亶今日靜言純至嘉尚於懷宜加優矜得復命者今使還之次附璽書并信物至宜領之但啟函修飾不依舊例官議棄瑕不舉自後奉以悛之准敕牒送牒到准狀故牒同上

王彝震致日本仁明天皇書咸和十八年

彝震啟季秋漸冷伏惟天皇起居萬福即此福一作差即此二字又作此即皆誤彝震蒙恩修聘使還算年未紀今更遣使誠非守期雖然自古鄰好憑禮相交曠歲一時猶恐情疏況茲星律轉廻風霜八變

東南向風瞻慕有地寧能恬寂罕續音塵謹備土物隨使奉附色目在於後紙伏惟體鑒溟漲阻遙未由拜覲下情無任馳系謹差永寧縣丞王文矩奉啟不宣謹啟（同上十九）

中臺省致日本國太政官牒（咸和十年）

渤海國中臺省牒日本國太政官應差入覲貴國使永寧縣丞王文矩并行從一百人牒奉處分邈矣兩邦阻茲漲海契和好於永代寄音書於使程一葉飄空泛積水之遐際雙旌擁節達隣情之至誠往復雖遙音耗稀傳戀懷空積所以勿待紀盈申憑舊准謹差永寧縣丞王文矩令覲貴國者准狀牒上日本國太政官者謹錄牒上謹牒（同上）

日本仁明天皇復王彝震書（咸和十九年）

天皇敬問渤海國王入貢使文矩等至省啟具之惟王敦志親

仁宅心懷悳飛颿不斷望日域而忘遐貢篚相尋想遼陽而如近眷其勤苦良嘉乃誠但修聘之期一紀爲限先皇明制國憲已成故有司固請責文矩等以背彝規自邊還却朕閔其匪躬之故遠蹈重溟船破物亡人命纔活使得入奉朝覲拜首軒墀祿賜榮班准憑恒典斯乃一切之恩難可再恃王宜守舊章而不失昭明德以有恒惟存信順之心誰嫌情禮之薄夏熱比淸適也文矩今還略申往意并寄王信物如別同上

日本太政官致中臺省牒咸和十九年

日本國太政官牒渤海國中臺省入覲使永寧縣丞王文矩等壹佰人牒得中臺省牒稱邈矣兩邦阻茲漲海契和好於永代寄音書於使程頃者兩邦通使一紀爲期音耗稀傳戀懷空積所以勿待紀盈申憑舊准謹差永寧縣丞王文矩令覲貴國者

事之大小理難自由盈縮期程那得在彼事須在所却還戒其愆違官具狀奏聞奉敕文矩等孤舟已破百口纔存眷其艱辛義深合宥宜特賜恩隱聽奉入覲爵賜四段准據舊章但權時之制不可通行詳告所司莫令重違者准處分覲禮云畢仍造舟船及時發遣附敕璽書並國信今以狀牒牒至准狀故牒同上

王虔晃致日本清和天皇書王虔晃元年

虔晃啟孟冬漸寒伏惟天皇起居萬福即此一作是虔晃蒙恩當國間年使命永展先親之禮將累代之情況一作悅纘任風之影恒無隔紀以至於今虔晃幸承先緒撫守一邦古典攸憑合重禮意敢依舊貫差付使程紀近盈年允增結戀期海津於挂席表翰信於傳心仍發雲檣迫一作迥凌波浪凝萬里之遐想係寸心以難窮往復之間伏望矜恤限以巨溟未由拜覲下情無任

馳戀謹差政堂省左允烏孝慎奉啟不宣謹啟日本三代實錄二

中臺省致日本太政官牒王虔晃元年

牒奉處分扶桑崇浪日域遐邦欲占風而挂席期限歲而寄音泛泛輕舟罕過淩雲之水拳拳方寸彌增披霧之情所以隔年度日天轉律移想尋修之舊貫延周回之星紀酌展親於古典遵繼好於前章憑事表情善鄰賓禮戀懷轉切不待前期謹差政堂省左允烏孝慎令覲貴國者准狀牒上同上

日本清和天皇致王虔晃書王虔晃二年

天皇敬問渤海國王書獻悉至披覽具之維王文武兼體忠孝由衷襲當國之徽猷敦親王之舊好傾心久契無殊就日之誠利涉長期不廢飛雲之嶮乃顧深欵何靡增懷先皇以去年八月昇遐遺詔不許奔赴朕以寡德荷托鴻圖奉先訓而聿修撫

舊貺以自恤雖則會同之禮大喪無虧延正之朝春秋所美然而闕庭遏密事須隔於殷頫邦國頻災人有難於郵傳緣此慰藉使者迨期放還問紀如賒通情猶邇今因孝愼付送信物仍舊辨裝色目如別勲劇王及所部平安好略此遺書指無一二

同上三

日本太政官致中臺省牒 同前年

謹牒者滄瀛不測義在含弘江漢可宗禮存朝會駿奔惟遽來不及期有司執平弗肯客待奉敕孝愼等遙慕聲教凌歷闕而頻來尋懷順皈辭龍鄉以荐至忠節之効矜恤可量況魯侯再朝春秋無貶惟國有凶喪年屬荒祲將全舊儀何苦黎庶宜殊加迎接權停入都在所安存支賜准例復吉凶相問往迹所懲若有意於弔來事須拘於遺制徒煩舟檝將背時規更待紀盈

當表鄰好者今因綸旨檢校如常修船畢功風潮可駕璽書信物同附使回留彼篤誠放其皈去今以狀牒牒至准狀故牒同上

王玄錫致日本清和天皇書王虔晃十四年是年虔晃薨玄錫即位明年改元故書中署玄錫名

玄錫啟季秋極冷伏惟天皇起居萬福即此玄錫蒙恩肇自建邦常與貴國通使傳命阻年寄音久要之情至今彌厚玄錫繼先祖之遺烈修舊典之餘風盈紀感心善隣顧義爰授使節仍令聘覲伏冀天皇俯矜遠客准例入都幸甚幸甚限以滄波不獲拜伏下情無任惶懼謹差政堂省左允楊成規奉啟起居不宣謹啟同上二十一

中臺省致日本太政官牒王虔晃十四年

牒奉處分天涯路阻日域程遥常限紀以修和亦期年而紀好

隣交有節使命無愆音札相通歲月長久今者星霜易變雲物屢移一紀已盈實當聘覲所以仰據前典廻尌舊規向日寄情發星軺之一使占風泛葉踰渤澥之濶波萬里途程寸心所指往復雖邈欽慕良深謹差政堂省左允楊成規令赴貴國尋修前好宜准狀牒上日本國太政官者謹錄牒上謹牒同上

日本清和天皇復王玄錫書王玄錫元年

天皇敬問渤海國王成規等至省啟昭然惟王家之急繕粉澤施治性之貞凝丹青守信風猷不墜景式猶全相襲舊基於居城靡期先紀於行棹言其篤信來覲既修贈以翔仁放歸如速數千里之波浪雖有邊涯十二廻之寒暄豈促圭晷苟謂拘禮誰爲隔疎德也不孤夢想君子而已國信附迴到宜檢受梅熟王及境局小大無恙略懷遺此何必煩多同上又菅家文草八亦載此文蓋爲菅原

道眞所撰

日本太政官復中臺省牒王玄錫元年

日本國太政官牒渤海國中臺省得中臺省牒官具狀奏請奉勅曰成規等翹情紫闥纖路滄溟守我朝章修其國禮善隣之歎允屬寢興宜准前規使申舊好者准勅處分及期却迴附璽書并國信至宜領之今以狀牒送牒到准狀故牒日本三代實錄二十一

日本清和天皇賜渤海入覲使告身勅書王玄錫元年

中務渤海國入覲大使政堂省左允慰軍大將軍賜紫金魚袋楊成規等歸王有紀納貢無虧望鳳闕之星懸據犀舟以水隔懇誠外徹風化攸覃霑接內脩禮容可愛克念賞勞之義自存縻爵之恩宜依前件主者施行按授成規從三位副使以下各有差詳見列傳菅家文草八載

此文蓋爲菅原道眞所撰

王玄錫致日本陽成天皇書（王玄錫五年）

玄錫啟季秋極涼伏惟天皇起居萬福即此玄錫蒙恩迺者使楊成規被差入覲貴國得達微誠禮畢卻返璽書國信無徵頓臻捧受喜歡感激之深後年本國往唐國相般檢校官門孫宰等所乘船一隻從風漂流着貴國岸天皇特垂恩念仍與生成別賜糧料優賞並蒙□□生命全還本國實是善鄰之救接敦於當時久要之情親逢於今日延領南望伏深忭躍何乃得木石緘默不陳謝深恩亦察舊記久與貴國交使往來舟車織路今乃使節總絕已多歲年伏以禮尚往來聖人所貴聞義則從君子斯宗如何先祖規模常欲奉於是日後嗣堂構必庶繼於前修不勝懇誠不遑待紀謹差政堂省孔目官楊中遠令謝深恩并請嘉容伏冀天皇宣弘前制仍依故實遠垂皇恩復舊路

冀不閉大道恩憐遠客准例入都提撕此事幸甚幸甚限以滄浪未由拜覲謹奉啟起居不宣謹啟日本三代實錄三十一

中臺省致日本太政官牒王玄錫五年

渤海國中臺省牒日本國太政官應差入貴國申謝并請客使政堂省孔目官楊中遠等總一百五人牒奉處分鰲波千里我有善鄰誰謂路阻早結和好無愆使期崇先規而此朝頻修廢故親而彼國總絕近者專使楊成規入貴國後年本國往唐國相般檢校官門孫宰等著海岸天皇特賜矜念並蒙大恩況乎已受恤憐之敦何無申謝之喜亦奉尋前文仰得古記兩國交使本有來由今祗路絕年歲彌久聿修先例不思其復遠感往來之蹤常多懇望之懷堂構之念不敢墜失不勝感激瞻仰之至謹差政堂省孔目官楊中遠令入貴國申謝恩造并請嘉客

宜准狀牒上日本國太政官者謹錄牒上謹牒上同

日本太政官復中臺省牒王玄錫六年都良香撰

放還謝恩並請客使事 政堂省孔目官楊中遠等凡

一百五人

牒得彼省去年九月十三日牒稱近日專使楊成規入貴國後年本國往唐國相般檢校官門孫宰等著海岸天皇特賜憐念並蒙大恩亦奉尋前文仰得古記兩此下有闕文謹差政堂省孔目官楊中遠申謝恩造并請嘉客者國家大體仁尙含弘其異倦疑作眷殊方遭颷失泊漂著此岸者歲有二三或象胥難通或鳥鄙易惑在所不問東西加意濟活禀米禀粟于槖于囊如此普施不復求報況乎渤海世爲善鄰相厚之深未足爲怪不恃我德還恐人知煩更謝恩實非元意加之以紀爲限總紀度予前

後文書斟喻重疊而僭妄[原作忘]之甚不知噬臍過涉之凶至於滅頂亦曩時有制停遣報使數十餘年以爲流例今讀來牒見有此請頓戾舊章豈無新賚但中遠等劄依風之北思甘蹈海以南脫聽灰鷄而或行逐沙鷗而在路波浪侵齧舟船渡穿眷彼赤心收其素欵仍命在所務令友存大賚之科率由恆典斯乃事緣一切誰謂通規恩出非常不可串習今遣中遠等放還本邦事須守前期於盈紀修舊好而更來牒到准狀故牒[下又云左]

大辨源朝臣舒元慶元年六月十八日

左大史山宿彌德美牒 都氏文集四

中臺省致日本太政官牒[入覲使文籍院少監王龜謀等一百五人 王玄錫二十年]

奉處分來若不往則乖禮謂太方不孤只難鬪隣約豈乃不以守其盛風而呈此敦誠肆月盡推年星行遍漢已近舊制之限將投滿紀之期遠書一封常企踵於下國思緒萬戀久馳心於

中朝慕仰舊規瞻舉尊德溟海而不患遙濶梯航而早勤經過定望雲霄無因展謁謹差文藉院少監王龜謀等入覲貴國令尋前蹤者日本本朝文粹十二

日本太政官復中臺省牒紀納言長谷雄撰王玄錫二十一年

彼省牒稱云云已見前國之典故理宜率由來非其期待以何事既無地於逃責豈不時而備儀所司議成從境放却但龜謀等業依風渚身苦浪花雖秋雁僭知候之賓而寒松全守貞之節仍命州吏造舶給糧相善之敦以此可量事須起推竿於當年申尋好於後紀不是新制亦有舊章專顧異時之蹤勿違舊制之限過而重過奈禮云何今以狀牒牒到准狀故牒同上

日本醍醐天皇授渤海大使裴璆正三位告身敕書王諲譔十四年

敕渤海國大使信部少卿從三位裴璆忠節傳家英華累世頃銜君命再趨闕庭涉大瀛如過抝堂誓寸心而捧尺牘美其貞信可以褒酬仍抽縻爵之班强勤王之効可依前件主者施行據日本沼田賴輔渤海交通史所引而未注所出

詩

楊泰師

詩二首 續日本紀云寶字三年正月大保藤原惠美朝臣押勝宴蕃客於田村第當代文士賦詩送別副使楊泰師作詩和之

夜聽擣衣詩

霜天月照夜河明客子思歸別有情厭坐長宵愁欲死忽聞鄰女擣衣聲聲來斷續因風至夜久星低無暫止自從別國不相聞今在他鄉聽相似不知綵杵重將輕不悉青砧一作碪平不平遙憐體弱多香汗預識更深勞玉腕爲當欲救客衣單爲復先

愁閨閣寒雖忘容儀難可問不知遙意怨無端寄異土兮無新識想同心兮長歎息此時獨自閨中聞此夜誰知明眸縮憶憶兮心已懸重聞（一作閉）兮不可穿即將因夢尋聲去只爲愁多不得眠（經國集十三）

按經濟雜誌社刊本羣書類從百二十五經國集載此詩於此夜誰知明眸縮下云千尋海水尺地停晨昏不霽煙霞霧晝夜無環日月星霍嶺仙炊雜樹葉蘇門客嘯向嶺扃花林鳥入羽常引薜荔人歸逕不盡錦里將妝拾翠具仙家欲葺採黃菌武陵縣裏疑迷源明月峽中似聽猿春秋煖冷同千嶺草木榮枯共一園古年奇好盡毫端坐臥之間未厭看潁川水曲嚴陵瀨不知濕叟釣潭竿細尋前後文義不類當爲錯簡非泰師之作也應以日本詩紀所引爲正

奉和紀朝臣公咏雪詩

昨夜龍雲（一作樓）上今朝鶴雪新祇（一作怪）看花發樹不聽鳥驚春廻影疑神女高歌似郢人幽蘭難可繼更欲效而嚬（同上）

王孝廉（詩五首皆在日本作）

奉敕陪內宴

海國來朝自遠方百年一醉謁天裳日宮座外何攸見五色雲飛萬歲光文華秀麗集上

春日對雨得情字

主人開宴在邊廳客醉如泥等上京疑是雨師知聖意甘滋芳潤灑羈情同上

在邊亭賦得山花戲寄兩領客使並滋三

芳樹春色疑應作花色甚明初開似笑聽無聲主人每日專攀盡殘片何時贈客情同上

和坂領客對月思鄉之作

寂寂朱明夜團團白月輪幾山明影徹萬象水天新棄妾看生悵羈情對動神誰云千里隔能照兩鄉人同上

出雲州書情寄兩敕使

南風海路連歸思北雁長天引旅情賴有鏘鏘雙鳳伴莫愁多日住邊亭（同上）

釋仁貞（詩一首）

七日禁中陪宴

入朝貴國慙下客七日承恩作上賓更見鳳（一作凰）聲無妓態風流變動一園（一作國）春（同上）

釋貞素（詩一首在唐作）

哭日本國內供奉大德靈仙和尚詩（并序）

起余者謂之應公矣公作而習之隨師至浮桑小而大之介立見乎緇林余之（一作亦）身期降物負笈來宗霸葉元和八年窮秋之景逆旅相逢一言道合論之

以心素至於周恤小子非其可乎居諸未幾早向鴿原鶺鴒之至足痛乃心此仙大師是我應公之師父也妙理允（羣書類從本作先）契示于元元長慶（原作廣誤）二年入宗五臺每以身猒青凝之器不將心聽白猿之啼長慶五年日本大王遠賜百金達至長安小子轉領金書送到鐵懃仙大師領金訖將一萬粒舍利新經兩部造敕五通等屬附小子請到日本答謝國恩小子便許一諾之言奚（一作豈）憚萬里重波得遂鍾元（一作无）外緣期乎遠大臨迴之日又謝（一作附）百金以大和二年四月七日却到靈境寺求訪仙大師己（疑爲亡字）來日久位（疑爲泣字）我之血崩我之痛便泛四重溟渤視死若歸連五同行李如食之頃（原作項誤）者則應公之原交所

致焉吾信始而復終願靈凡兮表悉或作志疑空留澗水嗚咽千秋之聲仍以雲松惆悵萬里之行四月蓂落如一首途望京之耳不體類從本作航又日本佛教全書本作舥考云舥即那字慧超傳多用此字心淚類從本作渡自涓情因法眼奄幽泉明朝儻問滄波客的說遺鞋白足還末題太和二年四月十四日書入唐德求巡禮行記三

裴頲斷句一在日本作

酬菅侍郎紀典客得行字

一騁希麻驥騄田氏家集中和裴大使重題行字詩自注引此句疑有奪誤

以上爲渤海人自撰之詩

韓翃唐字君平南陽人

送王誕渤海使赴李太守行營

少年結客散黃金，中歲連兵掃綠林。渤海名王曾折首，漢家諸將盡傾心。行人去指徐州近，飲馬回看泗水深。喜見明時鍾太尉，功名一似舊淮陰。全唐詩

溫庭筠 唐

送渤海王子歸國

疆理雖重海，詩書本一家。盛勳歸舊國，佳句在中華。定界分秋漲，開帆到曙霞。九門風月好，回首即天涯。本集

徐夤 唐字昭夢，莆田人。登乾寧進士第，授秘書省正字。

渤海賓貢高元固先輩閩中相訪，云本國人寫得夤斬蛇劍、御溝水、人生幾何賦家一本無家字皆以金書列爲屏障，因而有贈

折桂何年下月中，閩山來問我雕蟲。肯銷金翠書屏上，誰把芻

蕘過日東郯子昔時遭孔聖繇余往代諷秦宮嗟嗟大國金門士幾個人能振素風全唐詩

嵯峨天皇日本

早春觀打毬使渤海客奏此樂

芳春煙景早朝晴使客乘時出前庭廻杖飛空疑初月奔毬轉地似流星左承右礙一作擬當門競䦨踏分行一作分行䦨踏亂雷聲大呼伐鼓催籌急觀者猶嫌都易成經國集十一

阪上今繼繼一作經官左太史

和渤海大使見寄之作

賓亭寂寞對靑溪處處登臨旅念悽萬里雲邊辭國遠三春煙裏望卿迷長天去雁催歸思函谷來鶯助客啼一面相逢如舊識交情自與古人齊文華秀麗集上

大伴氏上（日本官大內記）

渤海入朝

自從明皇御寶曆，悠悠渤海再三朝。乃知玄德已深遠，歸化純情是最昭。片席聊懸南北吹，一船長冷去來潮。占星水上非無感，就日遥思眷我堯。（凌雲集）

都腹赤（日本本姓桑原後改今姓官少內記兼播磨少目）

和渤海入覲副使公賜對龍顏之作

渤海望無極，蒼波路幾千。占雲遥騄水，就日遠朝天。慶自紫霄降，恩將丹化宣。以君吳札耳，應悅聽薰絃。（文華秀麗集上）

滋野貞主（日本天長中爲東宮學士奉敕撰經國集官至參議宮內卿）

春夜宿鴻臚館簡渤海入朝王大使

枕上宮鐘傳曉漏，雲間賓雁送春聲。辭家里許不勝感，況復他

鄉客子情（文華秀麗集上）

奉和早春觀打毬

蕃臣入覲逢初暖初暖芳時戲打毬繡戶爭開鳷鵲館紗牕不避鳳凰樓如鉤月度蓂階側似點星晴綵騎頭武事從斯强弱見輸家妬死（此二字一作始宛）數千籌（經國集十一）

春日奉使入渤海客館

蒼茫渤海幾千里五兩舟中送一年鯷壑艱辛孤跡（一作帆）度鯨濤煞怕遠情傳春鴻愛暖南江水旅客看雲北海天曉籟莫驚單宿夢他鄉覺後不勝憐（同上）

巨勢識人（日本識一作志貴官從五位上）

春日餞野杜史奉使存問渤海客

使乎遠欲事皇皇方惜暌離但有觴遲日未銷邊路雪暖煙偏

著主人揚天涯馬踏浮雲影山裏猿啼朗月光策騎翩翩何處至春風千里海西鄉文華秀麗集上

坂上今雄日本弘仁六年渤海遣使來聘今雄爲領客使

秋朝聽雁寄渤海入朝高判官釋錄事

大海途難涉孤舟未得廻不如關隴雁春去復秋來同上

安倍吉人日本官中務大輔

聞渤海客禮佛感而賦之

聞君今日化城遊眞趣寥寥禪跡幽方丈竹庭維摩室圓明松蓋寶積球玄門非無又非有頂禮消罪更消憂六念鳥鳴蕭然處三歸人思幾淹留經國集十

島田渚田日本

和安領客感賦渤海客禮佛之作

禪堂寂寂架海濱遠客時來訪道眞合掌焚香忘有漏廻心頌偈覺迷津法風冷冷疑迎曉天蕚輝輝似入春隨喜君之微妙意猶是同見崛山人同上

僧空海日本姓佐伯氏讚岐多度人延曆二十三年遊學於唐大同元年歸日本卒後賜號弘法大師一稱高野大師

傷渤海國大使王孝廉中途物故

一面新交不忍聽況乎鄉國一作園故園一作國情高野大師廣傳下

都良香日本腹赤之子博聞强記善屬文官大內記文章博士所著有都氏文集五卷

代渤海客上右親衛源中郎將

紫微親衛寵榮身奉詔南行對此賓出自華樓光照地來從雲路跡無塵虵驚劍影便逃死馬惡衣香擬嚙人渤海朝宗歸聖澤願君先道入天津扶桑集七又江談抄四引五六兩句下有注云魏文帝時朱建平相馬事也

鴻臚館南門

自有都良香不盡後來賓館又相尋江談抄四下並注云故老傳云裴感此句尤甚但作者改定姓名間凡時人大感云

島田忠臣日本或作田達音元慶中爲美濃介權行玄蕃頭與式部少輔菅原道真迎渤海聘使紀長谷雄稱爲當時之詩匠

繼和渤海裴大使見酬菅侍郎紀典客行字

非獨利刀刃似霜毫端衝敵及斜光多才實是丹心使少壯猶爲白面郎大使年未及强仕故云聲價隨風吹扇俗詩媒逐電激成章文場閲得何珍貨明月爲使秋雁行田氏家集中

敬和裴大使重題行韵

待得星廻十二霜偏思引見賜恩光安存客館馮朝使出入公門付夕郎覺悟當時希驥乘來章有一駁希驥騄商量後日對龍章明

王若問君聰敏奏報應生謝五行同上

過裴大使房同賦雨後熱

冒熱尋來逼戶帷客房安穩雨休時三更會面應重得四海交心難再期不是少郎無露膽偏因大使有風姿他鄉若記長相憶莫忘今宵醉解眉同上

夏夜對渤海客同賦月華臨淨夜詩題中取韻限六十字

半破銀鍋子排空踵日車當天猶熱苦仲夏却霜華澆石多零玉通林碎著花窗疑懸瀑布庭訝蹈晴沙照察分絲髮吟看置齒牙兩鄉何異照四海是同家同上

同菅侍郎醉中脫衣贈裴大使次韻

淺深紅翠自裁成擬別交親贈遠情此物呈君緣底事他時引領暗愁生同上

酬裴大使答詩本韻

驚見裴詩逐雲成客情歡慰主人情與君共是風雲會唯契深交送一生同上

夏夜於鴻臚館餞北客歸鄉

遠來賓館接歡娛旬景灾心白首俱行李禮成迴節信扶桑恩極出蓬壺此宵促膝東廊底明日違顔北海隅鄭重贈君無異物唯餘泣別滿中珠同上

菅原道眞日本字三清公之孫是善之第三子少而好學博涉經史及壯工文歷官至右大臣兼右近衛大將延喜初被讒左遷太宰權帥卒後贈太政大臣著菅家文草十二卷後草一卷俱行世

去春咏渤海大使與賀州善司馬贈答之數篇今朝重吟和典客國子紀十二丞見寄之長句感而翫之聊依本韻毓黻按標題去春二字指已逝之春而言猶今春也日本人習用如此

掌上明珠舌下霜風情潤色使星光春遊總轡州司馬夏熱交襟典客郎恨我分庭勞引導饒君遇境富文章若教毫末逢閑日莫惜從容損數行 菅家文草二

重依行字和裴大使被酬之什

寒松不變冒繁霜面禮何須假粉光灌溉梁園爲墨客婆娑孔肆是查郎千年豈有孤心負萬里當憑一手章聞得傍人相語笑因君別淚定添行 同上

過大使房賦雨後熱

風涼便欲斂纖氛未覩青天日已曛揮汗春宮應問我飲冰海路詎愁君寒河莫趁家千里淡水當添酒十分言笑不須移夜漏將妨夢到故山雲 同上

夏夜對渤海客因賦月華臨靜夜詩 題中取韵六十字成

擧眼無雲靄窗頭翫月華仙娥弦未滿禁漏箭頻加客座心呈露杯行手酌霞人皆迷傅粉地不辨晴沙縱望西山落何瞻北海家閑淡知照膽莫勸折燈花同上

醉中脫衣贈裴大使叙一絶寄以謝之

吳花越鳥織初成本自同衣豈淺情座客皆爲君後進任將領袖屬裴生同上

二十八字謝醉中贈衣裴少監酬答之作似有謝言更述四韵重以戲之

不堪造膝接芳言何事來章似謝恩腰帶兩三杯後解口談四七字中存我寧離袂忘新友君定曳裙引舊門若有相思常服用每逢秋雁附寒温同上

依言字重酬裴大使

多少交情見一言何關薄贈有微恩手勞機抒營求斷心任裁縫委曲存短製應資行路客餘香欲襲國王門後來縱得相親褻故事因君暗可溫同上

夏夜於鴻臚館餞北客歸鄉

歸歟浪白也山青恨不追尋界上亭腸斷前亭相送日眼穿後紀轉來星征帆欲繫孤雲影客館爭容數日扃惜別何為遙入夜緣嫌落淚被人聽同上

酬裴大使留別之什次韻

交情不謝北溟深別恨還如在陸沈夜半誰欺顏上玉旬餘自斷契中金高看鶴出新雲路遠妬花開舊翰林珍重歸鄉相憶處一篇長句總丹心同上

按此詩後又有重答菅十一著作詩有云東閣含將眞咳唾北溟賣與僞珍瑰三條印綬依恩佩九首詩篇奉敕裁下有

注云來章曰蒼蠅舊讚元台辨白體新詩大使裁注云近來有聞裴頲云禮部侍郎得白氏之體余讀此二句盛上句之不欺兼下句之多詐酬和之次聊述本情余心無一德身有三官總而言之事緣恩獎吏被敕旨假號禮部侍郎與渤海入覲大使裴頲相唱和詩總九首追以慙愧故有此四句

見渤海裴大使眞圖有感

自送裴公萬里行相思每夜夢難成眞圖對我無詩興恨寫衣冠不寫情同上又江談抄四引三四兩句下有注云見渤海裴大使眞圖有感云云

客館書懷同賦交字呈渤海裴令大使自此以後七首余別奉敕旨與吏部紀侍郎詣鴻臚館聊命詩酒大使思舊日主客將賦交字一席響應唱和往復來者宜知之

尋思執手昔提膠拜覿慇懃不暫拋雪鬢同年分岸老風情一道望雲交皎駒再食場中藿儀鳳重歸閣上巢借問高才非宰相揚雄幾解俗人嘲同上五

答裴大使見酬之作本韻

別來二六折寒膠今夕温顔感豈抛持節猶新霜後性忘筌仍舊水中交恩光莫恨初無褐聖化如逢古有巢相勸故人何外事只看月咏望風嘲同上

重和大使見酬之詩本韻

知命也曾讀易久衰顔何與少年交成功宿昔應攀桂求類今宵幾拔茅聲價重輕因道舉文章多少被人抄自慚往復頻酬贈定使魚蟲草木嘲同上

和大使交字之作次韻

占明何更索瓊茅傾蓋當初得素交淼淼任他踰北海皤皤定是養東膠雞雛自愧羣霜鶴瑚璉當嫌對竹筲欲以浮生期後會先悲石火向風敲同上

客館書懷同賦交字寄渤海副使大夫

珍重孤帆適樂郊雲龍庭上幾包茅度春欲見心如結專夜相思[日是]不交賓禮來時懷土雁旅人歸處泣珠蛟暗知器量容衡霍愧我區區小斗筲同上

和副使見酬之詩本韻

遠客光榮自近郊羞君翰苑遇菅茅世間風月雖同道別後蕭朱定絕交材器好承多雨露一作霧寵章祇怕幾魚蛟不須眉面相霑接推料應嫌我瑣筲同上

夏日餞渤海大使歸鄉各分一字探得途字

初喜明王德不孤奈何再別望前途送迎每度長青眼離會中間共白鬢後紀難期同硯席故鄉無復忘江湖去留相贈皆名貨君是詞珠我淚珠同上

都在中日本良香之子有文才官越前掾

送裴大使歸在中在越前與渤海使裴璆友善臨別贈詩

與君後會應難定從此遙望北海風江談抄四下並注云在中任越前掾於彼州與裴結交臨別呈詩裴大感但不蒙敕命任意寄詩之由朝家可被召問處而聞裴有感被寬宥云

菅原淳茂日本道眞之第四子昌泰中舉秀才延喜八年對策及第官至右中辨

初逢渤海裴大使有感吟

思古感今友道親鴻臚館裏□餘塵裴文籍後聞君久菅禮部孤見我新年齒再推同甲子風情三賞舊佳辰往年賢父裴公以文籍少監奉使入朝余先君時為禮部侍郎迎接殷勤非唯先父之會友兼有同年之好記裴公重朝自說我家有千里駒蓋謂君焉今余與使公春秋偶合賓館相逢又三般禮同在仲夏故云兩家交態人皆賀自媿才名甚不倫扶桑集七按江談抄四引三四兩句下有注云故老曰裴公吟此句泣血云云裴璆者裴頲子也頲以文籍少監入朝菅相公以禮部侍郎贈答故有此句

菅原篤茂日本

於鴻臚館餞紀客

九枝燈盡惟期曉一葉舟飛不待秋江談抄四又有注云此詩下句作之不能作上句語合於朝綱朝綱被諫曰可作燈之由仍所作

大江朝綱日本官歷左右中大辨至參議世稱後江相公有集二卷

渤海裴大使到越州後見寄長句欣感之至押以本韻

王道如今喜一平敎君再入鳳凰城朝天歸路秋雲遠望闕高詞夜月明江郡浪晴沈藻思會稽山好稱風情恩波化作滄溟水莫怕孤帆萬里程扶桑集七

酬裴大使再賦程字遠被相視之什

別後含毫意不平滿篇總是憶皇城廻頭遠拜堯雲影戴眼遙瞻聖日明詞苑花鮮抽旅思詩流浪潔□深情戀君欲趁夢中路請問悠悠海驛程同上

奉和裴使主到松原後讀余鴻臚南門臨別口號追見答和之什次韻

一從分手指遼陽妒使來賓斷雁行得意何愁雲水隔江湖深契在相望同上

奉酬裴大使重依本韻和臨別口號之作

曉鼓聲中出洛陽還悲鵬鷁遠分行思傾別酒俱和淚未死應無一日忘同上

書懷呈渤海裴大使延喜八年渤海使裴璆來聘後十三年再來

煙浪雲山路幾重十三年裏再相逢虛聲我類羊公鶴遠操君同馬岌龍雖喜交情堅似石更憐使節古於松兩回入覲裴家事饒趁芳塵步舊蹤同上

和裴大使見酬之什次韻

想彼煙霞閉數重停盃還喜與君逢夢中艷藻雖吞鳥筆下雕雲不讓龍底徹交斟秋岸水葢傾心指暮山松江家昔有忘年契莫怪鴻臚暫比蹤同上

重依蹤字和裴大使見酬之什

黑溟淼淼樹重重鰲抃應誇促膝逢華表聲高先聽鶴葛帔鱗化再看龍遠排波母靑山霧近對東王紫麓松使範頻傳詩獨步飛觴還祝後來蹤同上

裴大使重押蹤字見賜瓊章不任諷詠敢以酬答

忽望仙樓十二重馬頭連袂又遭逢今日使主並馬詣闕故云占雲難傍荀鳴鶴摛藻多慚范彥龍詞露瑩珠先點草筆鋒淬劍本藏松憐君累代遙輸信竹帛應垂不朽蹤同上

贈筆呈裴大使

我家舊物任英風分贈兼歡意欲通縱不研精多置牖猶勝仲指漫書空毫含婁誕松煙綠管染湘妃竹露紅若訝本從何處得江淹枕上曉夢中 同上九

藤原雅量 日本官勘解由次官左少辨

遼東丹裴大使公去春述懷見寄於余勘問之間遂無和之此夏綴言志之詩披與得意之人不耐握玩偷押本韵

煙浪淼茫雲樹微廻□使節見依依隨風草靡殊方狎就日葵傾遠俗歸遼水鶴聲重北去滄溟鵬翼三去聲南飛若長有與心期在萬里分襟更共衣 前紀鴻臚館夜舍預彼席遙以指別今任此州更拜淸塵不堪懷舊脫衣贈之 故云 扶桑集七

重和東丹裴大使公公館言志之詩本韻

凌雲逸韻義精微一咏難任萬感依不奈東丹新使到唯憐渤海舊臣歸江亭日落孤煙薄山館人稀暮雨飛見說妻兒皆散去何鄉猶曳買臣衣同上

銘

都良香日本

贈渤海客扇銘畫扇廿枚分與廿八

隨時致用在夏爲功君子所重扇揚仁風一文彩間發圖雲寫霞好之又好嘲鬬九華二圓體可愛近人之裁惠風及我仁遠乎哉三團團者扇在彼一掌逐暑來涼所以是仰四沙煎石渤體熱心倦何以贈賓延風之扇五松烟鉛滓圖畫成文彩色之妙比光慶雲六炎氣中人若火之熾引扇而動淸風立至七取凉素手掩曲朱脣握翫無厭既愛且親八輕便有體裁製之功

異類同應風生手中九行藏有節出處無違比德君子皎然不疑十取涼之器自有風流雖乃在夏凄其似秋十一良工極妙圓體中規所象非遠學天孕奇十二動靜非已去留依人有淸風在駈除客塵十三雖有手腻能蕩心塵是以其亓原作好不以其亓原作新十四勢作風氣體裁月輪手親相贈于彼嘉賓十五此器之美能蔭旱雲時當暑熱所以相分十六往還月轉動搖風隨取彼涼氣此其亓原作所宜十七扇之爲用以禦炎氛手指功畢今朝贈君十八巧思不已團扇遂分高人所執簸彼風羣十九自然之氣手下驚頻時暑蒸矣贈彼遠人二十都氏文集三

序

菅原道眞日本

鴻臚贈答詩序

元慶七年五月余依朝議假稱禮部侍郎接對蕃客故製此

余以禮部侍郎與主客郎中田達音（按：即島田忠臣）共到客館尋安舊記二司大夫自非公事不入中門余與郎中相議裴大使七步之才也他席贈遺疑在宿構事須別預宴席各竭鄙懷面對之外不更作詩也議成事定每列詩筵解帶開襟頻交杯爵凡厥所作不起藁草五言七言六韻四韻默記畢篇文不加點始自四月二十九日用行字韻至於五月十一日賀賜御衣二大夫兩典客與客徒相贈答同和之作首尾五十八首更加江郎中一篇都慮五十九首吾黨五人皆是館中有司故編一軸以取諸不忘主人賓客吳越同舟巧思蕪詞薰蕕共畝殊恐他人不預此勤者見之笑之聞之嘲之嗟乎文人相輕待謬來哲而已（菅家文草七）

大江朝綱（日本）文一首

夏夜於鴻臚館餞北客詩序 北客指裴璆

延喜八年天下太平海外慕化北客算彼星纏朝此日域望扶木而烏集涉滄溟而子來我后憐其志褒其勞或降恩寵或增爵秩於是餞宴之禮已畢儆裝之期忽催夫別易會難來遲去速李都尉於焉心折宋大夫以之骨驚想彼梯山航海凌風一作鳳穴之煙嵐迴棹揚鞭披龜林之蒙霧依依然莫不感忘退之誠焉若非課詩媒而寬愁緒攜歡伯而緩悲端何以續寸斷之腸休半銷之魂者乎於時日會鶉尾船艤龍頭麥秋動搖落之情桂月倍分隔之恨嗟乎前途程遠馳思於雁山之暮雲後會期遙霑纓於鴻臚之曉淚余翰苑凡叢揚庭散木媿對遻水之客敢陳孟浪之詞云爾 本朝文粹九又江談抄六引前途程遠四句下有注云此句渤海之人流淚叩胸後經數年問此朝人曰江朝綱至三公位乎答云未也渤海人云知日本國非用賢才之國云云

紀有昌（日本文一首）

送裴大使璆歸國詩序

執徐之歲北客來朝候龍星之一周涉鼇波之千里朝家憐彼遠節賜以優寵其禮峻焉其恩深矣既而覲天儀畢歸蕃期至逼王程之有限歎友道之不終夫以人之送別別之傷人自然之感不覺而生昔尼父之去周老聃所以贈言子高之還魯季節由其攬涕（一作淚）況乎天涯渺絕雲帆長歸馳思於煙驛則梯山之程難計通夢於波郵則航溟之路易迷於是燭燒紅蠟歌奏驪駒可以銷攀慕之魂可以穿悵望之眼今之相惜不其然乎於時桂月漸傾梅雨斜落勸紅螺而緩愁染紫毫以寫思君子之別良有以哉若余者久積丹螢之光未入（一作結）白鳳之夢不顧拙目（一作才）敢課庸音（一作書）云爾（本朝文粹九）

書狀

僧空海 日本

爲藤大使與渤海王子書 正曆十一年

渤海日本地分南北人阻天池然而善隣結義相貴通聘往古今來斯道豈息賀能參就朝貢偶然奉謁不期而會非常喜悅仲春漸暄伏惟動止萬福即此賀能推既被監使留礙不得再展惆悵周旋誰堪斷腸今日取別後會難期今不任顧戀之情謹奉狀不宣謹狀 弘法大師遍照發揮性靈集五

致渤海使王孝廉書 朱雀三年

信滿至辱枉一封書狀及一章新詩翫之誦之口手不倦面即胡越心也傾蓋一喜一懼不知爲喻矣孟春餘寒伏惟大使動止萬福伏承國家寵遇百倍恆品慶賀殊深比欲取消息緣信

滿遲來不能交參悚悵何言未審早晚合發歸亦先所諮申王好等官品具錄示幸甚幸甚謹遣上信滿奉上不宣謹狀正月十九日西岳沙門空海狀上渤海王大使閣下（高野雜筆集）

致渤海使王太守記室（按王太守即王孝廉也朱雀三年）

凶變無常承東鰈一沈雙鳧隻飛惟哀痛深痛當奈何賢室年華未秋奄遭此風霜二三幼稚偏露誰怙痛哉哀哉仲秋夜涼伏惟動止支常貧道去月中有敕徵且住中務省其敕書案一本附上一覽之天邊隔我松柏豈移入京時專候此披展未聞珍重謹因廻李奉疏不次謹狀八月十日沙門空海王太守記室謹空（弘法大師全集）

都良香（日本）

謝渤海楊大使贈貂裘麝香暗摸靴狀

殊覘難當豈敢輒更謹敕奉返望不恠責不宣謹狀即日起居郎都良香狀謹奉大使公節下謹空（都氏文集四）

贈渤海楊大使狀

中夜相思發於琴聲遂以成咏勤□囑令副使公及意（疑作錄）事首領同和幸也少間就房言展不一二謹狀五月廿四日典客都良香謹言大使公節下副使以下並附珍重謹言（同上）

答渤海楊大使狀

得所來示領愁良深公綴屬之美絕於傍人自稱短韻何言之謙應時而和所望令諸留面謝不宣謹狀即日起居郎都良香謹奉大使公節下謹空（同上）

紀谷長雄（日本）

代宇多天皇遺前渤海大使裴璆書（末王六年託其子璆轉致）

裴公足下昔再入覲光儀可愛遺在人心余是野人未曾交語徒想風姿北望增戀方今名父之子禮畢歸鄉不忍方寸聊付私信通客之志不輕相棄嗟乎余棲南山之南浮雲不定君家北海之北險浪幾重一天之下宜知有相思四海之内莫怪不得名日本國栖鶴洞居士無名謹狀延喜五年七月二十一日本文粹七又扶桑略朝記二十三亦引之

裴璆

謝狀

時爲東丹國使來聘被日本勘問乃進謝狀原作過狀又稱怠狀

裴璆等背眞向僞爭善從惡不救先主於撙俎之間猥諂新主於兵戈之際況乎奉陪臣之小使紊上國之恒規望振鷺而面慙咏相鼠而股戰不忠不義向招罪過勘責之旨曾無避陳仍進過狀裴璆等誠惶誠恐謹言本朝文粹十二

遺裔之文

定安國王烏玄明

上宋太宗表（太平興國六年）

定安國王臣烏玄明言伏遇聖主洽天地之恩撫夷貊之俗臣玄明誠喜誠抃頓首頓首臣本以高麗舊壤渤海遺黎保據方隅涉歷星紀仰覆露鴻鈞之德被浸漬無外之澤各得其所以遂本性而頃歲契丹恃其彊暴入寇境土攻破城砦俘略人民臣祖考守節不降與衆避地僅存生聚以迄於今而又扶餘府昨背契丹並歸本國災禍將至無大於此所宜受天朝之密畫率勝兵而助討必欲報敵不敢違命臣玄明誠懇誠願頓首頓首元興六年十月日定安國王臣玄明表上（宋史四百九十一）

附宋太宗答定安國王烏玄明詔（同前年）

敕定安國王烏玄明女眞使至得所上表以朕嘗賜手詔諭旨且陳感激卿遠國豪帥名王茂緒奄有馬韓之地介鯨海之表彊敵呑併失其故土沈冤未報積憤奚伸矧彼獯戎尙搖蠆毒出師以薄伐乘夫天災之流行敗衂相尋滅亡可待今國家已於邊郡廣屯重兵只俟嚴冬即申天討卿若能追念累世之恥宿戒舉國之師當予伐罪之秋展爾復仇之志朔漠底定爵賞即加宜思永圖無失良便而況渤海願歸於朝化扶餘已背於賊庭勵乃宿心糾其協力克期同舉必集大勳倘阻重溟未遑遣使倚注之切鑒寐寧忘同上

附宋太宗賜烏舍城浮渝府渤海琰府王詔同前年

朕纂紹丕構奄有四海普天之下罔不率俾矧太原封域國之保障頃因竊據遂相承襲倚遼爲援歷世逋誅朕前歲親

提鋭旅盡護諸將拔并門之孤壘斷匈奴之右臂眷言弔伐以蘇黔黎蠢茲北戎非理搆怨輒肆荐食犯我村略一昨出師逆擊斬獲甚衆今欲鼓行深入席捲長驅焚其龍庭大殲醜類素聞爾國密邇寇讎迫於吞并力不能制因而服屬困於宰割當靈旗破敵之際是鄰邦雪憤之日所宜盡出旗帳佐予兵鋒俟其翦滅沛然封賞幽薊土宇復歸中原朔漠之外悉以相與勗乃協力朕不食言同上案浮渝府即扶餘府時為定安國所有詳見叢考

天祚帝文妃大氏遼二首

諷諫歌

勿嗟塞上兮暗紅塵勿傷多難兮畏強鄰不如塞姦邪之路兮選取賢臣直須臥薪嘗膽兮激壯士之捐身可以朝清漠北兮

夕枕燕雲遼史本傳又契丹國志、文與此小異且無兮字

咏史詩

丞相朝來劍佩鳴千官側目寂無聲養成外患嗟何及禍盡忠臣罰不明親戚並連藩屏位私門潛蓄爪牙兵可憐往代秦天子猶向宫中望太平契丹國志文妃傳又遼史本傳與此小異每句有兮字余以國志題曰咏史詩且通體爲一七律故從之

王遵古金詩一首

過太原贈高天益天益能作大字

遼海渺千里風塵今二毛心雖如筆正官不稱才高筦庫非君事山林必我曹相期老鄉國拂石弄雲璈中州集

王庭堅金詩一首

野菊

鬬雞臺下秋風裏白白黃黃無數花日暮城南城北道半隨榛棘上樵車同上

王庭筠金詩二十八首詞十二首文五首

楊秘監下槽馬圖

龍眠悔畫馬政恐墮馬趣我今破是說試下第一句道人三昧手游戲萬象具萬象初莫逃畢竟無所住譬如大圓鏡照物隨其遇少焉物四散影果在何處楊侯具此眼透脫向上路萬馬落人間蓋證龍眠誤以下俱中州集

書西齋壁

世事雲千變浮生夢一場偶然攜柱杖來此據胡床有雨夜更靜無風花自香出門多道路何處覓亡羊

八月十五日過泥河見鴈

家在孤雲落照間行人已上鴈門關憑君爲報平安信才是雲中第一山

示趙彥和

四柳危亭坐晚陰殷勤雞黍故人心兒孫滿眼田園樂花木成陰年歲深十畝蒼煙秋放鶴一簾涼月夜横琴家山活計良如此歸與秋風已不禁

大安寺試院中寒食

東風日日漲黃沙供佛床頭始見花寒食清明好時節年年憔悴獨離家

獄中賦萱

沙麓百戰場舄鹵不敏樹況復幽圄中萬古結愁霧寸根不擇地於此生意具婆娑綠雲杪金鳳掣未去晚雨沾濡之向我泫

如訴忘憂定漫說相對淸淚雨柳州戲題堦前芍藥東坡長春如稚女及賦王伯颺所藏趙昌畫梅花黃葵芙蓉山茶四詩黨承百世傑西湖芙蓉晚菊王內翰子端獄中賦萱凡九首予請閑閑公共作一軸寫因題其後云柳州怨之愈深其辭愈緩得古詩之正其淸新婉麗六朝辭人少有及者東坡愛而學之極形似之工其怨則不能自揜也黨承百出於二家辭不足而意有餘王內翰無意追配古人而偶與之合遂爲集中第一大都柳出於稚坡以下皆有騷人之余韻所謂生不並世俱名家者也

獄中見燕

笑我迂疎觸禍機嗟君底事入圓扉落花吹濕東風雨何處茅簷不可飛

借樂亭

日暮西風吹竹枝天寒杖屨獨來時門前流水淸如鏡照我星星兩鬢絲

野堂 二首

綠李黄梅繞屋疎秋眠不著鳥相呼雨聲偏向竹間好山色漸從煙際無

雲自知歸鳥自還一堂足了一生閑門前剝啄定佳客簷外孱顔皆好山

韓陵道中

石頭犖确兩坡間不記秋來幾往還日暮蹇驢鞭不動天敎子細數前山

絶句

竹影和詩瘦梅花入夢香可憐今夜月不肯下西廂

孫氏午溝橋亭

閑來橋北行偶過橋南去寂寞獨歸時沙鷗晚無數

送士選山東外臺判官

秋天豸廓使星明光動山東七十城玉署文章厭閑冷繡衣風采試澄清人隨白鴈霜前到詩繞青山馬上成才力如君君未老只愁無地避功名

張禮部溪山眞樂圖

悠悠春天雲想見平時閑朝遊溪橋畔暮宿山堂間澹然不知愁亦復忘所懽出山初無心既出還思山人間待霖雨欲歸良獨難山堂悵何許蕭蕭松桂寒

內鄉浙江張浮休滓尊爲二兒賦

嵓花覆我酒酒面照幽妍風如惜花影不肯生微漣空山悄無人花枝自留連懷人成獨醉日暮山蒼然

超化寺

隔竹微聞鐘磬音牆頭脩綠冷陰陰山迎初日花枝靚寺裏清

潭塔影深吾道蕭條三已仕此行衰病獨登臨簡書催得匆匆
去暗記風煙擬夢尋

舍利塔

蒼山亭亭如覆盎佛塔東西屹相向林頭朝日射重簷黄金丹
砂曄生光中華此塔第十五圖記所傳知不妄智惠薰成舍利
羅夜半奇芒時一放想見當時阿育王麾叱神工鞭鬼匠雲車
瘴海挽炎沙沙底黄腸三萬丈石排方面蔑石段鐵錮瘦中腰
鼓樣功夫精密業長久位置尊嚴氣高張地皮浮水膚寸許旱
溢與之俱下上崧山歸山夏秋雨雨潦從衡歲相盪天龍圍護
夜叉守終劫不敢生波浪塔前樹秀老不死樹下水流多益壯
再拜初嘗一勺甘洗我三生煩惱障

夏日

西窗近事香如夢北客窮愁日抵年花影未斜貓睡外槐枝猶顫鵲飛邊

中秋

虛空流玉洗世界納冰壺明月幾時有淸光何處無人心但秋物天下近庭梧好在黃華寺山空夜鶴孤

被責南歸至中山丙申春

短轅長路兀呻吟行李遲遲日益南親老家貧官職重恩多責薄淚痕深向人柳色渾相識著雨花枝半不禁回首觚稜雲氣隔六年侍從小臣心

送子貞兄歸遼陽

靑峭江邊玉數峯煙梳雨沐爲誰容到時爲向山靈道歸意如君一倍濃

采蓮曲

南北湖亭競采蓮吳娃嬌小得人憐臨行折得新荷葉却障斜陽入畫舡

秋郊

瘦馬踏晴沙微風度隴斜西風八九月疎樹兩三家寒草留歸犢夕陽送去鴉隣村有新酒籬畔看黃花

憶淛川

極目江湖雨連陰甲子秋青燈十年夢白髮一扁舟

夏日

檀欒倒影硯波清注了黃庭譜鶴銘且喜過門無襍𧜟却憐涴壁有寧馨劉賓客詩寧字平聲呼

河陰道中 二首

梨葉成陰杏子青榴花相映可憐生林深不見人家住道上唯
聞打麥聲
微行入麥去斜斜才過深林又幾家一色生紅三十里際山多
少石榴花
以上詩

大江東去 癸巳暮冬小雪家集作

山堂晚色滿疎籬寒雀煙横高樹小雪輕盈如解舞故故穿簾
入戶掃地燒香團欒一笑不道因風絮冰澌生硯問誰先得佳
句有夢不到長安此心安穩只有歸耕去試問雪溪無恙否十
里淇園佳處修竹林邊寒梅樹底准擬全家住紫門新月小橋
誰掃歸路 以下具中州樂府

謁金門

雙喜鵲幾報歸期渾錯儘做舊愁都忘却新愁何處著瘦雪一痕墻角靑子已粧殘蕚不道枝頭無可落東風猶作惡

鳳棲梧

衰柳踈踈苔滿地十二欄干故國三千里南去北來人老矣短亭依舊殘陽裏紫蟹黃柑眞解事似倩西風勸我歸歟未王粲登臨寥落際鴈飛不斷天連水

菩薩蠻回文 三首

斷腸人恨餘香換塵暗鎖窗春小花簷月曉屏掩半山青

客愁楓葉秋江隔行遠望高城故人新恨苦斜日晚啼鴉

白雲孤映遙山碧樓倚一天秋斷腸隨鴈斷來鴈與書回

清平樂 賦杏花

今年春早到處花開了只有此枝春恰到月底輕顰淺笑風流

全似梅花承當疎影橫斜夢想雙溪南北竹籬茅舍人家

烏夜啼

淡煙疎雨新秋不禁愁記得青帘江上酒家樓人不住花無語水空流只有一雙檣燕肯相留

訴衷情

夜凉淸露滴梧桐庭樹又西風薰籠舊香猶在曉帳煖芙蓉雲淡薄月朦朧小簾櫳江湖殘夢半在南樓畫角聲中

清平樂 應制

瓊枝瑤月簾捲黃金闕宮鬢蛾兒雙翠葉點綴離南鬧雪東風扇影依還紅雲不隔天顏夜夜華燈萬樹年年碧海三山

水調歌頭

秋風禿林葉却與鬢生華十年長短亭裏落日冷邊笳飛鴈白

雲千里況是登山臨水無賴客思家獨鶴歸何晚已後滿林鴉望蓬山雲海闊浩無涯安期王舄何處袖有棗如瓜一笑那知許事且看尊前故態耳熱眼生花肝肺出芒角潄墨作枯楂

謁金門 賦玉簪

秋蕭索燈火新涼簾幕翠被不禁臨曉薄南樓聞畫角想見玉壺冰蕚一夜西風開却夢覺烏啼殘月落幽香無處著

以上詞

五松亭記

林慮西山横絶百里隱然猶臥龍𡽱峪爲首天平爲脊黄華爲脅魯班門爲尾迤邐而北去退而望之半天壁峙疑若無路蓋窮探其肺腑益深而益奇黄華之佛祠天平之道宫今爲墟矣惟𡽱峪寶巖寺爲獨完寺創於高齊天保初至本朝泰定中寶

公革爲禪居鐘鼓清新林泉改色始爲天下聞寺李輔之丞此邑也初入寺愛之不能歸久之嘆曰寺固美矣然樹林蒙密屋宇蔽虧而游目騁懷者有所未盡必當得其全遂絕溪而南陟南山而東下臨斷壑有平地數尋若壇址然喬松五章挺立其側山僧曰此地名五松亭舊矣而實未嘗有亭焉豈前人欲有爲而未遑者歟其或者有所待歟輔之笑曰此留以遺我也於是經之營之未幾斷手翬桷翼然出於蒼髯之間亭則維新名則仍舊戊申之春庭筠嘗一到其亭上其東則山門呀如川阜逶迤乍明又晦滅沒無際其北則巍堂修廡隆樓傑閣駢列層見澗竹巖花諸山繚然窈然嶄然崒然旁立向背俯仰吞吐連緜絡繹呈巧獻怪大略皆退之南山詩中所謂或如云云者而詩尚未盡也乃知輔之之善發其秘此亭之得全而有功於此

山也吾歷山多矣求其奇秀與此比者纔一二數即山中求之其華隱妙巧與人意會者亦無如此亭焉加我數年婚嫁事畢歸作亭之主人看夕月之龍蛇聽夜風之琴筑便當不減陶隱居溪水在此吾不食言輔之乞文於吾以爲記吾於是山已結是緣雖不吾乞尚爲之輔之燕人名弼輔之其字也淸愼有禮敏於政事金文稚引河南通志

香林館記承安四年

承安四年春二月上以右宣徽使張公出守沂州明年公以書抵庭筠曰吾下車奉宣詔條夕惕不敢暇逸逮今州民始孚僚屬一日謂吾曰民則安矣公亦勤矣盍謀所以燕息者於是築香林館館在思賢堂之東南環階植靑梅緗梅臘梅數十株開時花氣宜人故以名焉旁有壞垣崇卑不齊乃礲石絡以蔓草

蒼然如幽山斫竹開徑回繚蔽翳地纔數畝行者跬步相失疑其無窮也南亭曰雙淸東庵曰香界夫爲是者非徒燕息而已蓋將以致思於其中人之思出於心心爲俗物所敗則亂故治心者先去其敗之之物然後安既安而思則思之精吾退食自公隱几孤坐每閱書至酉耳目之所接及者乃林風竹月耳無一物相敗吾心甚安乃益思所以事君與夫治身治家治民凡有爲者庶幾乎無愧焉僚屬初閔吾勤而不知重吾勤也爾當以此意爲之記庭筠復書謝曰公之治沂也馭民寬馭吏嚴橋梁修學校舉野無廢田庭無留訟其爲政播於人者如此政隙游戲翰墨詩句高遠似唐人書畫圖美似晉人豈特似之眞得其意焉其遊藝散落於人者如此乃日坐香林思而得之者歟則其事君與夫治身治家治民之道可觸類而知異時端委廟

堂以紹父兄發爲勳業者亦必思之審矣賤子其拭目觀之庭筠既以此謝且以爲記公名汝芳按應作方字仲賢太師南陽郡王之子平章政事莘國公之弟高才絶識言議英發風標玉映氣壓一世云同上引沂州志

李山風雪松杉圖詩跋附詩

繞院千千萬萬峯滿天風雪打杉松地鑪火暖黄昏睡更有何人似我慵

此參寥詩非本色住山人不能作也黄華眞逸書書後客至曰此賈島詩也未知孰是金文最引墨緣彙觀

西京留守廳題名記說

趙武靈王既破林胡始城雲中秦紹漢襲其名不改元魏之興也爲京師焉西際大河東連上谷南阨中山北控五原廣袤千

餘里規以爲甸服逮遼德於晉晉割山前代北十有六州以賂之遼即魏之故基攷位爲宮闕是曰西京秋澗先生大全文集九十七即玉堂嘉話五此當爲節錄非全文也

涿州重修蜀先主廟碑

仁者未必成功成功者未必仁仁者之心以仁仁天下不仁者之心以仁濟其私故善論人者論其心之何如而成敗不與以仁濟其私者發於其言見於其事亦仁也蓋竊仁以欺天下夫竊仁者是有大不仁根著於心然竊仁易窮也而根著於心者卒不可掩天下之人莫不腹詈臆唾雖一時成功旋與草木同腐矣仁者之心不以其身其家而以天下故天下之人亦相與謳歌戴仰願以爲君雖生無成功天下之人莫不歎息至後世猶喜稱道精爽在天能推其仁心用之不已施之不竭呼吸而

雲雨咄嗟而風霆咫尺萬里朝夕千載此理之自然無足爲怪者先主仁人也當陽之役不以身而以民永安之命不以家而以賢雖不能如其言要之其心如是而已有厚愛天下之心必享天下之報至今天下之人猶歎息其無成而喜稱道之涿之人又祀而奉之宜哉涿先主之故家也廟距州西南十里而遠庭有石乃刺史婁君延重修記唐乾寧四年也則血食於此舊矣歲久屋老纔庇風雨承安二年夏四月里民始議增葺於是富者以貲巧者以藝少者走以服其勞老者坐以董其功稍完治中堂新作門屏又作兩廡配祀元臣諸葛孔明關雲長法孝直在東龐士元張翼德簡憲和在西既成具興廢歲月乞文於庭筠將以刻諸石庭筠曰五季兵火之餘室廬焚蕩殆盡而廟貌巋然獨存悍夫暴客過堂下斂兵肅踞不敢犯則其仁之入

民也深矣大哉仁乎蘊之於心充於天地被於萬物蓋有不與死而俱亡者幽而爲神其遺澤偉烈施及天下後世以達其生平未厭之心必矣豈獨私乎一鄉哉祠而奉之者特其鄉人之情耳庭筠既書其事復作歌遺之使迎送神佐其鼓舞以樂之云先主建安二十六年即皇帝位沒諡曰昭烈若夫虛名末節非其心也唐石題曰蜀主廟今仍之辭曰

舜禹不可作兮古猷日潰盜取盜守兮恬不怪仁人起兮力砭其廢志天下兮豈獨爲漢計大統未一兮時已逝奄爲神明兮陟配上帝何紓我憂兮仁及異世彼曹丕兮死爲妖彗握長鋏兮載芟載劋燕山之陲兮范水之裔平疇如砥兮惟神之豐沛鬱童童兮羽葆蓋悵籬樹兮今安在記兒時之舊事兮想亦爲之一慨神之去來兮蒼虬翠駟粲華裾兮鏘鳴玉佩縆瑟而吹

籥兮紛羣音之繁會牲肥酒香兮神其飫醉來雲席斾兮回風滿旆將而送兮百拜民不忘兮遺愛驅螟蝗兮瘦癘時雨暘兮屢歲俾富康兮耆艾民德神兮事之無替涿州石刻拓本又金文最引涿州志

以上文

王萬慶金文三首

李山風雪松杉圖跋

此老在泰和間猶入直於秘書監予始識之時年幾八十矣而精力不少衰每於屋壁間喜作大樹石退而睨之乃自歎曰今老矣始解作畫非眞積力久工夫至到其融渾成就處斷未易省識今觀此風雪松杉圖其精緻如此至暮年自負其能亦未爲過而世俗豈能眞有知之者故先人翰林書前人詩以品題之蓋將置此老於古人之地也覽之使人增感云癸卯六月廿

有二日萬慶謹書（金文最引墨緣彙觀）

雙溪小稿跋

嘗觀雙溪詩氣體高遠清新絕俗道前人之所不道到前之人所不到情思飄如馭風騎氣眞仙語也彼□□□□安識所謂神者每以不多得爲恨今年秋八月承寄僅百篇於趙虎嚴光祖不敢珍藏秘惜乃復刋行之以新世欲見而不得者此可與奪標掣鯨手道難爲餘子言也王萬慶跋（同上引雙溪醉飲集）

與夾谷行省書

即日槐夏清暑伏惟天人扶掖錫候起居禔福近違顏範不勝瞻詠之至計軒從屈朝即蒙恩寵矣今者天城張子瑋實與萬戶劉公同時舊人從軍歲久積有勞矣其□已能代其職屯於闕中由是子瑋獲居鄉井初爲天城酒使今改充本處管軍家

口千戶是某姪女之壻屢來燕京本人有家道人力願隸麾下相公亦曾知識輒敢率易奉聞伏望鈞照比遂參覲伏冀奉時善保衛鈞嚴爲國爲民以益壽重區區奉狀不宣（金文最引中州啓劄）

高衎（金文一首）

蘇文忠公書李太白詩卷跋

太白清奇出塵之詩老泉飄逸絕倫之字非衛公品題無以發明施老以爲二公仙去已久蕭閒今此身是誠非虛語正隆己卯立秋前一日高衎題（中州集）

高憲（金詩八首詞二首）

元夕無燈

九陌無燈夜悄然小紅時見點春煙多情唯有梅梢月拍酒樓頭照管絃（以下俱中州集）

寄李天英

稻秸蒼蒼陂已枯西風翦翦弄楸梧蒹葭水落魚梁迴蟋蟀聲高山驛孤社瓮新成元亮酒并刀細落季鷹鱸作詩遠寄霜前鴈人在海東天一隅

題新山寺壁

列壑攢峰發興新落花飛絮舞餘春虛堂坐視三千界冠者相從五六人澗草軟宜承屐齒溪泉清可濯纓塵靜聽山鳥松風裏始悟人間樂未眞

焚香六言 四首

抹利花心曉露薔薇蕚底温風洗念六根塵外忘情一炷煙中

滿地落花春曉一簾微雨輕陰正要金蕉引睡不妨玉隴知音

紙帳收煙密下松灰卷火常虛午寂春閑小睡人間自有華胥

沈水濃薰甲煎宮梅細點波津奕奕非煙非霧依依如幻如眞

長城

秦人一錣連雞翼六國蕭條九州一祖龍跋扈侈心開牛豕生民付碪礩詩書簡册一炬空欲與三五爭相雄阿房未了蜀山上石梁擬駕滄溟東生人膏血俱枯竭更築長城限裘褐臥龍隱隱半天下首出天山尾遼碣豈知亡秦非外兵宮中指鹿皆庸奴驪原宿草猶未變咸陽三月爲丘墟黃沙白草彌秋塞唯有陂陁故基在短衣匹馬獨歸時千古興亡成一慨

以上詩

梅花引

蒿火目藜羹腹書生寧有封侯骨長須奴下澤車艱關險阻誰教涉畏途半生落漠長安道一事無成雙鬢老南轅胡北轅吴

功名富貴情知不可圖槐安夢鼓笛弄馳驟百年塵一鬨陶淵明張季鷹一盃濁酒焉知身後名有溪可漁林可繳須信在家貧也樂熊門春浿江雲幾時作箇山間林下人中州樂府

貧也樂一 將進酒二

城下路凄風露今人犂田昔人墓岸頭沙帶蒹葭漫漫昔時流水今人家黄埃赤日長安道倦客無漿馬無草開函關閉函關千古如何不見一人閑六國擾三秦掃初謂商山遺四老馳單車致緘書裂荷焚芰接武曳長裾高陽眞得盃中趣身到醉鄉安穩處生忘形死忘名二豪侍側劉伶初未醒同上

以上詞

張汝爲 金文一首

游靈巖寺記 正隆元年

余素好林泉之清勝久聞靈巖名山迺自昔祖師之道場也所慊塵緣袞袞未獲游覽比雖守官汶上鄰封咫尺亦無由一到茲因被檄賞勞徐宿邳州屯守軍兵還登岱宗故不憚迂遠行役之勞惠然而來周覽上方勝概峯巒峭拔殿閣壯古森天喬木是處流泉憩於秀巖絶景之亭清風時至了不知暑惟聞啼鳥之聲幽邃清奇迥□嚻凡信四絶之一也頓息塵慮以適平昔景仰之意□□忘歸憶唐李涉詩有云因過竹院逢僧話又得浮生半日閑正此之謂也金文最引泰山志

張汝能金浩之第四子見遺裔列傳

金贈光禄大夫張行願墓志

特進參知政事虞國公張浩之先父光禄公諱行願遼陽人也曾祖樂夫故禮賓使曾祖母大氏祖霸故金吾衛上將軍祖母

李氏隴西郡夫人父祁故任南海軍節度使以孫男浩入參大政贈崇德大夫母楊氏始封弘農范陽郡夫人後贈虞國太夫人公初以世家充樞密院令史遷右班殿直乾統丙戌歲二月十五日卒享年三十有六公賦性沈厚傳家清白以其早世弗克大耀所蘊爲鄉人之嗟惜今以子貴累贈光祿大夫娶廣陵高氏封虞國太夫人生二男長爲僧曰慧休圓通辨正大師前東京管內都僧錄次曰浩特進參知政事虞國公也一女爲尼曰即圓賜紫圓惠大德孫男四人長曰汝爲登進士第奉直大夫今爲冀州節度副使次曰汝翼亦登詞科承事郎東京鶴野縣主簿早卒次曰汝霖次曰汝能皆志于學曾孫男女各一名尙幼虞國太夫人以天德二年七月九日卒享年七十有八特進參知以卜其年九月甲戌朔十有一日甲申合葬於天井山

光祿公之塋且俾直敍公之世次與合祔之期故其言不敢繁惟述其實以誌於石孫男汝能書按此文實汝能所撰以不便繫名故僅署書者之名此志近年出土於遼陽天井山

渤海國志長編卷十八終

渤海國志長編卷十九

遼陽金毓黻 撰集

叢考　渤海後志二

敘曰凡撰一國之史欲其事實昭然斠若畫一勢有所不能也然則別異同而明去取其必有資於考證矣余撰渤海國志既竟復穿貫衆說考其異同得五十餘事命曰叢考綜舉其要厥有六例一曰釋義如渤海本爲封號與挹婁之故地無關東丹本爲國名與渤海之舊封無與是也二曰明例如渤海習於唐風故改元必待踰年新羅有其先例故諸子稱曰王子是也三曰考異如潘州一作瀋州丸都之作九都是也四曰存疑如大氏之先一曰高麗別種一曰附於高麗文康二王之世間以成王而舊書不及玄錫諲譔之間考得瑋瑎而紀年未具是也五

曰正誤如虞婁因音近而訛爲挹婁東丹因民移而仍稱渤海是也六曰互證如崔忻之名本見舊書因鴻臚井刻石而益著登州之役本詳正史因烏氏廟碑而愈顯是也稽此六例以類相從紛紛之說舉莫能外矣昔者司馬温公撰通鑑採書三百餘種紀錄既繁異同互出因撰考異以明去取余撰斯編採書亦百餘種欲別異同而明去取則叢考之作又烏容已第乙部之書纂述之例義取互見無煩重出其已詳於地理諸考者則不復具於此云

渤海大氏之來源言者頗殊舊唐書本傳云渤海靺鞨大祚榮者本高麗別種也新唐書本傳云渤海本粟末靺鞨附高麗者姓大氏據舊書之說則大氏本爲高麗別種而後稱粟末靺鞨而新書則與之相反謂大氏本爲粟末靺鞨而後附於高麗至

五代史記四夷附錄及五代會要皆曰渤海本號靺鞨高麗之別種也三國遺事又謂高王祚榮爲高麗舊將據此則渤海本爲高麗別種不過以靺鞨自號耳大抵前人之書論渤海大氏之來源不外此二者相反之說愚謂後人之紀載不若大氏之自言武王武藝致日本國書有云復高麗之舊居有扶餘之遺俗然此猶可謂其先祖曾居高麗舊壤非謂其族之血胤果出於高麗也至文王欽茂致日本國書則直稱高麗國王而日本復書亦屢引高麗舊事以例渤海設使大氏與高麗無種族血胤之關係何以作如此之稱日本既如此稱之何以又受之而不辭由是言之舊書稱大氏爲高麗別種非無所據而云然也考粟末靺鞨原稱粟末部爲勿吉七部之一居於長白山之北即今吉林省南部之地高麗盛時蓋已併而有之大氏之先世固居於高

麗北部近粟末部之舊壤其是否與高麗同種當撰舊唐書時已不能詳故稱之曰高麗別種謂尙與高麗正胤有別也高麗既亡大氏一族遷於營州後乘李盡忠之亂東渡遼水保聚於東牟山此即爲粟末部故地去大氏所居故地亦不遠其所治之民亦多仍粟末部之舊故舊新兩書皆以粟末靺鞨稱之唐人初亦稱渤海爲靺鞨玄宗命郎將崔忻攝鴻臚卿往册祚榮爲渤海郡王經旅順時鑿井刋石自稱曰敕持節宣勞靺鞨使亦明證也總之大氏一族初附於高麗繼國於粟末部故地而中朝則始稱爲粟末靺鞨後乃定稱爲渤海其本末之序如此至其與高麗血胤有無關係又何以稱爲高麗別種此則史文闕略語莫能詳姑置諸不論可耳洎遼滅渤海改建東丹國於舊地其中臺省右次相耶律羽之上表於太宗曰渤海昔畏南

朝阻險自衞居忽汗城先帝因彼離心乘釁而動故不戰而克
遺種寖以蕃息今居遠地恐爲後患梁水之地乃其故鄉地衍
土沃有木鐵鹽魚之利乘其微弱徙還其民彼得故鄉又獲木
鐵鹽魚之饒必安居樂業此萬世長策也太宗從其言盡徙渤
海民戶於遼陽梁水者今名太子河在遼陽縣城之北未聞渤
海大氏之遠祖曾居是地羽之謂梁水之地乃其故鄉不知何
所據而云然若謂遼之東京所轄甚廣不限於遼陽一隅然羽
之已以梁水爲限可知非泛指其他各地意者遼陽一帶之地
舊爲高麗所據大氏初祖曾居於是故以故鄉稱之然不見他
書無徵不信姑存以俟考可也

舊新兩唐書敘渤海建國事頗多歧異而吉林通志沿革志於
此辨晰最精其言曰渤海王城即今龍泉府實維挹婁故壤今

爲寧古塔地舊唐書所謂在營州之東二千里者是也大祚榮所居忽汗州即長白山東北之奧婁河境後呼爲舊國今爲敦化縣地新唐書所謂徙上京直舊國三百里者是也舊書言大氏始徙營州其地在今奉天錦州府北境以外後乃東奔保阻以自固史不言其所在以下文考之則固在天門嶺以西繼又越天門嶺東保挹婁遂據東牟山挹婁爲寧古塔之地東牟即寧古塔之山里至方隅顯然明白自新書敘次淩躐疑誤遂滋今爲一一辨之新書言大氏於高麗滅後即保挹婁繼言東渡遼水保太白山之奧婁河則是以遼水爲在挹婁之東矣繼言遁去度天門嶺則是謂天門嶺又在白山之東矣且既云遁去則是已去白山又云恃荒遠乃建國則其建國竟在何方繼又云以所統爲忽汗州則又以忽汗河與奧婁河爲兩地矣惝怳

迷離按之古今里至無一而合以當時事實求之渤海本徙營州東渡遼水度天門嶺始保太白山阻奧婁河舊書東奔保阻之文不言其地最有斟酌新書昧於地理遽指太白山以實之遂使上下方位皆不可通且遼水距太白山甚遠非一蹴可至故知窮躡度天門嶺爲在東渡遼水之後保太白山以前無疑後乃徙上京舊書無以所領爲忽汗州之文而以挹婁爲王城其於地理初無舛誤新書補舊書之闕而東西易位後先倒置遂使考地理者極費檢尋新書之誤在敘保據挹婁於東渡遼水之前若謂先定疆域而後敘事則萬歲通天之上亦應有追敘之筆推尋文義又實不爾直緣誤認安東都護府爲挹婁故地而不知下文之不相蒙也遼史不考兩書之異同復不知新書之踳誤直以挹婁故地屬諸東京而明一統志因之其誤實皆新書啟之也考遼東京遼陽府唐爲安東都護府今爲奉天遼陽州地在遼水之東而下文乃云東渡遼水按之圖記實不可通明統志又云東牟山在瀋陽衛東二十里瀋陽衛即今奉天府則與遼陽州

相去一百數十里於挹婁東牟相接成文之義亦理不相合沿訛襲謬無所取裁猶幸舊書西去營州二千里之文新書未經刊削據此辨方定位差有折衷新書地理志云營州柳城郡東有鎮安軍本燕京守捉城貞元二年爲軍城西四百八十里有渝關守捉城又有汝羅懷遠巫閭襄平四守捉城考唐營州爲今承德府朝陽縣地（即三座塔距奉天錦州西北百里許此據承德府志及蒙古游牧記若李兆洛謂在今永平府治顯與史文違異其說非是）東至寧古塔西南至臨榆縣境核以今之里至均屬相符則據舊書之文以正新書之失而遝史明志相承之誤胥有以定之矣蓋渤海雖五京並建而王都所在厥維上京其疆域所至史蓋即其建都最後之地而終言之不得執爲大祚榮始居忽汗州之四至也（吉林通志止此）愚按舊書敘事不如新書之整練而紀載之詳覈往往勝於新書此其一也新書之

誤惟在將率衆保挹婁之東牟山地直營州東二千里數語敘於走度遼水之前一切之誤皆由於起吉林通志分疏之處壹以舊書爲正可謂昭若發矇矣

新唐書稱高王祚榮之父曰舍利乞乞仲象新五代史及五代會要則稱曰大舍利乞乞仲象會要又有注云大姓舍利官乞乞仲象名也愚按此注最耐玩味遼史國語解云契丹豪民要裹頭巾者納牛駝十頭馬百疋乃給官曰舍利後遂爲諸帳官以郎君繫之胡三省通鑑注云舍利契丹管軍頭目之稱據此則舍利爲契丹先世特定之官又以契丹語爲名者也宋史宋琪傳云有渤海首領大舍利高模翰模翰爲渤海人國亡後仕於契丹官大舍利此又乞乞仲象稱大舍利之由來也愚意乞乞仲象本與乞四比羽爲同族而仲象附於契丹官大舍利其

子祚榮遂以大爲氏而非其固有之姓也五代會要知舍利爲官而不知大舍利亦爲官之尊者知大爲姓而不知其得姓由於大舍利此尙有未達一間者也唐宴國志以仲象一族本姓舍利氏及封渤海改姓大氏余恐此解尙有未諦故詳疏之

舊唐書渤海傳云祚榮遂率其衆東保桂婁之故地據東牟山據城以居之新書桂婁作挹婁又云保太白山之東北阻奧婁河樹壁自固此所謂桂婁挹婁奧婁是一是二特詳考之魏書高句驪傳謂本有五族其一爲桂婁部此爲桂婁得名之始魏時桂婁部人代涓奴部爲王故桂婁部爲一小部族名非地名也唐人雖稱渤海爲靺鞨而知其血胤頗與高麗有關故舊書以高麗別種稱之唐初封高王祚榮之世子武藝及武藝之嫡子都利行皆爲桂婁郡王桂婁爲高麗一部部族之名而以封

大氏者殆以其祖先嘗居於是而名之非其後來建國之地有桂婁之名也挹婁爲肅愼之別名亦爲部族之稱其所居之地甚廣今吉林東北部之地皆屬之大氏建國之處實爲挹婁故地故新書改桂婁爲挹婁尚爲得實新唐書本傳謂定理府安邊府爲挹婁故地此云挹婁乃虞婁部之異名前已辨之矣近人曹氏廷杰云仲象祚榮之父父子應由今奉天東渡遼水至吉林鄂多里城建國鄂多里城在今牡丹江源西岸牡丹即僕斡忽汗之轉忽汗即呼爾罕之轉則所謂奥婁河曹氏改作鄂摛河者乃忽汗河之本名因先天中賜名忽汗州始有忽汗河之名今土人呼鄂多里城爲敖東城又呼阿克敦城其音亦近於奥婁似皆一音之轉也東三省輿地圖說愚按奥婁音近挹婁所謂奥婁河者即挹婁河也以其爲挹婁境內之河故有是名曹氏謂敖東城之得名由於奥婁河而不知奥婁河之得名

由於挹婁也然則謂敖東城爲挹婁城之音轉亦無不可矣

舊書靺鞨傳云酋帥突地稽者隋末率其部千餘家内屬處之於營州煬帝授突地稽遼西太守武德初遣間使朝貢以其部落置燕州仍以突地稽爲總管遼史地理志四開皇中粟末靺鞨部長突地稽舉落内附據此則突地稽爲粟末靺鞨之酋長與大氏同部者也舊書本傳謂祚榮於高麗滅後率家屬徙居營州蓋祚榮之徒營州亦唐室指其地而處之如隋室之處突地稽也其後李盡忠反祚榮父子以有黨比之嫌率族東奔至東牟山而建國其東奔之人恐不止大氏一族突地稽所率之千餘家必有與大氏同行者特史文簡略不可考耳兹比而次之蛛絲馬跡固有可尋渤海之盛亦基於此

新唐書渤海傳謂舍利乞乞仲象走度保太白山之東北以自

固後仲象死子祚榮嗣率其衆此其所敘較舊書爲詳舊書不言乞乞仲象皆以屬之祚榮爲時太久按之先後世次似以新書爲是故愚取其說以入世紀或謂乞乞仲象與祚榮實爲一人移住營州時名乞乞仲象建國後改名祚榮此說別無顯證豈以舊書謂徙居營州及建國爲祚榮一人事故敢下此斷語耶然舊書紀載未詳乃意中事新書所紀必別有據安可顧此而失彼乎且五代會要纂於宋初亦謂乞乞仲象爲祚榮之父蓋撰述新書之前已有是說不得執舊書以致疑於此焉

丁鏞讀新唐書渤海傳書後云渤海建國有數原因靺鞨種人堅强習戰有創立國家之質性觀後女眞滿洲可知一也唐太宗征遼東阬靺鞨降人三千激其憤怒二也六朝以來靺鞨諸部久屬高麗高麗雖亡因其地僻遠唐兵不暇往攻當時李勣

奏言鴨淥江北尚有未降城邑十有一可徵三也兼之勣破高麗僅設安東都護於平壤其餘郡縣皆以其地酋長主之故大氏崛興全國響應不煩兵力四也計大氏始立國基於挹婁故地爲武后萬歲通天年間上距高宗乾封二年高麗之滅祇二十八九年此節所論均中肯綮故具錄之

新唐書渤海傳云盡得扶餘沃沮弁韓朝鮮海北諸國此蓋約畧古地名以明提封之所極而丁鏞則辨之云唐書謂渤海得百濟之地大非也温祚王初年畫定疆域雖北至浿水東極平壤及其衰也漢水以北失之已久況渤海所得東不過嶺東之地西則薩水以北至於鴨江百濟故地何以得之愚按此所謂扶餘或指古扶餘國而言其地當今之長春農安一帶固在渤海國疆域之内也若温祚王所建之百濟國則在渤海國境之

南大氏何從而得之丁氏辨之是矣至弁韓之地又在百濟國之東南爲今朝鮮慶尙道西南部渤海旣不能併有百濟之地則更不能併有弁韓之地明矣宜從删節以昭核實

舊唐書渤海傳云先天二年遣郎將崔忻册拜大祚榮爲渤海郡王忽汗州都督忽汗州以所統忽汗河得名亦即渤海國得名之始也渤海本漢郡亦唐之滄州高祖武德四年析滄州之陽信滴河樂陵厭次置棣州所屬有渤海縣析蒲臺厭次置漢渤海郡今河北省河間縣東至滄縣北至安次縣南至山東省無棣縣皆其地漢渤海太守高洪居渤海蓨縣後世因以爲望唐晉州刺史高武光封渤海縣伯吏部尙書高元裕封渤海縣男檢校戶部尙書高重封渤海縣子其人皆不居於渤海故地蓋以郡望所在而封之也大氏爲粟末部人高麗別種又非高

氏先人出於渤海之比烏山喜一渤海史考云其封爲渤海郡王者非授其地爲裂茅之封不過錫以爵名而已持論甚當其後以渤海爲國名人遂稱其所居之地爲渤海矣

明嘉靖遼東志載旅順黃山（一稱黃井山今稱黃金山）之麓井上有刻石云敕持節宣勞靺鞨使鴻臚卿崔忻鑿井兩口永爲記驗開元二年五月十八日造凡三十一字案此刻石見存日本內府余見其拓本無鑿字而造字亦漫漶不可識故祇餘二十九字案刻石之崔忻即使渤海之崔訢葢忻訢二字以形似而誤寫耳自當以忻爲正唐書百官志各衞將軍府有中郎將秩正四品又有郎將秩正五品鴻臚寺卿秩從三品少卿秩從四品掌賓客及凶儀之事凡四夷君長以蕃望高下爲簿朝見辨其等位夷狄官長襲官爵者辨嫡庶諸蕃封命則受册而往海外據此則

册封外藩乃鴻臚卿之本職崔忻蓋以郎將攝鴻臚卿而往者也往以先天二年即玄宗開元元年蓋爾時之陸路已爲契丹梗塞故忻由海道而經旅順如以是年秋冬往則須翌年春夏歸海道初闢跋涉艱難故需時甚久且忻爲資後日之記驗歸途至旅順而鑿井故爲開元二年五月也舊書記渤海事詳於新書故可證鑿井記驗之崔忻即奉使册封之崔訢而訢爲忻字之誤亦因此證明矣

日本類聚國史一九三云文武天皇二年大祚榮始建渤海國和銅六年受唐册立其國延袤二千里無州縣館驛處處有村里皆靺鞨部落其百姓者靺鞨多土人少皆以土人爲村長大村曰都督次曰刺史其下百姓皆曰首領土地極寒不宜水田俗頗知書案類聚國史爲菅原道眞等撰成於宇多天皇寛平

四年，當唐昭宗景福元年，在舊唐書未修之日，且此冢冢百餘字之紀載與唐書絶不類，蓋爲日本徑自渤海得來，極可珍貴之史料也。日本文武天皇二年，即唐武后聖曆元年，舊唐書渤海傳僅謂祚榮於聖曆中自立爲振國王，而未言爲元年或二年（聖曆祇有二年）。若據類聚國史所紀，則祚榮立國於聖曆元年明矣（海東繹史以聖曆二年爲高王祚榮元年，尚出臆度，不如此證之確）。况玄宗開元元年册祚榮爲渤海郡王，正爲日本和銅六年，以後證前，則尤可信，此可珍貴者一。渤海官制具於新唐書渤海傳，惟詳於内而略於外，且據中外載籍所紀，府有都督，州有刺史，縣有丞，此外又有首領之名，而不能詳其制。蓋此所謂村即州之異名，大村曰都督，次曰刺史，其下曰首領，皆爲草創之制。其後釐定府州縣之名，於是府置都督，州置刺史，縣置丞，以下曰首領，依文尋義，可以推見本末此可珍貴者二得此二事可資互證往時所疑昭若發曚矣惟海東繹史亦曾考論及此其一謂武后聖曆二年爲高王祚榮元年卷十一其下未繫證語蓋緣舊唐書聖曆中自立爲王一語而臆度之非別有確證也其二謂渤海王武藝開大土宇大州有都督小州有刺史且云出於文獻通考卷三十官氏志余考通考渤海條僅云宣王仁秀開大境宇亦本諸新唐書渤海傳無州置都督刺史之語豈所見之本與今本不同歟頗疑此條非出於通考蓋涉類聚國史之文而微誤者也

舊唐書渤海傳云祚榮聖曆中自立爲振國王册府元龜云振國本高麗其地在營州之東二千里又云唐聖曆中祚榮自立爲振國王至新唐書渤海傳則云武后封乞乞仲象爲震國公子祚榮乃建國自號震國王一作振者蓋唐實錄之文如此也

一作震者蓋別有依據也日本稻葉岩吉博士云震字之義實取自周易帝出乎震震爲東方之卦故也本書從震不從振者以此

舊唐書渤海傳云開元七年祚榮死玄宗遣使弔祭册立其嫡子桂婁郡王大武藝襲父爲渤海郡王册府元龜云開元八年六月册武藝嫡男大都利行爲桂婁郡王據此則桂婁郡王爲渤海王嫡子應封之爵武藝嗣父襲位固無論矣都利行以入唐宿衛早卒不得嗣立其弟欽茂以次嫡嗣王位而不言封桂婁郡王者史籍闕略故也以下諸王之嫡子皆當以此爲例

通鑑開元十四年武藝遣其母弟門藝與其舅任雅將兵擊黑水按今武英殿本五局本舊新兩唐書渤海傳皆作任雅相明刊聞人銓本舊唐書作任雅無相字沈氏新舊唐書合鈔錄舊

書亦無相字並注云新書作雅相又云雅相武后時人非夷人也相字當衍是當以舊書爲正且與通鑑合故從之

册府元龜開元十年黑水酋長倪屬利稽來朝授刺史此黑水部之始見者也舊唐書渤海傳武藝曰黑水舊請突厥吐屯皆先告我同去新書作異時請吐屯於突厥皆先告我通鑑云往者請吐屯於突厥先告我與我偕同胡注突厥置吐屯以領諸附從之國綜此諸書則渤海黑水舊皆附於突厥故請置吐屯以領之也蓋渤海雖受唐封仍未與突厥絕故有與黑水合請吐屯之事茲姑繫於開元十年以是年黑水始通中國也

舊唐書渤海傳載大門藝諫武藝討黑水靺鞨不聽遂奔唐武藝上表請殺門藝上密遣門藝往安西仍報武藝云門藝遠來投義不可殺今流向嶺南已遣去訖俄有洩其事者武藝又上

書請遣門藝暫向嶺南以報之愚案張曲江九齡集代草玄宗敕武藝書云門藝窮而歸我安得不容處之西陲爲卿之故此所謂處之西陲即唐書所謂遣往安西也曲江集又一敕云大朗雅等先犯國章竄逐南鄙亦皆捨罪仍放歸藩此所謂南鄙即指嶺南所流竄者乃大朗雅等非門藝也蓋武藝屢上書請誅門藝既不得請乃發兵越海攻登州殺刺史玄宗怒竄其使臣大朗雅等於嶺南後因武藝上書悔過乃赦其罪此其本末之序較然明白舊書誤以門藝當朗雅故有暫向嶺南之語新書似知其誤故始則曰處之安西繼則曰陽斥門藝以報其勝於舊書多矣

舊書玄宗本紀開元二十年九月渤海靺鞨寇登州殺刺史韋俊命左領軍將軍蓋福順發兵討之至本傳則云二十年武藝

遣其將張文休率海賊攻登州刺史韋俊詔遣門藝往幽州徵兵以討之愚謂攻字不辭應爲殺字之譌新書祇云張文休率海賊攻登州於文爲順若云攻登州刺史韋俊則所攻者爲俊非登州也此應以本紀爲正册府元龜引此文攻亦作殺蓋從本紀

韓愈烏氏廟碑云渤海擾海上至馬都山吏民逃徙失業尙書領所部兵塞其道塹原纍石綿四百里深高皆三丈寇不得進民還其居歲罷運錢三千萬餘黑水室韋以騎五千來屬麾下邊威益張又注引許孟容烏承洽神道碑云渤海王武藝出海濱至馬都山屠陷城邑公以本營士馬防遏要害又新唐書李光弼附傳云烏承玼字德潤張掖人開元中與族兄承恩皆爲平盧先鋒沈勇而決渤海大武藝與弟門藝戰國中門藝來奔

詔與太僕卿金思蘭發范陽兵十萬討之無功武藝遣客刺門藝於東都引兵至馬都山屠城邑承玼窒要路塹以大石亘四百里虜不得入於是流民得還士少休脫鎧而耕歲省度支運錢愚按烏氏廟碑注謂新書據孟容神道碑及公廟碑而作是也惟舊書本傳謂武藝遣其將張文休率海賊攻登州未言有二次來攻之事則韓碑所謂渤海擾海上至馬都山吏民逃徙失業等語蓋與攻登州爲一時之事也考馬都山一作都山又作烏鶻都山舊唐書契丹傳可突干來鈔掠（開元二十一年）幽州長史薛楚玉遣副將郭英傑烏（原作鄔）知義率精騎追擊之軍至渝關都山之下（新書同）又樊衡爲薛楚玉破契丹露布云四月二十七日次於烏鶻都山（烏知義等）皆是也讀史方輿紀要十七直隸永平府遷安縣都山注云縣北百五十里一名馬都山唐開元二十

一年郭英傑與契丹戰於此敗死又云山高寒聳秀爲盧龍之鎮據此則馬都山爲盧龍之鎮去古渝關甚邇故唐書以都山與渝關並稱之馬烏二字形似故近人中國地名辭典又作烏都山疑即烏鶻都山之簡稱猶烏孝慎一作馬孝慎也尋當日渤海兵進攻之途有二一出鴨淥江口越海攻登州一出營州南至馬都山山之南爲古渝關其地瀕海故韓碑云渤海擾海上此又不得與越海攻登州之事併爲一談者承玭時官平盧先鋒駐於營州爲幽州節度所屬有防邊之任故率兵塞道以阻渤海之進至舊唐書本紀命蓋福順往幽州徵兵討之及渤海傳武藝遣使行刺等事皆在此役之後新書所敘次序傎倒似有二次引兵屠城之事其實非也許碑承玭作承洽當以韓碑爲正又韓集一本烏氏廟碑渤海擾海上一語脫擾海二字因上下文連讀作走可突干渤海上至馬都山通

鑑考異因謂武藝無入寇至馬都山事吏民逃徙失業蓋因契丹可突干入寇使然此因脫字而誤又不待辯也

全唐文樊衡相州人爲幽州長史薛楚玉破契丹露布略云蠢茲凶寇東胡餘孽列於朝貢編於鴻臚自開復營州二十年內部落不聳野心易從寇我柳城是以有平盧之戰當日兵少城孤不暇追北陸梁窮荒肆逆不復王師遠略是以有黑山之討可突干挾馬渡何僅獲殘喘而西連匈奴東構渤海收合餘燼窺我阿降奚我是以有盧龍之師中略萬歲通天中憤其不恭數十萬相繼隻輪不返趙定陷沒河北塗炭數十年然自黃龍舉烽無歲不戰已四稔於茲矣所以戰士憤惋餘怒未洩渤海懾懼未敢出契丹大戰之後人馬俱羸中略勑令臣討節度副使烏知義大閱於松林朝發薊門夕宿碣石四月二十三日渡黃河按即

漢水質明頓兵松漠二十五日收獲南驅二十七日次於烏鵲都山以今月四日平安到平盧露布止此愚按契丹大酋可突干之叛唐幽州平盧之兵數討之通鑑叙述最晰茲引而比證之開元十八年六月可突干叛寇平盧先鋒使烏承玼破之於捺祿山此所謂平盧之戰也又二十年二月信安王禕帥裴耀卿及幽州節度使趙含章分道擊契丹含章與虜戰於白山大敗烏承玼別引兵出其右擊虜破之此所謂黑山之討也易白爲黑蓋惡之也是役也可突干帥麾下遠遁餘黨潛竄山谷此即所謂可突干挾馬渡河僅獲殘喘也又是年九月渤海王武王遣其將張文休率海賊攻登州殺刺史韋俊此即所謂東構渤海也又二十一年閏三月幽州節度薛楚玉遣副總管郭英傑將精騎一萬及降奚擊契丹屯於榆關可突干引衆來戰奚持兩端散走唐兵

不利英傑戰死此所謂盧龍之師也又所謂窺我降奚也又按舊唐書契丹傳幽州長史薛楚玉楚玉以幽州大都督府長史兼幽州節度使遣副將郭英傑吴克勤鄔知義羅守忠率精騎萬人并領降奚追擊之至渝關都山之下可突干領突厥兵以拒官軍奚衆遂持兩端散走保險官軍大敗知義守忠率麾下遁歸英傑克勤沒於陣詔以張守珪爲幽州長史以經略之此所叙述又視通鑑爲詳楚玉之露布有四月二十三日渡黄河今月四日平安到平盧今月者五月也蓋楚玉於英傑戰歿之後又遣知義等爲犁庭掃穴之舉及其歸也而有露布之作未幾而朝廷遂以守珪代楚玉史雖不載此勝而其本末固可考也否則尋其前後諸戰無他役可以當之考是時唐與新羅方進兵討渤海而其王武藝亦知悔禍兵不復出此又所謂渤海懾懼未敢出也渤海

王武藝因其弟門藝奔唐之故遂怨望不已嘗其越海攻唐登州之前必與契丹信使相通細繹露布中東構渤海之語彼此互證信非虛構

張曲江集代唐玄宗擬敕渤海王大武藝及新羅王金興光數書已錄入文徵矣又代玄宗擬敕平盧節度使營州都督烏知義書云渤海黑水近復歸國亦委卿節度想所知之按此即以平盧節度兼押兩蕃奚契丹渤海黑水四府經略使之先例後王斛斯安祿山兼平盧節度乃兼此官遂爲定例所云歸國者當指武藝叛後而復執蕃禮也按曲江集有敕平盧使烏知義書數首蓋在開元二十四年至二十七年間知義去職而王斛斯繼之又曲江集卷十有敕渤海軍使北庭都護蓋嘉運書此渤字應作瀚此外尚有書數首皆作瀚海軍使北庭都護瀚渤形似故易致誤其與渤海國無關亦甚明矣又徐浩文獻張公墓碑即曲江云渤海王

武藝違我王命思絕其詞中書奏章不愜上意命公改作援筆立成上甚嘉焉即拜尚書工部傳郎兼知制誥此即指代擬敕渤海王書之事也

松漠紀聞云後唐明宗時女眞嘗寇登州渤海擊走之案渤海亡於後唐明宗天成元年且據五代史及諸書所紀未嘗言有女眞來寇渤海擊走之事愚謂此所謂後唐明宗者唐玄宗也宋人諱玄字嘗稱玄宗曰明皇洪氏以明皇作明宗故誤玄宗開元二十年渤海寇登州發新羅兵攻其南鄙洪氏所紀政指此事惟誤以渤海爲女眞新羅爲渤海耳不然何其巧合若斯耶

舊唐書渤海傳云開元二十五年武藝卒子欽茂嗣立册府元龜九百六十四則云開元二十年武藝病死此蓋遺一五字非

舊書有舛誤也渤海發兵越海攻登州爲武藝時事在開元二十一年亦見册府元龜九百六十四又同書九百六十五有欽茂於開元二十六年襲父爲王之語通鑑亦云武藝卒於開元二十六年八月辛巳則武藝卒於二十年之爲誤已無疑矣茲從新書作卒於開元二十五年至通鑑所紀月日據遣使册立之日言之也

新書本傳云欽茂死私謚文王子宏臨早卒族弟元義立一歲猜虐國人殺之推宏臨子華璵爲王死謚曰成王欽茂少子嵩鄰立（舊書作嵩璘）舊書僅云開元二十五年欽茂嗣父位下即敘貞元十一年二月册嵩璘爲王中間不敘元義華璵兩世之事似嵩璘嗣欽茂而立者別考續日本紀載嵩璘致日本國書云上天降禍祖大行大王以大興五十七年三月四日薨背下署孤

孫嵩璘頓首此爲國書原文其可信尤勝於兩唐書大輿五十七年正爲貞元十年嵩璘於翌年受册封與舊書所紀亦脗合舊書稱嵩璘父欽茂新書則直云欽茂少子此云爲欽茂之孫似當以國書爲正日本三省堂世界年表紀文王卒於大輿五十七年翌年爲成王中輿元年再明年爲康王正歷元年此即從續日本紀也茲定文王卒年族弟言義立未一年而遇弑乃立成王成王立改元中輿未久而卒皆一年事故文王之薨年即成王中輿元年也成王卒康王嗣位明年改元正歷此其先後之序也惟考國書中孤孫嵩璘一語與唐書所紀頗有參差余頗疑無宏臨其人華璵爲文王之子未嗣位而卒追謚曰成王嵩璘者華璵之子文王之孫也舊書不言有成王蓋由於此新書所云或有疑誤特以世次章明語必有據故余所撰世紀

兼採而折衷之又紀元編謂成王華璵立於唐德宗貞元二年不知何據恐出於臆度故不之從

舊唐書渤海傳云德宗貞元十一年册大嵩璘爲渤海郡王十四年進封爲渤海郡王後又云嵩璘父欽茂位爲郡王後進封國王嵩璘襲位但授郡王遣使理敘故再加册命依前後文義考之則貞元十四年進封者乃國王非郡王也五局及集成本皆作郡惟册府元龜九百六十五作册渤海郡王大嵩璘爲渤海國王據此可知舊書郡爲譌字應改作國

通鑑考異考渤海事凡三引唐實錄其一曰實錄六月丁卯開元七年祚榮卒遣左監門率吳思謙攝鴻臚卿充使弔祭其二曰實錄乙巳貞元十一年二月册大嵩鄰爲渤海郡王其三曰實錄此年八月開元二十六年以幽州節度副大使安祿山充平盧渤海黑水軍使

愚按第一與册府元龜九百七十四同第二與舊唐書本紀同蓋皆本諸實錄也惟第三與舊唐書本紀微有異同余已別辨之矣又玉海一百五十亦引實錄云貞元十一年二月乙巳册嵩隣爲渤海王此亦即通鑑考異所引之文也

舊唐書渤海傳又云德宗貞元十四年加嵩璘銀青光祿大夫檢校司空二十一年加金紫光祿大夫檢校司空按後文之司空應作司徒同書本紀順宗永貞元年按即貞元二十一年五月以檢校司空渤海國王大嵩璘檢校司徒册府元龜九百五十六貞元二十一年五月加嵩璘金紫光祿大夫檢校原書作簡較司徒是也

舊唐書渤海傳又云太和五年大仁秀卒以權知國務大彝震爲渤海國王新書則太和四年仁秀死孫彝震立兩書紀載參差余謂當以舊書本紀爲正本紀云文宗太和五年正月以權

知渤海國務大彝震檢校祕書監忽汗州都督渤海國王據此則仁秀卒於四年之冬而彝震封於五年之春舊書因彝震之封而併記仁秀之卒故系以五年新書因仁秀之卒而併記彝震之立故系以四年此參差之由來也

册府元龜九百七十四太和六年二月對渤海入朝王子大明俊等宴賜又開成二年正月對渤海王子大明俊等宴賜蓋兩次朝唐也惟唐會要三十六開成二年三月作渤海賀正王子大俊明此蓋誤到應以册府爲正

舊唐書本紀渤海傳渤海國王大嵩璘即新書之康王嵩鄰也茲考日本後紀及日本逸史渤海致日本國書皆作嵩璘自應從舊書通鑑考異引唐實錄作嵩鄰又作嵩隣蓋因傳寫而異

自三代以來嗣君皆踰年改元此孝子不忍遽改其親之號也

考之日本猶用此法渤海習於唐風當不能違惟三國史記紀新羅百濟高句麗三國嗣君皆不踰年而改元即使得實亦不足法海東繹史渤海諸王紀年用三國史記之法皆不踰年而改元如武王卒於唐玄宗開元二十五年即於是年書文王大興元年是也三省堂年表亦然此例非中土歷代相傳之法恐不得實本書於渤海諸嗣王紀年皆後於年表一年用踰年改元之例也

舊唐書紀渤海事訖於王彝震此後則無年月可考新書增虔晃玄錫二世不惟年月無考並追謚年號而無之蓋史失紀載也新唐書載玄錫之世於咸通時三朝獻去唐亡尚三十餘年

唐會要五十七乾寧二年唐昭宗十月賜渤海王大瑋瑎敕翰林稱加官合是中書撰書意諮報中書吳向之先生檢示此條翰苑羣書亦

載此條是玄錫卒後嗣以瑋瑎可斷然也又末王諲譔於梁太祖開平元年始見於史又可知瑋瑎卒後而諲譔繼之矣三省堂年表紀彝震在位二十八年虔晃在位十二年玄錫在位三十一年諲譔在位二十五年（應作二十四年如踰年改元則少一年也）謂玄錫諲譔二世相續遍考諸書殊無依據恐爲臆造不可從也據前所考玄錫元年爲唐懿宗咸通十三年至昭宗乾寧元年而玄錫卒瑋瑎嗣立遣使朝唐其翌年爲乾寧二年唐遣使加册禮故有賜敕加官之議余即假定是年爲瑋瑎元年又瑋瑎之卒亦無考然唐昭宣帝天祐三年渤海宰相烏炤度尙朝唐而不言其王爲諲譔明年梁太祖朱温篡唐而大諲譔之名始見於史於是假定瑋瑎卒於天祐三年而開平元年爲諲譔元年凡此雖皆爲假定當亦相去不遠也加瑋瑎之一世則渤海共爲十五

王而大瑋瑎之立之卒皆有著落而紀年亦不致無考矣

渤海諸王之卒及嗣立自高王訖虔晃均有年歲可考高武康定僖簡宣七王及王彝震之卒武文定僖簡宣六王及彝震虔晃二王之嗣立則據舊唐書本紀渤海傳及通鑑此皆依實錄紀載者也文王之卒及康王之嗣立則據續日本紀亦極精確可據至成王是否嗣文王而在位尚有疑義說已具前虔晃之卒玄錫之嗣立雖僅據三省堂年表似非可憑然考日本三代實錄貞觀十四年冬有王玄錫致日本國書云玄錫繼先祖之遺烈修舊典之餘風三省堂年表於是年載虔晃薨玄錫嗣立三省堂年表以是年爲玄錫元年從未踰年改元之例也兹以是年爲虔晃十四年明年爲玄錫元年而玄錫又爲虔晃之孫故曰繼先祖之遺烈則其所紀尚爲近實余故從之近頃日本權藤成卿八鄰通聘考敘渤海諸王世次祇宣王

仁秀立於嵯峨皇弘仁九年（即唐元和十三年）核與諸籍不誤其他如謂桓武皇延曆六年（唐貞元三年）欽茂卒嵯峨皇弘仁五年（唐元和九年）嵩璘卒元瑜立淳和皇天長五年（唐太和二年）仁秀卒彝震立淸和皇貞觀三年（唐咸通二年）虔晃卒玄錫立宇多皇寬平六年（唐乾寧元年）玄錫卒諲譔立證之諸書皆無依據恐其疑誤讀者故特爲辨之

册府元龜九百七十四開元十九年十月渤海王遣其大姓取珍等百二十人來朝此大姓二字釋義有二一謂取珍姓大氏一謂取珍爲渤海大姓也茲用第一說以取珍入宗臣列傳

册府元龜九百七十四開元二十四年三月渤海王遣其弟蕃來朝此謂武王之弟也又天寶二載七月渤海王遣其弟蕃來朝此謂文王之弟也余謂此兩弟字必有一誤茲定大蕃爲武

王之子文王之弟

舊唐書渤海傳云太和七年正月遣同中書右平章事高寶英來謝册命册府元龜九百六十七及九百九十九皆作高賞英寶賞二字以形似而異當以從寶爲正又中書應作中臺說已見職官考茲不復贅

册府元龜九百七十一外臣部朝貢四及唐會要三十六俱載渤海遣使寫唐禮及三國志三十六國春秋玉海一百五十三則無唐禮而有晋書愚按唐貞觀二十二年曾以新撰晋書賜新羅則渤海之寫晋書爲應有之事

册府元龜記渤海朝貢事至詳使臣以大氏子弟爲最多然其稱謂尚有應辨晰者其言遣其弟某者時王之弟也遣其子某者時王之子也其祇云王子某者則爲通稱或爲先王之子或

爲時王之子不能詳也如此分疏始無違誤王子之稱仿自新羅本傳云諸子曰王子此稱謂之所自也

舊唐書本紀代宗二年五月丙戌渤海朝貢而册府元龜謂是年渤海朝貢五次七月八月九月十一月十二月皆有之玆從本紀改七月朝貢者爲五月他則仍之又本紀大曆七年秋渤海遣使朝貢而册府元龜作是年五月此蓋首塗於五月而抵秋始至唐耳玆仍從册府元龜作五月

新唐書渤海傳俗謂王曰可毒夫曰聖主曰基下册府元龜九百六十二俗呼其王爲可毒夫對面爲聖王牋表呼基下舊五代史渤海傳其俗呼其王爲可毒失對面呼聖牋奏呼基下敍述各有詳略而五代史改夫爲失文獻通考從新書作夫五代會要從五代史作失余疑失爲譌字當從夫爲正傳又謂妻曰

貴妃長子曰副王全唐文載封敕代撰文宗與渤海王大彝震書云妃及副王各有賜物是其證也

渤海諸臣多以蒙字爲名如烏借芝蒙智蒙木智蒙多蒙固已閼棄蒙已珍蒙慕施蒙史都蒙是也愚疑爲蒙字爲靺鞨語之語尾如滿洲人名之用阿字也考爾時以蒙字爲名者尚不止渤海爲然拂涅部則有失異蒙魚可蒙薛利蒙越喜部則有烏施可蒙茂利蒙鐵利部則有溴池蒙失伊蒙黑水部則烏素可蒙諸箇蒙落職紇蒙此靺鞨各部多以蒙字爲名之證亦諸部語言相通之證也然文王大興四十年以後諸臣無以蒙字爲名者蓋已濡染唐風皆以漢字之美者爲名棄向來之俗而不用矣若遼若金若元若淸其末季皆如是也

元氏長慶集四十九有靑州道渤海授官制誥二首其一曰勅

愼能至王姪大公則等云云其二曰勅大定順王姪大多英等云云唐氏渤海國志謂此二制所云愼能至大定順不解所謂似當時別有封號無可考見愚按唐氏之說非也愼能至大定順皆渤海人姓名決不似官名封號蓋愼能至同渤海王姪大公則朝唐大定順同王姪大多英朝唐故於制誥中並舉之考元氏集中諸制誥於勅字下即敍姓名其上不敘官名者極多何得以此而致疑乎且大定順決爲渤海人姓名且爲王族惟秩高於大多英故敍列在前而大多英爲渤海近冑故又加王姪二字凡渤海國王近冑或稱王子或稱王弟或稱王姪皆爲定稱不得以秩卑而去之若愼能至與大公則亦從斯例以愼爲姓雖罕見然渤海人以譯音爲姓者其例非一故余不從唐氏之說而入愼能至大定順二人於列傳焉

新唐書渤海傳云王父曰老王遼史本紀云遇渤海老相兵破之此稱老者蓋非定名王父地尊國相位尊故皆稱老此皆老爲尊稱之證非有他義又東國通鑑云渤海禮部卿大和鈞均老司政大元鈞奔高麗此曰均老司政均字義殊難解疑司政爲國相之貳亦可稱老而均字爲衍文又柳惠風渤海考以禮部卿爲二人一作大均老此說亦通姑從之

日本外務省編纂之外交志稿稱渤海王大玄錫曰景王大諲譔曰哀王而鳥山喜一氏之渤海史考從之余頗疑其無據後讀東國史略卷一云渤海至景哀王時契丹攻滅之（圖書集成邊裔典四十一亦引此文作朝鮮史略實一書也）始悟其致誤之由蓋出於此按此所云景哀王指新羅之景哀王而言也遼太祖天顯元年滅渤海即爲新羅景哀王三年故東國史略云景哀王時契丹攻滅之也惟

其語欠分曉於景哀王上未冠新羅二字纂外交志稿者未加詳考遂以景哀二字之謚分屬二王不知此實誤也

唐高元裕渤海人唐書有傳其詩著錄於全唐詩此所謂渤海者指高氏之望而言高氏之望爲中國之渤海郡與大氏之渤海國無涉渤海高氏尚有唐給事中渤海高少逸撰四夷朝貢錄十卷著錄於直齋書錄解題者是也或謂元裕爲渤海國人取其詩以著錄則誤矣

舊唐書高崇文傳崇文其先渤海人崇文生幽州少從平盧軍新書云其先自渤海徙幽州七世不異居開元中再表其閭北夢瑣言云唐高相國崇文本薊州將校也因討劉闢有功授西川節度使一旦大雪諸從事吟賞有詩渤海鄙言多呼人爲髒兒（原注恐是姣字）此日筵上謂賓客曰某雖武夫亦有一詩乃口占云

崇文崇武不崇文提戈出塞號將軍那個髀兒射雁落白毛空裏落紛紛其詩著題皆謂北齊敖曹之比太尉駢即其曾孫也按崇文及駢皆封渤海郡王故北夢瑣言屢稱駢曰渤海愚初疑崇文之先人爲渤海靺鞨高氏入唐居於幽州如李懷光之先亦爲渤海靺鞨人而入仕於唐也而髀兒之鄙言亦爲靺鞨語之僅見者迨詳考之始知其不然也渤海蓨縣爲高氏之所自出且崇文之先自渤海徙幽州七世不異居開元中再表其閭則其移居幽州爲時已久其時渤海大氏尚未建國何從而有渤海之名耶或謂新唐書宰相世系表不載崇文及駢爲非出於蓨縣之證不知世系表例不載使相高氏祖孫皆以節度使帶平章事太尉之銜不惟與眞宰相異撰即與郭子儀李晟之出將入相亦不可同日語然則不得援李懷光之例而比附

爲渤鞨人明矣

詩話總龜卌五引春明退朝錄渤海高亭詩云上元官吏稱剝削江淮之人皆白看上元間租庸使元載重歛吳越時人謂之白看言其役歛無名其所著者皆公然明白無所嫌避也愚按此亦如高元裕高崇文之爲渤海郡人與大氏之渤海無關

新唐書藝文志乙部史錄地理類張建章渤海國記三卷爲舊書經籍志所不載蓋其書晚出爲劉昫等所未見也舊新兩書紀渤海事頗有詳畧不同之處舊書紀冊封朝貢年月差詳然訖於王彝震之世其後僅以開成後亦修職貢不絕一語了之蓋其所可考見者僅此也新書則於冊封朝貢紀載甚略而詳於追謚年號又載地理官制物產品秩之事取材視舊書爲多蓋多取材於張氏玉海十六地理類異域圖書條引唐志張建

章渤海國記三卷注云太和中又引王貽孫云武后時婦人始拜而不跪張建章渤海記言之宋史王溥傳亦云太和中有幽州從事張建章著渤海國記貽孫者溥之子也然新書所紀迄於玄錫玄錫於懿宗咸通時凡三朝獻此或取自他書不然則張氏卒於咸通以後故所紀如此其書既佚而不傳故無由考其內容也

日本三代實録貞觀十五年渤海國人崔宗佐門孫宰等漂著肥後國天草郡遣大唐通事張建忠覆問事由按日本貞觀十五年爲唐咸通十四年即渤海王玄錫二年其時正與張建章相近疑建章建忠二人爲昆弟行皆習知渤海國事者

渤海諸王起自祚榮訖仁秀凡傳九王皆有稱謚有年號仁秀之孫彝震嗣位僅有年號而無稱謚其下三世以訖諲譔稱謚

年號皆不可考蓋緣有唐末葉中國多故貢使既不常來史籍亦多散佚故也試覽舊書本傳叙渤海冊拜朝貢多有年月可稽視新書爲詳惟文宗開成以後則略而不書此即故記無考之證新書詳舊書之所略而於稱謚年號地理職官物產叙之尤詳此蓋爲張建章渤海國記所載而修史者取之兩書之不可偏廢有如此者然則新書於彝震玄錫二王以後事多不能詳亦以張氏所紀止於此也舊書經籍志不載渤海國記蓋未見其書也

張建章渤海國記三卷亦見宋史藝文志史部地理類似元末尚存其書否則依唐志所載而著錄之宋志地理類中又有張建章戴斗合著諸蕃記一卷蓋建章官平盧節度從事熟於蕃情故能著此二書

北夢瑣言十三紀張建章泛海遇仙事謂建章爲幽州行軍司

馬後歷郡守曾齎府戎命往渤海按此即玉海及宋史所載著渤海國記之張建章也玉海謂建章著書在太和中宋史謂太和中有幽州從事張建章據此則建章之爲幽州從事及使於渤海在太和中無疑而爲郡守則在其後也茲以張氏奉使年月無考特繫於太和之末即王彝震咸和五年以竢續考

宋祕書省續編到四庫闕書目僞史類有曾顏渤海行年紀十卷宋史藝文志史部霸史類亦載此書考兩書所謂僞史霸史皆紀唐末十國割據之事如九國志吳越備史諸書是也新五代史南平世家梁末帝封高季興爲渤海王後唐封季興子從誨後周封從誨子保融皆爲渤海王高氏陜州人望出渤海故以渤海爲王號然則渤海行年紀一書蓋記高氏一家之事不得與張氏渤海國紀同類視之明矣

新唐書方鎭表幽州下玄宗開元五年營州置平盧軍使（通鑑唐玄宗開元五年奚契丹既內附貝州刺史宋慶禮建議請復營州三月庚戌制復置營州都督於柳城兼平盧軍使管內鎭戍皆如其舊）七年升爲平盧節度經略河北支度管內諸蕃及營田等使兼領安東都護及營遼燕三州二十八年以平盧節度使兼押兩蕃渤海黑水四府經略處置使案此即唐會要所謂開元七年閏七月張敬忠除平盧軍節度使又八年四月除許欽琰又帶管內諸軍諸蕃及支度營田等使又二十八年二月除王斛斯又加押兩蕃及渤海黑水等四府經略處置使是也又舊書本紀開元二十九年七月以安祿山爲營州刺史充平盧節度副使押兩蕃渤海黑水四府經略使（新書安祿山傳又有此兼柳城太守之語）蓋斛斯去職而以祿山繼之兩蕃者指奚契丹而言四府者奚有奉誠都督府契丹有松漠都督府黑水有黑水州都督府渤

海有渤海都督府是也諸府之名俱見新書地理志平盧節度治於柳城即今熱河朝陽縣舊書侯希逸傳乾元元年希逸爲平盧節度使爲奚虜所侵希逸拔其軍二萬餘人且行且戰遂達於青州詔就加希逸爲平盧淄青節度使自是淄青節度皆帶平盧之名按柳城陷於奚故移節度於青州亦即新書方鎭表青密下所紀肅宗上元二年平盧節度使侯希逸引兵保青州遂廢淄沂節度號淄青平盧節度是也代宗永泰元年淄青平盧節度增領押新羅渤海兩蕃使尋以李正己李師古李師道相繼爲使憲宗平師道又以薛平繼之昭宗龍紀元年崔安潛大順二年王師範皆以青州刺史平盧軍節度觀察押新羅渤海兩蕃等使見舊書本紀及列傳及唐會要凡此皆唐官之有關渤海者也

舊唐書靺鞨傳開元十三年安東都護薛泰請於黑水靺鞨部內置黑水軍續更以最大部落爲黑水府仍以其首領爲都督諸部刺史隸屬焉中國置長史就其部落監領之其都督賜姓李氏名獻誠授雲麾將軍兼黑水經略使仍以幽州都督爲其押使案此所謂黑水府即新書地理志之黑水州都督府置於開元十四年者也又同書地理志以渤海都督府與黑水州並列黑水府既置都督其下諸部又置刺史則渤海之十五府必各有都督六十二州必各有刺史可比例而知也又唐文宗與渤海王彝震書謂彼國有長史即中國所置之長史也其以幽州都督爲押使者唐嘗以幽州節度使兼領平盧軍節度副使是也

通鑑唐玄宗開元二十九年以安祿山爲營州都督充平盧軍

使兩蕃渤海黑水四府經略使考異曰實錄此年八月以幽州節度副大使安祿山爲營州刺史充平盧渤海黑水軍使按舊傳祿山自平盧兵馬使爲平盧軍使蓋以平盧兵馬使帶幽州節度副使之名耳實錄衍大字也天寶元年始以平盧爲節度愚按平盧置節度始於開元七年說已具前非始於天寶元年也開元二十年張守珪以幽州節度副大使兼河北采訪處置使兼制營州及安東都護府故平盧節度亦受其控制似不能分立者而舊新兩唐書所紀異同之故亦可於此考見矣舊書本紀開元二十九年七月乙卯幽州節度副使安祿山爲營州刺史充平盧軍節度副使押兩蕃渤海黑水四府經略使此即通鑑所紀以祿山爲營州都督充平盧軍使兩蕃渤海黑水四府經略使是也又新書安祿山傳天寶元年以平盧爲節度祿

山爲之使兼柳城太守押兩蕃渤海黑水四府經略使此即通鑑注所謂天寶元年始以平盧爲節度是也實則平盧之置節度爲時已久特以仍受制於幽州節度故仍簡稱曰平盧軍使迨天寶元年改幽州節度爲范陽節度而平盧節度始不受幽州節制新唐書方鎭表敍此甚晰而通鑑考異似尚未之深考耳

續日本紀天平寶字二年十二月遣渤海使小野田守等回奏唐國消息謂至德元年安史亂熾平盧留後徐歸道遣判官張元澗來渤海徵兵馬是年十二月歸道鴆劉正臣於北平安東都護王玄志斬歸道自稱權知平盧留後二年遣將軍王進義來聘渤海按平盧遣使渤海事爲唐書所未載然其他事則有蹤跡可尋也舊唐書劉全諒傳父客奴從平盧軍數有戰功天

寶末安祿山反平盧節度使呂知誨受逆命客奴與平盧諸將議取知誨殺之仍與安東將王玄志遙相應援奏聞十五載四月授客奴柳城郡太守攝御史大夫平盧節度押兩蕃渤海黑水四府經略等使賜名正臣又以王玄志爲安東副大都護攝御史中丞正臣仍領兵平盧來襲范陽未至爲史思明等大敗之正臣奔歸爲王玄志所酖卒逆賊署徐歸道平盧節度王玄志與平盧將侯希逸等又襲殺歸道又劉悟傳悟正臣之孫也按悟爲全諒之姪正臣本名客奴天寶末祿山叛平盧軍使呂知晦受賊僞署客奴時職居牙門襲殺知晦馳章以聞授平盧軍節度使賜名正臣又史思明傳云思明廻軍至德元載併行擊劉正臣正臣易之初不設備遂棄軍保北平正臣妻子及軍資二千乘盡沒又新書劉悟傳云其祖正臣平盧軍節度使襲范陽不克死

此正臣事蹟之可考者也又舊書侯希逸傳安祿山反署其腹心徐歸道爲平盧節度希逸時爲平盧裨將率兵與安東都護王玄志襲殺歸道使以聞詔以玄志爲平盧節度使此歸道玄志事蹟之可考者也然正臣兵敗回保北平舊書謂爲玄志所酖而續日本紀則謂爲歸道所酖歸道爲平盧留後正臣之副也其酖正臣甚易似日本紀差爲得實至歸道玄志二人遣使渤海之事則爲可貴之史料平盧節度治於柳城而平盧節度使兼押兩蕃渤海黑水四府經略使續日本紀云元澗官柳城縣兼四府經略判官縣當爲郡字之誤其他考之於史無不脗合此可取以互證者也

舊唐書本紀敬宗寶歷元年四月以康志睦檢校工部尙書兼青州刺史平盧軍節度使册府元龜文宗太和二年十一月詔

平盧節度使淄青登萊棣等州觀察等使兼押新羅渤海兩蕃等使簡較尚書右僕射會稽縣公康志睦可簡較左僕射類聚三代格天長五年太政官牒云渤海國使王文矩等申云大唐淄青節度康志曀交通之事入覲違期逃罪無由按日本淳和天皇天長五年即唐文宗太和二年正康志睦爲平盧節度之日睦曀以形似而誤稱淄青節度者以淄青觀察誤作節度也爾時康志睦領押渤海蕃使必有阻遏渤海貢使入唐之事故王文矩所云如此

全唐詩載韓翃送王誕渤海使赴李太守行營詩一首此翃佐淄青幕府時作也按新唐書文藝傳盧論後附韓翃云翃字君平南陽人侯希逸表佐淄青幕府府罷十年不出又考希逸於唐肅宗上元二年至青州寶應元年授爲平盧淄青節度代宗

永泰元年爲李正己所逐入居京師據此則翃之佐淄青幕府當在寶應元年迄廣德二年之三年間也平盧舊押渤海蕃使營州陷後貢道已絕故渤海來使必由登州登岸而平盧併於淄青仍押渤海故來使必至青州投到翃時居幕府故以詩贈之考其時不出代宗廣德元二兩年余以此事繫於廣德二年即文王大興二十七年

考日本史所載渤海使於日本者凡三十五次（內有東丹國使一次）起武王仁安八年高仁訖定王永德元年高南容凡十六次中間日本答聘使凡來十三次於此期間日本雖欲以藩屬待渤海且於其國書體式有爭執然既遣使答聘則猶用敵國之禮也自僖王朱雀二年王孝廉起日本遂無答聘使自宣王建興五年高貞泰起日本又定每十二年許渤海使來聘一次從此限制

綦嚴違則被拒蓋不以敵國待之矣考建興五年之使節如賀福延楊成規裴氏父子（頲璆）皆按定限而來故獲得鄰邦之優遇他使所不能比又自高貞泰以後每次奉使多爲一百五人此亦必爲限定之數依此考之亦一極有興趣之事也此事爲正編大事表所不能詳茲別撰一表附綴於此

渤海與日本通聘表

次數	大使姓名	同使人數	奉使之年	與前使相去年數	附說
一	高仁（高齋德代）	二十四	仁安八		翌年答聘
二	胥要德（己珍蒙代）	不詳	大興二	十二	翌年答聘
三	慕施蒙	七十五	十五	十三	
四	楊承慶	二十三	二十一	六	是年日使先來翌年又答聘
五	高南申	不詳	二十二	一	翌年答聘

六	王新福	二十三	二十五	三	是年日使先來翌年又答聘
七	壹萬福	三百二十五	三十四	九	再翌年答聘
八	烏須弗	不詳	三十六	二	却還
九	史都蒙	一百六十七	三十九	三	翌年答聘
十	張仙壽	不詳	四十一	二	日使先來
十一	高泮弼	不詳	四十一		却還
十二	李元泰	六十五	四十九	八	
十三	呂定琳	六十	正曆元	九	翌年答聘
十四	大昌泰	不詳	四	三	是年日使先來約六年一聘昌泰至日請不拘年限日本允之翌年又答聘
十五	高南容	不詳	十五	十一	
十六	高南容	不詳	永德元	一	翌年答聘

十七	王孝廉	不詳	朱雀二	四	以下日本無答聘使
十八	慕感德	不詳	太始元	四	却還
十九	李承英	不詳	建興元	一	
二十	王文矩	不詳	三	二	
二十一	高貞泰	一百一	五	二	自是日本約十二年聘一次遂爲定例此次以早來被却還
二十二	高承祖	一百三	七	二	
二十三	王文矩	一百餘	九	二	違約却還
二十四	賀福延	一百五	咸和十一	十四	
二十五	王文矩	一百	十八	七	雖違約特許受聘
二十六	烏孝愼	一百四	虔晃元	十	日本受其聘以值國喪故不得入都
二十七	李居正	一百五	三	二	違約却還

二十八	楊成規	一百五	十四	十一	
二十九	楊中遠	一百五	玄錫五	五	違約却還
三十	裴頲	一百五	十一	六	
三十一	王龜謀	一百五	二十	九	違約却還
三十二	裴頲	一百五	二十三	三	
三十三	裴璆	不詳	末王元	十三	
三十四	裴璆	一百五	十三	十二	
三十五	裴璆	九十五	東丹四	十	以非渤海國使却還

渤海之朝唐聘日俱含有市易之意此證諸書而可見也册府元龜載開元元年十二月靺鞨（即渤海）王子請就市交易許之又開成元年淄青節度奏渤海將到熟銅請不禁斷又舊新兩唐書李正已傳皆謂正已官淄青節度市渤海名馬歲歲不絕又

入唐巡禮求法行記載開成四年登州有渤海交關船此皆渤海朝唐以市易爲重之證也日本三代實録載渤海使楊成規來與廻易貨物又載裴頲來向鴻臚館交關又紀渤海客來多携珍物日本人愛之此又渤海聘日以市易爲重之證也日本稻葉岩吉博士嘗曰渤海所以頻與日本交通者不外輸彼國之產品以向日本求售耳滿洲發達史此眞洞見中邊讀書得間之言也

日本本朝文粹十二載太政官復渤海中臺省牒一首注云入覲使文籍院少監王龜謀等一百五人按渤海使日本諸臣無王龜謀之名惟日本紀略前篇二十載宇多天皇寬平四年正月渤海客來六月辛丑太政官賜渤海國牒二通一令左近衛少將藤原敏行書之一令文章得業生小野美村書之此年紀

載未著渤海使臣之名葢爲王龜謀等一行也考日本諸史紀渤海歷次使臣姓名甚悉惟此一次不著姓名其爲王龜謀無疑也且撰太政官牒者爲紀長谷雄時官右少辨以長於文筆見稱依此證之亦可無誤惟大日本史二百三十九渤海傳云考和漢合運宇多帝寬平四年藤原敏行書賜渤海敕書而諸書無所見又本朝文粹有太政官移渤海中臺省牒其中言文籍院少監王龜謀等違期入覲即從却回此亦不知在何時實則二者爲一時事且出於日本紀略著者葢未之深考也

日本紀略前篇二十云寬平六年五月渤海使裴頲等入朝下又云十二月丙辰渤海客徒百五人到著伯耆國又云七年五月癸亥渤海客來著鴻臚館依此前後文考之似此二年中渤海曾二次遣使於日本也惟考扶桑略記及本朝通鑑皆謂寬

平六年冬渤海客來七年五月入京本朝通鑑且謂其來使爲裴頲又扶桑集菅原淳茂詩注亦有裴公重朝之語據此則日本紀略所紀寬平六年五月裴頲入朝之語實爲七年五月入京之誤記此按其前後所紀可考而知之者

日本紀略前篇十四天長五年正月但馬國言渤海人百餘人來著二月但馬國司寫渤海王啓中臺省牒案進上此文紀載甚略亦未言使臣爲誰何又續日本後紀十及十一承和八年渤海使賀福延來著其王啟云前者王文矩初到貴界即從界未却回到國之日不得入覲按天長五年即宣王建興十年承和八年即王彝震咸和十一年中間隔十二年渤海未遣他使於日本所以遵一紀之限也故大日本史渤海傳云本書不載使名據後段渤海書則蓋王文矩也日本全史則直書云但馬

言渤海使王文矩等百餘人來此即就賀福延所齎王啟推求得之無可疑者

日本都良香致渤海楊大使狀三首皆載都氏文集按此渤海大使即楊成規也日本三代實錄二十一貞觀十四年渤海國使楊成規來以行少內記都言道等爲掌客使言道自解修文請官裁稱姓名相配其義乃美若非佳令何以示遠人請改名良香許之又載有客主俱醉興成賦詩之語據此則楊大使必爲成規無疑或云都良香有謝楊大使中遠贈貂裘麝香暗摸靴狀按中遠於元慶元年聘日本被拒不得入都存問諸使無良香名其爲誤記不問可知

日本紀略前篇十四淳和天皇天長元年紀渤海大使貞泰副使璋璿貢物二使皆不冠姓按類聚三代格十八太政官符改

定渤海國使聘期事内云彼使高貞泰等還云云則貞泰姓高明矣鳥山氏渤海史考從之惟璋瑨之姓無考

唐德宗貞元十四年十月以渤海國王嵩璘姪能信爲左驍騎衞中郎將見册府元龜又日本天平寶字七年渤海使王新福同行有品官著緋達能信見續日本紀余頗疑達能信即大能信以大達音近也惟考日本天平寶字七年爲唐代宗廣德元年與貞元十四年前後相距三十六年爲時過久又渤海國制度王姪比於王子其位甚尊决無品官著緋之稱且渤海王族使日本者祇大昌泰一人爲正使秩甚高其他王族概未一見依此推之則知其非一人也

續日本紀天平寶字四年渤海使一行中有解臂安貴寶本朝通鑑解臂作臂鷹初未詳爲何官後讀周春遼詩話引李孝光

元祕書丞題遼人射獵圖云美人貂帽玉驄馬誰其從之臂鷹者蓋渤海及遼皆產鷹以臂鷹之人爲專職因而授之以官明末趙士喆遼宮詞君王臂上有神鷹亦指是也

松漠紀聞謂烏爲渤海右姓故渤海諸臣及遺裔多烏姓如烏孝愼其一人也惟續日本後紀及日本三代實錄紀孝愼兩使日本皆作馬孝愼又云一作烏烏馬形似易誤茲以從烏爲正

日本三代實錄元慶七年五月授渤海大使文籍院少監裴頲從三位扶桑集菅原淳茂詩注云往年裴公以文籍院少監奉使入朝此皆頲官文籍院少監之證也又日本紀略載寬平四年有渤海客來著余考此次之使即本朝文粹所載之文籍院少監王龜謀上距裴頲來聘之歲爲時九年則其時文籍院少

監已易頲而爲龜謀矣其後三年即寬平七年裴頲又來載於日本紀略而未言爲何官僅菅家文草有詩題云客館書懷同賦交字呈渤海裴令大使此即道眞於頲二次來使時唱和之作稱之曰令即監之異稱蓋其時頲已由少監進而爲文籍院監故道眞以令稱之否則王龜謀已爲少監於前不應頲仍爲是官也

日本紀略後篇一云延長七年十二月二十四日渤海入朝使裴璆著丹後八年三月二日璆進怠狀又扶桑略記延長八年四月朔日東丹國使即裴璆等著丹後令進過狀又附裡書云八年正月丹後國言渤海客到來九十三人去年十二月二十三日著彼此所紀年月不符本朝通鑑大日本史日本全史皆據扶桑略記正文以爲八年四月裴璆來著丹後實則不然蓋璆以

七年十二月二十三日（或二十四日）著丹後八年正月丹後守臣聞於朝三月二日璆進怠狀（即過狀）四月日廷始爲發遣此其先後次第尙可尋迹不然扶桑略記裡書既與正文相乖何以又與日本紀略脗合耶

唐文宗開成四年十二月戊辰王子大延廣朝貢見册府元龜九百七十二日本僧圓仁入唐求法巡禮行記載開成五年三月二十六日聞渤海王子來到擬歸本鄉待敕使來按此時圓仁在靑州所云渤海王子即爲大延廣蓋於翌年朝貢事畢自登州浮海還蕃也

求法巡禮行記又云開成四年八月十三日有渤海交關船同泊彼浦按日本謂兩國互市爲交關渤海王子大延廣於是年十二月入唐京則於八月時已至靑州矣唐李正己與渤海市

馬又渤海於開成元年運熟銅入唐皆至青州即唐與渤海互市之處也依此可證渤海朝唐之頻亦以互市交易爲要務矣求法巡禮行記又云開成四年八月十五日寺家設餺飩餅食等作八月十五日之節斯節諸國未有惟新羅國獨有此節老僧等語云新羅國昔與渤海相戰時以是日得勝作節樂而喜舞以晝續夜三日便休今此山院（圓仁時居赤山山院）進慕鄉國今日作節其渤海爲新羅罰纔有一千人向北逃去後却依舊爲國今喚渤海國者是也按唐開元二十年渤海王武藝遣兵踰海攻登州唐發新羅兵攻渤海南境久之無功而退新羅與渤海相攻可考者祇此一事又日本權藤成卿八鄰通聘考云渤海立國通好於我而唐朝禍亂相繼渤海乘間威脅新羅新羅遣金泰廉來者（天平勝寶四年）欲依以制渤海也又云初渤海建國通使聘

於我及安祿山之叛頗致其誠又屢求好其意蓋在依我以回復高驪舊業也又云渤海統合諸部雄視北境常控制新羅而傾意通好於我按權藤氏之語雖多出於臆度然渤海旣吞併附近諸部雄視東北與新羅壤地相接必時有以兵相攻之事史文失載故多不可考耳惟所謂渤海一千人向北逃去後却依舊爲國又似大祚榮東度遼水建國於東牟山之事記載參錯略得其似此不必一一考實致涉膠柱鼓瑟之譏也

求法巡禮行記又云開成五年登州府城南街東有新羅館渤海館又云入州此指青州到尙書押兩蕃使衙門按唐於代宗大曆以後以平盧淄青節度兼押新羅渤海兩蕃使治於青州而兩蕃來使皆自登州登岸故於是處設兩館以欵之又按唐元和十四年平李師道以薛平繼爲平盧淄青節度押兩蕃使以後

節度無考開成五年上距元和十四年爲二十二年其節度必已易人其云尚書者稱節度使之本官也

求法巡禮行記又載渤海僧貞素哭日本和尚靈仙詩并序此渤海罕見之文藝亦極可珍重之史料也序略云仙大師（指靈仙）長慶二年入宗五臺五年日本大王遠賜百金遠至長安小子轉領金書送到鐵懃仙大師領金訖將一萬粒舍利新經兩部造敕五通等囑附小子請到日本答謝國恩小子便許一諾之言奚憚萬里重波得遂臨廻之日又謝百金以太和二年四月七日却到靈境寺求訪仙大師亡來日久此序所紀頗耐尋繹按日本紀略前篇十四天長二年十二月渤海國使高承祖等到來又日本逸史三十四天長三年三月右大臣藤原緒嗣言渤海入朝定以一紀而今寄言靈仙巧敗契期又載復渤海王

書云王使承祖等轉送在唐學問僧靈仙表物來載深嘉慰其釋貞素操行所缺者承祖周悉云云天長二年爲唐寶曆元年即貞素詩序所謂長慶五年也（長慶四年穆宗崩敬宗立明年改寶曆元年）貞素蓋於是年自唐還國又隨其國大使高承祖赴日本此可考而知也又按續日本後紀十一承和九年渤海王別狀云祖父王在日（指宣王）差高承祖入覲天皇注送在唐住五臺山僧靈仙黃金百兩寄附承祖承祖領將到國轉附朝唐賀正之使令尋靈仙所在將送其金程途遠隔過期不返後年朝唐使人返回方知前年使等從海却歸到塗里浦疾風暴起皆悉陷沒亦悉往五臺覓靈仙送金之時靈仙遷化不得付與其金同陷沒其後文矩入覲啓中縷陳事由不遂覲禮將啓却歸今再述失命事由云云承和九年即唐會昌二年又日本紀略載天長五年正月

有渤海國使來著四月却還按此次大使即王文矩也於前年冬自本國來聘亦即唐太和元年冬也據渤海王别啓所述考之高承祖於唐寶曆二年還自日本如於是冬遣使朝唐賀正應於唐太和元年至唐然貞素詩序記云太和二年四月七日却到靈境寺訪仙大師亡來已久似渤海之賀正使應於太和元年冬遣來貞素與之同行故於二年四月始至五臺也而王文矩之往日本爲太和元年冬蓋與朝唐賀正使先後出發爾時貞素尚未至五臺不知靈仙之死且朝唐之使應於太和二年四月後還國中途沈溺寄金同陷則貞素亦必死於是役其時亦在文矩使日之後依此推之則文矩所齎王啓僅能述轉附寄金到唐之事而靈仙之死及回使之陷溺皆不能預言也此事詳於賀福延所齎别狀追述十年前事敘述或未能憭否

則其中或有飾詞不然王文矩之至日本已由但馬寫其啓牒以進具載於日本紀略則日廷於靈仙事烏得諉爲不知耶至靈仙與貞素之師應公有誼故貞素不辭跋涉一往日本兩往五臺考其本末頗可稱述葢亦篤於風誼者而日本謂其缺操行不知何指或者渤海以日本限其來聘甚嚴故假借達靈仙之命而來此藤原緒嗣所謂寄言靈仙巧敗契期也至或謂高承祖之使日本爲護送入唐學問僧靈仙而來則失之矣

文獻通考三百二十四引日本僧奝然書云白壁天皇遣僧靈仙入唐禮五臺山學佛法按此即入唐巡禮行記所載之靈仙也惟考渤海僧貞素哭靈仙和尚詩序云此仙大師長慶二年入宗五臺長慶二年當日本嵯峨天皇弘仁十三年白璧天皇日本史作光仁天皇薨於唐德宗建中二年先於靈仙入唐之

歲約四十年設通考所引奝然之語不誤則必奝然誤記也日本入唐禮五臺山求法諸僧別無名靈仙者其爲貞素所哭之仙大師已無疑矣

滿洲發達史云日本山城東勝寺之藏經內有東勝神咒諸家集而諸家集中有一梵本其末頁背面書云大唐大中六年十月弟子段表寫及日本貞觀三年渤海大使李居正携來梵本等字按李居正於貞觀三年冬聘於日本四年夏還國見日本三代實錄此次攜東勝神咒以往蓋如烏孝愼傳長慶宣明曆於日本也唐大中六年先於居正攜經之時凡十年此經流入渤海當在此時此節紀事當與僧貞素入五臺山訪日本僧靈仙事同爲可貴之史料也

朝鮮半島三古國新羅之亡最晚後唐末帝清泰二年始納土

於高麗王氏後於渤海之亡九年渤海盛時與日本通使交易往來頻繁南與新羅連疆道路通利豈無信使往來且渤海交通五道以南海府爲新羅道尤爲兩國交通之明證茲檢三國史記新羅本紀及諸臣傳無一語及此蓋舊史散亡文獻無徵故也新羅聖德王本紀三十二年唐遣太僕員外卿金思蘭發新羅兵擊渤海南鄙無功而還此出於舊唐書渤海傳而三國史記采之也又同書金庾信傳云開元二十一年大唐遣使教諭曰靺鞨渤海外稱藩翰內實狡獪今欲出兵問罪卿亦發兵相爲犄角聞有舊將金庾信孫允中在須差此人爲將仍賜允中金帛若干於是王命允中弟允文等四將軍會唐兵伐渤海此即唐發新羅兵擊渤海之紀事而唐書未能詳載者也又同書憲康王本紀十二年春北鎭奏狄國人入鎭以片木挂樹而

歸遂取以獻其木書十五字云寶露國與黑水國人共向新羅國和通時當唐僖宗之世黑水國者黑水部也在渤海之北寶露爲勃利之對音唐玄宗拜黑水部酋倪屬利稽爲勃利州刺史是勃利與黑水初爲一部後或分立所稱狄國殆即渤海其時黑水勃利欲通新羅必經渤海而渤海阻遏之且密遣人挂此牌蓋以揭其密約間其和好耳又契丹國志謂渤海王大諲譔深憚契丹陰與新羅結援諸國紀渤海與新羅之關涉者祇此數事其他則無所考矣

渤海末王之世曾與高麗王王建結有昏姻之好故王建書因胡僧言於後晉高祖曰渤海我昏姻也見通鑑二百八十四其後國亡世子大光顯奔於高麗高麗爲存其宗祀契丹以槖駝遺高麗而高麗以爲無道縶於萬夫橋下餓斃之此皆以昏姻之故也

高麗史世家太祖八年契丹滅渤海其將軍申德等於是年八月來奔又十一年七月渤海世子大光顯率衆來投又年表太祖天授八年契丹滅渤海國世子大光顯來附前後所紀年月參差必有一誤考同書崔承老傳云渤海既爲契丹兵所破其世子大光顯等領其餘衆數萬戶日夜倍道來奔太祖憫念尤深迎待甚厚至賜姓名又附之宗籍使奉其本國祖宗之禋祀據此則大光顯等於渤海亡後即奔高麗非遲之於三年後也東國通鑑紀大光顯出奔高麗於渤海國滅之下與年表合惟謂爲太祖九年事與世家年表俱下差一年考遼史太祖天顯元年春正月滅渤海即高麗太祖九年東國通鑑所紀甚確然則高麗史謂在八年者蓋一時之疏略耳

遼史本紀太祖天顯元年六月丙午次愼州蓋太祖滅渤海後

自忽汗城西歸所經之地也又宗室傳後唐拜人皇王倍瑞慎等州觀察使唐氏舊志謂慎州必在渤海境內而不能詳其所自愚案新唐書地理志羈縻州下靺鞨州三內有慎州武德初涑沫烏素固部置此即遼太祖所次之慎州也涑沫即涑沫江渤海以其地置涑州蓋已改其故名矣遼初稱曰慎州用故名也瑞州者爲突厥州之一貞觀十年以烏突汗達干部落置在營州之境其後與慎州同僑置於幽州亦見唐書地理志唐明宗以慎州爲渤海故地又以瑞州近於慎州故以人皇王兼領之也

吳兆騫秋笳集云上京城在寧古塔城西南七十二里三殿基址皆在案此即渤海上京故宮也三殿之一名曰永興遼史突呂不傳渤海平突呂不承詔銘太祖功德於永興殿壁是也

研歷史者以緣果尋因爲要義考渤海之興也必有其所以興其亡也亦必有其所以亡其興亡之迹果也其所以興所以亡者因也唐滅高句麗之後徙其遺族部屬於幽營之地此即漢徙關東豪傑以實關中之意不可謂非扼要然於高句麗之故地以薛仁貴爲之都護未聞有深根寧極之措置久之其地不靖無術遠馭仍遣高氏子孫前往鎭撫此亦可謂策之下者矣論者因謂唐征高麗能滅而不能守誠篤論也其後新羅乘高麗故地空虛漸蠶食其東鄙之地而渤海大氏更自營州東竄撫輯靺鞨高麗餘衆而據有其北部唐平高麗始置安東都護府於平壤城繼遷於遼東郡故城又徙新城開元二年徙平州天寶二年又徙遼西故郡城至德後廢此皆靺鞨之族代高麗而興逐漸東向侵略之證開元二年徙府於平州此又渤海建

國後擴張其勢至遼河東岸之證也迨渤海末世契丹日大逼處西方既不知交鄰設防之道復遠通於朱梁後唐吳越歲貢雖勤道遠不能相救後乃以兵開釁殺其遼州刺史致遼太祖有渤海世讐一事未畢之語此又自速其亡因果甚明者也遼滅渤海之後遽遷渤海遺民於遼陽及臨潢各處以弱其勢雖有遠慮亦非臧謀忽汗粟末二水流域因徙民而空虛黑水靺鞨乘之舉部南徙別號女眞歷年二百逐漸强大終以滅遼履霜堅氷防之不早故也歐陽公曰禍患常積於忽微智勇多困於所溺豈不然哉

諲譔降遼之後其國統已絕而冊府元龜五代會要屢紀渤海使朝貢之事論者因謂渤海遺臣保聚一隅似其國尚未滅者愚嘗疑之諲譔降遼之歲曾數遣使於後唐此時尚修朝貢殊

不近理若云爲其遺族所遺則當國破家亡之日奚暇計及此耶愚考渤海亡於後唐明宗天成元年正月是年二月改建東丹國以人皇王突欲王之一切制度悉依渤海之舊當此之時於後唐則修朝貢之禮於日本諸國則通聘問之使一如渤海盛時惟史官所紀輒稱渤海不復別白一若大氏所遺此疑誤之由來也自明宗天成元年起至末帝淸泰三年二月止渤海凡四朝唐皆爲東丹之使人皇王於明宗長興元年奔後唐居七年爲末帝所殺即淸泰三年十一月也東丹國使朝唐四次皆在王之生前朝唐即以朝王其後則不復見者以王已被殺也試觀淸泰三年有所謂南海府都督者有所謂政堂省工部卿者此皆爲東丹國之官非渤海遺裔之保據一隅者之所遺也日本全史載醍醐天皇延長八年渤海使臣裴璆等來問之

則稱東丹國使時明宗長興元年也此爲渤海與東丹混稱之證遼史本紀太宗會同三年東京留守耶律羽之言渤海相大素賢不法按太祖命大素賢爲東丹國左次相亦見本紀此云渤海相即東丹相也此不惟後唐及日本混稱爲一即遼人亦如是稱之矣愚因是斷定册府元龜五代會要所紀渤海亡後之使臣皆爲東丹國所遣與大氏遺裔固無與也至東丹爲遼所立亦爲遼之屬土而其臣南朝於唐者則以土產無地可銷通於南朝可收以有易無之利故耳

東丹之名得自契丹以其建國在契丹國之東也亦即東契丹國之簡稱南唐諸臣撰二丹入貢圖以契丹東丹並稱亦以其爲兄弟之國也淸臣撰續通志不知此義妄改東丹曰都木達則無意義之可尋矣

五代史及通鑑通考契丹國志皆謂契丹主攻渤海夫餘城下之改爲東丹國此皆宋人紀載也惟遼史於攻下夫餘城之後又言圍忽汗城諲譔請降改渤海國爲東丹國忽汗城爲天福所紀當爲得實蓋宋人得之傳聞遼史本諸國史也惟遼史紀遼兵以天顯元年正月庚申拔扶餘城丙寅破渤海老相兵是夜圍忽汗城中間相距祇七日扶餘城在今吉林農安縣城西南忽汗城即渤海上京龍泉府今之寧安縣東京城也二者相去何啻千里或疑其行軍甚速因謂忽汗城非在上京故地已南遷於中京附近者此實不然吉林通志論此最確其言曰考遼史圖欲傳云天顯元年從征渤海拔扶餘城上欲括戶口倍即人皇王圖欲諫曰今始得地而料民民必不安若乘破竹之勢逕造忽汗城克之必矣太祖從之又考太祖本紀庚申拔扶餘城丙

寅己圍忽汗城七日之間馳驟千里當時軍行飄忽若此所謂乘破竹之勢也愚按遼攻渤海在正月初旬猶爲嚴寒之候氷雪未融道路順通正可利用鐵騎七日之内而馳驟千里不足異也况遼兵以此爲長技乎

遼史百官志大東丹國中臺省太祖天顯元年置景宗乾亨元年省又中臺省之官曰左大相右大相左次相右次相是也本紀太祖天顯元年改渤海國爲東丹以皇弟迭剌爲左大相渤海老相爲右大相渤海司徒大素賢爲左次相耶律羽之爲右次相此百官志之所本也耶律羽之傳初爲中臺省左次相後以功遷左相又高模翰傳應歷初召爲中臺省右相至東京父老歡迎曰公起戎行致身富貴爲鄉里榮相如買臣輩不足過也九年正月遷左相卒按此即東丹國之中臺省設於東京者

也遼遷渤海遺民於東京而模翰則渤海人也故東京父老以爲有衣錦之榮焉應歷九年下距乾亨元年尚有二十一年而國始除

遼史本紀太宗天顯六年四月建中臺省於南京此與百官志元年建省之語不合蓋人皇王於五年奔唐六年太宗至東丹改其故制重建中臺省祇置左右二相史故書之

遼史本紀聖宗於乾亨（景宗年號）四年九月即位十二月庚辰省置中臺省官此與百官志所云省於乾亨元年者尚遲三年疑百官志元年之元字爲四字之誤應以本紀爲正茲從之又聖宗統和二年十二月辛丑以大仁靖爲東京中臺省右平章事此記與省置中臺省之文頗有乖違然遼史百官志四聖宗統和元年詔置三京左右相左右平章事於是有三京宰相府三京

者東京中京南京也乾亨四年省置中臺省官即東丹國除於是時也翌年爲統和元年即置三京宰相府然則大仁靖所官者東京宰相府之右平章事非東丹國之右平章事也此云中臺省者蓋東京宰相府之誤記耳

東丹國建於遼太祖天顯元年除於景宗乾亨四年凡五十有七年不爲不久人皇王突欲建國稱甘露元年建國五年而奔唐十一年而被殺其後國政由王妃蕭氏主之十五年蕭氏卒二十一年世宗兀欲嗣遼帝位以其叔祖安端主東丹國兀欲者人皇王之子也二十七年安端卒其後何人主國事史所不詳遼史皇子表德祖六子長子爲遼太祖阿骨打第五子爲安端後主東丹國封明王依此言之則安端者人皇王之叔父也至契丹國志十四乃云太祖崩於渤海述律后使少子安端少

君守東丹册府元龜九百九十二亦云阿保機有子三人幼安端少君依此言之則安端者太祖之少子人皇王之弟也愚考遼史凡數見安端未嘗謂其爲太祖之少子則皇子表爲不誤矣

海海亡後遼建東丹國復移於遼陽以其民實之其於東京附近建立諸州多用舊名而遼史之誤即由此起余既於地理考一一辨之矣茲再引證以明之五代史記十七晉出帝與太后等舉族而北自幽州過平州出榆關行沙磧中七八日至錦州又行五六日過海北州至東丹王墓又渡遼水至渤海國鐵州按此所記方隅里到多有違誤蓋以得之傳聞故耳然此所謂渤海國鐵州即東丹國鐵州也彼時東丹國尚未除記者又未能別白故猶以渤海國稱之遼史地理志鐵州在東京道當在今遼陽之西故出帝渡遼水後遂至鐵州若渤海之鐵州則在

今吉林樺甸磐石之間與後來之鐵州絶不相涉此一證也宋許亢宗奉使行程錄云自瀋州七十里至興州又九十里至咸州此爲自南而北洪皓松漠紀聞云銀州南鋪五十里至興州四十里至蒲河此爲自北而南瀋州今瀋陽銀州今鐵嶺咸州今開原則興州正在瀋鐵之間核與遼史地理志置興州於東京道亦合此蓋東丹國所置而國除後猶仍其舊也若渤海之興州則在今吉林蘇密城在樺甸縣界西南三百里當雙陽伊通一帶與後來之興州渺不相涉此二證也詳宋遼金元人所説之渤海某州多指移置之後而言或稱東丹國爲渤海其搌亂愈甚其誤蓋已久矣

五代會要云長興元年十一月契丹渤海東丹王托雲即突欲率番官四十餘人馬百匹自登州泛海内附十二月中書門下奏

契丹國東丹王托雲遠泛滄溟來歸王化請賜姓名又本朝賜新羅渤海兩番國王官初自檢校司空至太保今托雲是阿保機之子請比新羅渤海王例施行敕渤海國王人皇王托雲契丹先收渤海改爲東丹其托雲宜賜姓東丹名慕華檢校太保安東都護渤海郡開國公充懷化軍節度瑞愼等州觀察處置等使愚按此文初稱渤海東丹王繼稱渤海國王蓋南朝固視東丹如渤海也

舊五代史册府元龜五代會要所紀東丹王事年月頗有參差茲一以舊五代史爲主以其所紀較詳且纂集在前也

遼東志古蹟有渤海城注云在遼陽城東北隅又宮室有遼宮在遼陽都司治東北東丹王宮在遼陽城內東北隅有讓國皇帝御容殿大東丹國新建南京碑銘在宮門之東南愚按此三

處蓋一地也遼移東丹國於遼陽治渤海人仍用舊制國名雖改人仍以渤海稱之故渤海城即東丹王宮也東丹王宮即遼宮也今遼陽城内東北隅地址獨高塏嘗於地中發見磚瓦礎石蓋即遼宮之所在於此一地安得有一城二宮遼東志不知辨晰而並載之雖欠分曉然遼金元視渤海與東丹爲一於此可徵矣

胡嶠陷北記云距契丹國中略東南渤海又東遼國皆與契丹略同其南海曲有魚鹽之利按嶠於後漢高祖初年入契丹居七年於後周太祖廣順三年亡歸時渤海已亡東丹國尚在其所云渤海者蓋指渤海故地其曰又東遼國者指東丹國而言也契丹改國號曰遼而東丹又在其東故曰東遼亦猶國於契丹之東者而名東丹也

滿洲源流考引宋會要云徽宗政和八年五月臣僚言登州與渤海相望以駝基石爲界深慮渤海相近作過則駝基寨孤立乞以末島嗚呼島爲界置兵戍守按此所謂渤海指高永昌而言也永昌於遼天祚帝天慶六年正月據東京稱大渤海皇帝據遼東五十餘州是年五月永昌被擒天慶六年即宋政和六年其後二年宋改元重和故政和無八年滿洲源流考引作八年蓋爲六年之譌此可考而知也爾時永昌之聲勢甚盛故宋臣以分界爲言並置兵戍守之又畢氏續通鑑政和七年七月金之蘇州漢兒高藥師曹孝才及僧即榮等率其親屬二百餘人以大舟浮海欲趨高麗避亂爲風飄達宋界駝基島備言女眞既斬高永昌渤海漢兒羣聚爲盜契丹不能制按此亦宋人稱永昌爲渤海之一證也

册府元龜九百七十三開元二十五年八月渤海大首領多蒙固來朝此即張曲江集敕大武藝書所謂多蒙固所送水手及承前沒落人等是也又册府元龜九百九十九文宗太和七年渤海先遣學生李居正三人事業稍成請准例遞乘歸國許之又日本三代實錄載清和天皇貞觀三年渤海使李居正等由隱岐島來貞觀三年即唐懿宗咸通二年也去太和七年計凡二十九年此使於日本之李居正即前此之遺唐學生也且日本稱居正曰位列公卿齡過懸車則其年齒之高不問可知矣又遼史地理志大東丹國新建南京碑銘在宮門之南又宗室傳倍即八皇王既歸國命王繼遠撰建南京碑又元好問王黄華庭筠墓志謂其九世祖繼遠仕東丹爲翰林學士據此則爲人皇王撰碑之王繼遠時官翰林學士亦即庭筠之九世祖也以上

三事皆由多籍參證而得彼此既已脗合自可斷爲一人

兩唐書所載靺鞨人之仕唐者一李謹行靺鞨酋長突地稽之子也（突地稽已見前）仕於太宗高宗時累遷營州都督封燕國公一李多祚其先爲靺鞨酋長號黄頭都督後入中國世系湮遠多祚仕於武后中宗時官右羽林大將軍封遼陽郡王爲武三思所殺此二人者皆於渤海建國之前入中國者也一爲李懷光本姓茹其父常徙幽州爲朔方部將賜姓李更名嘉慶子懷光以武功仕至太尉朔方節度使此則於渤海建國後入中國者也兩唐書皆云懷光渤海靺鞨人語意甚顯尤非謹行多祚之比余已錄茹常入異姓列傳而以懷光附之特略其事蹟不舉以無涉於渤海也

渤海人之留於日本者有高多佛日本紀略曾載之又大日本

史氏族志云高庭氏渤海人高多佛之後也嵯峨帝時多佛賜姓高庭名高雄注引日本後紀此亦可考之一事也

新唐書地理志附載貞元宰相賈耽邊州入四夷道里甚詳並云耽考方域道里之數最詳從邊州入四夷通譯於鴻臚者莫不畢紀其入四夷之路與關戍走集最要者七一曰營州入安東道一曰登州海行入高麗渤海道餘從略按此即世所稱賈耽邊州道里記是也又同書藝文志耽所著書曰賈耽地圖十卷皇華四達記十卷古今郡國縣道四夷述四十卷關中隴右山南九州別錄六卷貞元十道錄十卷據此則耽所著書無邊州入四夷道里記之名而地理志所引者必不出此數書矣按李德裕爲呂述撰黠戛斯朝貢圖傳序曾引賈耽古今四夷述無郡國字三國史記地理志凡四引賈耽之語三作古今郡國志

一作四夷述似古今郡國志爲一書而四夷述又爲一書然其所引皆不見於唐志所引之道里記其爲無涉可知也近人吳慶坻跋吳承志唐賈耽記邊州入四夷道里考實云唐書地理志卷末所錄賈耽記殆即皇華四達記文此說甚確而未及舉證余考宋曾公亮武經總要有邊防五卷數引賈耽皇華四達記茲取其與渤海有關者比證之其一云按皇華四達記登州下云北渡海至馬石山五百里又云海行東北歷大謝龜歆（原誤作歌）烏湖等島約三百里入傍海岸歷靑泥浦桃花浦杏花浦駱馱灣約八百里又顯州下云唐天寶以前渤海國所都按此即唐志登州海行入高麗渤海道之語也其二於宜州下云營州東百八十里凡九遞至燕郡城自燕郡東經汝羅（原誤作波羅）守捉渡遼州（按應作遼水）七十驛至安東都護府約五百里又東京下云

自安東府東南至平壤城八百里西南至都里海口約六百里西北至建安城按此即唐志營州入安東道也大抵武經總要錄其原文而稍加竄易此即道里記爲皇華四達記之證也近人撰滿洲歷史地理謂道里記殆由四夷述中摘錄茲考李德裕及三國史記所引李所引云黠戛斯本堅昆國貞觀二十一年逮天寶季年朝貢不絕三國史記所引皆紀三韓濊貊事皆紀四夷事而無與於道里此由著者未詳考武經總要所引故作此疑似之辭茲經舉證乃瞭然矣

唐志所錄賈耽道里記亦有微誤者其一登州海行至都里鎮東傍海壖至烏首江八百里此即今鴨淥江口也再南傍海壖過貝江口即浿水得新羅西北之長口又千里至唐恩浦口此又由鴨淥江口轉而南行以達新羅王城之道也而唐志於唐恩浦口上有鴨淥江三字此文應在上文烏首江三字之下誤置

於此（烏首江即今鹽河唐恩浦即今朝鮮仁川南之南陽灣）關於此節之誤吳氏考實及滿洲歷史地理已詳辨之矣其二耽之時高麗已亡僅新羅尚存所記登州海行道里至烏首江（即鴨淥江）後一南行至新羅一北行至渤海據此則應題曰登州海行入新羅渤海道其曰高麗者新羅二字之誤也此皆應訂正者也（唐宋人嘗稱新羅爲高麗其證不一而足）

賈耽所記有東北海行三百里渡烏湖海至馬石山東之都里鎮之語此馬石山非渤海武王以兵擾害之馬都山也吳氏攷實謂馬石山即今旅順之老鐵山通鑑晉成帝咸和九年八月詔遣謁者徐孟策拜慕容皝鎮軍大將軍平州刺史大單于遼東公船下馬石津是也馬石津即馬石山之津口注亦引賈記爲說愚按馬烏二字往往以形似而互譌如馬都山之作烏都山是也馬石山或作烏石山今老鐵山其色焦黑因以得名烏

石與老鐵同義因知馬石山即烏石山烏石山即老鐵山也

新唐書地理志引賈耽道里記云渤海王城西南三十里古肅慎城其北經德里鎮至南黑水靺鞨千里滿洲源流考云此即唐會要所云德理府也渤海無德理府之名此作鎮爲是愚按武英殿聚珍本唐會要九十六靺鞨條云今黑水靺鞨界南與渤海顯德府北至小海東至大海西至室韋此未嘗謂有德理府然渤海顯德府治於蘇密城在今吉林樺甸縣界不與黑水靺鞨相接其在黑水靺鞨之南者祇龍泉府與之相接唐會要所記殊誤惟太平寰宇記一百七十五有黑水靺鞨南至渤海國德理府之語然則滿洲源流考所云唐會要蓋爲太平寰宇記之誤耳

遼史食貨志南雄州高昌渤海立互市以通南宋西北諸部高

麗之貨此指太宗得燕後而言也所云渤海若非指其故地即百官志所紀之西北渤海部也食貨志又云一時產鹽之地如渤海等處五京計司各以其地領之此亦指太宗得十六州地後而言也所謂渤海疑係在滄州之渤海郡非大氏之渤海也食貨志又云神册初平得渤海廣州本渤海鐵利府改曰鐵利州地亦多鐵按同書地理志東京道廣州下云渤海爲鐵利郡太祖遷渤海人居之建鐵利州統和八年省開泰七年以漢戶置此云渤海爲鐵利郡者謂廣州爲渤海鐵利府之故郡也又云太祖遷渤海人居之建鐵利州者謂太祖遷廣州於他處改稱鐵利州也同書本紀天祚天慶六年貴德州守將耶律余覩以廣州渤海叛附永昌此所謂廣州即遷徙後之廣州也統和八年省鐵利州開泰七年復以其地置廣州食貨志所謂渤

海廣州者未遷之廣州也其謂改曰鐵利州者遷後之廣州也其地多鐵恐指遷後而言食貨志凡三言渤海余以意釋之如此

唐書地理志羈縻州有靺鞨府三其一爲渤海都督府此爲渤海國之所在唐曾置長史以領之者也遼史地理志末亦列渤海州之名下無一字時渤海已亡不應再於其地置州疑即渤海帳司或西北渤海部之所在惟無明證

涵芬樓百衲元刊本遼史可正今武英殿同文五局諸刊本遼史之誤有三皆關於渤海者也其一今本東京遼陽府紫蒙縣下云拂涅國置東平府領蒙州紫蒙縣下又云後徙遼城並入黃嶺縣渤海後爲紫蒙縣此文敘次頗不清按新唐書渤海傳渤海有東平府領蒙州此紫蒙縣即渤海蒙州屬縣也依史文求之可得其略其云拂涅國置者

蓋因新唐拂涅故地置東平府一語而誤耳滿洲源流考曾據明統志所引遼史於東平府領四字下增入蒙州二字而元刊本有蒙州二字此正明統志所引之本也又今本於開州鎮國軍節度所屬之鹽州下云本渤海龍河郡故縣四其一曰格州滿洲源流考據明統志所引遼史改作格川而元刊本正作格川其三今本東京道有尙州鎭遠軍滿洲源流考云遼史東京道別有尙州金史作同此爲同州無疑而元刊本正作同州又鎭遠軍作鎭安軍亦當從元刊本凡此三事皆元刊本勝於今本者然則讀古人書貴得精本豈不然耶

遼史二太祖本紀云太祖賜諲譔名曰烏魯古妻曰阿里只又一百十六國語解云烏魯古阿里只太祖及述律后受諲譔降時所乘二馬名也因賜諲譔夫婦以爲名案遼史國語解本爲

元修遼史時所撰且列爲末卷當列傳之一脫脫進遼史表謂列傳四十六卷是也淸高宗改撰遼金元三史國語解遂將此卷削去並改表云列傳四十五卷似原無此卷者淸季五局刊本從之此實不可爲訓惟武英殿本及今涵芬樓景印元刊本遼史有此卷尙存本來面目余檢淸改撰遼史國語解無烏魯古阿里只二語之釋義而元刊本有之藉以考見彌可珍也又海東繹史十一曾引及此蓋朝鮮有元明刊本遼史而據以錄入者

遼史聖宗本紀統和元年正月丙子渤海撻馬解里以受先帝厚恩乞殉葬詔不許賜物以旌之又太平八年九月壬辰朔以渤海宰相羅漢權東京統軍使按渤海宰相渤海撻馬皆爲渤海族帳之官爲是官者不必爲渤海人如渤海近侍詳穩亦爲

渤海族帳之官而以耶律阿思爲之阿思固遼之宗室也又涅魯古傳云涅魯古躍馬突出爲近侍詳穩渤海護衛蘇射殺之此云渤海非姓蓋渤海近傳詳穩之倒置蘇即耶律阿思也胡嶠陷北記云距契丹國東至海有鐵甸又東女眞善射人無定居又東南渤海又東遼國皆與契丹略同案嶠於五代漢高祖天福十二年隨蕭翰入遼周太祖廣順三年亡歸是時渤海已亡此所云渤海疑即遼屬國之渤海部又稱爲族帳者也此族帳之中有兀惹部亦稱渤海琰府又有定安國即宋史所載求之其國之位置應在是處其曰東遼國者即東丹國其時人皇王雖亡而遼世宗命其叔祖安端主之國尚未除又以都於遼陽故謂在契丹國之東南也

遼史地理志所載渤海州縣之名往往與新唐書渤海傳有異

同如潘州之作瀋州滎州之作崇州益州之作蓋州皆以形似而異者是也余既於地理考一一辨之矣然遼史本紀太祖神册六年有詔徙檀順民於東平瀋州之語東平即今遼陽則瀋州必爲今瀋陽無疑矣是時渤海尙未滅而遼即有瀋州疑遼徙渤海州縣於東京附近時遂以瀋州之地處潘州之民此說果確即不得以潘瀋二字形似遂疑潘州未移之前遼無瀋州也遼志不知辨此乃云渤海建瀋州則誤矣抑余更有疑者中京顯德府盧州屬縣有白巖明見於遼志者也而遼瀋州昭德軍所屬巖州亦有白巖縣下云渤海置以余攷之此即高句麗之白巖城唐太宗曾引兵攻之者也本在遼東京附近故以屬之瀋州而渤海之盧州尙遠在其北六七百里外今吉林省境何以亦有白巖之名豈彼此之偶同耶余因疑遼移置渤海州縣之

後或仍其舊或用故地之名未必一致而遼史皆以爲置自渤海故不免舛誤耳姑懸此疑以待論定

今瀋陽故宮東華門外之石經幢其末行有小字云唐開元三年猶可辨認而日本內藤虎博士謂其下尚有瀋州等字（今已不可辨）稻葉岩吉博士云唐代無瀋州實唐書之缺略遼東行部志曾引韓穎瀋州記穎唐末人則唐有瀋州矣或唐征高麗時與創建遼東諸郡縣同時建置亦未可知（滿洲發達史）博士此證雖未引遼史本紀遼未滅渤海已有瀋州之語然瀋州之置於唐得此證而益明不可謂非史籍上之一刱獲也或謂此石經幢爲渤海所建蓋此時爲渤海高王受唐册封之翌年正稟用大唐正朔故用開元年號此雖可備一說然據賈耽所紀近人所考皆謂今瀋州之地不隸渤海疆域之內則亦爲未定之論也

通典撰於唐之中葉而於渤海之名僅一見州郡典安東府下云北至渤海一千九百五十里是也一百八十其餘則稱靺鞨州郡典叙云高宗平高麗百濟得海東數千餘里旋爲新羅靺鞨所侵失之一百七十一又邊防典高句麗下云高宗遣司空李勣伐高麗破其都擒其王其後餘衆不能自保散投新羅靺鞨舊國土盡入於靺鞨一百八十六此即舊新兩唐書渤海傳所謂高麗餘燼稍稍歸之是也又邊防典靺鞨下云大唐聖化遠被靺鞨國頻使貢獻一百八十六此即册府元龜所紀渤海朝貢之事也又州郡典云平盧節度使鎮撫室韋靺鞨一百七十一此即唐書所載以平盧節度押渤海蕃使是也杜佑撰通典時渤海立國已久且已彊盛而佑不稱其國名者蓋以靺鞨爲東夷而蔑視之也

滿洲源流考謂寧古塔城傍有古大城又謂渤海上京及忽汗

城實在寧古塔城傍案古大城即今東京城亦即渤海上京其說已約略得之特不能實指其地耳朝鮮韓鎮書海東繹史續編謂本傳云保挹婁之東牟山直營州東二千里考唐志營州在今遼陽州西六百餘里之地自此東距二千里正爲寧古塔城祚榮開國之挹婁故地即其地韓氏之書成於淸宣宗道光三年而立論如此明晰亦難得矣

唐書渤海傳謂天寶末徙上京直舊國三百里又地理志引賈耽道里記云顯州天寶中王所都自此正東如北六百里至渤海王城韓氏鎮書云顯州者顯德府也本傳所謂舊國是也王城即天寶末徙居之上京也然則顯德府當在上京西南三百里但地志所叙道里較本傳多三百里未知孰是蓋不出虎爾哈河之西南烏喇城之東南也愚按日本松井等渤海疆域考

謂新唐書之三字應作六實本韓氏之説然韓氏僅言未知孰是猶爲闕疑待考不失爲謹愼之意蓋舊國與中京本爲二地也

高麗史十六仁宗十三年（金天會十三年是年正月太宗殂熙宗即位）二月辛丑金報哀使檢校右散騎常侍王政來癸卯王受詔詔曰上天降禍大行皇帝遘疾彌留奄棄萬國攀慕哀號不克勝處朕欽承彝訓繼迫輿情以眇眇之躬嗣丕丕之業卿緬聞訃音諒極悲凝益勵乃心同底於理閏月丁未報哀使還附表陳慰按王政熊岳人渤海遺裔仕於金金史有傳（行誼具本書遺裔列傳）所謂嘗使高麗因改名政即指此也又金史熙宗本紀天會十三年正月己巳太宗崩庚午即皇帝位癸酉遣使告哀於高麗及報即位（又交聘表所紀亦同）遣使以正月至以二月與高麗史所紀正合惟金史不載

政名耳又政傳不載檢校右散騎常侍之官蓋爲攝官故史從略

唐憲宗元和十三年四月高麗國進樂物兩部（見唐會要九十五）十四年四月高麗國進樂工（見冊府元龜）按此即新唐書高麗傳所謂後稍自國至元和末遣使者獻樂工是也然考之三國史記東國通鑑記高句麗於高藏降唐後宗社遂墟直至五代梁末始有王氏之高麗國出見此所謂高麗者不爲新羅則爲渤海唐人記載嘗稱新羅爲高麗日本紀載又稱渤海爲高麗以此二國當之差爲近實舊唐書無高氏後稍自國之語而新書有此語者則以爲唐會要冊府元龜二書高麗遣使者進樂工一語所眩也

新唐書藝文志著錄崔致遠四六一卷桂苑筆耕二十卷（此書尚在）

注云高麗人賓貢及第高駢淮南從事案三國史記有崔致遠傳新羅人入唐及第此云高麗人即新羅人之誤記也宋史高麗傳貢士三等王城曰上貢郡邑曰鄉貢它國人曰賓貢賓貢二字之義可於此得之徐正字夤集載夤贈渤海賓貢高元固詩太平廣記云金可紀新羅人賓貢進士此亦一證唐制許諸蕃子弟入學見新唐書選舉志而賓貢之制不載可據同書藝文志及徐正字集補入五代及宋皆有賓貢之制如通志氏族略五代貞明梁末帝年號登科之沙承贊欣虒皆渤海人賓貢登科者也說詳別條又宋史高麗傳淳化三年上親試諸道貢舉人詔賜高麗賓貢進士王彬崔罕等及第既授以官遣還本國皆是其證

金史后妃傳海陵第二娘子大氏封貴妃此渤海遺裔也又大磐傳云大定五年召爲符寶郎磐有妹在宮中爲寶林磐臭之

子亦渤海遺裔也海東繹史十七謂金廢帝即海陵王元妃大氏渤海人大臭女不知海陵貴妃大氏別爲一人非臭女世宗時在宮中爲寶林者乃臭女也其誤當刊正

通志氏族略欣氏下云五代貞明登科有欣彪渤海人又沙氏下云五代貞明登科沙承贊渤海人又云沙姓出於新羅海東繹史十八引沙承贊謂此渤海國人以賓貢登科者愚按氏族略屢言某望出渤海此指渤海郡而言惟欣沙二氏祇言爲渤海人似非望出渤海之比且後梁貞明時渤海郡故地屬於燕王劉守光後入於李存勗似不能入梁登科海東繹史以沙氏屬之大氏之渤海國則不爲無因也惟唐及五代喜稱郡望其謂爲渤海人者亦多指郡望而言茲既別無顯證姑存其說於此以竢博考而不復錄入列傳云

海東繹史引書多有誤注之處如引唐肅宗至德元載平盧留後徐歸道遣判官張元澗使渤海一節以爲出於舊新兩唐書(卷十一)余檢兩唐書實無其文蓋引續日本紀而誤注也又引開元禮云爲新羅渤海等蕃國王舉哀城外張帷幔爲次向其國哭之至三聲而止(卷二十一)余檢文淵閣四庫本大唐開元禮僅云爲蕃國主舉哀城外云云(通典所引亦然)而無新羅渤海等字蓋當時蕃國甚多若祇舉此二國之名則失之罣漏矣此明爲纂書者以意加入殊非著述之體余故辯之

金史世宗本紀東京副留守高存福其女在海陵後宮海東繹史(七十)因云廢帝宮人高氏東京渤海人高存福女按渤海人高姓最多當爲大族國亡後多居遼陽(即東京)然存福是否爲渤海人金史固無明文然則繹史所云亦想當然之語耳

金世宗母貞懿皇后李氏遼陽人又世宗元妃張氏父玄徵母高氏與貞懿皇后葭莩親玄徵與張浩同曾祖張氏固渤海遺族也余因疑李氏亦爲渤海遺族貞懿皇后弟石官至太師其女爲世宗元妃然則世宗母系之血統非與渤海遺裔至有關繫者耶

王仁俊遼史藝文志補證（遼文萃附編）道家類海蟾子詩一卷出鄭略（即通志藝文略）按即劉海也碣石剩談海蟾姓劉名嘉渤海人十六登科甲五十至相位據此則海蟾子本渤海人雖云至相位而未必仕於遼也又薛大訓神仙通鑑劉光英字宗成號海蟾子初名操字昭遠後得道稱爲燕地廣陵人又陝西通志謂海蟾子名哲（同嘉）字元英陝西人事燕王劉守光爲相喜黃老之學後遁跡終南山下化鶴飛去綜上所紀則海蟾子仕於燕王劉守

光而爲之相迨守光爲晉滅而海蟾子入於遼其云渤海人蓋籍於中土之渤海郡而與大氏之渤海又無關也

渤海遺裔有以渤海爲姓者宋史藝文志别史類有渤海塡唐廣德神異録四十五卷又女眞傳開寶五年夏首領渤海那三人入貢遼史高麗傳聖宗統和二十八年高麗禮部郎中渤海陁失來降皆是也蓋渤海亡後其遺裔散之四方或入高麗故冠渤海二字以别之其後遂以爲姓又遼史道宗紀淸寧九年七月楚國王涅魯古等犯行宫爲近侍詳穩渤海阿思射殺之按阿思一名蘇自有傳姓耶律氏官渤海近侍詳穩然則道宗紀蓋以渤海二字誤置於近侍詳穩四字之下與前二人之以渤海爲姓者不可一例視之

文獻通考三百二十七云定安國本馬韓之種爲契丹所攻破

其酋帥糾合餘衆保於西鄙建國改元自稱定安國宋開寶三年其國王烈萬華因女眞遣使入朝乃附表貢獻方物太平興國中太宗方經營遠略討擊胡虜因降詔其國令張犄角之勢其國亦怨寇讐侵侮不已聞中國方用兵北討欲依王師以攄宿忿得詔大喜乃託女眞使附表來上云定安國王臣烏玄明末署元興六年十月日愚按玄明表云臣本以高麗舊壤渤海遺黎保聚方隅涉歷星紀頃歲契丹恃其强暴入寇境土臣祖考守節不降與衆避地僅存生聚以迄於今此爲渤海遺黎之僅存者譯其語意甚明契丹入寇即指圍忽汗城虜大諲譔之事也其云本馬韓之種者以太宗答詔有奄有馬韓之地一語耳此外恐別無所據又同書三百二十六太宗於太平興國六年有賜烏舍城浮渝府渤海琰府王詔略云爾國密邇寇讐力

不能制當靈旗破虜之際是鄰邦雪憤之日所宜盡出族帳佐予兵鋒此云浮渝府即夫餘府所云渤海琰府王恐爲渤海遺裔太宗賜詔與玄明上表同在一年則定安國必與扶餘府密接且玄明上表又有夫餘府昨背契丹並歸本國之語則夫餘府又爲定安國所有矣

定安國事具載宋史而其地究在何處鮮有考及之者吳氏貰耽記邊州入四夷道里攷實云渤海亡後龍州爲其遺衆所據奉大諲譔之弟拒遼仍稱渤海涑州分屬別帥建爲定安國又云定安國在淥州之北渤海之南西接扶餘爲女眞通宋之道所經即故涑州渤海之涑州如爲今烏拉城則烏拉城即定安國之所在也此亦姑備一說未爲確論

高麗史顯宗九年正月定安國人骨湏來奔案顯宗九年即宋

眞宗天禧二年（遼開泰七年）後於烏玄明上表之歲者三十七年疑其國見倂於遼故其國人奔於高麗也

宋太宗太平興國六年賜烏舍城浮渝府渤海琰府王詔載在宋史渤海傳吳氏攷實亦考證及之其說云其國（指渤海）至宋時已屬附於遼地多割出所都在龍州之南（此龍州指金之上京會寧府故地而言非渤海龍州之所在吳氏說有誤）置新府名琰外府惟浮渝及烏舍一城烏舍枕混同江在伯都訥之蒿子站浮渝宋會要作淸渝遼志渤州軍名淸化淸渝當即舊渤州其支郡名爲淸渝滿洲源流考謂即扶餘傳云渤海王弟攻不能克則非此城琰府滿洲源流考無說元一統志云開元城正西曰谷州谷州與上京南之建州皆非渤海舊州爲後立國時所置建州西去混同江五十里近今打牲烏拉城在蒿子站東南應是琰府之屬州其地去蒿子站

三百里中間應尙有屬縣谷州爲其府之郭下州谷與炎形近本字當作炎即琰之省州在打牲烏拉南與塞齊窩集相置至政和中烏舍先入於金愚按此節所考頗詳惟謂淸渝府即渤海之渤州谷州即琰府之譌變無他顯證尙未敢信以爲然

遼史本紀聖宗統和十年二月兀惹來貢十二年十二月女直以宋人浮海賂本國及兀惹叛來告十三年兀惹歸欵十五年正月兀惹酋長武周來降三月兀惹烏昭慶以地遠乞歲時免進鷹馬貂皮詔以生辰正旦貢如舊餘免十七年六月兀惹烏昭慶來（屬國表作來降釋之）二十一年四月兀惹渤海奥里米越里篤越里古等五部來貢二十二年九月南京女直遣使獻所獲烏昭慶妻子開泰元年八月鐵驪那沙等送兀惹百餘戶至賓州賜絲絹以賞之太平二年五月鐵驪遣使獻兀惹十六戶天祚帝

天慶四年十二月鐵驪兀惹叛入女直按此遼史所紀兀惹屬國叛服不常之大略也愚嘗謂宋史所紀之定安國及烏舍城浮渝府渤海琰府王應於遼屬國中求之遼史兵衛志所紀屬國軍有靺鞨兀惹靺鞨疑即渤海之故族兀惹即所謂烏舍城也兀惹南朝譯作烏舍清高宗譯改遼史亦作烏舍其於遼也叛服不常又嘗與宋通女眞告宋人浮海賂本國及兀惹叛即指賜浮渝府渤海琰府王詔之事續通鑑長編謂在宋太宗太平興國六年即遼景宗乾亨三年此則在統和十二年後於乾亨三年者十三年然是時宋太宗尚在位則其浮海以通於女眞及兀惹必非一次也且統和二十一年貢遼之五部內有渤海兀惹此所謂之渤海疑即兵衛志屬國軍之靺鞨宋人既稱烏舍城之王曰渤海琰府王則兀惹之王爲渤海遺裔無疑遼史紀兀惹之

王曰烏昭慶則又與定安國王烏玄明同姓又以吳氏之語驗之謂定安國在淥州之北渤海之南爲女眞通宋之道則必與兀惹相鄰且於遼諸屬國內求定安國亦爲不易之經也

渤海國志長編卷十九終

渤海國志長編卷二十

遼陽金毓黻 撰集

餘錄 渤海後志三

靺鞨

靺鞨之名始見北史所謂靺鞨即古肅愼是也又括地志亦有是語而三國史記敍靺鞨事最早玆悉擷錄於左

新羅慈悲王十一年春高句麗與靺鞨襲北邊悉直城卷三新羅本紀三

炤知王二年十一月靺鞨侵北邊三年三月高句麗與靺鞨入北邊取狐鳴等七城又進軍於彌秩夫我軍與百濟加耶援兵分道禦之賊敗退追擊破之泥河西斬首千餘級同上

高句麗東明王元年至卒本川觀其土地肥美山河險固遂

欲都焉而未遑作宮室但結廬於沸流水上居之其地連靺鞨部落恐侵盜爲害遂攘斥之靺鞨畏服不敢犯焉卷十三高句麗本紀一

長壽王五十六年春二月王以靺鞨兵一萬攻取新羅悉直州城卷十八高句麗本紀六

百濟温祚王二年春正月王謂羣臣曰靺鞨連我北境其人勇而多詐宜繕兵積穀爲拒守之計卷二十三百濟本紀一

三年秋九月靺鞨侵北境王帥勁兵急擊大敗之賊生還者十一二同上

八年春二月靺鞨賊三千來圍慰禮城同上

十年冬十月靺鞨寇北境遣兵二百拒戰於昆彌川上我軍敗績依青木山自保王親帥精騎一百出烽峴救之賊見之

即退同上

十一年夏四月樂浪使靺鞨襲破瓶山柵殺掠一百餘人秋七月設禿山狗川兩柵以塞樂浪之路同上

十八年冬十月靺鞨掩至王帥兵逆戰於七重河虜獲酋長素牟送馬韓其餘賊盡坑之同上

二十二年秋八月築石頭高木二城九月王帥騎兵一千獵斧峴東遇靺鞨賊一戰破之同上

四十年秋九月靺鞨來攻述川城冬十一月又襲斧峴城殺掠百餘人王命勁騎二百擊之同上

考高句麗東明王建國於漢元帝建昭二年其時不容有靺鞨之名日本鳥山喜一氏之解釋有二其一爲肅愼之易名如高句麗太祖王六十九年冬十月肅愼來獻紫狐裘白鷹白馬西

川王十一年冬十月肅愼來侵皆前後錯雜而書者也其一爲濊貊之易名本書謂新羅地連靺鞨又謂高句麗與靺鞨襲新羅北邊又謂新羅與百濟擊破靺鞨於泥河是也此所謂靺鞨在新羅之北高句麗之東北可知濊貊之地南與新羅毗連故所指或爲濊貊至肅愼尚在濊貊之北其界亦有與新羅毗連者故烏山之解釋尚爲得實而後來靺鞨之得名亦由於此舊新兩唐書叙靺鞨事頗詳亦渤海所從出也具錄如左

靺鞨蓋肅愼之地後魏謂之勿吉在京師東北六千餘里東至於海西接突厥南界高麗北鄰室韋其國凡爲數十部各有酋帥或附於高麗或臣於突厥而黑水靺鞨最處北方尤稱勁健每恃其勇恒爲鄰境之患俗皆編髮性凶悍無憂戚貴壯而賤老無屋宇並依山水掘地爲穴架木於上以土覆

之狀如中國之冢墓相聚而居夏則出隨水草冬則入處穴中父子相承世爲君長俗無文字兵器有角弓及楛矢其畜宜豬富人至數百口食其肉而衣其皮死者穿地埋之以身襯土無棺斂之具殺所乘馬於屍前設祭有酋帥突地稽者隋末率其部千餘家內屬處之於營州煬帝授突地稽金紫光祿大夫遼西太守武德初遣間使朝貢以其部落置燕州仍以突地稽爲總管劉黑闥之叛也突地稽率所部赴定州遣使詣太宗請受節度以戰功封蓍國公又徙其部落於幽州之昌平城會高開道引突厥來攻幽州突地稽率兵邀擊大破之貞觀初拜右衛將軍賜姓李氏尋卒子謹行偉貌武力絕人麟德中歷遷營州都督其部落家僮數千人以財力雄邊爲夷人所憚累拜右領軍大將軍爲積石道經略大使

吐蕃論欽陵等率衆十萬人入寇湟中謹行兵士樵采素不設備忽聞賊至遂建旗伐鼓開門以待之吐蕃疑有伏兵竟不敢進上元三年又破吐蕃數萬衆於青海降璽書勞勉之累授鎮軍大將軍行右衛大將軍封燕國公永淳元年卒贈幽州都督陪葬乾陵自後或有酋長自來甫遣使來朝貢每歲不絕其白山部素附於高麗因收平壤之後部衆多入中國汨咄安居骨室等部亦因高麗破後奔散微弱後無聞焉縱有遺人並爲渤海編戶唯黑水部全盛分爲十六部部又以南北爲栅開元十三年安東都護薛泰請於黑水靺鞨内置黑水軍續更以最大部落爲黑水府仍以其首領爲都督諸部刺史隸屬焉中國置長史就其部落監領之十六年其都督賜姓李氏名獻誠授雲麾將軍兼黑水經略使仍以幽

州都督爲其押使自此朝貢不絶舊唐書靺鞨傳

黑水靺鞨居肅愼地亦曰挹婁元魏時曰勿吉直京師東北六千里東瀕海西屬突厥南高麗北室韋離爲數十部酋各自治其著者曰粟末部居最南抵太白山亦曰徒太山與高麗接依粟末水以居水源於山西北注它漏河稍東北曰汨咄部又次曰安居骨部益東曰拂涅部居骨之西北曰黑水部粟末之東曰白山部部間遠者三四百里近二百里白山本臣高麗王師取平壤其衆多入唐汨咄安居骨等皆奔散寖微無朝焉遺人迸入渤海唯黑水完彊分十六落以南北稱蓋其居最北方者也人勁健善步戰常能患它部俗編髮綴野豕牙插雉尾爲冠飾自別於諸部性忍悍善射獵無憂戚貴壯賤老居無室廬負山水坎地梁木其上覆以土如邱

冢然夏出隨水草冬入處以溺盥面於夷狄最濁穢死者薶之無棺槨殺所乘馬以祭其酋曰大莫拂瞞咄世相承爲長無書契其矢石鏃長二寸蓋楛砮遺法畜多豕無牛羊有車田耦以耕車則步推有粟麥土多貂鼠白兔白鷹有鹽泉氣蒸薄鹽凝樹顛武德五年渠長阿固郎始來太宗貞觀二年乃臣附所獻有常以其地爲燕州帝伐高麗以其北部反與高麗合高惠眞等率衆援安市每戰靺鞨常居前帝破安市執惠眞收靺鞨兵三千餘悉阬之開元十年其酋倪屬利稽來朝玄宗即拜勃利州刺史於是安東都護薛泰請置黑水府以部長爲都督刺史朝廷爲置長史監之賜府都督姓李氏名曰獻誠以雲麾將軍領黑水經略使隸幽州都督訖帝世朝獻者十五大曆世凡七貞元一來元和中再新唐書黑水靺鞨傳

隋書東夷傳敘靺鞨事最詳新唐書取之而冠以黑水靺鞨則非是宜如舊書祇稱靺鞨名實始符渤海國出於粟末靺鞨爲勿吉七部之一溯其原始宜考此文

黑水靺鞨後稱女眞金源各族所從出也其說詳於金史世紀五代時契丹盡取渤海地而黑水靺鞨附屬於契丹其在南者籍契丹號熟女眞其在北者不在契丹籍號生女眞生女眞地有混同江長白山混同江亦號黑龍江所謂白山黑水是也

松漠紀聞亦有是說

女眞卽古肅愼國也隋唐謂之靺鞨其屬有黑水部卽今之女眞開元中其酋來朝遂置黑水府以部長爲都督刺史五代時始稱女眞其後避契丹諱更爲女直

女眞部族既出於黑水靺鞨故與渤海人亦爲同族金太祖嘗謂女眞渤海本同一家金史世紀亦謂其初皆勿吉之七部皆其證也雖金之始祖函普來自高麗姓完顏氏與他氏本原不同然其部族中之他姓則皆出於黑水靺鞨宜取其多者論之

長慶宣明曆

新唐書曆志云唐終始二百九十餘年而曆八改初曰戊寅元曆曰麟德甲子元曆曰開元大衍曆曰寶應五紀曆曰建中正元曆曰元和觀象曆曰長慶宣明曆曰景福崇玄曆而止矣又曰穆宗立以爲累世纘緒必更曆紀乃詔日官改撰曆術名曰宣明起長慶二年用宣明曆自敬宗至於僖宗皆遵用之雖朝廷多故不暇討論然大衍後法制簡易合望密近無能出其右者此製宣明曆之由來也

唐宣宗大中十三年即日本清和天皇貞觀元年渤海王虔晃使烏孝愼聘於日本有齎宣明曆傳於彼國之事類聚三代格十七及三代實錄五紀載此事迻錄於左

太政官符　應用長慶宣明曆事

右陰陽頭從五位下兼行曆博士大春日朝臣眞野麻呂解狀稱謹檢古記豐御食炊屋姬天皇十年壬戌冬十月百濟僧觀勒來貢曆術而未行於世高天原廣野姬天皇天平寶字四年庚寅冬十二月有敕始用元嘉曆次用儀鳳曆高野姬天皇天平寶字七年八月停儀鳳曆用開元大衍曆厥後寶龜十一年遣唐錄事內藥正從五位下羽栗臣翼貢寶應五紀曆經申云大唐今停大衍曆唯用件經者天應元年有敕令據件經造曆無人習學不得講成猶據大衍曆經勘造

曆日已及百年眞野麻呂去齊衡三年申請可以五紀曆作曆之狀而太政官四年正月十七日符稱國家據大衍經作曆尙矣去聖已遠義貴兩存宜暫相副令作進者依件符旨大衍五紀相副作進二個年也去貞觀元年渤海大使烏一作馬孝愼新貢長慶宣明曆經言是大唐新用經也眞野麻呂試加覆勘理當固然仍以件新曆比校大衍五紀等兩經且察天文且參時候兩經之術漸似麄疎合朔節氣既有相差又勘大唐開成四年大中十二年等曆不復與彼新曆相違曆議曰陰陽之運隨動而差差而不已遂與曆錯者方今大唐開元以來三改曆術而我國天平以降猶用一經靜言事理實不菫當望請停舊用新欽若天步謹請官裁者右大臣相良宣奉敕依請

貞觀三年六月十六日

日本自貞觀四年訖貞亨元年八百二十三年間皆遵用宣明曆經時最久而其輸入由於渤海使臣不可謂非史籍上一大紀念矣

遼史曆象志云遼己未歲氣朔與宣明曆合日本戊午歲與遼曆相近此又宣明曆行於契丹之證而日本行之在前故與遼合

渤海樂

天平十二年正月丁巳天皇御中宮閤門渤海使已珍蒙等奏本國樂續日本紀十三

天平勝寶元年十二月丁亥大神禰宜尼大神杜女拜東大寺太上皇太后天皇同行是日百官及諸民人等咸會於寺請僧

侶五千人禮佛誦經作大唐樂渤海樂吳樂五節及田儛久米儛續日本紀十七

渤海樂傳於何時舞樂要錄中載之所謂延喜六年七月二十八日相撲拔出舞目錄太平舞以渤海樂爲荅舞是也案今無所謂渤海樂惟綾切中有一名大靺鞨及新靺鞨者未詳何者爲渤海樂尚待考證歌舞品目一異域樂

謹案此即金史樂志所載之渤海也

海東繹史

東史大祚榮本高麗舊將唐滅高麗徙其人於隴右河南祚榮收逋殘保太白山後又附新羅受五品大阿飡之秩其後盡據句麗靺鞨之地地方五千里置五京十五府西通上國南聘新羅北捍契丹東使日本雄視東北之奧殆至三百年文獻之散

見諸史者猶有可徵所以稱海東盛國也卷十一世紀渤海敍

案此所引東史即高麗諸史惟未詳言出於何書祚榮爲高麗舊將一語見三國遺事即新唐書所謂附高麗也然恐爲其父乞乞仲象新書所敘既詳必別有據仍從其說爲是其云徙其人於隴右河南者即徙於營州之誤也其云祚榮保太白山後又附新羅受五品大阿飡之秩者必別有據大阿飡三國史記作大阿湌新羅官此文有爲他書所不載者故附著於此

按新羅史玄宗遣內史高伯何行成與金思蘭同使新羅諭王曰渤海外稱藩屏內懷狡猾今欲出兵問罪卿亦發兵擊其南鄙又敕新羅名將金庾信孫允中爲將賜金帛王遣允中等四將率兵會唐師共擊渤海會天寒士卒凍死皆罷歸同上附注

案張曲江集玄宗敕新羅王金興光書云去年遣中使何行成與金思蘭同往與此所記頗同惟無高佀之名又改中使爲内史耳然内史當從曲江集作中使蓋其時無内史之官且曲江集尤較新羅史爲確也又所敘金允中事蓋出三國史記惟所云新羅史恐指三國史記之一部而言其卷首引用書目有新羅國記令孤澄撰不知是此書否

東京城即渤海上京龍泉府

寧公臺即寧古塔西南六十里曰沙嶺嶺東十餘里有古城焉土人相傳曰東京蓋金祖故都也道中遠望其上常有雲氣變幻如樓臺宫闕狀稍近之鬱鬱葱葱又如烟井廬舍萬家屯聚即而視之無有也故城甃石爲基土墉高丈許無復雉堞頽然短垣也圍可三十里城門石路車轍宛然南門内故址似宫殿三重

前一重規模宏敞礎方廣三尺餘計一十有六後二重無存焉殿南向正中無馳道東西二闕門階墀陛墄層級可辨前列五臺今高二丈許似京師鳳闕遺制後別有小城似宮禁左右石井二白石甃砌八角形明堂以外九陌三衢依稀可識旁石壘如部落軍伍所舍或官署環列如拱城內今宮室無存敗瓦亂磧在榛莽中時有丹碧琉璃錯出間雜存漢字款識土人取以爲玩掘地得斷碑有下瞰臺城儒生盛於東觀十字皆漢文字畫莊楷蓋國學碑也想像當時建國荒漠重學崇儒如是城外大河繞城而東有圮橋亂石橫亙水中城南有古寺鏤石爲大佛高丈有六尺風雨侵蝕苔蘚斑然而法相莊嚴鏤鑿工巧今隳其首好事者裝而復之前有石浮屠八角形郭外平曠數十里其西七八里許有石磧數區各周環三四里似屯兵芻牧之

所旁有古墓石方丈者數版掘地得石獸白如玉西南十餘里有長溪芰荷菱芡產焉夏秋之交芙蕖紅敷數十里燦若雲錦翠鳥野鳧迴翔上下土人盪小舟採蓮浮游如畫緣溪而上三四十里瀑布土人曰水海水聲砰訇聞數里不知源所自出也余考金史云以遼陽爲東京又云五國城去遼東北千里爲黃龍府寧江州諸處金祖所發迹故址無存焉此地或言朝鮮故都或言金元分封處無有辨者而土人指爲東京大率金祖起家在焉因表爲京其以遼陽爲東京之說誤也今其地往往獲古錢皆徽欽間製其爲金人故跡無疑也蓋松花江以東風土形勝之美莫若東京云金史詳校三引張賁東京記按地理考所引東京記非全文故重錄之

上京城臨馬耳河在寧古塔西南七十里三殿基址皆在吳兆騫秋笳集

沙林東南十五里曰火茸城廣四十餘里中間禁城可里餘三殿基址皆在碎碧瓦綦布其上禁城外有大石佛高可三丈許蓮花承之前有石塔向東小欹出大城而西則芰荷瀰渚透迆綿渺莫窮其際渚間有亭榭遺迹自沙林而東八十里爲寧古塔（扈從東巡日錄按地理考所引非全文故重錄之）

寧古塔則渤海之忽汗州後稱上京龍泉府今城西南六十里呼爾哈河南有古城周三十里內城周五里宮殿舊址猶存（滿洲源流考八）

火茸城俗名東京城城（指寧古塔城）西南六十里瑚爾哈河南岸周圍三十里四面七門內城周五里東西南各一門（盛京通志三十一）

上京本拂涅國故城今稱東京城亦稱佛訥和城自鄂多哩城至東京城實三百里故曰直舊國三百里呼爾罕海之東也（東三

寧古塔東南訥訥赫城一名火茸城以唐書考之今之訥訥赫城正渤海上京龍泉府一曰渤海王城唐書渤海傳地有五京十五府六十二州以肅愼故地爲上京曰龍泉府天寶末徙上京直舊國三百里忽汗河之東以輿圖證之訥訥赫城即上京龍泉府遺址額多力城距訥訥赫城適符三百里之數額多力城即祚榮舊國所在忽汗河即今牡丹江一曰瑚爾哈河源出長白山經額多力城東北境下流瀦爲湖今曰鏡泊即忽汗海睿宗以祚榮所領爲忽汗州上京所在故即以忽汗名其水上京即王城寶應元年詔以渤海爲國故亦曰渤海王城本傳所謂上京直舊國三百里忽汗河之東者正謂此也其中京顯德府所屬顯州則在今那丹佛勒城天寶中曾爲王所都又正北

如東六百里至渤海王城是也又曰渤海王城其西南三十里古肅愼城其北經德理鎭至南黑水靺鞨千里按德理即金史烏春傳所謂德鄰石今仍名德林石俗名石頭甸子楊大瓢柳邊紀略云寧古塔西八十里有大石曰德林在萬山中廣二十里袤百餘里其平如砥是也肅愼古城在上京西南三十里德理鎭在肅愼城北爲赴黑水靺鞨要道核之今圖準望方隅道里無不吻合則訥訥赫城爲渤海上京龍泉府而非金之會寧府確無可疑矣景方昶輿地釋略三

謹案據以上所考各條是東京城爲渤海上京龍泉府已無可疑至金之上京會寧府爲今吉林阿城縣城南之白城近人考證已詳張賁吳漢槎諸氏以東京城當之其誤亦不待辨茲不具引

金石古蹟 寧古塔及東京城

福建陳昭令於沙闌即東京城北掘一鏡長四寸八分濶二寸五分四角皆委上凸下凹背有鈕在其端中有篆文曰峪𨈏𡨦傍像二龍而各加劍於首一象水波紋柳邊紀略

謹案舊唐書渤海傳謂渤海頗有文字及書記金史亦謂渤海有文字百官制度今考渤海雖用漢字然亦有特製之字此所掘得之鏡或爲渤海遺物其文似篆非篆疑亦爲渤海特製之字也

寧古塔有人掘一鏡背鑄銘兩行左一行不可辨右一行曰不劍而鏡同上

前寧古塔將軍安珠瑚於福兒河即呼爾哈河邊得一殘碑僅五行合七字首行曰上順國次曰不次曰字次曰歸次曰佃同上

謹案以上一鏡一碑疑皆爲渤海遺物

沙蘭城內存石塔一石觀音一康熙初觀音首脫鼻端微損新鄉張司空坦公（名縉彥）琢而小之今高九尺而石座又三尺餘己巳六月寧古塔藍旗固山大巴黑塔阿媽病且死夢石觀音至其家遺命長子吳達哈爲屋以蓋之吳達哈出五十金屬西關吉林下觀音廟僧淨金董其事淨金又募得數十金冬十二月入窩稽伐木庚午二月初六日破土又往時存一紫石碑康熙初大興劉侍御命人往觀其人椎而碎之取一角還僅十四字作四行首行曰深契次曰聖次曰儒生盛於東觀次曰下瞰闕庭書類率更令蓋國學碑也又土人云城內雖無居人遠望之猶有王氣城北十餘里有兩石橋橋九洞今石雖圮柱尚在又將軍安珠瑚使人浚井得硃漆井亭木方尺顏色甚鮮（同上）

東京城殿前有大石一國學碑猶存數十字有天會年號禁城外蓮花石塔微向東欹石佛高二丈許在塔之北吳兆騫秋笳集

石佛寺在城寧古塔城西南七十里東京城相傳金時建吉林通志二十六

此石佛寺即今之興隆寺盛京志載相傳金時慈聖太后所建石佛高二丈餘後石首墜地有石工欲鑿爲碾甫舉錘頭涔涔痛遂置之是夕吳漢槎錢德維等同感異夢於是舉石首湊法像冶鐵固之即故址建刹至今香火甚盛秋笳集上京詩註亦云石佛高二丈餘今實高九尺坐像也土人謂相傳舊實高二丈餘後因佛首剝落經好事者改造之是以縮短今存者已非廬山眞面云寧安縣志三

謹案東京城爲渤海上京龍泉府則此石佛及石塔必爲渤海所建相傳謂建自金時者蓋以此爲金上京故址而致誤

也

又案吳漢槎秋笳集所謂上京城殿前之國學碑即柳邊紀略所謂紫石碑也惟所紀不同天會者金太宗年號也東京城既爲渤海上京則此國學碑亦當爲渤海所建不容有天會年號漢槎所紀或爲傳聞之誤柳邊紀略不言有年號又紀其所存之字當爲得實

又案余於癸酉年夏至東京城南大寺考察石佛雖無恙而外飾以泥又裝髹之已不見其爲石質矣又佛前之石亭高二丈許向東微欹即楊吳二氏所謂石塔者察其石質確爲渤海遺物又於城內之土臺握得高二寸許之泥製佛像爲數極多間有掘得銅製者凡所得之佛像皆有背光册府元龜言渤海遣其臣高禮進以金銀佛像獻於唐蓋其擅於製

造佛像有由來矣

清末光緒末有人獲小銅印一方上鐫一眞字又得古鏡一面背鐫俗殊咼三字李採訪員鍾華曾親見之此未識爲何代物也同上

謹案此所言之古鏡即柳邊紀略所紀陳昭令掘得於沙蘭者也其文微異者傳寫有誤耳至小銅印疑爲蒲鮮萬奴時所鑄萬奴國號大眞故鐫眞字

民國元年有王十老者在鏡泊湖城牆硇子古城内掘土發見銅印一顆獅柄大如盌並有人見印有朱文曰勿汗州兼三王大都督十數字按此爲渤海遺物惜不知尚保存否同上

謹案余聞吉林有陸軍團長徐清泉爲水竹村人之族弟民國十一年駐防東京城購得一印文曰渤海大王四字後徐

團長卒於吉林省城其遺族遂攜以入關友人邵君希純言之如此希純亦久居寧安者也渤海之金石極罕而確有文字可考者祗此一事可貴極矣此即今乃不知流落何所地不愛寶復見於世必尚爲徐氏保存余又聞此印出土於東京城西發戶附近至王十老發見於城牆磶子者當別爲一印唐封渤海諸王曰渤海國王初封渤海郡王兼忽汗州都督寧安縣志所紀印文必有譌誤忽汗一作勿汗余疑印文當爲渤海國王兼勿汗州都督印十一字也

五年前有東京城拾得古瓦一塊有保德二字同上

民國十二年冬旅行東京覓得大古瓦一塊計長一尺一寸五分寬九寸七分厚七分惜無字以今四瓦比量之猶不及此一瓦之大同上

又十二年十二月旅行三陵墳拾得古殘瓦一塊瓦頭上有一大字非隸非篆同上

白鳥博士曾於東京城附近採得一種瓦片其上有類似文字之記號大略似女眞文而頗有不同之點是否爲渤海之文字固不敢斷言也滿洲發達史

南滿鐵道調查部所藏之渤海古瓦其蓮華之形與日本奈良時之瓦同式由此可證同爲仿於大唐也渤海史考本論

渤海王宮遺址在東京城內前爲臺其上建廟數楹廟祝出示一鐵盆云爲近年出土農人鋤地得之形如瓜皮帽余等出資向土人購得古瓦三片其二爲覆瓦作半圓形長一尺二寸三分營造尺寬一尺二分其一爲仰瓦作平弧形長一尺一寸九分寬九寸八分厚各七分餘腹作布紋質理堅密瓦根有方形鈐記點

畫作未字形是否爲渤海文字不可考矣

許宗萊寧古塔觀濠記

謹案哈爾濱博物館俄員帕米索夫及衣家駒二君於辛未年至東京城採獲文字不同之瓦片約二十餘枚癸酉年夏余與東方考古學會諸君至東京城採獲殘瓦尤多所得不同之瓦文可分下列之數類

其一如一九屬於數目者是也

其二如乙丙丁卯午未屬於干支者是也

其三如王尹田年大金烏高甘方蓋仇屬於姓氏者是也

其四如計福勿珎可舍非臣女官文多諾順昌保若取旦自失文會末目有下野食定刀山也屬於人名者是也

其五如 保德 難仫 卯若 卯仁 卯地 俳刀 百工 [非非] 九子 一丼十 屬於複名者是也

其六如 昰 切 丰 仫 杉 耴 耵 系 耑 宙 閅 䀠 乁 乀 乙 延 光 叉 屬於奇詭難識者是也

其七如 モ 彡 諩 宫 屬於反書者是也

總上七例約得八十餘字其中十分之八爲可識之漢字而十分之二則爲奇詭難識之字余求其故不外兩例其一蓋爲渤海人特製之字以表特有之音其一蓋爲無意義之符號若以此説爲不然而謂渤海别製新字涵有一切之音義一如契丹女眞文字之子母相生則非余之所敢知矣（余别有考）

光緒中有人於興京發地得甎乃渤海王大武藝墓甎余曾得其拓本係陽文隸書有渤海大興某年字（唐宴渤海國志）

謹案渤海金石古物地下之藏必多尙待開發而據傳聞所得則渤海王印及此甎是也唐氏爲篤實君子必不肯作讆語惟謂其得之興京恐係據自傳聞或尙在其北亦未可知至謂爲武王之墓甎尤不足憑武王之墓當不在是且文王年號大興在位五十七年爲時至久則此甎安知非其國人所製耶

寧古塔西南沙蘭站旁有大冢俗稱二聖墓東三省輿地圖說三靈墳距東京城北八里許三靈屯後半里許疑靈字當爲陵字俗語傳誦誤陵爲靈也三墳相距各不及半里相傳居中一冢於道光間被石工偷鑿一孔約二尺許殉葬貴重品盡爲盜去民國十二年冬旅行到此作實地調查偕鄉導攀入墓洞洞製高不及六尺深一丈零三寸寬六尺三寸棺槨查無形影必

年久盡腐朽矣地內無他物剩碎骷髏及殘破磚瓦而已土人云當年入洞者曾見人腿骨長及二尺圓徑約一寸三分石工偷鑿孔處爲正墓藏棺處可斷言也洞前似墓門亦石甃者洞後極低匍匐蛇行深入黑暗無所見據鄉導謂雪融時向東望露一線光似尚有一支隧道或內通東首一塚未可知也拾殘瓦數片出其瓦頭有一六字非篆非隸塚外有石闌之前有殘磚瓦極多似當年陵宇遺蹟枝江曹氏廷杰謂據父老傳聞係渤海建國時后妃公主之墓而譌爲金女主之墓東一塚周四十八尺高丈餘純爲石質外掩浮土既相傳爲三陵屯三陵墳當然爲古三陵無疑果爲何代陵寢不無研究之價值焉寧安縣志三

謹案曹氏所述父老傳說爲渤海后妃公主之墓最爲近理今之東京城爲渤海王都之所在其渤海諸王之陵墓必在

東京城附近無疑也三靈墳距東京城北八里正爲渤海王陵之所在不僅爲后妃公主之墓也寧安縣志謂三靈爲三陵之譌余謂當作山陵其陵側之村曰山陵屯者蓋舊爲守陵人所居也渤海爲王國王妻曰妃無后稱公主之稱亦無考父老相傳爲后妃公主之陵亦臆說也其曰二聖墓者曹氏廷杰謂爲宋二聖即徽宗欽宗葬處亦爲約略之辭寧安縣志云曹氏所謂大塚杳無形影豈以近沙蘭十數里之三陵誤爲一大塚耶據此則於三陵之外更無所謂二聖墓矣又案余於癸酉年夏至三陵屯視察其狀略如寧安縣志所說余拾得有字之殘瓦亦甚多以已括於前記渤海瓦文之中故不贅舉

論曰余撰渤海國志二十卷命其末篇曰餘錄蓋取歸奇於扐

閏餘成歲之義凡諸篇所不能具者悉類於此以槩其餘亦總略之支與流裔也抑餘錄之所詳者曰金石曰古蹟或濬發地下千百餘年之藏或鉤索於荒渺無人之域蒐輯至艱而考證亦綦難茲取可徵可信者以入錄故所得亦無幾焉語曰其作始也簡其將畢也鉅冥搜遠紹網羅無遺是所望於方來而此篇亦其嚆矢也夫

渤海國志長編卷二十終

渤海國志長編補遺

遼陽金毓黻 撰集

平盧軍節度使鎭撫室韋靺鞨舊唐書地理志按靺鞨即渤海也

漢地東至樂浪玄菟今高麗渤海是也今在遼東同上地理志注

愼州武德初置隸營州領涑沫靺鞨烏素固部落同上地理志按此即遼太祖滅渤海歸途所次之愼州也

黎州載初二年析愼州置處浮渝靺鞨烏素固部落同上按浮渝一作扶餘即浮渝渤海琰府王之稱之所自也

憲宗元和十四年春三月戊子以華州刺史馬總爲鄆濮曹等州觀察等使己丑以義成軍節度使薛平爲靑州刺史充平盧軍節度淄靑齊登萊等州觀察等使以淄靑四面行營供軍使王遂爲沂州刺史充沂海兗密等州都團練觀察等使析李師

道所據十二州爲三鎮也（舊唐書本紀）

十五年正月穆宗即位秋七月乙卯平盧軍新加押新羅渤海兩蕃使賜印一面許置巡官一人（同上按唐會要七十八元和十四年平李師道分三節度薛戎爲平盧軍節度戎字當作平又云仍加押新羅渤海兩蕃使仍舊爲平盧軍賜兩蕃印一面此爲後一年之事而唐會要誤以爲同時加押當從舊書本紀）

代宗大曆八年閏十一月渤海質子盜修龍袞擒之辭云慕中華文物帝矜而舍之（冊府元龜四十一已見卷一作海東繹史十一引茲更正之）

敬宗以長慶四年正月即位二月壬午平盧軍節度使薛平遣使押領備宿衛渤海大聰睿等至樂驛命中官持酒脯迎宴焉（同上百十一已見卷一作海東繹史三十九引茲更正之）

中宗即位遣侍御史張行岌往招慰靺鞨渤海郡王大祚榮（同上百七十）

玄宗先天二年遣郎將崔訢往册拜渤海大祚榮左驍衛員外大將軍渤海郡王仍以其所統爲汗案此上脫忽字州都督自是每歲遣使朝貢同上

開元十年閏五月戊寅勅曰我國家寰宇歷年滋多九夷同文四隩來曁夫其襲冠帶奉正朔顒顒然向風而慕化列于天朝編於屬國者葢亦衆矣我則潤之以時雨煦之以春陽淳德以柔之中孚以信之玄風既同羣物滋遂莫不自天壤踰海域厥角以請吏執贄而來庭皇唐之德於此爲盛今外蕃侍子久在京國雖威惠之及自遠畢歸而羈旅之志重遷斯在宜命所司勘會諸蕃充職宿衛子弟等放還歸國契丹及奚斤通質子竝即停追前令還蕃首領等至幽州且住交替者即旋去朕欲以禽獸咸若華夷俱泰來則納其朝謁之禮去則隨其生育之恩

推我至誠崇彼大順含弘之施德莫厚焉同上按渤海質子懲同被此敕放還故具錄之

十二年安東都護薛泰請於黑水靺鞨內置黑水軍更以最大部落爲黑水府仍以其首領爲都督諸部刺史隸屬焉中國置長史就其部落監領之同上

後唐明宗長興二年正月東丹王突欲率衆自渤海國內附上御文明殿對突欲及其部曲慰勞久之賜鞍馬衣冠金玉帶錦綵器物又大將軍副將軍已下分物有差宰臣率百寮稱賀同上

二月幸東丹王突欲之第賜突欲絹三百疋至晚還宮同上

三月辛酉中書門下奏東丹王突欲遠泛滄波來歸皇化既服冠帶難無姓名兼惕隱等頃以力助王都罪同禿餒爰從必死竝獲再生每預入朝各宜授氏庶使族編姓譜世荷聖恩況符

前代之規永慰遠人之欵自突欲已下請別賜姓名仍准本朝蕃官入朝例安排敕旨付中書門下商量聞奏宰臣按四夷入朝蕃官例有懷德懷化歸德歸化等將軍中郎將名號又本朝賜新羅渤海兩蕃國王官初自檢校司空至太保今突欲是阿機之子且穎渤海國之王念自遠夷宜加異渥冀顯賓王之道以旌航海之思其傷隱赫邈已下始自朋兇不可同等古者保姓授氏有以因官有以所居所掌有因歸化特賜姓名敕旨突欲宜賜姓東丹名慕華乃授光祿大夫簡較太保安東都護兼御史大夫上柱國渤海郡開國公食邑一千五百戶充懷化軍節度瑞愼等州觀察處置押蕃落等使其從慕華歸國部曲罕只宜賜姓罕名支通穆葛宜賜姓穆名順義撒羅宜賜姓羅名實德易密宜賜姓易名師德蓋禮宜賜姓蓋名來賓仍授罕只

等五人歸化歸德小將軍中郎將先助禿餒擒獲蕃官惕隱官蕃名赫邈宜賜姓狄名懷惠相公官蕃名担列宜賜姓列名知恩仍竝授銀青階簡較散騎常侍舍利官蕃名萴剌宜賜姓原名知感福郎宜賜姓服名懷造奚三副使竭失訖宜賜姓乞名懷有三人竝授銀青階簡較太子賓客同上

九月勅懷化軍節度使丹慕華宜賜李名贊華仍改封隴西郡開國公兼應有先配在諸軍契丹直等竝宜賜姓名同上

三年四月癸亥以懷化軍節度使李贊華爲滑州節度使初帝欲以贊華爲藩鎮范延光奏以爲不可帝曰吾與其先人約爲兄弟故贊華來附吾老矣儻後世有守文之主則此輩招之亦不來矣繇是近臣不能抗議同上

晉高祖天福元年十二月詔封故東丹王李贊華爲燕王令前

單州刺史李肅部署歸葬本國同上

會昌四年九月中書門下奏淄青除向前職額外留押新羅渤海兩蕃巡官唐會要七十九

聖曆三年按即久視元年三月六日敕東至高麗國南至眞臘國西至波斯吐番及堅昆都督府北至契丹突厥靺鞨並爲入番以外爲絕域其使應給料各依式同上一百

開元四年正月九日敕靺鞨新羅吐番先無里數每遣使給賜宜準七千里以上給符也同上

天禧四年四月臨涇胡順之爲青州幕僚高麗嘗入貢道出州境中貴人挾以爲重使州官旅拜於郊順之曰青大鎭在唐押新羅渤海其國王來尙當與之鈞禮續資治通鑑長編九十五

天聖二年冬雄州候卒報有兵入鈔邊衆皆恐已乃知渤海人

叛契丹行剽兩界同上一百二按宋仁宗天聖二年即遼聖宗太平四年檢遼史是年無渤海人叛遼之事惟太平九年渤海遺裔大延琳起兵於東京尚在後五年

唐元和中渤海王大仁秀南定新羅北略諸部開置郡邑遼史地理志東京道遼陽府興遼縣下

及伐渤海以思溫爲漢軍都團練使力戰拔扶餘城身被數創太祖親爲調藥同上趙思溫傳

太平九年大延琳以東京叛孝穆爲都統討之戰於蒲水中軍稍却副部署蕭匹敵都監蕭蒲奴以兩翼夾擊賊潰追敗之於手山北延琳走入城深溝自衞孝穆圍之築重城起樓櫓使內外不相通城中撤屋以爨其將楊詳世等擒延琳以降遼東悉平同上蕭孝穆傳

太平九年大延琳據東京叛蒲奴爲都監將右翼軍遇賊戰蒲

水中軍少却蒲奴與左翼軍夾攻之先據高麗女直要衝使不得求援又敗賊於手山延琳走入城蒲奴不介馬而馳追殺餘賊已而大軍圍東京蒲奴討諸邑平吼山賊延琳堅守不敢出既被擒蒲奴以功加兼侍中（同上蕭蒲奴傳）

太平五年遷東京統軍使九年大延琳叛以書結保州夏行美執其人送蒲古蒲古入據保州延琳氣沮（同上耶律蒲古傳）

太平末大延琳叛拔剌將北南院兵往討遇於蒲水南院兵少却至手山復與賊遇拔剌乃易兩院旗幟鼓勇力戰破之（同上蕭拔剌傳）

太平九年渤海大延琳叛劫掠鄰部與本京留守蕭孝穆往討孝穆欲全城降乃築重城圍之數月城中人陰來納款遂擒延琳東京平（同上蕭匹敵傳）

上親征渤海將黃皮室軍有破敵功同上耶律古昱傳

時廣州渤海作亂乃與駙馬都尉蕭韓家奴襲其不備平之同上蕭酬斡傳

時饒州渤海及侯槩等相繼來應衆至數萬同上耶律章奴傳時章奴叛天祚自立

天慶四年饒州渤海結搆頭下城以叛有步騎三萬餘招之不下陶蘇斡帥兵往討擒其渠魁斬首數千級得所掠物悉還其主同上蕭陶蘇斡傳

大安二年有詔還奚中其部所居漢民四百戶宰相承詔趨出公獨□侍上問之公前對曰自松亭已北距黃河其間澤利潭榆松山北安數州千里之地皆霫壤也漢民雜居者半今一部之民可徙則數州之人盡可徙矣然則恐非國家之利亦如遼東舊爲渤海之國自漢民更居者衆訖今數世無患願陛下裁

察上悟其事遂止（熱河新出土遼平章事侍中賈師訓墓志）

凡新羅渤海王書及別錄竝用金花五色綾紙次白檀香木瑟瑟鈿函銀鏁（翰苑羣書載翰林志）

新羅渤海書頭云敕某國云王著姓名尾云卿比平安好遣書指不多及使五色金花白背紙次寶函封使印（同上載翰林學士院舊規答蕃書幷使紙及寶函事例）

乾寧二年十一月渤海國王大瑋諧（按應從唐會要作瑋瑎）敕書院中稱加官合是中書（按此下應從唐會要有撰書二字）意諸報中書（同上載翰林學士院舊規沿革）

天成三年十二月日學士院記事樞密院近送知高麗國諸軍事王建表令賜詔書院中並無彼國詔書式樣請賜參酌詳定奉敕所賜高麗王書詔宜依賜新羅渤海兩蕃書詔體書寫（同上載續翰林志）

開元二十九年授祿山營州都督充平盧軍節度使度支營田水利陸運使副押兩蕃渤海黑水四府經略又天寶七年封祿山兩詔俱稱陸運押兩蕃渤海黑水四府經略處置安祿山事迹

張建章四鎮之行軍司馬也曾齎戎命往渤海回及西崖經太宗征遼碑半在水中建章則以帛包麥屑置於水中摸而讀之不欠一字南部新書丙

新羅聖德王二十年秋七月徵何瑟羅道丁夫二千築長城於北境三國史記八黃氏維翰曰備渤海也

元聖王六年春三月以一吉飡伯魚使北國同上十

憲德王四年秋九月遣級飡崇正使北國同上黃氏維翰曰北國猶北朝謂渤海也

高麗顯宗九年春正月丙申定安國人骨須來奔高麗史四

高麗太祖八年春三月蚯蚓出宮城東長七十尺時謂渤海國來投之應冬十二月契丹滅渤海渤海本粟末靺鞨也唐武后時高句麗人大祚榮走保遼東睿宗封爲渤海郡王因自稱渤海國併有扶餘肅愼等十餘國有文字禮樂官府制度五京十五府六十二州地方五千餘里衆數十萬隣于我境而與契丹世讎契丹主大舉攻渤海國圍忽汗城滅之改爲東丹國其世子大光顯及將軍申德禮部卿大和鈞均老司政大元鈞工部卿大福謩左右衛將軍大審理小將冒豆干檢校開國男朴漁工部卿吳興等率其餘衆前後來奔者數萬戶王待之甚厚賜光顯姓名王繼附之宗籍使奉其祀僚佐皆賜爵高麗史節要一

十一年秋九月渤海人隱繼宗等來見於天德殿三拜人謂失禮大相含弘曰失土人三拜古之禮也同上

二十五年冬十月契丹遣使來歸橐駞五十匹王以契丹嘗與渤海連和忽生疑貳不顧舊盟一朝殄滅此爲無道之甚不足遠結爲隣絶其交聘流其使三十人於海島繫橐駞萬夫橋下皆餓死同上

景宗四年是歲渤海人數萬人來投同上二

成宗元年六月正匡行選官御事上柱國崔承老上書略曰中略若契丹者與我連境宜先修好而彼又遣使求和我乃絶其交聘者以彼國嘗與渤海連和忽生疑貳不顧舊盟一朝殄滅故太祖以爲無道之甚不足與交所獻駱駞亦皆棄而不畜其深策遠計防患乎未然保邦於未危者有如此也渤海既爲丹兵所破忽汗亡時其世子大光顯等以我國舉義而興領其餘衆數萬戶日夜倍道來奔太祖憫念尤深迎待甚厚至賜姓名又

附之宗籍使奉其本國祖先之禋祀其文武參佐以下亦皆優詔爵命其急於存亡繼絕而能使遠人來服者又如此也（同上）

顯宗九年春正月定安國人骨須來奔（同上）三

十年夏五月契丹東京文籍院少監烏長公來見秋八月契丹東京使工部少卿高應壽來（同上）

二十年八月東女眞大相噲拔率其族三百戶來投賜渤海古城地處之九月契丹東京將軍大延琳遣大府丞高吉德告建國兼求援延琳渤海始祖大祚榮七代孫叛契丹國號興遼建元天興十一月參知政事郭元卒元性淸廉然不自重及興遼叛密奏曰鴨江東畔契丹保障今可乘機取之崔士威徐訥金猛皆上書不可元固執遣兵攻之不克慚恚發疽而卒十二月興遼國太師大延定引東北女眞與契丹相攻遣使乞援王議

諸輔臣侍中崔士威平章事蔡忠順言兵者危事不可不慎彼之相攻安知非我利耶但可修城池謹烽燧以觀其變耳王從之自此路梗與契丹不通起復西北面判兵馬事柳韶赴鎮時興遼求援不許故遣韶備之上同

二十一年春正月興遼國遣水部員外郎高吉德上表乞師夏五月契丹水軍指麾使虎騎尉大道李卿等六人來投自是契丹渤海人來附甚衆秋七月興遼國行營都部署劉忠正遣寧州刺史大慶翰賫表來乞援九月興遼國郢州刺史李匡祿來告急尋聞國亡遂留不歸遣金諝如契丹賀收復東京契丹遣千牛將軍羅漢奴來詔曰近不差人往還應爲路梗今渤海偷主俱遭圍閉並已歸降宜遣陪臣速來赴國必無虞慮冬十月契丹奚哥渤海民五百餘人來投處之江南州郡上同

二十二年春三月契丹渤海民四十餘人來投秋七月渤海監門軍大道行郎等十四人諸軍判官高眞祥孔目王光祿來投同上

德宗元年春正月渤海沙志明童等二十九人來投二月史通等十七人來投夏五月渤海薩五德等十五人來投六月渤海亐音若已等十二人所乙史等十七人來投秋七月渤海高城等二十人來投冬十月渤海押司官李南松等十人來奔同上四二年夏四月渤海首乙分等十八人可守等三人來投六月渤海先宋等七人來投冬十二月渤海奇叱火等十一人來投處之南地同上

靖宗元年夏五月契丹來遠牒興化鎭曰上略昨因伐罪之年致阻來庭之禮旣翦除於兇逆合繼續於貢輸曷越數年不尋舊

好下略六月寧德鎮廻牒契丹來遠城曰竊念當國於延琳作亂之初是大國興兵之際道途艱阻人使寢停厥後內史舍人金哿慶克復於東都戶部侍郎李守和續進獻其方物先大王之棄國也閤門使蔡忠顯將命告終先皇帝之升遐也尚書左丞柳喬遄征而會葬今皇帝之繼統也給事中金行恭乘傳而朝賀然則平遼以來就日相繼豈可謂致阻來庭之禮乎下略同上

文宗四年夏四月渤海開好等來投同上

睿宗十一年春三月鄭良稷自遼東京還時東京渤海人作亂殺留守蕭保先立供奉官高永昌僭稱皇帝國號大元建元隆基良稷至詐稱官銜上表稱臣以國家所遺留守土物贈永昌得厚報及還匿不奏事覺有司請下獄治之尹彥純徐昉李德允等自遼東京還彥純等拘留東京高永昌勅令上表稱賀彥

純等一如所言及還匿情不首有司請治其罪冬十二月渤海
四十四人來投同上八
十二年春正月渤海五十二人自還來投同上
聖武皇帝神龜四年九月庚寅廿一　十二月丁亥廿　日本類聚國史
百九十三渤海上
五年正月庚子三　甲寅十七　二月壬午十六　四月壬午十六
六月庚午五　壬申七同上
天平二年八月辛亥廿九　九月癸丑二　丙子廿五　十月庚戌
廿九同上
十一年七月癸卯十三　十月丙戌十七　十二月戊辰十同上
十二年正月甲午七　庚子十三　癸卯十六　甲辰十七　丙辰廿九同上
丁巳十三　二月己未二　四月丙子廿　十月戊午五同上

十八年十二月丁巳十 同上

孝謙皇帝天平勝寶四年九月丁卯十二 十月庚辰七 同上

五年五月乙丑廿五 六月丁丑八 同上

廢帝天平寶字二年九月丁亥十八 十月丁卯廿八 十二月壬戌廿四 同上

三年正月庚午三 乙酉十八 丙戌十九 甲午廿七 二月戊戌朔 癸丑十六 十月辛亥十八 丙辰廿二 十二月辛亥十九 丙辰廿四 同上

四年正月癸亥朔 十一月乙亥朔 十二月乙卯十一 閏十二月癸巳十九 同上

七年正月甲辰朔 丙午三 庚戌七 庚申十七 二月丁丑四 癸巳廿 八月壬午十二 十月乙亥六 同上

廣仁天皇寶龜二年六月壬午廿七　十月丙寅十四　十二月癸
酉廿一同上
三年正月甲申三　丁酉十六　庚子十九　丙午廿五　二月癸丑
二　己卯廿八　庚辰廿九　九月戊戌廿一同上
四年二月乙丑廿　六月丙辰十二　戊辰廿四　十月乙卯十三同上
七年十二月乙巳十三同上
八年正月癸酉廿　二月壬寅　四月庚寅九　辛卯十　癸
卯廿二　戊申廿七　五月丁巳七　庚申十　癸酉廿三同上
九年四月丙午十三　九月癸亥廿一　十二月己丑十七同上
十年正月壬寅朔　丙午五　丁巳十六　己未十八　二月癸酉
二　九月庚辰十四　癸巳廿七　十一月乙亥九　丙子十　十
二月戊午廿二同上

桓武天皇延曆五年九月甲辰十八同上

六年二月甲戊十九同上按以上各年月下皆紀渤海事原闕

十四年十一月丙申三出羽國言渤海國使呂定琳等六十八人漂著夷地志理波村因被刧畧人物散亡勅宜遷越後國依例供給同上

十五年四月戊子廿七渤海國遣使獻方物其王啟曰云云自此以下之往來國書已見文徵者皆以云云二字代之又告喪啓曰云云又傳奉在唐學問僧永忠等所附書渤海國者高麗之故地也天命開別天皇七年高麗王高氏爲唐所滅也後以天之眞宗豐祖父天皇二年大祚榮始建渤海國和銅六年受唐册立其國延袤二千里無州縣館驛處處有村里皆靺鞨部落其百姓者靺鞨多土人少皆以土人爲村長大村曰都督次曰刺史其下百姓皆曰首領土

地極寒不宜水田俗頗知書自高氏以來朝貢不絕　五月丁未（十七）渤海國使呂定琳等還蕃遣正六位上行上野介御長眞人廣岳正六位上行式部大錄桑原公秋成等押送仍賜其王璽書曰云云又附定琳賜太政官書於在唐僧永忠等曰云云（同上）

冬十月己未（二日）正六位上御長眞人廣岳等歸自渤海國其王啓曰云云（同上）

辛酉（四）正六位上御長眞人廣岳授從五位下正六位上桑原公秋成外從五位下並以奉使稱旨也（同上）

壬申（十五）先是渤海國王所言上書疏體無定例詞多不遜今所上之啓首尾不失禮誠款見于詞郡臣上表奉賀曰臣神等言臣聞大人馭時以德爲本明王應世懷遠是崇故有殷代則四

海歸仁周日則九夷順軌伏惟天皇陛下仰天作憲握地成規窮日域而慕聲布風區而向化誠可以孕育千帝卷懷百王者矣近者送渤海客使御長廣岳等迴來伏見彼國所上啟辭義温恭情禮可觀悔中間之迷圖復先祖之遺跡況復緣山浮海不顧往還之路難克己改過始請朝貢之年限與夫白環西貢楛矢東來豈可同日而道哉臣等幸忝周行得逢殊慶不任鳧藻之至謹詣闕奉表以聞詔曰獻表波見行都然卿等乃勤之久供奉爾依豆之水表乃國毛順仕良之止奈毛所思行之嘉備悅備御坐止詔天皇詔旨乎衆聞食宣同上

十七年四月甲戌廿四以外從五位下内藏宿禰賀茂麻呂爲遣渤海使正六位上御使宿禰今嗣爲判官　五月戊戌十九遣渤海國使内藏宿禰賀茂等辭見因賜其王璽書曰云云又賜在

唐留學僧永忠等書曰云云 十二月壬寅廿七渤海國遣使獻方物其啓曰云云同上

十八年春正月丙午朔皇帝御大極殿受朝文武九品以上蕃客等各陪位減四拜爲再拜不拍手以有渤海國使也 辛酉十六御大極殿宴羣臣并渤海客奏樂賜蕃客以上蓁揩衣並列庭踏哥 四月己丑十五渤海國使大昌泰等還蕃遣式部少錄正六位上滋野宿禰船白等押送賜其王璽書曰云云 五月丙辰十三前遣渤海使外從五位下內藏宿禰賀茂万呂等言歸鄉之日海中夜暗東西掣曳不識所著于時遠有火光尋逐其光忽到島濱訪之是隱岐國智夫郡其處無有人居或云比奈麻治比賣神常有靈驗商賈之輩漂宕海中必揚火光賴之得全者不可勝數神之佑助良可嘉報伏望奉預幣例許之 九

月辛酉（廿）正六位上式部少錄滋野宿禰船白等到自渤海國國王啓曰云云

廿三年六月庚午（廿七）勑頃年渤海國使來著多在能登國停宿之處不可疎陋宜早造客院（同上按此下有闕簡）

十二月（弘仁元年）庚午四從六位上林宿禰東人爲送渤海客使大初位下上毛野公繼益爲錄事（同上百九十四渤海下）

二年正月乙卯（廿）遣大納言正三位坂上大宿禰田村麻呂中納言正三位藤原朝臣葛野麻呂參議從三位菅野朝臣眞道等饗渤海使於朝集院賜祿有差　丁巳（廿二）渤海國使高南容歸蕃賜其王書曰云云　四月庚寅（廿七）遣渤海國使正六位上林宿禰東人等辭見賜衣被　十月癸亥（二）正六位上林宿禰東人等至自渤海奏曰國王之啓不據常例是以去而不取其

錄事大初位下上毛野公嗣益等所乘第二船發去之日相失不見未知何在　十二月乙亥十四故遣渤海錄事大初位下上毛野公嗣益追贈從六位下以身死王事也同上

五年九月癸卯十三渤海國遣使獻方物　十一月辛巳九免出雲國田租緣有賊亂及供蕃客也同上

六年正月己卯七授渤海國大使王孝廉從三位副使高景秀正四位下判官高英善王昇基並正五位下錄事釋仁貞烏賢偲譯語李俊雄並從五位下賜祿有差　壬辰廿於朝集堂饗王孝廉等賜樂及祿　甲午廿二渤海國使王孝廉等歸蕃賜書曰云云　五月戊子十八渤海國使王孝廉等於海中值逆風漂迴舟檝裂折不可更用　癸巳廿三命越前國擇大船駕蕃客也

六月癸丑十四渤海大使從三位王孝廉薨詔曰悼往飾終事

茂舊範褒忠錄績義存先彝故渤海國使從三位王孝廉闕庭

修聘滄溟迴艫復命未申昊蒼不愍寔雖有命在天薤露難駐

而恨銜使命不得更歸朕慟于懷加贈榮爵死而有靈應照泉

扃宜可正三位更賜信物并使等祿以先所賜濕損也同上

七年五月丁卯二遣使賜渤海副使高景秀已下大通事已上

夏衣是日賜渤海王書曰云云同上

十年十一月甲午廿渤海國使遣使獻方物上啓曰云云問承

英等曰慕感德等還去之日無賜勑書今檢所上之啟云伏奉

書問言非其實理宜返却但啓詞不失恭敬仍宥其過特加優

遇承英等頓首言臣小國賤臣唯罪是待而日月迴光雲雨旋

澤寒木逢春涸鱗得水戴荷之至不知舞踏同上

十一年正月庚辰七又渤海國入覲大使李承英等敘位有差

甲午二十一賜渤海王書曰云云

十二年十一月乙巳十三渤海國遣使獻方物國王上啓曰云云同上

十三年正月己亥七御豐樂殿宴郡臣及蕃客 戊申十六御豐樂殿宴五位以上及蕃客奏踏歌渤海國使王文矩等毬賜綿二百屯爲賭所司奏樂蕃客率舞賜祿有差 壬子廿饗王文矩等於朝集殿 癸丑廿一文矩等歸蕃賜國王書曰云云同上

淳和天皇弘仁十四年十一月壬申廿二加賀國言上渤海國人覲使一百一人到著狀 十二月戊子八停止存問渤海客使今年雪深往還不通勅使令守從四位下紀朝臣末成掾正六位上秦宿禰嶋主等准例存問同上

天長元年正月乙卯五賜渤海客徒大使已下錄事已上陸人

冬衣服料　二月壬午三詔曰天皇我詔良止方宣大命乎渤海國乃使等衆聞食止宣不王其國國禮己止之差使天奉渡世利使等淩鹿波岐忘寒風天參來氣利隨例爾召治賜止先爲毛禮止國國比年不稔之天百姓良毛弊多利又疫病毛發禮利時之豐時爾臨三迭迎流爾毛百姓乃苦美有爾依己毛奈此般波召賜比治不賜奴平久靜爾治賜布所爾傳法便風乎待天本國爾退還止爲己毛奈大物賜久止宣天皇我大命乎衆聞食止宣　四月丙申十七覽越前國所進渤海國信物并大使貞泰等別貢物又契丹大狗二口猧子二口在前進之　庚子廿二返却渤海副使璋璿別貢物辛丑廿二幸神泉苑試令渤海狗逐苑中鹿中途而休焉　五月癸亥十五印遣渤海勅書日月上一踏先是十餘日依進御藥不御紫宸殿戊戊辰廿詔曰天皇我御命良止万詔命乎客人倍

聞食止詔布客人倍乃國爾還退倍支時近在爾依弖國王爾賜祿比幷貞泰爾御手都物賜比饗賜波久止宣同上

二年十二月辛丑三隱岐國馳驛奏上渤海國使高承祖等百三人到來 乙巳七大內記正六位上布瑠宿禰高庭定領客使借出雲國介不稱領客使同上

三年三月戊辰朔右大臣從二位兼行皇太子傅臣藤原朝臣緒嗣言依臣去天長元年正月廿四日上表渤海入朝定以一紀而今寄言靈仙巧敗契期仍可還却狀以去年十二月七日言上而或人論曰今有兩君絕世之讓已越堯舜私而不告大仁芳聲緣何通於海外臣案日本書紀云譽田天皇崩時太子菟道稚郎子讓位于大鷦鷯尊固辭曰豈違先帝之命輒從弟王之言兄弟相讓不敢當之太子興宮室於菟道而居皇位空

之既經三歲太子曰我久生煩天下哉遂於菟道宮自薨大鷦鷯尊悲慟越禮即天皇位都難波高津宮委曲在書紀不能以具盡于時讓國之美無赴海外此則先哲智慮深顧國家然則先王之舊典萬代之不朽者也又傳聞禮記云夫禮者所以定親疏决嫌疑别同異明是非也禮不辭費禮不踰節而渤海客徒既違詔旨濫以入朝偏容拙信恐損舊典實是商旅不足隣客以彼商旅爲客損國未見治體加以比日雜務行事贈皇后改葬御齋會掘加勢山溝并飛鳥堰溝七道畿内巡察使可詔渤海客徒經營重疊騷動不遑又頃年旱疫相仍人物共盡一度賑給正税欠少況復時臨農要弊多逢送人疲差役税損供給夫君無爭臣安存天下民憂未息天灾難滅非一人天下是萬人天下縱令損民焉德有慙後賢伏請停止客徒入京即自

著國還却且示朝威且除民苦唯依期入朝須用古例臣緒嗣雖久臥疾牀心神既迷而恩主之至半死無忘愚臣中誠不獲不陳謹重奉表以聞不許　五月甲戌八　渤海客徒大使高承祖等入京安置鴻臚　戊寅十二　渤海國使政堂信少卿高承祖授正三位副使高如岳正四位上判官王文信高孝英二人正五位上錄事高成仲陳崇彥二人從五位上譯語李隆郎李承宗二人從五位下六位已下十一人亦有叙位　庚辰十四　渤海客徒歸加賀國　辛巳十五　天皇敬問渤海國王云云同上

五年正月甲戌十七　但馬國馳驛言渤海人百餘人來著　二月己丑二　但馬國司寫渤海王啟中臺省牒案進上　四月癸未廿九　渤海客大使已下梢工已上賜絹綿有差同上

仁明天皇承和八年十二月丁亥廿二　長門國言渤海客徒賀福

延等一百五人來著　庚寅廿五以式部大丞正六位上小野朝臣桓柯少外記正六位上山代宿禰氏益爲存問渤海客使同上九年二月乙酉廿令渤海客徒入京　三月辛丑六存問兼領渤海客使式部大丞正六位上小野朝臣桓柯少內記從六位上豐階公安人等上奏勘問客徒等文并渤海王所上啟案并中臺省牒案等文其啟狀曰云云又別狀曰云云又中臺省牒曰云云　壬戌廿七渤海客徒賀福延等發自河陽入於京師遣式部少輔從五位下藤原朝臣諸成爲郊勞使是夕於鴻臚館安置供給　癸亥廿八太政官遣右大史正六位上蕃良朝臣豐持於鴻臚館爲慰勞焉是日渤海使賀福延等上中臺省牒甲子廿九遣侍從正五位下藤原朝臣春津於鴻臚館宣勅曰天皇詔旨良麻止宣久有司奏久彼國王乃上啟外乃別狀等事乎

存問使詰問爾引過伏理奴是故爾彼國使等平波待爾不可以常禮止奏然止毛守年紀弖自遠參來留平念行天毛奈殊矜免賜布止宣又詔久客倍自遠參來禮理平安以不又長門以來路間波如何爲都加都參來志宜相見日爾至万波弖此爾侍天休息止宣布

夏四月乙丑朔使右大史正六位上山田宿禰文雄賜客等時服　丙寅二渤海國使賀福延等於八省院獻啓函信物等　己巳五天皇御豐樂殿饗渤海使等詔授大使賀福延正三位副使王寶璋正四位下判官高文暄烏孝愼二人並正五位下錄事高文宣高平信安歡喜三人並從五位下自外譯語已下首領以上十三人隨色加階焉使右少辨兼右近衞少將從五位下藤原朝臣氏宗共食日暮賜祿各有差　辛未七大使賀福延私獻方物　癸酉九饗客徒等於朝集堂遣從五位下

惟良宿禰春道共食宣勅曰天皇我御命良万止詔勅命乎客人倍聞食止宣久國還退倍支日近久在爾依弖奈毛國王爾祿賜比并弖福延等爾毛御手都物賜比饗賜波久止宣布　丙子十二遣勅使於鴻臚館宣詔賜渤海王書曰云云太政官賜中臺省牒曰云云勘解由判官正六位上藤原朝臣粟作文章生從六位上大中臣朝臣清世等爲領客使是日使賀福延等歸鄉同上

嘉祥元年十二月乙卯三十能登國馳驛奏渤海國入覲使王文矩等一百人來著矣同上

二年二月丙戌朔以少內記正七位上縣犬養大宿禰貞守直講正六位上山口忌寸西成等爲存問渤海客使發遣於能登國　三月戊辰十四遣能登國存問渤海客使少內記縣犬養八宿禰貞守等馳驛奏上客使等將來啓牒案彼國王啓曰云云

復中臺[省]牒偁云云乙亥廿一存問使等馳驛奏詰問客徒等違例入覲之由問答文等　壬午廿八以存問使少内記正七位下縣犬養大宿禰貞守直將從六位下山口忌寸西成爲兼領渤海客使　四月辛亥廿八領客使等引渤海國使王文矩等入京遣勅使左近衞少將從五位上良岑朝臣宗貞慰勞安置鴻臚宣命曰天皇我詔旨良万止宣久有司奏久彼國乃王一紀乎爲期天朝拜乃使進度須倍志然乎此度乃使等違期天參來禮利如常爾波不遇之天自境還遣天牟止奏利然禮止毛遠涉荒波天惡處爾漂著天人毛物毛損傷禮利艱苦世利止聞食天矜賜比免給布止宣又宣久熱時爾遠來弖平安爾侍也相見無日爾至万天波此爾侍弖休息止宣　癸丑三十賜渤海客徒時服　五月乙卯二渤海國入覲使大使王文矩等詣八省院獻國王啓函并信物等

丙辰三天皇御豐樂殿宴客徒等宣詔曰天皇我詔旨良止万宣不勑命平使人等聞給陪與止宣久國乃王差王文矩等進度志天皇我朝庭平拜奉留事平矜賜比慈賜比天奈毛冠位上賜比治賜波久止宣布天皇我勑命平聞食陪與止宣大使以下首領相共拜舞訖授大使王文矩從二位文矩去弘仁十三年叙正三位故今增位叙從二位副使烏孝愼從四位上大判官馬福山少判官高應順並正五位下大錄事高文信中錄事多安壽少錄事李英貞並從五位下自餘品官并首領等授位有階　戊午五天皇御武德殿覽馬射六軍擁節百寮侍坐有勑令文矩等陪宴宣詔曰天皇我詔止良万止宣布勑命乎使人等聞給止宣布五月五日爾藥玉乎天飲酒人波命長支福在止奈毛聞食須故是以藥玉賜比御酒賜波久止宣日暮乘輿還宮　癸亥十遣公卿於朝堂饗客徒

宣詔曰天皇我詔旨良万止宣布勅命乎使等聞給與止宣波久皇朝乎拜仕奉天國爾還退陪支時近在爾依天奈毛國王爾祿賜比文矩等爾毛御手都物賜比饗賜波久止宣　乙丑二十遣參議從四位上小野朝臣篁右馬頭從四位下藤原朝臣春津少納言從五位下藤原朝臣春岡右少辨從五位上橘朝臣海雄左少史正六位上大窪益門少内記從七位下安野宿禰豐道等於鴻臚館賜勅書并太政官牒此日客徒歸却勅書曰云云太政官牒曰云云同上

淸和天皇天安三年正月二十二日乙卯能登國馳驛言渤海國入覲使烏孝愼等一百四人來著珠洲郡　二十八日乙酉正六位上行少外記廣宗宿禰安人大内記正六位上安倍朝臣淸行爲領渤海客使　二月四日庚寅渤海客著能登國是

日詔遷於加賀國安置便處　七日癸巳從六位下行直講苅田首安雄爲領渤海客使以廣宗安人辭退也　九日乙未大初位下春日朝臣宅成爲渤海通事　三月十三日己巳領渤海客使大内記正六位上安倍朝臣清行直講從七位下苅田首安雄儆裝進發宣告云使等宜稱存問兼領渤海客使當般不任存問使故也渤海國副使周元伯頗閑文章詔越前權少椽從七位下島田朝臣忠臣假爲加賀權椽向彼與元伯唱和以忠臣能屬文也同上

貞觀元年五月十日乙丑存問兼領渤海客使大内記安倍朝臣清行加賀國司等奉進渤海國啓牒信物王啓曰云云中臺省牒曰云云　六月二十三日丁未賜渤海國王勑書曰云云

太政官送中臺省牒曰云云東絁五十疋綿四百屯賜大使烏

孝愼孝愼別貢土宜仍有此錫賚焉　七月二十一日甲戌存問兼領渤海客使直講苅田安雄復命奏言客徒今月六日解纜歸蕃大內記安倍淸行去四月丁父憂去職故安雄獨歸奏事依諒闇不喚客徒自加賀國還蕃焉同上

三年正月廿日乙未出雲國上言渤海國使李居正等一百五人自隱岐國來著嶋根郡　二十一日丙申下知出雲國司云渤海客使依例供給但舊用稻今度特以穀舂充　廿八日癸卯散位正六位上藤原朝臣春景兵部少錄正七位下葛井連善宗爲領渤海客使播磨少目大初位上春日朝臣宅成爲通事勅竟使事之間藤原春景宜稱但馬權介葛井善宗稱因幡權掾　五月二十一日甲午宣告存問兼領渤海客使但馬權介正六位上藤原朝臣春景并出雲國司等云渤海國使李居

正違先皇制輒以吊來亦令看啓案違例多端事須責其輕慢自彼却還然而如聞居正位在公卿齡連懸車才綺交新猶有可愛因欲特加優恤以聽入京而頃者炎旱連日有妨農時慮夫路次更以停止又王啓并信物等不可更收須進上中臺省牒以出雲國絹一百卌五疋綿一千二百二十五屯便須賜渤海客徒一百五人　廿六日己亥太政官送渤海國中臺省牒下存問使并出雲國司絁一十疋綿卌屯別賜大使李居正同上

十三年十二月十一日壬子渤海國入覲使楊成規等百五人著加賀國岸同上

十四年正月六日丁丑以正六位上行少內記菅原朝臣道眞從六位下行直講美努連清名爲存問渤海客使園池正正六位上春日朝臣宅成爲通事　二十六日丁酉以正六位下行

少外記大春日朝臣安守爲存問渤海客使以少内記菅原朝臣道一丁母憂去職也 三月十四日甲申詔存問渤海客使大春日朝臣安守美努連清名並兼領客使 二十三日癸巳今春以後内外頻見怪異由是分遣使者諸神社奉幣便於近社道場每社轉讀金剛般若經以參議民部卿正四位下兼行春宮大夫南淵朝臣年名爲賀茂兩社使參議正四位下行右兵衛督兼近江守源朝臣勤爲松尾梅宮兩社使參議正四位下行左大弁兼勘解由長官近江權守大江朝臣音人爲平野社使參議右大弁從四位上兼行讚岐權守藤原朝臣家宗爲大原野社使從五位上行少納言兼侍從和氣朝臣彝範爲石清水社使神祇伯從四位下藤原朝臣廣基爲稻荷社使石清水社告文曰云云又辭別天去年陰陽寮占申久就蕃客來

天不祥之事可在止占申世利今渤海客隨盈紀例天來朝世利事不獲已國憲止天之可召大菩薩此狀平毛聞食天遠客參近止毛神護之故爾無事久矜賜陪止恐美恐美毛申賜波止久申自餘祉文一准此例　四月十三日壬子存問渤海客使少外記大春日安守等開大使楊成規所賚啟牒函詰問違例之由問答狀及記錄安守等向加賀國途中消息馳驛奏上　十六日乙卯以正六位上行少內記都宿禰言道正六位上行式部少丞平朝臣季長爲掌渤海客使常陸少掾從七位上多治眞人守善文章生從八位下菅野朝臣惟肖爲領歸鄉渤海客使　五月十五日甲申勅遣從五位上守右近衛少將藤原朝臣山陰到山城國宇治郡山科村郊迎勞渤海客領客使不春日朝臣安守等與郊勞使共引渤海國入覲大使政堂省左允正四品慰軍大

將軍上鎭將軍賜紫金魚袋楊成規副使右猛賁衛少將正五品賜紫金魚袋李興晟等二十人入京安置鴻臚館　十七日丙戌勑遣正五位下行右馬頭在原朝臣業平向鴻臚館勞問渤海客是日賜客徒時服　十八日丁亥勑遣左近位中將從四位下兼行備中權守源朝臣舒向鴻臚館撿領楊成規等所賣渤海國王啓及信物啓云云中臺省牒曰云云其信物大蟲皮七張豹皮六張熊皮七張蜜五斛　十九日戊子勑遣參議正四位下行左大弁兼勘解由長官近江權守大江朝臣音人向鴻臚館賜渤海國使授位階告身詔命曰天皇詔旨良止万勑命乎客倍衆聞食止宣國乃王楊成規等乎差天進度志天天皇我朝廷乎拜奉留事乎矜賜比慈賜比天冠位上賜比治賜布然常都例波大宮乃內爾召天治賜介利此迴思女須大心大坐麻須爾

衣天奈毛使乎遣天治賜波久止勑天皇我大命乎聞命止宣布大使已下相共拜訖授大使楊成規從三位副使李興晟從四位下判官李周慶賀王眞並正五位下錄事高福成高觀李孝信並從五位上品官以下并首領等授位各有等級及天文生以上隨位階各賜朝服去年陰陽寮占曰就蕃來朝可有不祥之徵由是不引見自鴻臚館放還焉　二十日己丑內藏寮與渤海客迴易貨物　二十一日庚寅聽京師人與渤海客交關　二十二日辛卯聽諸市人與客徒私相市易是日官錢三十萬賜渤海國使等乃喚集市廛人賣與客徒此間土物以前筑後少目從七位上伊勢朝臣興房爲領歸鄉客使通事　二十三日壬辰勑遣大學頭從五位上兼行文章博士阿波介巨勢朝臣文雄文章得業生越前大掾從七位下藤原朝臣佐世於鴻

臚館饗讌渤海國使宣詔曰客人倍波常都例波大宮乃內爾召天饗賜比音樂賜比介利而乎思女須大心大坐爾依天奈毛使乎遣天大物賜布客人倍此狀乎悟天安良可爾侍食余止勑大命乎聞食止宣觴行數周客主淵醉賜客徒祿各有差　二十四日癸巳大使楊成規從掌客使請私以壤奠將奉獻天皇及皇太子掌客使奏狀有詔許之內裏東宮賚物有數是日勑遣民部少輔兼東宮學士從五位下橘朝臣廣相賜客徒曲宴遣兵部少輔從五位下兼行下野權介高階眞人令範賜御衣客主具醉興成賦詩　二十五日甲午勑遣參議右大辨從四位上兼行讚岐守藤原朝臣家宗從四位上行近衛中將兼行阿波守源朝臣興從六位下守大內記大江朝臣公幹於鴻臚館賜勑書從五位上行少納言兼侍從和氣朝臣彝範正五位下守右中

弁藤原朝臣良近左大史正六位上大春日朝臣安守付太政官牒大使已下再拜舞蹈大使楊成規膝行而進北向跪受勑書太政官牒函勑書曰云云太政官牒曰云云是日領歸鄉客使多治眞人守善等引客徒出館大使楊成規跪言成規等猥聘禮畢歸本土[去]今差天使令其領送成規等瞻望丹闕涕泗盈衿仰戀之誠中心無限臨別掌客使都良香相遮館門舉觴而進上同

十五年七月八日庚午先是大宰府馳驛言渤海國人崔宗佐門孫宰等漂著肥後國天草郡遣大唐通事張建思覆問事由審實情狀是渤海國入唐之使去三月著薩摩國逃去之一艦也仍奉進宗佐等日記幷所賫蠟封函子雜封書弓劒等是日勑討覆宗佐等申狀知是渤海人亦其表函牒書印封官御等

䨇校先來入覲在此間者符合如一崔宗佐等既非伺隙之奸寇可謂善隣之使臣其飄泊難湴誠當矜恤宜令在所支濟衣粮所上蠟封函子雜封書等全其印封莫煩披閱亦其隨身雜物秋毫不犯皆盡還與其所乘二船設有破損勤加繕修足以凌波早得好去但宗佐等彼國名官之人盍知我朝之相善然則飄著之日須露情實以望恩濟而飛帆逃亡還似奸賊非我仁恕何免重誅宜責以過契俾悔其非同上

十六年六月四日庚申先是渤海人宗佐等五十六人漂著石見國充給資粮於還本鄉同上

陽成天皇貞觀十九年正月十六日戊子出雲國言渤海國大使政堂省孔目官楊中遠等一百五人去年十二月二十六日著岸中遠申云爲謝恩請使差遣中遠等兼獻方物於島根郡

安置供給　二月三日乙巳以少外記正六位上大春日朝臣安名前讃岐掾正八位下占部連月雄爲存問渤海客使園池正正六位上春日朝臣宅成爲通事　三月十一日壬子以存問渤海客使正六位上行少外記大春日朝臣安名前讃岐掾正八位下占部連月雄爲兼領客使元慶元年四月十八日己丑存問兼領渤海客使少外記大春日朝臣安名等寫渤海國王啓并中臺省牒馳驛上奏王啓曰云云中臺省牒曰云云

六月二十五日甲午渤海國使楊中遠等自出雲國還於本蕃王啓并信物不受而還之大使中遠欲以珍翫玳瑁酒盃等奉獻天子皆不受之通事園池正春日朝臣宅成言昔往大唐多觀珍寶未有若此之奇恠太政官宣久先皇乃制止之天一紀平以天來朝乃期止爲利而彼國王此制爾違天使乎奉出世利凡

厥謝恩及請使等乃事波存問之日爾屈伏既訖太利仍天賚參來留所乃啓幷信物等不更奏聞客人部此狀乎知天平介久治賜布所止之天本國爾退還止爲天毛奈御手都物道粮賜比饗給波久止宣同上

六年十一月二十七日乙未加賀國馳驛言今月十四日渤海國入覲使裴頲等一百五人著岸　二十八日丙申下符加賀國安置渤海客於便處依例供給勤加優遇又禁制私迴易客徒所齎貨物　七年正月戊辰朔以正六位上行少外記大藏伊美吉善行式部少丞高階眞人茂範爲存問渤海客使前筑後少目從八位上伊勢朝臣興房爲通事　二十六日癸巳令山城近江越前加賀等國修理官舍道橋埋瘞路邊死骸以渤海國客可入京也下知越前能登越中國送酒宍魚鳥蒜等物

於賀賀國爲勞饗渤海客也　二月二十一日戊午林邑樂人百七人於大安寺令調習以大和國正稅死給其食欲令渤海客徒觀彼樂也是日存問渤海客使大藏善行高階茂範並爲兼領客使　二十五日壬戌賜渤海客徒冬時服遣辨官史生一人押送於加賀國令領客使等頒賜焉　三月八日甲戌存問兼領渤海客使少外記大藏善行式部少丞高階茂範等進發奉參內裏辭見賜御衣袴各一襲　四月二日戊戌以右衛門大尉正六位上坂上大宿禰茂樹文章得業生從八位上紀朝臣長谷雄爲掌渤海客使民部大丞正六位上淸原眞人常岑文章生從八位下多治眞人有友爲領歸鄉渤海客使　二十一日丁巳緣饗渤海客諸司官人雜色人等客徒在京之間聽帶禁物以從五位上行式部少輔兼文章博士加賀權守菅

原朝臣道眞權行治部大輔事從五位上行美濃介嶋田朝臣忠臣權行玄蕃頭事爲對渤海大使裴頲故爲之矣　二十八日甲子勑遣右近衛少將正五位下平朝臣正範到山城國宇治郡山階野邊郊勞渤海客領客使少外記大藏善行等引客徒入鴻臚館　二十九日乙丑晦遣右大史正六位上家原朝臣高鄉向鴻臚館慰勞客徒　五月丙寅朔遣從五位上行右兵衛佐源朝臣元向鴻臚館勞問客徒　二日丁卯大使裴頲等於朝堂奉進王啓及信物親王已下五位已上及百寮初位已上皆會四位已下未得解由者亦預焉所司受啓信奉進内裏　三日戊辰天皇御豐樂殿賜宴渤海客徒親王已下參議已上侍殿上五位已上侍顯陽堂大使已下二十人侍承歡堂百官六位已下相分侍觀德明義兩堂授小使文籍院少監正

四品賜紫金魚袋裴頲從三位副使正五品賜紫金魚袋高周封正四位下判官錄事授五位其次叙六位以下各有等級隨其位階賜朝衣客從拜舞退出更衣而入拜舞昇堂就食雅樂寮陳鼓鐘内教坊奏女樂妓女百卌八人遞出舞酒及數杯别賜御餘枇杷子一銀椀大使已下起座拜受日暮賜客徒祿各有差　五日庚午天皇御武德殿覽四府騎射及五位已上貢馬喚渤海客徒觀之賜親王公卿續合縷伊勢守從五位上安倍朝臣興行引客就座共食别勅賜大使已下錄事已上續合縷品官已下菖蒲縵是日大雨先是豫勅所司若遇雨致須停節會勿喚客徒改日行事而掌客使等速引客徒入於宫城故雨中成禮焉　七日壬申大使裴頲别貢方物是日内藏頭和氣朝臣彝範率僚下向鴻臚館交關　八日癸酉内藏寮交關

如昨　十日乙亥於朝集堂賜饗渤海客徒大臣已下就東堂座擇五位已上有容儀者三十人侍堂上座從五位下守左衛門權佐藤原朝臣良積引客就西堂座共食元所定侑食者謝障不出良積依有儀貌俄當此選大使裴頲欲題送詩章忽索筆硯良積不閑屬文起座而出頲隨止矣勑遣中使從五位下行右馬助藤原朝臣恒興賜御衣一襲大使裴頲賞裴頲高才有風儀也　十二日丁丑渤海使歸蕃是日遣參議正四位下行右衛門督兼近江權守藤原朝臣諸葛從四位下行左近衛少將兼近江權介藤原朝臣遠經正六位上行少內記多治眞人彥輔向鴻臚館付勑書正五位下行太皇太后宮權亮平朝臣惟範從五位上行少納言兼侍從藤原朝臣諸房從六位上守右少史秦宿彌安兄付太政官牒禮畢領客使民部大丞清

原眞人常岑文章生多治眞人有友等引客徒出館就路焉

十四日己卯今月三日豐樂院宴渤海客樂人儛妓等以大藏省商布一千一百五段賜之依承和九年例也　十月二十九日壬戌勅令能登國禁伐損羽咋郡福良泊山水渤海客著北陸道岸之時必造還舶於此山任民伐採或煩無材故豫禁伐大木勿妨民業同上

新羅朝貢使王子泰廉入京之日官使宣命賜迎馬王子斂轡馬上答謝但渤海使皆悉下馬再拜舞蹈大日本史二百四十二列傳唐

陸奥去渤海可三千里也日本多賀城碑

㸑㸑字和名事　被命云延喜御時渤海國使二人來朝其牒狀爾此兩字各爲使二人姓名紀家見之雖未知文字呼云㸑木ノツブリ丸㸑石ノマブリ丸參レト喚各應會參云云異

國作字也以當時會釋讀之可謂神妙者也異國人聞而感之云云江談抄第五詩事

右補總略

高王十七年是歲遣生徒六人入唐太學肄業據玉海百五十三

武王仁安二年秋七月新羅徵何瑟羅道丁夫二千築長城於北境以備我

文王大興五十三年春三月新羅遣一吉飡伯魚來聘

定王永德三年秋九月新羅遣級飡崇正來聘

王玄錫十五年春以勃利黑水部人與新羅通遣人入新羅北鎮挂片木警之

右補世紀

渤海遺裔大事表

渤海亡後之紀年	宋遼紀年	定安國	烏舍國	燕頗興遼國	古欲大渤海國
後四十六年	宋開寶五年遼保寧四年	國王烈萬華因女眞使附表貢獻方物於宋			
後四十九年	宋開寶八年遼保寧七年			渤海遺裔燕頗據黃龍府起兵殺都監張琚遼遣將來討頗兵敗奔烏舍國	
後五十年	宋太平興國元年遼保寧八年	國王烏玄明元興元年			
後五十五年	太平興國六年	元興六年	國王稱烏舍城浮渝		

	後六十三年	後六十四年
遼乾亨三年	宋端拱二年 遼統和七年	宋淳化元年 遼統和八年
宋欲大舉伐遼以詔賜其國王令張犄角之勢 扶餘府自遼來歸 冬十月國王玄明附女眞使上表於宋願率勝兵助討宋太宗優詔答之	王子大元內附女眞使獻馬雕羽鳴鏑於宋	
府渤海琰府王宋將伐遼賜王詔書令出兵助攻久之宋兵不出而國王亦未之應		宋以烏舍不通朝貢詔女眞攻之斬一級

	後六十五年	後六十八年	後六十九年
	宋淳化二年遼統和九年	宋淳化五年遼統和十二年	宋至道元年遼統和十三年
	國王因女眞使上表於宋		
給絹五匹貢於遼		宋遣人由海道來賜物並使攻遼於女眞亦如之女眞以其情告於遼	部長烏昭度與燕頗率兵攻鐵利遼遣奚王和朔奴等以兵來討昭度請降遼人不
			燕頗同烏舍部長烏昭度以兵攻鐵利

年	宋遼紀年		事蹟
			許遂以兵圍烏舍城昭度率衆死守百計捍禦遼兵無功而退昭度以終非其敵納款於遼
後七十年一	宋至道三年遼統和十五年		部長武周降於遼烏昭度以本國地遠請免歲時貢進鷹馬貂皮遼許以生辰正旦如舊餘免貢進
後七十三年	宋咸平二年遼統和十七年		烏昭度詣遼請降遼主釋之或云此爲其

	年		部人烏昭慶叛而歸遼非昭度也
後七十七年	宋咸平六年遼統和二十一年		同渤海奥里米越里篤越里吉等部貢於遼
後七十八年	宋景德元年遼統和二十二年		烏昭度之妻子爲南京女真所獲送於遼或云此亦叛人昭慶之妻子也
後八十八年	宋大中祥符五年遼開泰元年		國人百餘戶爲鐵利國王那沙所獲送至遼賓州

後九十二年	後九十六年	後一百三年
宋天禧二年 遼開泰七年	宋乾興元年 遼太平二年	宋天聖七年 遼太平九年
國人骨須奔高麗疑其國已見併於遼也		
	國人十六戶爲鐵利所獲獻於遼	
		天慶元年九月東京舍利軍詳穩大延琳起兵反遼即王位國曰興遼年號天慶一曰年號天興　分兵北攻潴州不克　遣大府丞高吉德往高麗告建國兼乞援

後一百四年

宋天聖八年
遼太平十年

高麗發兵助攻遼不克 太師大延定引女眞兵攻遼 十月遼都統蕭孝穆督兵來攻 十二月大延定遣使往高麗乞援不之應

天慶二年正月再遣高吉德往高麗乞援 三月遼築長圍作久攻之計 八月裨將楊祥世密送款於

	後一百八十八年	後一百八十九年
	宋政和四年 遼天慶四年	宋政和五年 遼天慶五年
	十二月部人同鐵利附於女眞	
遼夜開南門納遼軍延琳被擒興遼國亡 九月郢州刺史李匡祿至高麗乞師聞國亡遂不歸		
		二月饒州渤海人古欲起兵反遼稱大王 三月遼命蕭謝佛留率兵來討 四月古欲擊敗遼兵 遼

	後一百九十年
	宋政和六年 遼天慶六年 金收國二年
都統蕭陶蘇幹再以兵來討五月古欲再擊敗遼兵六月古欲爲遼兵所獲	
	隆基元年正月東京渤海人高永昌起兵反遼殺留守蕭保先永昌據東京稱大渤海皇帝建元隆基一云國號大元年號應順下遼東五十餘州五月遼宰相張

琳等率兵來討永昌敗之永昌使撻不野等乞援於金　金大將斡魯統軍來攻永昌兵敗奔長松島撻不野等執永昌降金大渤海國亡

右補大事表

大某失名某王子也正曆十年冬奉使朝唐翌年春與日本入唐使藤原葛野麻呂遇於唐京葛野麻呂將去與以書云渤海日本地分南北人阻天地然而善隣結義貴相通聘往古來今斯道豈息賀能就參朝貢偶然奉謁不期而會非常喜悅既被監

使留礙不得再展悁悵周旋令人腸斷今日取別後會難期不任依戀葛野麻呂在唐易名賀能此書則隨其行僧空海手筆也

大延廣王子也咸和九年十二月奉使朝唐翌年正月朝於宣政殿賚錦綵器皿以上已見宗臣列傳及延廣還國道於登州遇日本入唐僧圓仁等於州西之野時三月二十日也凡渤海貢使之往來必道於登州唐造渤海館於是以款之凡王子及使臣經此必宿於館以待敕使發遣延廣道此亦待發遣也

右補宗臣列傳

高如岳隨高承祖聘日本任副使授正四位上

王文信高孝英俱隨高承祖聘日本任判官授正五位上

高成仲陳崇彥俱隨高承祖聘日本任錄事授從五位上

李隆郎李承宗俱隨高承祖聘日本任譯語授從五位下又以下十一人亦叙六位以下

右補諸臣列傳

燕頗遺裔也仕遼爲黃龍府衞將東丹之五十年景宗保寧七年七月率其部族舉兵殺遼都監張琚遼遣敞史耶律曷里必來討九月頗兵敗於治河奔烏舍一作兀惹國其後二十年聖宗統和十三年復與烏舍部長烏昭度侵鐵利部事具昭度傳

烏昭度一名昭慶烏舍國之部長也燕頗兵敗率部族來奔國人留之遼聖宗統和十三年秋燕頗與昭度合兵攻鐵利部鐵利人告急於遼遼以奚王和朔奴爲都部署東京留守蕭恆德統軍使耶律奴瓜爲副部署護衞太保耶律斡臘爲都監統軍來援行數月至烏舍城昭度請降和朔奴利其俘掠不許下令

四面急攻昭度率衆死守隨方捍禦依埤堄慮構戰棚誘遼軍登陴俄撤技柱登者盡覆竟頓遼兵於堅城之下遼副部署蕭恆德以師久無功深入大掠猶勝空返乃捨其城略地東南循高麗北鄙而還道遠糧絶人馬多死昭度計終非其敵請納欵修貢於遼按遺裔列傳有烏昭慶傳即昭度也茲僅補其事蹟之未備者餘從略

右補遺裔列傳

王遵古金　文一首

博州廟學碑陰記

博州廟學厥惟舊哉宋元豐間徐公爽以己俸置房廊施於學以贍學者厥後值宋季兵火廟學被爇學之故基因擾攘間保聚爲縣署所占今聊城縣廨是也聖朝天眷間學正祈彪始謀指射舊都監廨基以議興建學錄尙戩輔之適趙公慤來爲教

授公與正錄戮力規畫以贍學之資郡人之施建版堂三間兩廡十六間儀門三間門樓一間又塑宣聖顏孟三像旣成郎中甄公格宅有舊十哲像施於學又繪七十二賢像於兩廡亦可謂之苟完矣後十餘年防判趙紹祖與學正成奉世創葢講堂三間至大定甲午歲防判馮子翼爲釋奠行禮之隘以作新大殿請於州方委正錄搢紳路應辰以贍學錢市材木築基址會太守完顏國公允節來守是邦知諸生當此重任力不能勝乃假以力功未及成移守於淸此數君子有權興庠序者有分祿養賢者有富貴而好禮者宜專其美爲不朽之傳而廣道諸儒歸功於僕葢欲使後來者用心益勤將有大於是者遵古惟隳成是懼故孜孜然卒其事安敢有其功哉若夫敎化流行風俗移易人識廉隅國興仁讓然後語其成功不負數君子之志僕

亦以此仰望於後來者焉末署曰熊岳王遵古記大定辛丑季夏晦男庭筠書拓本又金石萃編

百五十五

王庭筠金詩四首

黄華山詩四首

王母祠東古佛堂人傳棟宇自隋唐年深寺廢無僧住滿谷西風栗葉黄

手拄一條青竹杖興來日挂百錢遊夕陽欲下山更好深谷無人不可留

帝遣名山護此邦千家落落嶺西牕山人乞與山前地鶴托先開二十雙

挂鏡亭西挂玉龍半山飛雪舞天風寒雲欲上三千尺人道高歡避暑宮金石萃編百五十九題云黄華老人詩刻碑在大理府雙塔寺按此詩刻原在黄華山明嘉靖間摹刻於

雲南又王漁洋居易錄謂此石刻在汾州府學蓋自黃華山移置也

右補文徵

日本紀略前篇十四渤海使首領高多佛脫身留越前國安置越中國即令史生羽栗馬長及諸生等就習渤海語按渤海語即靺鞨語亦即後來之女眞語也最近採獲之渤海瓦文頗有奇異難識之字此必與渤海語有關蓋渤海旣通習漢字而其語言中必有漢字所不能賅之音故別製字以表明之此奇異難識之所由來也

杜陽雜編云武宗皇帝會昌元年夫餘國貢火玉三年貢松風石火玉色赤長半寸上尖下圓光照數十步積之可以然鼎置之室內則不復挾纊才人常用煎澄明酒松風石方一丈瑩澈如玉其中有樹形若古松偃蓋颯颯焉而涼風生於其間至盛夏上置諸殿內稍秋風颸即令撤去 黃氏渤海國記釋云夫餘時屬渤海因以爲渤海物產之一附著於此以

資博聞

金史斡魯傳及盧克忠傳皆謂撻不野執高永昌且謂爲渤海人愚按此撻不野即大臭也金史大臭傳一名撻不野收國二年爲東京奚民謀克是時初破高永昌東京旁郡邑未盡服屬使臭伺察反側有聞必達案高永昌之被擒在收國二年五月正臭官東京奚民謀克之時蓋臭爲渤海遺裔故永昌信之而不疑且嘗使其以幣求救於金其終爲所禽宜也厥後金人又使其伺察反側即以伺其同族之人其與撻不野爲一人蓋無疑矣余撰遺裔列傳撻不野與大臭分傳又與臭傳謂或云撻不野即臭也說未能定宜更正之

遼史本紀景宗保寧七年秋七月黄龍府衛將燕頗殺都監張琚以叛遣敞史耶律曷里必討之九月敗燕頗於治河遣其弟

安摶追之燕頗走保兀惹城安摶乃還以餘黨千餘戶城通州按此即同書地理志龍州黃龍府下所謂保寧七年軍將燕頗叛府廢又通州下所謂保寧七年以黃龍府叛人燕頗餘黨千餘戶置是也遼黃龍府原在渤海扶餘府故地保寧七年府廢開泰九年遷城於東北曰龍州黃龍府而以扶餘府故地置通州又聖宗統和十三年秋七月兀惹烏昭度渤海燕頗等侵鐵利遣奚王和朔奴等討之冬十月兀惹歸款詔諭之十四年夏四月奚王和朔奴東京留守蕭恒德等五人以討兀惹不克削官按遼討兀惹烏昭度及渤海燕頗事同書奚和朔奴及耶律斡臘兩傳敘述最詳余前撰烏昭慶傳遺裔列傳采摭未備茲別撰之又補撰燕頗傳以其爲渤海人也烏昭度一作烏昭慶或謂此爲二人然遼史本紀統和十五年三月烏昭度乞歲時免貢鷹馬貂皮屬國表則作昭慶疑以度慶形似而譌蓋仍爲一

人也

渤海與新羅交通之事多不可考惟三國史記新羅聖德王二十年築長城於北境又元聖王六年憲德王四年皆遣使於北國黄氏維翰云築長城於北境備渤海也北國者猶北朝謂渤海也其說甚是皆取其事補入世紀又憲康王十二年北鎮奏狄國人入鎮事狄國亦指渤海並以補入世紀

陶宗儀輟耕録卷一姓氏條漢人八種曰契丹曰高麗曰女直曰竹因歹曰朮里闊歹曰竹温曰竹亦歹曰渤海原注女直同考渤海遺族至元代時多與漢族同化幾不能辨此猶以渤海人與契丹高麗女眞等族同列則絶無而僅見者元代之契丹高麗女眞多亦同化於漢族故以漢人稱之其曰與女直同者猶知渤海與女眞同出一源也惟元代稱中原人及江南人皆曰南

人猶與所謂漢人有別此不可不知也

崇仁黄維翰申甫撰渤海國記三篇十六章曰國統曰種族曰禮俗是爲上篇曰地理曰職官曰人物曰物產是爲中篇曰朝貢中國曰交聘日本曰北鄰新羅曰移國契丹曰再建國闕曰遺民曰雜識曰年表上曰年表下是爲下篇余爲撰校録附於書後並爲之敘曰往聞申甫先生撰渤海國記已成浼人求之不能得未幾先生下世遲至今秋始由涂子厚學使處求得之蓋先生在日尚未寫定頃由鮑先生奉寬輯成猶未爲定本也毓黻所輯渤海國志長編印已過半而先生之書適來取而互勘如謂康王嵩璘應從日本史作文王欽茂之孫以中有元義華與二世爲可疑玄錫譔二世之間由唐會要考得瑋瑎一世定渤海諸王爲十五世皆屬闇合大者如此則其他可知矣

然與拙作亦時有異同如謂遼陽爲中京顯德府爲沿遼史之誤稱玄錫曰景王諲譔曰哀王又稱唐曆家徐昂爲渤海人則皆誤信黄義敦朝鮮歷史所致若斯之類不一而足茲擷其要别爲校錄一卷其於先生附爲諍友壤流之助殆謂此乎癸酉嘉平校竟記

右補叢考

渤海國志長編補遺終

渤海國志長編附錄一

遼陽金毓黻 撰集

渤海遺裔考

余輯渤海遺裔列傳凡得一百五十人大抵皆生於遼金二代或仕或隱者也若仕於東丹奔於高麗諸氏及大延琳古欲高永昌之徒事已具於總略勿煩重舉茲取總略所不備者詳其采擷所自名曰渤海遺裔考

東丹人皇王妃大氏　遼史宗室傳義宗倍即東丹人皇王子平王隆先字團隱母大氏按此蓋渤海王族也

王繼遠　繼遠之名曾見遼史宗室傳而元遺山集有所撰王黃華墓志敘次最詳說詳後

高模翰　事具遼史本傳傳云模翰一名松渤海人太祖平渤

海模翰避地高麗王妻以女因罪亡歸

烏昭慶　事具遼史本紀屬國表及奚和朔奴蕭恆德傳

遼景宗渤海妃某氏　遼史公主表景宗渤海妃生一女名淑

哥下嫁盧俊是也此渤海妃未具姓氏疑爲王族大氏

遼聖宗妃大氏　遼史公主表聖宗十四女有大氏生一女名

長壽下嫁大力秋是也案大氏聖宗妃也當爲渤海王族

大道秀　大金就　事具柳得恭渤海考

大康乂　事具遼史本傳蓋爲渤海王族以下諸大氏皆同

夏行美　事具遼史本傳傳云行美渤海人

大力秋　遼史公主表駙馬都尉大力秋坐大延琳事伏誅改

適蕭慥古

大堅濟　事具高麗史節要

大永信　同上

大仲宣　同上

大公鼎　事具遼史本傳又契丹國志大金國志亦載公鼎事迹甚詳

遼天祚帝文妃　事具契丹國志志云海濱王即天祚帝文妃本渤海大氏遼史后妃列傳云天祚文妃蕭氏小字瑟瑟國舅大父房之女案遼以耶律氏蕭氏爲貴姓故諸帝取后必爲蕭氏蓋文妃本姓大氏其曰蕭氏者蓋以大氏非貴姓故改稱耳

高楨　事具金史本傳傳云楨遼陽渤海人五世祖牟翰仕遼官至太師案牟翰即模翰也

高安國及子六哥孫彪　事具金史高彪傳傳云彪辰州渤海

人祖安國父六哥

楊朴　事具契丹國志志云楊朴者遼東鐵州人也本渤海大族又大金國志亦載朴事

乙塞補　事具金史忠義僕忽得傳

高慶裔　事具大金國志及三朝北盟會編又松漠紀聞云初漢兒至曲阜方發宣聖陵粘罕聞之問高慶緒曰孔子何人對曰古之大聖人又於高慶緒下注云渤海人案大金國志亦載此事惟緒作裔金史本紀亦載高慶裔事三朝北盟會編卷九亦云慶裔渤海人蓋其遺裔也

李善慶　事具三朝北盟會編

高隨　同上

大廸烏　同上

張壽昌　大金國志熙宗天會十三年窩里嗢自燕山入見卒於路兀木赴喪取其妻壽昌娘子歸於黎陽壽昌小名姓張渤海人也

郭藥師及子安國　事具金史本傳傳云藥師渤海鐵州人也凡金史之例渤海人之遷居他處者曰某處渤海人如高楨曰遼陽渤海人是也惟於藥師則曰渤海鐵州人蓋以鐵州爲渤海諸州故耳然渤海之鐵州遼初亦已南徙非其故地藥師之所籍蓋亦遷居後之鐵州也

大良順　事具金史郭安國及徒單合喜傳

大臭及子磐　金史有傳又大磐事附見移剌道傳及逆臣完顏元宜傳六斤事具令史亨傳

完顏亨妻大氏　事具金史亨傳

大懷忠　事具金史后妃海陵王嫡母徒單氏傳
完顔昂妻大氏　事具金史奔睹傳
高松　事具金史本傳曾充管押東京路渤海萬戶必渤海遺
族也
高壽星　事具金史后妃悼平皇后傳及逆臣秉德傳
金海陵王母大氏　事具金史后妃傳蓋渤海王族遺裔
金海陵王妃大氏　事具金史后妃傳
金世宗元妃張氏　事具金史后妃傳
金世宗柔妃大氏　事具金史后妃傳及磐傳
大頴　事具金史佞幸李通馬欽二傳
大興國及兄邦傑　事具金史逆臣傳及后妃悼平皇后傳又
楊邦基傳邦基以兵部員外部攝吏部差除坐銓注李慶之

大興國奴貶官按此爲海陵王時事大興國方用事其家奴必有賁緣得官者非大興國奴又爲一人也

大慶山　事具金史逐臣完顏元宜傳

六斤　事具金史亨傳

高德基及子錫　事具金史本傳傳云德基遼陽渤海人

高衎及孫憲　衎事具金史本傳傳云衎遼陽渤海人又中州集五高憲小傳云憲字仲常遼東人祖衎

張浩及其六子　事具金史本傳傳云浩遼陽渤海人本姓高東明王之後曾祖霸仕遼而爲張氏又浩父行願墓志亦敍家世綦詳浩次子汝翼早卒見墓志而金史本傳不載可據此以補之

張玄素及姪汝弼　事具金史本傳傳云玄素與浩同曾祖

王政及子遵古孫庭玉庭堅庭筠庭掞曾孫萬慶明伯玄孫顯

卿　事具金史循吏文藝兩傳孫鐸傳及元好問遺山集中

州集秋澗大全文集高麗史諸書遺山集有王黄華墓志云

公家牒載其三十二代祖烈太原祁人避漢末之亂徙居遼

東其後子孫散處東夷十七代孫文林仕高麗爲西部將歿

於王事又八世孫曰樂德居渤海以孝聞遼太祖平渤海封

其子爲東丹王都遼陽樂德之曾孫繼遠仕爲翰林學士因

遷家遼陽繼遠孫中作使咸飭避大延琳之難遷漁陽咸飭

孫六宅使恩州刺史叔寧遷白霫六宅生永壽居韓州遼天

慶中遷蓋州之熊岳縣遂占籍焉永壽之長子政事金朝按

此文敍王氏世系頗詳黄華者庭筠之別號也金史循吏傳

云王政辰州熊岳人也其先仕渤海按所云其先即指樂德

及繼遠也繼遠名已見前復詳其世系如此又萬慶事亦見金史完顏賽不傳及中州集王賢佐小傳惟中州集作王曼卿蓋即萬慶萬慶與賢佐同爲遼東人故遺招之顯卿熊岳人庭筠姪孫王惲中堂事紀載之亦即見於秋澗集者也

大奉國臣　事具金史高衎傳

大懷貞　事具金史本傳

大簡之　圖繪寶鑑云金大簡之渤海人工松石小景又見書史會要蓋簡之乃渤海王裔之生於金代者

高竑　事具金史本傳傳云竑渤海人

大晦　金東京大清安寺英公禪師塔銘題曰里人進士大晦書東京即遼陽也

大中　事具金史賈鉉孫鐸二傳

李英　事具金史本傳傳云其先遼陽人徙益都又歸潛志云李中丞英字子賢遼東渤海人布衣以氣節聞後擢第爲省掾貞祐初北兵犯京師與侯摯田琢請偕行提兵扼居庸關屢戰有功擢宣差都提控南渡召爲御史中丞詔與元帥庚壽金史作慶壽同率兵援燕都至滋州遇北兵戰死初子賢之出河南民望太平遽喪則天下惋惜朝廷褒贈焉

渤海國志長編附錄一終

渤海國志長編附錄二

遼陽金毓黻　撰集

徵引書錄

通行之本不加詮釋

舊唐書　後晉宰相劉煦等

新唐書　宋歐陽修宋祁合撰

舊五代史　宋薛居正等

新五代史　宋歐陽修　又彭元瑞劉鳳誥五代史記補注本

宋史　元宰相脫脫等

遼史　同上

金史　同上

右正史七種　附一種　唐以前之正史亦有稱引茲不備載

通鑑　宋司馬光

續通鑑長編　宋李燾

續通鑑　清畢沅

右編年史三種

遼史紀事本末　清李有棠

金史紀事本末　同

案此二書所載史事有出於遼金二史之外者故徵引及之

右紀事本末二種

東都事略 宋王偁

契丹國志 宋葉隆禮

案葉氏此書或簡稱遼志多由鈔冣本無翦裁觀其所取松漠紀聞各條悉用原文則其他可知也

大金國志 宋宇文懋昭

案此書或簡稱金志四庫全書簡明目錄謂其出於依託余謂此書雖非出自懋昭之手然必爲宋人之作且視契丹國志爲勝亦有可補金史之闕佚者故考古者重之

南唐書 宋陸游

案南唐書有馬令陸游二本本編用陸氏本

通志 宋鄭樵

續通志 清代官修

案此二書之氏族略頗與外蕃有關故錄及之

宏簡錄 明邵經邦

案此書紀遼金事頗有出正史之外者故錄及之

渤海國志 率賓唐宴 劉氏求恕齋叢書本

案唐氏本名震鈞字在亭别號涉江滿洲瓜爾佳氏民國後自署曰率賓唐宴率賓即渤海率賓府一曰恤品即今吉林之綏芬唐氏久居京師稱其本貫故曰率賓清初瓜爾佳氏故嘗居於吉林也此書著於民國八年己未凡四卷卷一曰紀卷二曰志卷三曰表卷四曰傳體例粗備徵引頗富惟尚多可商之處證義尤不精確大名曰國志而其子目復有志稱亦所當改余撰長編實以此書爲藍本增輯易而創修難則唐氏之勞曷可沒耶

渤海國記 崇仁黄維翰 稿本

書凡三篇十四章爲黄氏晚年之作民國二十年黄氏歿於北平稿本粗具由其友人奉寬輯成之

右别史九種

松漠紀聞 宋洪皓 顧氏文房小說本

案此書紀在金國之見聞有渤海遺聞數事

三朝北盟會編 宋徐起莘 活字版

案此書載渤海遺裔數事

歸潛志 金劉祁 知不足齋叢書本

案劉祁字京叔從益之子金亡後著此書凡十四卷皆紀金事元修金史多採用焉

遼史拾遺 清厲鶚

遼史拾遺補

滿洲源流考 清高宗命大學士阿桂等撰

案此書凡二十卷卷六紀渤海部族卷十紀渤海疆域蒐集頗詳可資採擷

右雜史六種

通典 唐杜佑

唐會要 宋王溥

五代會要 宋李攸

宋會要 宋代官修 滿洲源流考引

案明初纂永樂大典以宋會要分隸各韻而原書久佚清大興徐松自大典輯出惟未及整理後爲繆荃蓀所得轉入廣雅書局粵督張之洞擬刊未果後歸吳興劉氏承幹編定成書共三百卷尚未刊行今又轉入北平圖書館世間所傳祇有此本余鈔得渤海遺事數事近人湯中宋會要考略敍其

始末頗詳滿洲源流考曾引宋會要亦自大典中錄出也

文獻通考 宋馬貴與 續文獻通考 清代官修

右政典六種

邊州入四夷道里記 唐賈耽 新唐書地理志引 又近人吳承志著邊州入四夷道里記考實五卷嘉業堂叢書本

古今郡國志 同上 三國史記引

案新唐書藝文志著錄賈耽皇華四達記十卷古今郡國縣道四夷述四十卷又地理志云貞元宰相賈耽考方域道里之數最詳從邊州入四夷通譯於鴻臚者莫不畢紀其入四夷之路與關戍走集最要者也 其下從略 三國史記亦數引賈耽之書一曰四夷述一曰古今郡國志案古今郡國志與四夷述合稱古今郡國縣道四夷述二者實一書也若唐書地理

志所引者或稱賈耽邊州入四夷道里記滿洲歷史地理謂自四夷述中摘錄然據武經總要所引皇華四達記多爲道里記中之文則唐志所稱道里記即皇華四達記也又王謨漢唐地理書鈔有郡國縣道四夷述及郡國志分爲二種此爲輯本余尚未見

元和郡縣圖志 唐李吉甫　太平寰宇記 宋樂史

王沂公行程錄 宋王曾使契丹作附載契丹國志　胡嶠陷北記 周胡嶠附載契丹國志

許亢宗奉使行程錄 宋許亢宗附載大金國志　宣和奉使高麗圖經 宋徐兢

遼東行部志 金王寂

按此書非完本自永樂大典輯出繆荃蓀刋入藕香零拾中

元一統志 元代官修

按此書凡編纂二次至元二十八年虞應龍等編纂凡七百

五十五卷是爲第一次大德七年岳鉉等編纂凡一千卷是爲第二次其全書久佚官修廿四史考證滿洲源流考熱河志蒙古游牧記諸書所引者皆自永樂大典中輯出者也又翟氏鐵琴銅劍樓書目云全書一千三百卷至元二十二年始輯大德初成書至正六年刋行翟氏祇存殘本七卷内蜀省均州一卷房州一卷通安州一卷鄜州一卷葭州三卷又聞日本存有此書殘本數卷又數年前北平某書肆有此書索銀千圓以乏資未購後再詢之已售出矣

遼東志明嘉靖十六年重修本日本覆刋 全遼志明嘉靖四十四年刋即遼東志重修本

按此二書爲明代遼東地志惟一之傳本中國藏書家猶有全遼志六卷之刋本至遼東志九卷之刋本則僅日本前田利用侯爵藏有一帙大正元年覆印

扈從東巡日錄 清高士奇

案康熙二十一年士奇隨清聖祖東巡撰此書

柳邊紀略 清楊賓 昭代叢書本 仰視千七百二十九鶴齋叢書本

案賓字可師號大瓢浙江山陰人父越戍寧古塔多年不歸賓往省之撰此書

鳳城瑣錄 清博明 博明三種本

盛京通志 清代官修

案清代凡四修此書一康熙二十三年奉天府尹董秉忠修凡三十二卷一乾隆元年奉天府尹王河增修凡四十八卷一乾隆元年敕修本凡三十二卷一乾隆四十八年大學士阿桂等奉敕重修凡百三十卷

吉林通志 清吉林將軍長順等修

案此書修於光緒十八年總纂爲臨楡李子丹桂林精於東北地理者也盛京通志已賅括吉林在內然語焉不詳別出單行自此書始此書凡有數善蒐羅完備一也語皆有據二也證義精確三也其大事沿革二志考渤海事尤詳

黑龍江志稿 最近修本

案此書屢修未成最近張伯英纂成刋於北平以門類未備故稱志稿

唐書五代史宋遼金諸史外國傳地理攷證 丁謙 浙江圖書館叢書本

寧安縣志 民國十年縣知事王世選修

案此書凡四卷銅陵梅仲英文昭爲總纂蒐羅差備寧安爲渤海王城所在故此書之取材尤爲可珍附有渤海上京遺址圖余取而修正之以入本編

輯安縣志 民國十九年縣知事蘇顯揚修 樺甸縣志 近刊

東三省輿地圖說 枝江曹廷杰別有圖 清光緒十三年刊

案曹氏於光緒十年奉吉林將軍檄勘驗中俄交界往返凡七閱月歸作簡明圖說即此書也別有圖余未之見吉林李靜生曾得一幀爲海城趙任羹汝楳借印尚未出版此書考證東北地理無一不精確可信吉林通志采之又著有東北邊防輯要西伯利東偏紀要及日記等書皆關係東北地理之作

東北輿地釋略 興義景方昶 東北叢刊本

案景氏此著原名知所貴齋劄記卷帙甚多其弟禔鈔其中之四卷以贈余者也景氏鉤稽遼金二史甚勤往往於人所不經意處發見確證於考東北地理中別闢一徑致足尙也

其中有考慎州一事余曩曾草草讀過後讀唐書地理志始知遼太祖滅渤海歸途所次之慎州即唐羈縻州之舊名因以此爲創獲不知景氏已先我而言之矣若此類者非一事可知其考證之精博

東三省沿革表 江寧吳廷燮 原刻本

案此書所引各書多爲罕見之本其所定歷代沿革亦極詳慎且使讀者於開卷時一覽而知頗便研討

吉林地理紀要 武進魏聲龢 鉛字本 一名雞林舊聞錄

案魏君旅居吉林二十餘年見聞頗廣隨筆摭拾以成此編其所取材多爲吉林通志所不載曹氏圖説之後當以此書爲巨擘矣

遼東文獻徵略 鉛字本

案此書凡八卷爲余自撰刊行於民國十五年其所論次者多爲新發見之金石及向爲人所不甚注意之事蹟

右地志二十七種 附一種

樂書 宋陳暘 載有靺鞨舞

右樂書一種

武經總要 宋曾公彥等 四庫全書本

案此書前集有邊防五卷

右兵家書一種

圖繪寶鑑 元夏文彥 津逮叢書本又萬有文庫本

案此書載金代畫家大簡之渤海人

本草綱目 明李時珍

案本編食貨考考證渤海物產曾引用此書

右藝術及醫藥書二種

杜陽雜編 唐蘇鶚 學津討原本又廣四十家小說本　闕史 唐高彥休 說庫本

北夢瑣言 宋孫光庭 雲自在堪叢書本　南部新書 宋錢易 粵雅堂叢書本

安祿山事迹 無撰人 藕香零拾本　南村輟耕錄 元陶宗儀

右筆記小說六種

册府元龜 宋王欽若

案此書所載渤海事凡數十條多爲正史及他書所不載且皆有年月可考本編取材之多無過此書

玉海 宋王應麟　圖書集成 清乾隆中官修

右類書三種

全唐詩 清康熙四十六年敕編　全唐文 清嘉慶十九年敕編

唐文拾遺 清陸心源　唐文拾補 同上

中州集　金元好問

案此書載遼東人之詩詞甚夥其中復多渤海遺裔故尤可貴

金文雅　清厲鶚　　金文最　清張昭文

案此二書有渤海遺裔之作

右總集七種

曲江集　唐張九齡

案集中與渤海王大武藝勅數首皆代玄宗所草也

昌黎集　唐韓愈

案集中烏氏廟碑一首即敘渤海進擾登州事也

元氏長慶集　唐元稹　　白氏長慶集　唐白居易

案集中與渤海王勅即代穆宗所草也

元遺山集 金元好問

右別集六種

秋笳集 清吳兆騫

三國史記 高麗金富軾　朝鮮史學會　鉛字本

案此爲朝鮮半島三古國之史凡五十卷其中惟新羅史事與渤海有關特語焉不詳耳

三國遺事 高麗僧一然　朝鮮史學會鉛字本又日本大正新修大藏經本

案此書凡五卷繼金氏三國史記而作收錄以新羅高句麗百濟三國遺聞逸事者撰於高麗忠烈王時當元至元大德間

高麗史 朝鮮鄭麟趾等　日本國書刊行會翻印鉛字本

案此書凡一百三十九卷朝鮮世宗時麟趾等奉命撰文宗元年書成即明景帝景泰二年也高麗一朝之史以此爲備

其前數卷載渤海遺族遷徙事頗詳

高麗史節要 朝鮮金宗瑞等 朝鮮總督府奎章閣藏本

案此書凡三十五卷亦朝鮮世宗命撰文宗二年書成即明景泰三年也其異於高麗史者彼爲紀傳體此爲編年體耳又闕卷五卷六卷十八凡三卷

東國通鑑 朝鮮徐居正等 朝鮮古書刊行會翻印鉛字本

案此書凡五十六卷朝鮮成宗十六年成書即明憲宗成化二十一年此書起新羅始祖赫居世訖高麗王氏之亡其成書後於高麗史三十四年故其取材多出自三國史記高麗史二書惟易紀傳體爲編年耳其所紀渤海事亦不出三國史記高麗史二書之範圍

東國史略 文淵閣四庫全書本 柯逢時藏抄本

案此書凡六卷一名朝鮮史略海東繹史云此書有二本一則太宗三年癸未命權近與河崙李詹同修撰進者一則世祖朝高靈君申叔舟所撰其中祗有一段紀渤海事圖書集成方輿典亦引之稱朝鮮史略浙江書目又有十二卷本尚未之見

東國輿地勝覽 朝鮮盧思慎等

案此書凡五十五卷明成化十七年初修嘉靖九年新增清光緒三十一年即日本明治三十八年據新增本重印於韓京朝鮮北部如咸鏡一帶本爲渤海舊壤故此書之資料頗多可採而朝鮮之古地志亦無有詳於此者矣

海東繹史 朝鮮韓大淵撰姪鎮書續 朝鮮古書刊行會活字本

案此書凡七十卷滿洲歷史地理著者謂撰於朝鮮正宗時

當淸乾隆四十二年至嘉慶五年之頃也蒐集中外各籍所紀東夷史蹟起檀君朝鮮訖高麗王氏徵引極富渤海史蹟亦括其中又續編十五卷專考地理題曰癸未二月即淸道光三年考證頗精足訂遼史之失

渤海疆域考　朝鮮徐相雨　劉氏求恕齋叢書本

案此書卷上總論卷下辨誤如據唐書以明渤海京府皆在今寧古塔烏喇及高麗北界而遼東故地不入於疆理又謂今之海城縣實遼之南海軍而非渤海之南海府今之承德縣（即瀋陽縣）實遼之瀋州而非渤海定理府之瀋州所論皆當惟謂扶餘府爲今開原縣率賓府爲今朝鮮咸鏡道三水以西鴨江內外地尙有未確蓋其大體不差而細目不免疏舛耳

渤海考　朝鮮柳得恭撰　朝鮮羣書大系本

案此書分君臣地理職官儀章物產國書國語屬國九考不分卷自序云不曰世家傳志而曰考者未成史也柳氏頗具史才雖采摭未備而敘次有法

渤海世家 朝鮮洪奭周撰　大韓疆域考附見

案洪氏字淵泉撰此文不過二千餘字敘述簡略不足當世家之名丁氏大韓疆域考於渤海考後附録此篇微有節删又聞有單行本余尚未之見云

大韓疆域考 朝鮮丁鏞撰　朝鮮活字本

案此書凡六卷刊於李太王光武七年其第五卷則渤海考及渤海續考也丁氏撰此書時適在縲紲得書不易故蒐集未廣然讀書善於得間持論尤精堪與枝江曹廷杰東三省輿地圖説相伯仲東儒儘多作者未能或之先也又有張志

淵者取其遺稿加以訂補始克印行然張氏所補固善其所

繫之證義以視丁氏則儔乎遠矣

永順太氏族譜　鈔本

案渤海亡後其世子大光顯奔於高麗光顯孫金就有功封

永順君遂爲永順太氏其族尚存撰有族譜柳氏渤海考曾

引用之

右朝鮮書十三種

類聚國史　日本菅原道真撰　六國史附刊本

案此書凡二百卷中多亡佚第一百九十八及一百九十九

兩卷紀渤海事

續日本紀　日本菅野眞道等　日本國史大系本　以下八種皆同

案此書凡四十卷起文武天皇訖桓武天皇延曆十年於延

曆十六年撰成爲日本六國史之一即唐德宗貞元十三年也

日本後紀 日本藤原冬嗣等

案此書凡四十卷起桓武天皇延曆十一年訖淳和天皇天長十年二月於仁明天皇承和八年撰成即唐武宗會昌元年也

續日本後紀 日本藤原良房等

案此書凡二十卷起仁明天皇天長十年二月訖嘉祥三年三月於清和天皇貞觀十一年撰成即唐懿宗咸通十年也

日本文德天皇實錄 藤原基經等

案此書凡十卷敍文德天皇一朝之事於陽成天皇元慶二年撰成即唐僖宗乾符五年也

日本三代實錄 日本藤原時平等

案此書凡五十卷敍清和陽成光孝三代之事於醍醐天皇延喜四年撰成即唐昭宗天復元年也

日本紀略 不詳撰人

案此書凡四十篇分爲前後各二十篇始自神代訖後一條天皇長元九年前篇即取自日本書紀續日本紀日本後紀續日本後紀文德天皇實錄三代實錄萘節錄諸書而成並注明原書卷數日本後紀缺卷可據此書補之特不能窺其全豹耳後篇未注所出或稱九代略紀一稱九代實錄當亦爲節本也此書不著撰人名氏亦不詳撰著年月惟日本逸史已引用此書且長元九年爲宋仁宗嘉祐三年則此書之作當去此時不遠也

日本逸史 日本鴨祐之

案此書凡四十卷起桓武天皇延曆十一年訖淳和天皇天長十年二月敘桓武平城嵯峨淳和四代之事皆由諸書蒐輯而成編集於東山天皇元祿五年即清聖祖康熙三十一年也其卷首載日本後紀序一首其編中各卷起訖亦多與日本後紀相同葢日本後紀末佚各卷爲著者所未見故取類聚國史類聚三代格諸書補之以成此作名爲逸史實日本後紀也

扶桑略記 日本阿闍梨皇圓

案此書凡三十卷起神武天皇訖堀河天皇嘉保元年即宋哲宗紹聖元年書中稱堀河天皇曰今上則此書必作於是時葢爲綜輯諸書而成故多注明所出如日本逸史之例

本朝通鑑正編四十卷 日本林道春
續編卷 日本林恕

案此書所載有出於日本六國史之外者蓋正編撰於日本後光明天皇慶安三年即清世祖順治七年其時代去古已遠亦采擷羣書而成者也

大日本史 日本德川侯爵家藏版

案此書凡三百九十七卷自神武迄後小松本紀七十三卷志表共一百五十四卷列傳一百七十卷源光圀開館纂修於明曆迄元祿之際志表爲其七代孫齊昭等開館續修昭和四年始全部刻成列傳中有渤海傳敍渤海事甚詳本書取之

日本全史 日本岡谷繁實

案此書共一百五十五卷祇刊五十八卷刊行於明治四十

四年

經國集 羣書類從本

案此書凡二十卷存卷一十十一十三十四二十共六卷餘佚東宮學士滋野貞主撰集時在天長四年

扶桑集 同上

案此書卷數不詳存卷七卷九撰人亦不詳所存皆延喜天曆時人之詩

文華秀麗集 同上

案書凡三卷守大舍人頭信濃守仲雄王等奉嵯峨天皇命撰集

都氏文集 同上

案此書卷數不詳存三四五共三卷都良香撰

田氏集　同上

案書凡三卷島田忠臣撰

江談抄　同上

案書凡六卷大江匡房撰

舞樂要錄　同上

案書凡二卷

三代御記　續羣書類從本

案書凡三卷中卷爲醍醐天皇御記藤原廣晛抄

高野大師廣傳　同上

案書二卷高野大師名空海一稱弘法大師此傳撰於元永

元年

將門記　大正十二年影眞福寺本　又續羣書類從本

此書凡一卷記日本朱雀天皇天慶之亂

遍照發揮性靈集 日本釋眞濟撰 稻葉岩吉藏本

案此集載僧空海代藤大使與渤海王子書一首稻葉氏鈔以示余者

入唐求法巡禮行記 日本僧圓仁 東洋文庫景印 又續羣書類從本 日本佛敎全書本

案此書凡四卷據東寺觀智院日本伏見天皇正應四年元世祖至元二十八年之傳鈔本而景印者也自唐文宗開成四年六月日本仁明天皇承和六年涉筆訖於宣宗大中元年承和十四年十二月凡經九年七閱月之久中間所紀渤海僧貞素尋日本僧靈仙事已錄入本書總略矣

歌舞品目 續史籍集覽本

案書凡十卷藤原守中撰安政四年刊

類聚三代格　國史大系本

案此書不分卷據弘化刻本重印

延喜式　同上

案此書凡五十卷藤原忠平等撰於延長五年

令義解　同上

案此書凡十卷內有職員令一卷淸原夏野等撰於天長十年

菅家文草

案此書凡十二卷菅原道眞撰東洋刋本所載有與渤海使臣唱和之作

本朝文粹　正保五年戊子刋本　又近日重印箋注本

案此書凡十卷不詳撰人

日本詩紀 近年刊本

案此書蓋仿馮訥古詩紀

世界年表 三省堂刊

案此書題曰最新模範世界年表不分卷東方各小國如高句麗百濟新羅渤海王氏高麗李氏朝鮮諸王之紀年紀載甚詳惟小有訛誤抵牾耳

滿洲歷史地理 南滿洲鐵道株式會社纂集

案此書凡二卷民國二年日本文學博士白鳥庫吉監修文學士松井等箭內亙及稻葉岩吉等同撰其中與本編有關者因爲松井等所撰渤海之疆域一篇此書通體皆精又附圖中之渤海時代疆域圖亦余取以入本編且加以修正者也

渤海史考　日本鳥山喜一

渤海上京龍泉府考察記　同上

案近代人以渤海史事爲具體之研究者在中國則唐宴之渤海國志在日本則鳥山氏之渤海史考是也此書撰於日本大正四年即民國四年計分兩卷上卷爲本論下卷爲外篇取材極富采集日本古籍尤多特以撰次於十餘年前尚有待訂正之處要其大體詳密民國十七年余在長春曾倩鄒君海瀛譯成漢文本編取材最多者於唐著外當推此書輅起椎輪飲食必祭不敢忘所自也至上京考察記一書則又爲其近年實地探查之作

滿洲發達史　日本稻葉岩吉

案此書刊於日本大正四年即民國四年以論次東北歷史爲主

變從前方志體而爲夾敘夾議體著者精於考證又長於文筆故敘次古事頗能引人入勝此亦近世一名箸也余曾倩武進楊君成能譯成漢文

滿鮮地理歷史研究報告 凡十餘册 日本東京帝國大學文科刊行

案此書第一册刋於大正四年嗣後續有所刋據其例言云此爲提供南滿洲鐵道會社研究滿洲及朝鮮地理歷史之結果觀其内容多爲松井等箭内亙諸氏之作此蓋爲撰滿洲歷史地理一書時所集之資料而又加以整理者也其第一册有津田左右吉氏渤海考一篇

東北亞洲搜訪記 日本鳥居龍藏

案此書撰於民國八年至十年之頃即鳥居氏之旅行日記也民國十五年經杭縣湯爾和譯成漢文其中探訪尼古里

司克（俗名雙城子）一章有論渤海東京遺蹟一節本編曾採及之

渤海與日本之國交 日本沼田賴輔撰

案此書最近出版考訂頗詳

右日本書三十九種

以上書籍都一百三十餘種皆本編之所徵引者也總其大别可分爲二一曰自唐迄元之作爲資料之所自出一曰自明迄今之作爲考徵之所取資余之所知大略具此間有溢出不暇盡舉異日續有所獲再爲補輯當代宏博君子如以所知見教以爲訂誤補遺之資尤日夕所切望也

渤海國志長編附錄二終

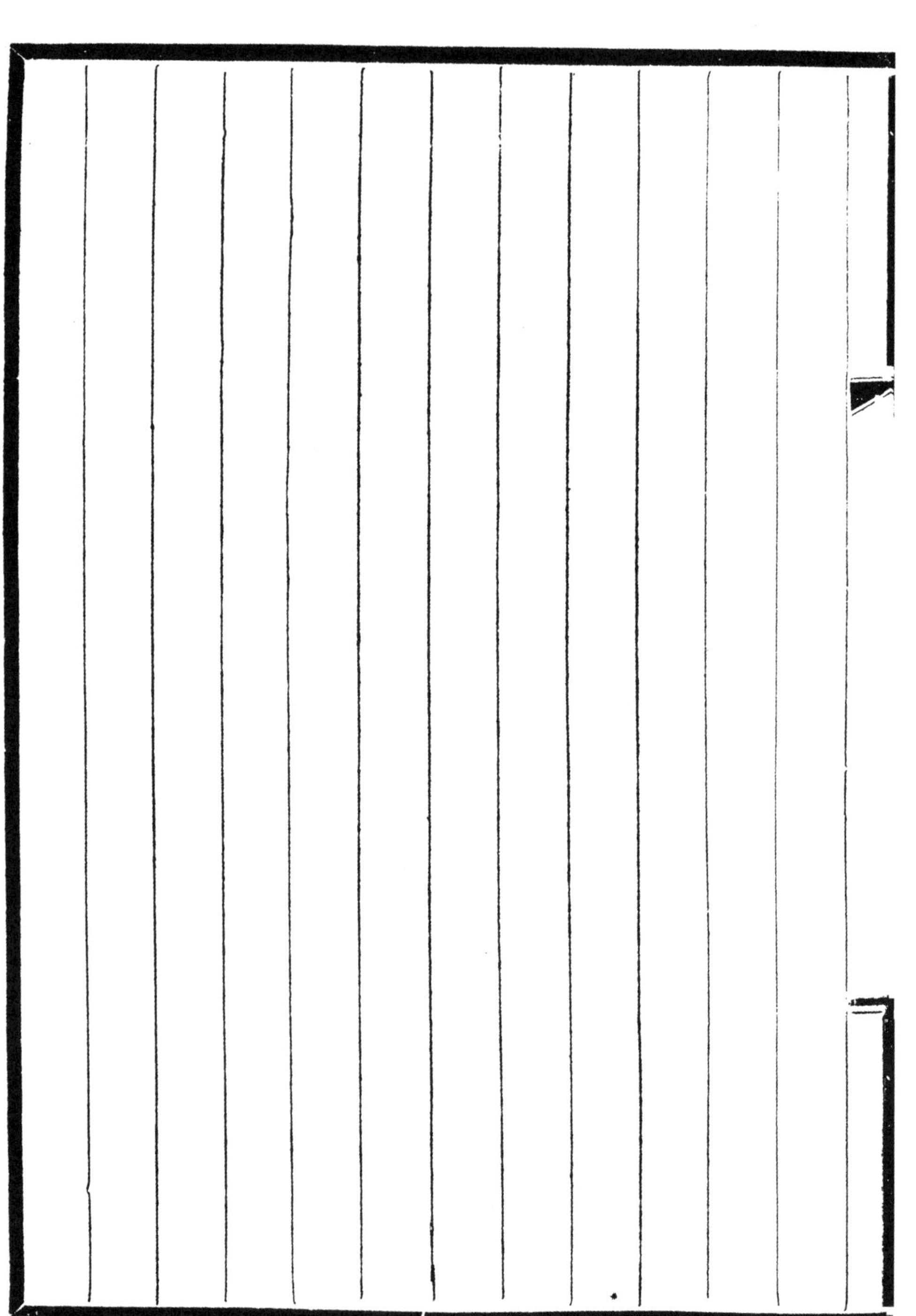

渤海國志長編目次

卷三

世紀第一

卷四

後紀第二

卷五

年表第一

卷六

卷十

諸臣列傳第二

卷十一

士庶列傳第三

卷十二

屬部列傳第四

卷十三

遺裔列傳第五

職官考第二

卷十八

文徵

總略

世紀

大事表

渤海國志長編目次終

渤海國志長編通檢

蓋平王立中編次

二●一三 三●五

大元義 一●八 一●四二 三●八

大華璵 一●八 一●三八 三●九

大嵩璘 一●三 一●四 一●八 一●一五 一●一六 一●一七 一●二六 一●三三 一●三八 一●四二 三●九

大元瑜 一●三 一●八 一●一六 一●一七 一●三八 三●一〇

大言義 一●三 一●一六 一●三八 一●四三 三●一二

大明忠 一●八 一●三八 一●四三 三●一一

大仁秀 一●三 一●四 一●八 一●一六 一●三八 一●四三 二●三 二●八 三●一二 補●二

大彝震 一●三 一●四 一●八 一●一七 一●三八 一●四三 三●一三

一八●一三
一八●一七
一八●一八
一八●二五

大虔晃 一●四
一●八
一●三八
三●一四
一八●一九

大玄錫 一●八
一●四三
三●一四
一八●二二
一八●二三

大瑋瑎 一●三二
三●一五
補●六

大諲譔 一●一二
一●一三
一●一四
一●一七
一●三三
一●四三
一●四九
一●六二
一●六五
二●三
二●八
三●一五
四●一

大門藝 一●一
一●七
一●一〇
一●一三〇
一●三六
三●一
九●一

大都利行 一●一五
一●二四
三●一
三●四
九●三

大朗雅 一●一八
一●二五
三●四
九●三

大野勃 一●八
一●四三

大胡雅 一●二四
三●四
九●三

大昌勃賔　一●二四　三●三　九●三

大昌慶　一●二六　三●一一　九●六

大廷（庭）俊　一●二二　三●一一　九●六

大光贊　一●二一　一●二三　三●一六　九●七

大瑟瑟遼天祚帝文妃　一三●三

大禹謨　一●一三　一●二二　一●三三　三●一六　九●七

大元讓　一●二三　一●二七　一●三三　三●一六　九●七

大審理　二●三　二●九　九●八

大之蕚　一●四　三●一四　九●七

大光顯　二●四　二●五　二●六　二●八　三●一七　九●八

大福蕚　二●三　二●九　九●八

大和鈞　二●三　二●八　九●八　補●七

大素賢（遺裔）　一●五七　四●一　一三●一

大力秋　一三●七

大永信　一三●八

大仲宣　一三●九

大儒範　二●三　一三●一

四畫

十畫

十一畫

十三畫

十四畫

二十畫

二十一畫

二十三畫

二十四畫

渤海國志長編通檢終

渤海國志長編勘誤表

卷次	葉次	行次	誤	正
一	一	二三	任雅相	應從開人銓本舊唐書作任雅而相字則衍文也
一	二	一一	郤	卻
一	三	二	贍	一作瞻
一	三	三	渤海郡王	據冊府元龜改郡爲國
一	三	一七	太	大
一	三	二二	先	冊府元龜作光
一	六	一五	遺	遣
一	八	七	璘	鄰
一	九	二〇	九	應作丸
一	一〇	五	正	應作貞

一	一〇	一七	光興	興光
一	一〇	二二	置	治
一	一一	一一	候	侯
一	一一	一八	三月之三	二
一	一一	一九	百	同
一	一二	一	戍	戌
一	一二	一八	玉	王
一	一四	三	戍	戌
一	一四	一四	夫	失
一	一五	九	九字下	脫百字
一	一七	一七	湼	涅下同
一	一三	二〇	戍	戌

卷	頁	行	誤	正
一	二六	二二	三	二
一	二七	一	戍	戌
一	二七	三	戍	戌
一	二七	一六	綿	錦
一	二八	八	婦	歸
一	二九	二二	東丹之長子	丹字下脫王字
一	三〇	二二	時	臨
一	三一	一六至一九	海東繹史引冊府元龜二條	原文已見補遺第一頁此二條應刪
一	三三	二三	球	璆
一	三四	六	刪	衍文
一	三五	二〇	兵字下	應增力字
一	三六	一	北	應作比

頁	行	誤	正
一三七	一八	藝下王字	王字衍文
一四一	八	太	應作大
一四二	一四	在	左
一四三	四	祖字下	衍野字
一四四	一	名	各
一四七	五	疆	彊
一五一	四	删	衍文
一五二	一二	鎮	愼
一五三	二三	月	丹
一五四	一	六下丹字	月
一五四	二一	槀	稾
一五五	二	刺	剌

卷	頁	行	誤	正
一	五五	五	黨	党
一	五五	一六	刺	刺
一	五五	一八	垂	乘
一	五九	一	眞	直
一	五九	二〇	高清明	契丹國志作高清臣
一	六〇	九	黨	党
一	六三	一四	白	日
一	六四	一一	官	長
一	六六	三	榮	蕭
一	六八	一	郤	卻
一	六九	二〇	九	應作丸
一	七一	二	弁	棄

一	七二	八	穩	隱
一	七二	八	雜	雜
一	七三	八	懼	懼
一	七三	一二	毫	毫
二	一	一八	內字下	脫懷字
二	三	七	二	應作五
二	四	六	年字下	脫是歲二字
二	四	一四	大	應作太
二	四	一四	帥	師
二	四	二〇	賚	賫
二	八	一九	新羅二字	衍文
二	九	四	新羅二字	衍文

頁	行	字	誤	正
二二	一〇	二	刺	刺
二二	一〇	三	刺	刺
二二	一〇	二三	有差二字下	應與下行接連
二二	一〇	二四	從	一作蟲
二二	一三	一四	竪	竪亦可作豎
二二	一四	一二	刺	刺
二二	一六	二〇	伯才	才伯
二二	一六	二三	大	應作太
二二	一六	二四	大	應作太
二二	二六	三	稍	梢
二二	二七	二一	倍	陪
二二	二九	一九	卯	亥

卷	頁	行	誤	正
二	二九	二一	君	居
二	三〇	三	粟	栗
二	三〇	二四	日字上之二	衍文
二	三〇	二四	四	是
二	三一	一	袚	祓
二	三一	二	外少	少外
二	三二	一四	房字下	衍爲字
二	三三	二一	亦	應作以
二	三三	二四	亦	應作以
二	三四	一七	瑁	瑁
二	三五	一	義	應作茂
二	三五	二	興	與

二	三七	二三	緣	統
二	四三	二二	抑	仰
二	四七	一八	三十之三	六
三	一二	六至七	三月唐討李師道以辟戎爲平盧節度加押渤海蕃使	衍文全删
二	一二	一一	有差二字下	增秋七月唐以平盧節度使辟平加押渤海蕃使賜印置官共二十二字
三	一四	一三	彝震	虔晃
三	一五	一	着	著
三	一五	一〇	蕃海	海蕃
三	一五	一三	二十二之二	三
三	一五	一四	二十二年	應改爲二十三年

三	一五	一六至二〇	原文有誤	訂正如下 口王瑋瑎不詳其世 口口二十三年王玄錫蒐瑋瑎嗣立遣使告哀於唐是冬遣文籍院監裴頲等百五人聘於日本 口口元年春正月改元唐加冊封夏裴頲等還自日本
三	一五	二一	十三年	應改作十二年 按瑋瑎嗣位之年即唐昭宗乾寧二年故應訂正說見叢考
三	一六	一	纂	篡
三	一六	二一	丙辰遣使貢方物於唐	九字皆衍文
三	一七	九	旅	族
四	二	一	白	曰
四	四	五至六	是歲以下二十三字	衍文
四	四	一五	刺	剌

四	五	一〇翰模	模翰
四	五	一一翰模	模翰
五	九	一七口王瑋瑎元年	應作二十三年
五	九	一八二年	應作口王瑋瑎元年
五	九	一九三年	應作二年
五	九	二〇四年	應作三年
五	九	二一五年	應作四年
五	九	二二六年	應作五年
五	九	二三七年	應作六年
五	九	二四八年	應作七年
五	一〇	一九年	應作八年
五	一〇	二十年	應作九年

五	一〇	三	十一年	應作十年
五	一〇	四	十二年	應作十一年
五	一〇	五	十三年	應作十二年
六	三	二三	景福二年	應作乾寧二年
六	三	二四	二十二年	應作二十三年
六	四	一	乾寧元年	應作乾寧二年
六	四	二	較	敉
六	四	四	十三年	應作十二年
六	四	末行	王玄錫二十二年	應作二十三年
六	四	末行	王瑋瑎十三年	應作十二年
七	一〇	二三	唐加冊封	衍文
七	一〇	二三至二四	王瑋瑎元年	應作王玄錫二十三年

卷	葉	行	原文	更正
七	一一	一	瑋瑎二年	應作口王瑋瑎元年
七	一一	一	裴頲還三字之上	脫唐加册封四字
七	一一	二	瑋瑎十三年	應作十二年
七	一一	一七	讓	謙
七	一二	一六	等璆	璆等
七	一三	六	太宗二字下	脫請字
九	四	二一	第一國字	應作將
九	六	八	至字下	脫長字
九	六	一六	職	贊
九	七	六	遠寧	寧遠
九	九	五	宜	每
一〇	二	四	請	諸

一〇	二	二三	遷	還
一〇	一三	二三	禱	禮
一〇	一三	二三至二四	往來	來往
一〇	二〇	三	旋	尋
一〇	二二	二〇	防	妨
一〇	二四	一八	銷	書
一〇	二九	一六	第一亦字	衍文
一一	一	一七	遺	一作遼
一三	六	一〇	强	張
一三	九	一四	高淸臣	遼史作高淸明
一三	一〇	一二	大藥師奴	此爲渤海王裔應別爲傳
一三	一一	一四	丁河	河丁

一三	一一	一八	各	名
一三	一四	一一	入城騎	騎入城
一三	一六	一一	楊朴傳咸出其手四字下	應據大金國志補太宗天會十年卒七字
一三	一七	一七	徵	徽
一三	一八	二三至二四	深逐	逐深
一三	一九	二三	師	帥
一三	二一	五	南	海
一三	二五	十四	物字上	脫以字
一三	三四	二一	寢	寖
一三	四〇	二	傳	傳
一四	四	一四	濊	滅
一四	六	二	矣	也

頁	行	字	誤	正
一四	一四	一九	母	一作毌
一四	一二	八	州字下	脫蓋字
一四	一二	一七	開	今
一四	一二	一八	今	開
一四	一六	一〇	洲	州
一四	三二	二一	治	冶
一四	三三、	二一	郿	郿
一四	四四	六	第一蓋字	亦
一四	四四	二二	字	誤
一四	四五	二	部	方
一五	六	一四	賢字下	脫爲字
一五	八	一八	光禮	禮光

一五	八	二三	未	末
一六	九	一八	亐	亏
一六	一二	八	蔣	將
一六	一二	一七	也	應移置名字下
一六	一九	五	在	若
一七	一	一〇	第三所字	衍文
一七	一	一一	古	衍文
一七	一	一三	稱字之上	脫古字
一七	九	二三	鯢鯢爲	鯢爲鯢
一八	三	一四	受	衛
一八	三	一五	衛	受
一八	五	二〇	寧遠將軍高仁義游將軍德周	大日本史諸書皆以高仁義三字連讀爲一人之姓名游將軍三字

				爲官名惟日本全史以高仁二名爲姓名以義游將軍四字爲官 罕本書從之惟渤海遺日本諸使以二字爲姓名者應以作高仁義爲是至游字下應脫一擊字作游擊將軍
一八	七	二四	一字上	脫文字
一八	一五	九	口	別本作涯
一八	一六	二	末	末
一八	一六	九	注	應作往
一八	一六	二三	賚	賚
一八	二三	九	鳥	疑作烏
一八	二五	六	嶺	疑作巖
一八	二七	四	心字上	脫塵字
一八	二七	五	遺	一作遼

一八	二八	一一	卿	鄉
一八	二八	一一	函	幽
一八	三一	六	淨	靜
一八	三五	一三	紀客	疑作蕃客
一八	三七	二一	渤	泑
一八	三八	二三	謬	證
一八	四一	一八	本字下	脫朝字
一八	四一	一八	記字上	衍朝字
一八	四二	一一	丸	九
一八	四五	二	黨	党
一八	四五	二	百	旨
一八	四五	四	黨	党

一八	四五	四	百	旨
一八	四五	四	稚	雅
一八	四五	五	余	餘
一八	四八	一一	具	俱
一八	四八	一四	粧	妝
一八	五〇	一八	稚	雅
一九	一	六	五十	一百
一九	五	一五	宴	晏
一九	一一	二四	本傳	應作渤海傳
一九	一五	一四	傳	侍
一九	二〇	九	第一之一	二
一九	二〇	九	宗	諸

一九	二四	一	渤字下脫二字	海靺
一九	二四	七	煦	昫
一九	二九	二三	論	綸
一九	四六	四	海海	渤海
一九	四七	十九至二四	此條與第五十四頁四行以下重複	應併爲一條
一九	四九	二三	點	黠
一九	五三	一	唐字下脫一字	書
二〇	二	一	即退	應低一格
二〇	七	一九	海字下	脫樂字
二〇	一五	二四	宴	晏
補遺	一	二一	全字下	脫長字
同	四	一四	九	八

書	卷	頁	誤	正
同	四	一四	五	四
同	五	七	刺	刺
同	五	八	刺	刺
同	五	十	本	南
同	二六	一三	賀賀	加賀
同	二九	四	肆	肆
同	三七	一一	今	令
附錄二	一	四	煦	昫
二	一	一八	大金國志	按大金國志屢稱元兵爲大軍又稱元爲大朝據此可證此書爲元人之作而依託懋昭之名前謂必爲宋人之作則尙未深考也
二	二	四	宴	晏
二	二	五	氏	氐

二	二	六	宴	晏
二	四	一六	翟	瞿
二	四	一七	翟	瞿
二	六	一七	木	本
二	七	一五	庭	憲
二	八	一九	收錄以	以收錄
二	一一	三	氏	氏
二	一四	七	類	類
二	一五	二三	即字倒置	應正
二	一六	三	宴	晏

謹案右表所列正諸誤字其類有二一爲鈔寫及排印之誤如遺之作遺侯之作候戌之作戍等字是也一爲原書之誤

如任雅之作任雅相丸都之作九都是也凡屬於鈔寫及排印之誤者則逕注於正字格内屬於原書之誤者則曰應作某字以示不敢逕改之意其他可以類求又有因奪誤太甚而爲說以明之者覽者自知不煩詳舉蓋平王子立中襄校最勤亦可感也毓黻附識

渤海國志長編勘誤表終

渤海國志長編識語

余撰渤海國志長編殺青年餘始舉全稿付印付印之頃余自任覆校隨校隨增因之與初稿不無異同前後亦小有牴牾欲悉爲改訂使其愜心貴當而勢有不能也總略所錄諸書如册府元龜唐會要及東國諸籍余以爲翻檢殆徧而仍有遺漏海東繹史引册府元龜有渤海質子盜修龍衮及平盧節度薛平押領渤海使二事初檢原書不可即得及書將印竣乃檢得之一也唐會要記渤海事余得其八迨吳向之先生檢示昭宗乾寧二年賜渤海王瑋瑎敕書加官一事由此考得渤海諸王應加入瑋瑎一世自以爲創獲矣後得黄申甫先生渤海國記遺稿已擣撦及此蓋先我而言之矣余又檢南部新書所錄續翰林志亦載渤海王瑋瑎加官事於會要外又得一證二也王氏

高麗之初葉與渤海有昏姻之好余檢鄭氏高麗史徐氏東國通鑑以爲已盡得之矣近見新刊高麗史節要其成書年月尚在東國通鑑之前勢不能遺三也日本逸史紀渤海通使事多出於菅原氏類聚國史余盡取以入錄矣近檢原書始知所引尚有未盡於其中又得渤海諸臣高如岳等四人應爲補傳四也日本大江氏之江談抄嘗載渤海使唱和詩余已擷得數事後又由稻葉君山博士鈔示𦍒𦍒字和名一事似爲詭異文字乃未摭及五也類此之事更僕難數茲經一一補輯別作補遺一卷以附於後然尚有未及采入者宋王沂公行程錄謂富谷館所居之渤海人多造車者此爲渤海遺裔長於工藝之證又山右石刻叢編金泰和四年解州聞喜縣重修宣聖廟碑結銜云懷遠大將軍行解州聞喜縣令兼管勾常平倉事輕車都尉

神麓郡開國伯食邑七百戶大懷柔書并立石管勾立石人遼陽進士大溥此二氏爲大氏遺裔可補入遺裔列傳亦向之先生舉以示我者也中外載籍尋檢未徧遺文佚事漏載仍多剏地下之藏正待開發異日所得或將倍蓰於此則有待於補葺者正無限極姑以此次所刊作一結束未敢謂詳盡無遺也且余撰此書實資衆力而成如吳師向之闞先生鶴初陳先生慈首日本稻葉君山博士岩吉鳥山教授喜一植野先生武雄則餉我以史料關君義鐸王君立中孫君鳳桐李君炳燦佟甥曼明蘇甥富春則助我以編校其他諸氏不及備書集腋之功其或敢忘自經始之日迄於印成蓋駸駸三年矣甲戌四月毓黻謹識

吉林全書

著述編

⑰

吉林文史出版社

圖書在版編目（CIP）數據

渤海國志長編 / 金毓黻著 . -- 長春 : 吉林文史出版社 , 2025. 1. -- (吉林全書). -- ISBN 978-7-5752-0921-2

Ⅰ . K289

中國國家版本館 CIP 資料核字第 2025JG0953 號

BOHAIGUO ZHI CHANGBIAN

渤 海 國 志 長 編

著　　者　金毓黻
出 版 人　張　强
責任編輯　陳　昊
封面設計　溯成設計工作室
出版發行　吉林文史出版社
地　　址　長春市福祉大路5788號
郵　　編　130117
電　　話　0431-81629356
印　　刷　吉林省吉廣國際廣告股份有限公司
印　　張　82.75
字　　數　430千字
開　　本　787mm × 1092mm　1/16
版　　次　2025年1月第1版
印　　次　2025年1月第1次印刷
書　　號　ISBN 978-7-5752-0921-2
定　　價　480.00圓

《吉林全書》編纂委員會

總主編　曹路寶

著述編主編　胡維革　李德山　劉立强

《吉林全書》學術顧問委員會

學術顧問（按姓氏音序排列）

邴　正　陳紅彦　程章燦　杜澤遜　關樹東　黄愛平　黄顯功　江慶柏
姜偉東　姜小青　李花子　李書源　李　岩　李治亭　厲　聲　劉厚生
劉文鵬　全　勤　王　鍔　韋　力　姚伯岳　衣長春　張福有　張志清

總　序

『長白雄東北，嵯峨俯塞州。』吉林省地處中國東北中心區域，是中華民族世代生存融合的重要地域，素有『白山松水』之地的美譽。歷史上，華夏、濊貊、肅慎和東胡族系先民很早就在這片土地上繁衍生息，高句麗、渤海國等中國東北少數民族政權在白山松水間長期存在，以契丹族、女真族、蒙古族、滿族融合漢族在内的多民族形成的遼、金、元、清四個朝代，共同賦予吉林歷史文化悠久獨特的優勢和魅力，決定了吉林文化不可替代的特色與價值，具有緊密呼應中華文化整體而又與衆不同的生命力量，見證了中華民族共同體的融鑄和我國統一多民族國家的形成與發展。

提到吉林，自古多以千里冰封的寒冷氣候爲人所知，一度是中原人士望而生畏的苦寒之地，一派肅殺之氣。再加上吉林文化在自身發展過程中存在着多次斷裂，致使衆多文獻湮没、典籍無徵，一時多少歷史文化精粹『明珠蒙塵』，因此，形成了一種吉林缺少歷史積澱，文化不若中原地區那般繁盛的偏見。實際上，在數千年的漫長歲月中，吉林大地上從未停止過文化創造，自青銅文明起，從先秦到秦漢，再到隋唐直至明清，吉林地區不僅文化上不輸中原地區，還對中華文化産生了深遠的影響，爲後人留下了衆多優秀古籍，涵養着吉林文化的根脉，猶如璀璨星辰，在歷史的浩瀚星空中閃耀着奪目光輝，標注着地方記憶的傳承與中華文明的賡續。我們需要站在新的歷史高度，用另一種眼光去重新審視吉林文化的深邃與廣闊，通過豐富的歷史文獻典籍去閱讀吉林文化的傳奇與輝煌。

吉林歷史文獻典籍之豐富，源自其歷代先民的興衰更替、生生不息。吉林文化是一個博大精深的體系，從左家山文化的『中華第一龍』，到西團山文化的青銅時代遺址，再到二龍湖遺址的燕國邊城，都見證了吉林大地的文明在中國歷史長河中的肆意奔流。早在兩千餘年前，高句麗人的《黄鳥歌》《人参贊》以及《留記》等文史作品就已在吉林誕生，成爲吉林地區文學和歷史作品的早期代表作。高句麗文人之《新集》，渤海國人『疆理雖重海，車書本一家』之詩篇，金代海陵王詩詞中的『一咏一吟，冠絶當時』，再到金代文學的『華實相扶，骨力遒上』，皆凸顯出吉林不遜文教、獨具風雅之本色。

吉林歷史文獻典籍之豐富，源自其地勢四達并流、山水環繞。吉林土地遼闊而肥沃，山河壯美而令人神往，吉林大地可耕可牧、可漁可獵，無門庭之限，亦無山河之隔，進出便捷，四通八達。沈兆禔在《吉林紀事詩》中寫道，『肅慎先徵孔氏書』，印證了東北邊疆與中原交往之久遠。早在夏代，居住於長白山脚下的肅慎族就與中原建立了聯係。一部《吉林通志》，『考四千年之沿革，挈領提綱；綜五千里之方輿，辨方正位』，從時間和空間兩個維度，寫盡吉林文化之淵源深長。

吉林歷史文獻典籍之豐富，源自其民風剛勁、民俗絢麗。《長白徵存録》寫道，『日在深山大澤之中，伍鹿豕、耦虎豹，非素嫻技藝，無以自衛』，描繪了吉林民風的剛勁無畏，爲吉林文化平添了幾分豪放之感。清代藏書家張金吾也在《金文最》中評議，『知北地之堅强，絶勝江南之柔弱』，足可見，吉林大地與生俱來的豪健英杰之氣。同時，與中原文化的交流互通，也使邊疆民俗與中原民俗相互影響、不斷融合，既體現出敢於拼搏、鋭意進取的開拓精神，又兼具脚踏實地、穩中求實的堅韌品格。

吉林歷史文獻典籍之豐富，源自其諸多名人志士、文化先賢。自古以來，吉林就是文化的交流彙聚之地，從遼、金、元到明、清，每一個時代的文人墨客都在這片土地留下了濃墨重彩的文化印記。特別是，清代東北流人的私塾和詩社，爲吉林注入了新的文化血液，用中原的文化因素教化和影響了東北的人文氣質和文化形態；至近代以『吉林三杰』宋小濂、徐鼐霖、成多禄爲代表的地方名賢，以及寓居吉林的吴大澂、金毓黻、劉建封等文化名家，將吉林文化提升到了一個全新的高度，他們的思想、詩歌、書法作品中無一不體現着吉林大地粗狂豪放、質樸豪爽的民族氣質和品格，滋養了孜孜矻矻的歷代後人。

盛世修典，以文化人，是中華民族延續至今的優良傳統。我們在歷史文獻典籍中尋找探究有價值、有意義的歷史文化遺産，於無聲中見證了中華文明的傳承與發展。吉林省歷來重視地方古籍與檔案文獻的整理出版。自二十世紀八十年代以來，李澍田教授組織編撰的《長白叢書》，開啓了系統性整理、組織化研究吉林文獻典籍的先河，贏得了『北有長白，南有嶺南』的美譽；進入新時代以來，鄭毅教授主編的《長白文庫》叢書，繼續肩負了保護、整理吉林地方傳統文化典籍，弘揚民族精神的歷史使命，從大文化的角度折射出吉林文化的繽紛异彩。隨着《中國東北史》和《吉林通史》等一大批歷史文化學術著作的問世，形成了獨具吉林特色的歷史文化研究學術體系和話語體系，對融通古今、賡續文脉發揮了十分重要的作用。正是擁有一代又一代富有鄉邦情懷的吉林文化人的辛勤付出和豐碩成果，使我們具備了進一步完整呈現吉林歷史文化發展全貌，淬煉吉林地域文化之魂的堅實基礎和堅定信心。

當前，吉林振興發展正處在滚石上山、爬坡過坎的關鍵時期，機遇與挑戰并存，困難與希望同在。站在這樣的歷史節點，迫切需要我們堅持高度的歷史自覺和人文情懷，以文獻典籍爲載體，全方位梳理和展示吉林政治、經濟、社會、文化發展的歷史脉絡，讓更多人瞭解吉林歷史文化的厚度和深度，感受這片土地獨有的文化基因和精神氣質。

鑒於此，吉林省委、省政府作出了實施《吉林全書》編纂文化傳承工程的重大文化戰略部署，這不僅是深入學習貫徹習近平文化思想、認真落實黨中央關於推進新時代古籍工作要求的務實之舉，也是推進吉林優秀傳統文化保護傳承、建設文化强省的重要舉措。歷史文獻典籍是中華文明歷經滄桑留下的最寶貴的東西，是吉林優秀歷史文化『物』的載體，彙聚了古人思想的寶藏、先賢智慧的結晶。對歷史最好的繼承，就是創造新的歷史。傳承延續好這些寶貴的民族記憶，就是要通過深入挖掘古籍藴含的哲學思想、人文精神、價值理念、道德規範，推動中華優秀傳統文化創造性轉化、創新性發展，作用于當下以及未來的經濟社會發展，更好地用歷史映照現實、遠觀未來。這是我們這代人的使命，也是歷史和時代的要求。

從《長白叢書》的分散收集，到《長白文庫》的萃取收録，再到《吉林全書》的全面整理，以歷史原貌和文化全景的角度，進一步闡釋了吉林地方文明在中華文明多元一體進程中的地位作用，講述了吉林人民在不同歷史階段爲全國政治、經濟、文化繁榮所作的突出貢獻，勾勒出吉林文化的質實貞剛和吉林精神的雄健磊落、慷慨激昂，引導全省廣大幹部群衆更好地瞭解歷史、瞭解吉林，挺起文化脊梁、樹立文化自信，不斷增强砥礪奮進的恒心、韌勁和定力，持續激發創新創造活力，提振幹事創業的精氣神，爲吉林高品質發展明顯進位、全面振興取得新突破提供有力文化支撑，彙聚强大精神力量。

爲扎實推進《吉林全書》編纂文化傳承工程，我們組建了以吉林東北亞出版傳媒集團爲主體，涵蓋高等院校、研究院所、新聞出版、圖書館、博物館等多個領域專業人員的《吉林全書》編纂委員會，并吸收國内知名清史、民族史、遼金史、東北史、古典文獻學、古籍保護、數字技術等領域專家學者組成顧問委員會，經過認真調研、反復論證，形成了《〈吉林全書〉編纂文化傳承工程實施方案》，確定了『收集要全、整理要細、研究要深、出版要精』的工作原則，明確提出在編纂過程中不選編、不新創，尊重原本、致力全編，力求全方位展現吉林文化的多元性和完整性。在做好充分準備的基礎上，《吉林全書》編纂文化傳承工程於二〇二四年五月正式啓動。

爲高質量完成編纂工作，編委會對吉林古籍文獻進行了空前的彙集，廣泛聯絡國内衆多館藏單位，尋訪民間收藏人士，重點以吉林省方志館、東北師範大學圖書館、長春師範大學圖書館、吉林省社科院爲收集源頭開展了全面的挖掘、整理和集納；同時，還與國家圖書館、上海圖書館、南京圖書館、遼寧省圖書館、吉林省圖書館、吉林市圖書館等館藏單位及各地藏書家進行對接洽談，獲取了充分而精准的文獻信息。同時，專家學者們也通過各界友人廣徵稀見，在法國國家圖書館、日本國立國會圖書館、韓國國立中央圖書館等海外館藏機構搜集到諸多珍貴文獻。在此基礎上，我們以審慎的態度對收集的書目進行甄别、分類、整理和研究，形成了擬收録的典藏文獻名録，分爲著述編、史料編、雜集編和特編四個類别。此次編纂工程不同於以往之處，在於充分考慮吉林的地理位置和歷史變遷，將散落海内外的日文、朝鮮文、俄文、英文等不同文字的相關文獻典籍一并集納收録，并以原文搭配譯文的形式收於特編之中。截至目前，我們已陸續對一批底本最善、價值較高的珍稀古籍進行影印出版，爲館藏單位、科研機構、高校院所以及歷史文化研究者、愛好者提供參考和借鑒。

『周雖舊邦，其命維新』，文獻典籍最重要的價值在於活化利用。編纂《吉林全書》并不意味着把古籍束之高閣，而是要在『整理古籍、複印古書』的基礎上，加强對歷史文化發展脉絡的前後貫通、左右印證，更好地服務於對吉林歷史文化的深入挖掘研究。爲此，我們同步啓動實施了『吉林文脉傳承工程』，旨在通過『研究古籍、出版新書』，讓相關學術研究成果以新編新創的形式著述出版，借助歷史智慧和文化滋養，通過創造性轉化、創新性發展，探尋當前和未來的發展之路，以守正創新的正氣和鋭氣，賡續歷史文脉、譜寫當代華章。

做好《吉林全書》編纂文化傳承工程是一項『汲古潤今，澤惠後世』的文化事業，責任重大、使命光榮。我們將秉持敬畏歷史、敬畏文化之心，以精益求精、止於至善的工作信念，上下求索、耕耘不輟，爲實現文化種子『藏之名山，傳之後世』的美好願景作出貢獻。

《吉林全書》編纂委員會

二〇二四年十二月

凡　例

一、《吉林全書》（以下簡稱《全書》）旨在全面系統收集整理和保護利用吉林歷史文獻典籍，傳播弘揚吉林歷史文化，推動中華優秀傳統文化傳承發展。

二、《全書》收録文獻地域範圍，首先依據吉林省當前行政區劃，然後上溯至清代吉林將軍、寧古塔將軍所轄區域内的各類文獻。

三、《全書》收録文獻的時間範圍，分爲三個歷史時段，即一九一一年以前，一九一二至一九四九年，一九四九年以後。每個歷史時段的收録原則不同，即一九一一年以前的重要歷史文獻，收集要『全』；一九一二至一九四九年間的重要典籍文獻，收集要『精』；一九四九年以後的著述豐富多彩，收集要『精益求精』。

四、《全書》所收文獻以『吉林』爲核心，着重收録歷代吉林籍作者的代表性著述，流寓吉林的學人著述，以及其他以吉林爲研究對象的專門著述。

五、《全書》立足於已有文獻典籍的梳理、研究，不新編、新著、新創。出版方式是重印、重刻。

六、《全書》按收録文獻内容，分爲著述編、史料編、雜集編和特編四類。

著述編收録吉林籍官員、學者、文人的代表性著作，亦包括非吉林籍人士流寓吉林期間創作的著作。作品主要爲個人文集，如詩集、文集、詞集、書畫集等。

史料編以歷史時間爲軸，收録一九四九年以前的歷史檔案、史料、著述，包含吉林的考古、歷史、地理資料等；收録吉林歷代方志，包括省志、府縣志、專志、鄉村村約、碑銘格言、家訓家譜等。

雜集編收録關於吉林的政治、經濟、文化、教育、社會生活、人物典故、風物人情的著述。

特編收録就吉林特定選題而研究編著的特殊體例形式的著述。重點研究認定『滿鐵』文史研究資料和東北亞各民族不同語言文字的典籍等。關於特殊歷史時期，比如，東北淪陷時期日本人以日文編寫的『滿鐵』資料作爲專題進行研究，以書目形式留存，或進行數字化處理。開展對滿文、蒙古文，高句麗史、渤海史、遼金史的研究，對國外研究東北地區史和高句麗史、渤海史、遼金史的研究成果，先作爲資料留存。

七、《全書》出版形式以影印爲主，影印古籍的字體版式與文獻底本基本保持一致。

八、《全書》整體設計以正十六開開本爲主，對於部分特殊内容，如，考古資料等書籍采用一比一的比例還原呈現。

九、《全書》影印文獻每種均撰寫提要或出版説明，介紹作者生平、文獻内容、版本源流、文獻價值等情況。影印底本原有批校、題跋、印鑒等，均予保留。底本有漫漶不清或缺頁者，酌情予以配補。

十、《全書》所收文獻根據篇幅編排分册，篇幅適中者單獨成册，篇幅較大者分爲序號相連的若干册，篇幅較小者按類型相近或著作歸屬原則數種合編一册。數種文獻合編一册以及一種文獻分成若干册的，頁碼均單排。若一本書中收録兩種及以上的文獻，將設置目録。各册按所在各編下屬細類及全書編目順序編排序號，全書總序號則根據出版時間的先後順序排列。

渤海國志長編

金毓黻　著

提要

金毓黻（一八八七至一九六二），字静庵，號千華山民。遼寧省遼陽縣人。一九一三年秋考入北京大學文科。一九一六年，於瀋陽文學專門學校任教。一九二〇年，任黑龍江省教育廳科長。一九二一年春，任吉林永衡官銀錢號總文書。一九二二年任吉長道尹公署總務科長兼長春開埠局副局長。一九二三年，任吉林省財政廳總務科長。一九二五年五月，再度出任吉長道尹公署總務科長。不久，接任長春商埠電燈廠廠長。是二十世紀中國著名的古文獻學家、方志學家、史學理論家和歷史學家，東北史研究的主要開拓者和奠基者。

《渤海國志長編》二十卷，約四十三萬字。記渤海國（六九八至九二六）二二九年史事。用别史之例，立紀、表、傳、志（考）四體寫成。分世紀、後紀、年表、世系表、大事表、屬部表、宗臣列傳、諸臣列傳、士庶列傳、屬部列傳、遺裔列傳、地理考、職官考、族俗考、食貨考、文徵、叢考，餘録等。起自六九八年大祚榮自立爲震國王，迄東丹國及渤海遺裔，直到金亡。以靺鞨族之興替遞嬗爲主，而非渤海一朝之興亡歷史。援引諸書，多取正史、典籍，共五十餘種。詮釋疏理，考核精詳，事賅文直，叙事有方。

爲盡可能保存古籍底本原貌，本書做影印出版，因此，書中個别特定歷史背景下的作者觀點及表述内容，不代表編者的學術觀點和編纂原則。

渤海國志長編 一

金毓黻 著

渤海國志長編

謹庵屬題　黃侃

黃侃之印

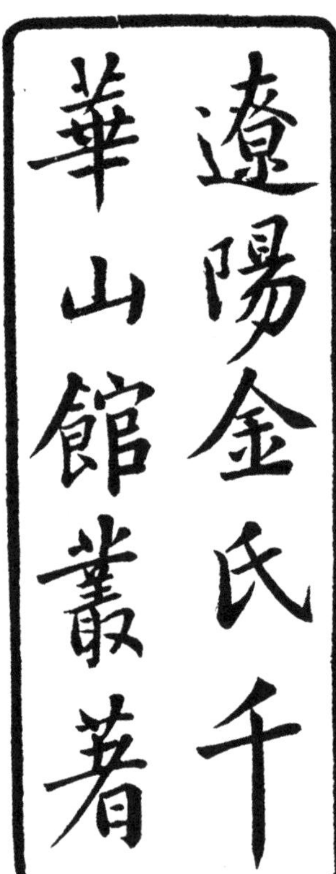
遼陽金氏千華山館叢著

渤海國志長編敍例

渤海立國始自唐武后訖於後唐明宗享祚二百二十九年幾與李唐相終始稱爲海東盛國洵不誣矣新唐書藝文志著錄張建章渤海國記三卷特以久佚無由窺見舊唐書北狄傳敍渤海事略具始末而新書載王諡年號輿地職官食貨多爲舊書所無蓋采自張氏之書此外則册府元龜暨扶桑古籍記朝聘事差詳他書所載亦無慮若干事遼代遼東郡縣多襲渤海舊名具載遼史雖泰半移置而名稱係屬則大致可考依此諸書尋端竟緒加之條理亦一楚楚可觀之作矣不佞曩考遼東輿地間及渤海因思肅愼遺族之立國規模啟於舍利盛於完顏極於愛新金淸二史既有成書而渤海一國之史尚付闕如竊以病諸嗣聞卒賓唐元素司馬著有渤海國志四卷深喜其

先得我心亟購而讀之覺其取材未富立證尚疏非吾意中之渤海國志也前歲鍾君愻盦爲不佞言黄申甫太守亦撰有是書屬其借鈔久久不得歲月荏苒幸值身閑發篋陳書正在今日乃取嚮所涉覽者比而次之得二十卷書仍唐氏舊名而繫以長編二字則蘄春黄師季剛之所命也正志略分四目曰紀曰表曰傳曰考體亦略同唐著改志爲考避大名也志前冠以總略明所自也志後附以文徵叢考餘錄悉詳說也不佞此著壹遵史體書法稱謂略具翦裁辜較舊志稍爲恢廓非後人之果愈前人也渤海故疆半所親歷聞見較確一也新著日富考辨彌精取材自易二也然知人則易自知實難安知不佞自謂爲恢廓者非他人目爲疏略者乎謹就所知具錄於簡既竭吾才未敢自信若夫整齊條理犁然有當以成一國之史正有待

於方聞此亦命名長編之微旨也撰集之例隱括如左

渤海遺事散見羣籍有國之日則詳於諸臣朝聘之事國亡之後則詳於遺民遷徙之迹其他則所紀至略本編就可知者依次撰集稍得緦理其所不知壹從蓋闕

本編用別史之例故立紀表傳考四體共得十有五卷是爲正志別撰前志二卷後志三卷犅具規模未爲完作

正志之紀表傳三者略加整齊使就條理而不注其所出用史例也惟諸考不然既具正文復加案語渤海典章十佚八九本編就可知者述之始終條理端資詳說命名曰考亦此意耳

本編以總略冠於志前文徵叢考餘錄繫於志後此所以爲長編也總略文徵皆正志所從出叢考以明異同餘錄以槩闕佚亦本編所應具既名長編不厭求詳不足於此而再加整齊之

竊病未能敬俟後賢

本編以敍次渤海民族興廢遞嬗之迹爲主故於末王降遼之後繼以東丹於宗臣諸臣士庶屬部列傳之外兼記遺裔大氏享國二百二十有九年而本編所敍乃至四百餘年甄明始末備於一編題曰渤海國志實渤海民族志也

唐氏舊志壹依史文遂錄直同鈔冣又用唐梁紀年殊乖史體本編以渤海諸王紀年渤海亡後則用東丹征伐貢聘俱有內外之分如此分疏史例乃正

記爲傳考之綱故宜年經月緯祇記大事以簡爲貴若傳若考則不厭其詳若表則以便尋檢補闕遺也本編於渤海大事分年纂集有月日可考者並繫以某月干支其不能確定爲某年者則別爲說以明之

古人左圖右史圖與史並重久矣考地理者非圖莫明近人撰渤海疆域圖犂明崖略亦時多抵牾茲經悉心考訂繪成數圖以坿本編之後

本編徵引羣籍取材至繁亦多爲唐氏所未見別輯徵引書錄附於編末

不佞於近六七年內蒐討渤海遺文佚事用力頗勤所得僅此至於古蹟金石則所獲尤尠發地下之藏證往代之史今尚未臻其極亦以俟諸異日

不佞撰集之旨具此十例殺青可寫仍爲初編異日續有所得再爲補輯夫作史貴具三長病出衆手具三長則義法以明出衆手則抵牾不免不佞之撰此書諸師友或假以故書或助以迻譯或佐以鈔冣或參以編校每有采獲皆資羣力然考覽之

勞撰集之役則槪由不佞自任書雖未出衆手才則謝乏三長方彼洪鐘叩以寸莛宏博君子幸裁正之

重光協洽之歲嘉平之月金毓黻識

渤海國志長編總目

渤海國志長編卷一

遼陽金毓黻　撰集

總略上

渤海國志前編一

渤海靺鞨大祚榮者本高麗別種也高麗既滅祚榮率家屬徙居營州萬歲通天年契丹李盡忠反叛祚榮與靺鞨乞四比羽各領亡命東奔保阻以自固盡忠既死則天命右玉鈐衛大將軍李楷固率兵討其餘黨先破斬乞四比羽又度天門嶺以迫祚榮祚榮合高麗靺鞨之衆以拒楷固王師大敗楷固脫身而還屬契丹及奚盡降突厥道路阻絕則天不能討祚榮遂率其衆東保桂婁之故地據東牟山築城以居之祚榮驍勇善用兵靺鞨之衆及高麗餘燼稍稍歸之聖曆中自立爲振國王遣使通於突厥其地在營州之東二千里南與新羅相接越熹靺鞨

東北至黑水靺鞨地方二千里編戶十餘萬勝兵數萬人風俗與高麗及契丹同頗有文字及書記中宗即位遣侍御史張行岌往招慰之祚榮遣子入侍將加册立會契丹與突厥連歲寇邊使命不達睿宗先天二年遣郎將崔訢往册拜祚榮爲左驍衛員外大將軍渤海郡王仍以其所統爲忽汗州加授忽汗州都督自是每歲遣使朝貢開元七年祚榮死玄宗遣使弔祭乃册立其嫡子桂婁郡王大武藝襲父爲左驍衛大將軍渤海郡王忽汗州都督十四年黑水靺鞨遣使來朝詔以其地爲黑水州仍置長史遣使鎮押武藝謂其屬曰黑水塗經我境始與唐家相通舊請突厥吐屯皆先告我同去今不計會即請漢官必是與唐家通謀腹背攻我也遣母弟大門藝及其舅任雅相發兵以擊黑水門藝曾充質子至京師開元初還國至是謂武藝

曰黑水請唐家官吏即欲擊之是背唐也唐國人衆兵强萬倍於我一朝結怨但自取滅亡昔高麗全盛之時强兵三十餘萬抗敵唐家不事賓伏唐兵一臨掃地俱盡今日渤海之衆數倍少於高麗乃欲違背唐家事必不可武藝不從門藝兵至境又上書固諫武藝怒遣從兄大壹夏代門藝統兵徵門藝欲殺之門藝遂棄其衆間道來奔詔授左驍衛將軍武藝尋遣使朝貢仍上表極言門藝辠狀請殺之上密遣門藝往安西仍報武藝云門藝遠來歸投義不可殺今流向嶺南已遣去訖乃留其使馬文軌葱勿雅別遣使報之俄有洩其事者武藝又上書云大國示人以信豈有欺誑之理今聞門藝不向嶺南伏請依前殺卻由是鴻臚少卿李道邃源復以不能督察官屬致有漏洩左遷道邃爲曹州刺史復爲澤州刺史遣門藝暫向嶺南以報之

二十年武藝遣其將張文休率海賊攻登州刺史韋俊詔遣門藝往幽州徵兵以討之仍令太僕員外卿金思蘭往新羅發兵以攻其南境屬山阻寒凍雪深丈餘兵士死者過半竟無功而還武藝懷怨不已密遣使至東都假刺客刺門藝於天津橋南門藝格之不死詔河南府捕獲其賊盡殺之二十五年武藝病卒其子欽茂嗣立詔遣內侍段守簡往冊欽茂爲渤海郡王仍嗣其父爲左驍衛大將軍忽汗州都督欽茂承詔赦其境內遣使隨守簡入朝貢獻大曆二年至十年或頻遣使來朝或間歲而至或歲內二三至者十二年正月遣使獻日本國舞女一十一人及方物四月十二月使復來建中三年五月貞元七年正月皆遣使來朝授其使大常靖爲衛尉卿同正令還蕃八月其王子大貞翰來朝請備宿衛十年正月以來朝王子大淸允爲

右衛將軍同正其下三十餘人拜官有差十一年二月遣內常侍殷志贍册大嵩璘爲渤海郡王十四年加銀青光祿大夫檢校司空進封渤海國王嵩璘父欽茂開元中襲父位爲郡王左金吾大將軍天寶中累加特進太子詹事賓客寶應元年進封國王大厤中累加拜司空太尉及嵩璘襲位但授其郡王將軍而已嵩璘遣使叙理故再加册命十一月以王姪大能信爲左驍衛中郎將虞侯婁蕃長都督茹富仇爲右武衛將軍放還二十一年遣使來朝順宗加嵩璘金紫光祿大夫檢校司空元和元年十月加檢校太尉十二月遣使朝貢四年以嵩璘男元瑜爲銀青光祿大夫檢校秘書監忽汗州都督依前渤海國王五年遣使朝貢者二七年亦遣使來朝八年正月授元瑜弟權知國務言義銀青光祿大夫檢校秘書監都督渤海國王遣內使

李重旻使焉十三年遣使來朝且告哀五月以知國務大仁秀爲銀青光祿大夫檢校秘書監都督渤海國王十五年閏正月遣使來朝加大仁秀金紫光祿大夫檢校司空十二月復遣使來朝貢長慶二年正月又遣使來四年二月大叡等五人來朝請備宿衛寶曆中比歲修貢太和元年四年皆遣使來朝五年大仁秀卒以權知國務大彝震爲銀青光祿大夫檢校秘書監都督渤海國王六年遣王子大明俊等來朝七年正月遣同中書右平章事高寶英來謝册命仍遣學生三人隨寶英請赴上都學問先遣學生三人事業稍成請歸本國許之二月王子大先晟等六人來朝開成後亦修職貢不絕舊唐書渤海傳

玄宗開元七年三月丁酉渤海靺鞨郡王大祚榮死其子武藝嗣位十四年十一月辛丑渤海靺鞨遣其子義信來朝并獻方

物二十年九月乙巳渤海靺鞨寇登州殺刺史韋俊命左領軍將軍蓋福順發兵討之二十六年渤海靺鞨王大武藝死其子欽茂嗣立遣使弔祭册立之二十九年七月乙卯幽州節度副使安祿山爲營州刺史充平盧軍節度副使押兩蕃渤海黑水四府經略使代宗大曆二年五月丙戌渤海朝貢七年秋渤海遣使朝貢十年二月甲申以平盧淄青節度觀察海運押新羅渤海兩蕃等使檢校工部尙書青州刺史李正己檢校尙書左僕射十二年春正月辛酉渤海使獻日本國舞女十一人夏四月壬寅渤海遣使朝貢十四年五月德宗即位閏月丙子詔諸州府新羅渤海歲貢鷹鷂皆停德宗貞元八年八月辛卯以青州刺史李師古爲鄆州大都督府長史平盧淄青等州節度觀察海運陸運押新羅渤海兩蕃等使十一年二月乙巳册渤海

大欽茂之子嵩璘爲渤海郡王忽汗州都督順宗永貞元年五月甲辰以檢校司空忽汗州都督渤海國王大嵩璘檢校司徒憲宗元和元年十二月丙戌渤海遣使朝貢二年渤海朝貢十年渤海遣使朝貢十三年五月辛丑知渤海國務大仁秀檢校秘書監忽汗州都督冊爲渤海國王是年渤海朝貢穆宗長慶四年二月壬午渤海送備宿衛大聰叡五十人入朝文宗太和五年正月己丑以權知渤海國務大彝震檢校秘書監忽汗州都督渤海國王六年十二月戊辰內養王宗禹渤海使迴言渤海置左右神策軍左右三軍一百二十司畫圖以進七年己卯麟德殿對渤海等使武宗會昌六年春正月己未渤海等國遣使入朝對於麟德殿己丑渤海王子大之蕚入朝宣宗大中十二年二月以渤海國王弟權知國務大虔晃爲銀青光祿大夫

檢校秘書監忽汗州都督册爲渤海國王昭宗龍紀元年十月己未朔以特進太子少師博陵郡開國侯食邑一千戶崔安潛檢校太傅兼侍中靑州刺史平盧軍節度觀察押新羅渤海兩蕃等使大順二年三月辛亥朔以靑州權知兵馬留後王師範檢校兵部尚書兼靑州刺史御史大夫充平盧軍節度觀察押新羅渤海兩蕃等使同上本紀

劉全諒懷州武涉人也父客奴由征行家於幽州之昌平少有武藝從平盧軍開元中有室韋首領段普恪特驍勇數苦邊節度使薛楚玉以客奴有膽氣令抗普恪客奴單騎襲之斬首以獻自白身授左驍衛將軍充遊弈使自是數有戰功性忠謹爲軍人所信天寶末安祿山反詔以安西節度封常淸爲范陽節度以平盧節度副使呂知誨爲平盧節度以太原尹王承業爲

河東節度祿山既僭位於東都遣腹心韓朝陽等招誘知誨知誨遂受逆命誘殺安東副都護保定軍使馬靈詧祿山遂署知誨爲平盧節度使客奴與平盧諸將同議取知誨殺之仍遣與安東將王玄志遙相應援馳以奏聞十五載四月授客奴柳城郡太守攝御史大夫平盧節度支度營田陸運押兩蕃渤海黑水四府經略及平盧軍使仍賜名正臣又以王玄志爲安東副大都護攝御史中丞保定軍及營田使正臣仍領兵平盧來襲范陽未至爲逆賊將史思明等大敗之正臣奔歸爲王玄志所酖而卒逆賊署徐歸道平盧節度王玄志與平盧將侯希逸等又襲殺歸道大厤九年追贈正臣工部尚書同上劉全諒傳又同書李忠臣傳正臣卒與衆議以安東部護王玄志爲節度使

建中二年淄青節度李正己謀不軌三年秋加希烈檢校司空

兼淄青兗鄆登萊濟等州節度支度營田新羅渤海兩蕃使令討襲正己（同上李希烈傳）

李正己高麗人也生於平盧乾元元年平盧節度使王玄志卒軍人共推立希逸（侯希逸）爲軍帥會軍人逐希逸遂立正己爲帥朝廷因授平盧淄青節度觀察使海運押新羅渤海兩蕃使初有淄青齊海登萊沂密德棣復得曹濮徐兗鄆共十有五州內視同列貨市渤海名馬歲歲不絕正己卒子納統父衆貞元八年納死軍中以子師古代其位朝廷因授右金吾大將軍同正平盧及青淄齊節度營田觀察海運陸運押新羅渤海兩蕃使師古卒其奴不發喪潛使迎師道（師古異母弟）於密而奉之元和元年十月授師道檢校工部尚書兼鄆州大都督府長史充平盧軍及淄青節度副大使知節度使管內支度營田觀察處置陸

運海運押新羅渤海兩蕃等使同上李正己傳

開元二十一年渤海靺鞨越海入寇登州時興光新羅王族人金思蘭先因入朝留京師拜爲太僕員外卿至是遣歸國發兵以討靺鞨仍加授興光爲開府儀同三司寧海軍使同上新羅傳

渤海本粟末靺鞨附高麗者姓大氏高麗滅率衆保挹婁之東牟山地直營州東二千里南北新羅以泥河爲境東窮海西契丹築城郭以居高麗逋殘稍歸之萬歲通天中契丹盡忠殺營州都督趙翽反有舍利乞乞仲象者與靺鞨酋乞四比羽及高麗餘種東走度遼水保太白山之東北阻奧婁河樹壁自固武后封乞四比羽爲許國公乞乞仲象爲震國公赦其辠比羽不受命后詔玉鈐衛大將軍李楷固中郎將索仇擊斬之是時仲象已死其子祚榮引殘痍遁去楷固窮躡度天門嶺祚榮因高

麗靺鞨兵拒楷固楷固敗還於是契丹附突厥王師道絕不克討祚榮即幷比羽之衆恃荒遠乃建國自號震國王遣使交突厥地方五千里戶十餘萬勝兵數萬頗知書契盡得扶餘沃沮弁韓朝鮮海北諸國中宗時使侍御史張行岌招慰祚榮遣子入侍睿宗先天中 遣使拜祚榮爲左驍衛大將軍渤海郡王以所統爲忽汗州領忽汗州都督自是始去靺鞨號專稱渤海玄宗開元七年祚榮死其國私諡爲高王子武藝立斥大土宇東北諸夷畏臣之私改年曰仁安帝賜典冊襲王并所領未幾黑水靺鞨使者入朝帝以其地建黑水州置長史臨總武藝召其下謀曰黑水始假道於我與唐通異時請吐屯於突厥皆先告我今請唐官不吾告是必與唐腹背攻我也乃遣弟門藝及舅任雅相發兵擊黑水門藝嘗質京師知利害謂武藝曰黑水請

吏而我擊之是背唐也唐大國兵萬倍我與之產怨我且亡昔高麗盛時士三十萬抗唐爲敵可謂雄彊唐兵一臨埽地盡矣今我衆比高麗三之一王將違之不可武藝不從兵至境又以書固諫武藝怒遣從兄壹夏代將召門藝將殺之門藝懼儳路自歸詔拜左驍衛將軍武藝使使暴門藝罪惡請誅之有詔處之安西好報曰門藝窮來歸我誼不可殺已投之惡地并留使者不遣别詔鴻臚少卿李道邃源復諭旨武藝知之上書斥言陛下不當以妄示天下意必殺門藝帝怒道邃復漏言國事皆左除而陽斥門藝以報後十年武藝遣大將張文休率海賊攻登州帝馳遣門藝發幽州兵擊之使太僕卿金思蘭使新羅督兵攻其南會大寒雪袤丈士凍死過半無功而還武藝望其弟不已募客入東都狙刺於道門藝格之得不死河南捕刺客悉

殺之武藝死其國私謚武王子欽茂立改年大興有詔嗣王及所領欽茂因是赦境內天寶末欽茂徙上京直舊國三百里忽汗河之東訖帝世朝獻者二十九寶應元年詔以渤海爲國欽茂王之進檢校太尉大曆中二十五來以日本舞女十一獻諸朝貞元時東南徙東京欽茂死私謚文王子宏臨早死族弟元義立一歲猜虐國人殺之推宏臨子華璵爲王復還上京改年中興死謚曰成王欽茂少子嵩璘立改年正曆有詔授右驍衛大將軍嗣王建中貞元間凡四來死謚康王子元瑜立改年永德死謚定王弟言義立改年朱雀並襲王如故事死謚僖王弟明忠立改年太始立一歲死謚簡王從父仁秀立改年建興其四世祖野勃祚榮弟也仁秀頗能討伐海北諸部開大境宇有功詔檢校司空襲王元和中凡十六朝獻長慶四寶曆凡再大

和四年仁秀死謚宣王子新德蚤死孫彝震立改年咸和明年詔襲爵終文宗世來朝十二會昌凡四彝震死弟虔晃立死玄錫立咸通時三朝獻初其王數遣諸生詣京師太學習識古今制度至是遂爲海東盛國地有五京十五府六十二州以肅愼故地爲上京曰龍泉府領龍湖渤三州其南爲中京曰顯德府領盧顯鐵湯榮興六州濊貊故地爲東京曰龍原府亦曰栅城府領慶鹽穆賀四州沃沮故地爲南京曰南海府領沃睛椒三州高麗故地爲西京曰鴨淥府領神桓豐正四州曰長嶺府領瑕河二州扶餘故地爲扶餘府常屯勁兵扞契丹領扶仙二州鄚頡府領鄚高二州挹婁故地爲定理府領定潘二州安邊府領安瓊二州率賓故地爲率賓府領華益建三州拂湼故地爲東平府領伊蒙沱黑比五州鐵利故地爲鐵利府領廣汾蒲海

義歸六州越喜故地爲懷遠府領達越懷紀富美福邪芝九州安遠府領寧郿慕常四州又郢銅涑三州爲獨奏州涑州以其近涑沫江蓋所謂粟沫水也龍原東南瀕海日本道也南海新羅道也鴨渌朝貢道也長嶺營州道也扶餘契丹道也俗謂王曰可毒夫曰聖主曰基下其命爲敎王之父曰老王母太妃妻貴妃長子曰副王諸子曰王子官有宣詔省左相左平章事侍中左常侍諫議居之中臺省右相右平章事內史詔誥舍人居之政堂省大內相一人居左右相上左右司政各一居左右平章事之下以比僕射左右允比二丞左六司忠仁義部各一卿居司政下支司爵倉膳部部有郎中員外右六司智禮信部支司戎計水部卿郎準左以比六官中正臺大中正一比御史大夫居司政下少正一又有殿中寺宗屬寺有大令文籍院有監

令監皆有少太常司賓大農寺寺有卿司藏司膳寺寺有令丞胄子監有監長巷伯局有常侍等官其武員有左右猛賁熊衛羆衛南左右衛北左右衛各大將軍一將軍一大抵憲象中國制度如此以品爲秩三秩以上服紫牙笏金魚五秩以上服緋牙笏銀魚六秩七秩淺緋衣八秩綠衣皆木笏俗所貴者曰太白山之菟南海之昆布柵城之豉扶餘之鹿鄚頡之豕率賓之馬顯州之布沃州之緜龍州之紬位城之鐵盧城之稻湄沱湖之鯽果有九都之李樂游之梨餘俗與高麗契丹略等幽州節度府與相聘問自營平距京師蓋八千里而遠後朝貢至否史家失傳故叛附無考焉新唐書渤海傳

黑水西北又有思慕部益北行十日得郡利部東北行十日得窟說部亦號屈說稍東南行十日得莫曳皆部又有拂涅虞婁

越喜鐵利等部其地南距渤海北東隅於海西抵室韋南北袤二千里東西千里拂涅鐵利虞婁越喜時通中國而郡利屈設莫曳皆不能自通今存其朝京師者附左方拂涅亦稱大拂涅開元天寶間八來獻鯨睛貂鼠白兎皮鐵利開元中六來越喜七來正元中一來虞婁貞觀間再來貞元一來後渤海盛靺鞨皆役屬之不復與王會矣同上北狄黑水靺鞨傳

烏承玼字德潤張掖人開元中爲平盧先鋒沈勇而決渤海大武藝與弟門藝戰國中門藝來奔詔與太僕卿金思蘭發范陽新羅兵十萬討之無功武藝遣客刺門藝於東都引兵至馬都山屠城邑承玼窒要路塹以大石亘四百里虜不得入於是流民得還士少休脫鎧而耕歲省度支運錢新唐書李光弼傳附烏承玼韓愈烏氏廟碑云渤海擾海上至馬都山吏民逃徙失業尚書領所部兵塞其道塹原累石綿四百里里深高皆三丈寇不得進民還其

居歲罷運錢三十萬餘又注引許孟容烏承洽神道碑云渤海王武藝出海濱至馬都山屠陷城邑公以本營士馬防遏要害

紱案此二文即新唐書所本

天寶元年以平盧爲節度祿山爲之使兼柳城太守押兩蕃渤海黑水四府經略使同上逆臣安祿山傳

初渤海靺鞨掠登州光興新羅王擊走之帝進興光寧海軍大使使攻靺鞨同上新羅傳

李正己高麗人爲營州副將從侯希逸入青州軍中逐希逸有詔代爲節度使遂有淄青齊海登萊沂密德棣十州復取曹濮徐兗鄆五州凡有十五州市渤海名馬歲不絕同上藩鎮李正己傳

靺鞨州三府三

愼州武德初以涑沫烏素固部落置後僑置良鄉之故都鄉城領戶二百五十口九百八十四縣一逢龍

夷賓州乾封中以愁思嶺部落置後僑治良鄉之古廣陽城領戶一百三十口六百四十八縣一來蘇

黎州載初二年析愼州置

後僑治良鄉之故都鄉城領戶五百六十九口一千九百九十一縣一新黎黑水州都督府開元十四年置　渤海都督府　安靜都督府新唐書地理志四

開元五年營州置平盧軍使七年升平盧軍使爲平盧軍節度使經略河北支度管內諸蕃兼領安東都護及營遼燕三州二十八年平盧軍節度使兼押兩蕃渤海黑水四府經略處置使上元二年平盧軍節度使侯希逸引兵保青州授青密節度使遂廢淄沂節度並所管五州號淄青平盧節度永泰元年淄青平盧節度增領押新羅渤海兩蕃使同上方鎮表

張建章渤海國記三卷同上藝文志乙部史錄地理類又案通志藝文略宋史藝文志皆著錄此書

梁太祖乾化二年五月渤海遣使朝貢舊五代史七

末帝貞明四年十二月癸丑詔行營諸軍馬步都虞候匡國軍節度觀察留後朱珪可檢校太傅充平盧軍節度淄青登萊等

州觀察處置押新羅渤海兩蕃等使同上九

唐光宗同光二年正月乙卯渤海國遣使貢方物同上三十一

五月丙辰渤海國王大諲譔遣使貢方物七月幽州奏契丹安巴堅東攻渤海九月壬戌幽州上言契丹安巴堅自渤海國迴軍同上三十二

三年三月辛巳渤海國遣使貢方物同上

四年正月戊午朔契丹寇渤海丙寅契丹寇女眞渤海同上三百十四

明宗天成元年四月乙卯渤海國王大諲譔遣使朝貢七月庚申渤海國遣使朝貢同上三十六

十一月戊午靑州奏得登州狀申契丹先攻逼渤海國自安巴堅身死雖已抽退尚留兵馬在渤海扶餘城今渤海王弟領兵馬攻圍扶餘城內契丹同上三十七

長興元年十一月丙戌青州奏得登州狀契丹安巴堅男東丹王托雲越海來歸國契丹國志時東丹王失職怨望因率其部四十餘人越海歸唐同上四十一

二年正月壬申契丹東丹王托雲自渤海國率其衆到闕帝慰勞久之錫賚加等是日百僚稱賀丁丑東丹王托雲進本國印三紐二月丁酉幸東丹王托雲之第三月辛酉詔渤海國人皇王托雲宜賜姓東丹名慕華仍授檢校太保安東都護充懷化軍節度瑞鎮等州觀察使其從慕華歸國部校各授懷化歸德將軍中郎將九月己亥懷化軍節度使東丹慕華賜姓李名贊華改封隴西縣開國公同上四十二

長興三年正月戊申渤海遣使朝貢二月己卯懷化軍節度使李贊華進契丹地圖四月癸亥以懷化軍節度使李贊華爲滑州節度使初帝欲以贊華爲藩鎮范延光等奏以爲不可帝曰

吾與其先人約爲兄弟故贊華來附吾老矣倘後世有守文之主則此輩招之亦不來矣由是近臣不能抗議同上四十三末帝清泰三年九月辛亥幸懷州召吏部侍郎龍敏訪以機事敏勸帝立東丹王贊華爲契丹主以兵援送入蕃則契丹主有後顧之患不能久駐漢地矣帝深以爲然竟不行其謀遼史義宗傳云倍雖在異國常思其親問安之使不絶後明宗養子從珂弑其君自立倍密報太宗曰從珂弑君盍討之是東丹王實啓兵端唐君臣或知其陰謀故龍敏之說不行同上四十八晉高祖天福元年十二月丙申詔封故東丹王李贊華爲燕王遣前單州刺史李肅部著歸葬本國二年正月丙子故契丹人皇王歸葬輟視朝一日同上七十六少帝開運三年十二月辛卯契丹制降帝爲光祿大夫檢校太尉封負義侯黃龍府安置其地在渤海國界同十八十五

同光中璆（錢璆）以鎮海鎮東軍節度名目授其子元瓘自稱吳越國王僞行制册加封爵於新羅渤海海中夷落亦皆遣使行封册焉（同上百三十三世襲列傳）

同光中安巴堅深著闢地之志欲收兵大舉慮渤海踵其後三年舉其衆討渤海之遼東令托諾盧文進據營平等州擾我燕薊明宗初纂嗣遣供奉官姚坤告哀至西樓邑屬安巴堅在渤海又徑至愼州崎嶇萬里既至謁見安巴堅延入穹盧（中略）安巴堅曰比欲自往洛陽救助我兒又緣渤海未下我兒果致如此寃哉（中略）安巴堅凡三子長曰人皇王托雲即東丹王也（中略）安巴堅死其母令德光權主牙帳令少子阿敦少君往渤海國代托雲托雲將立而德光素爲部族所伏又其母亦常鍾愛故因而立之（中略）長興二年東丹王托雲在闕下其母繼發使中報朝廷

亦優容之同上百三十七外國列傳

渤海靺鞨其俗呼其王爲可毒夫對面呼聖胮奏呼基下父曰老王母曰太妃妻曰貴妃長子曰副王諸子曰王子世以大氏爲酋長同上

梁太祖開平元年五月戊寅渤海契丹遣使者來新五代史二

二年春正月丁酉渤海遣使者來同上

三年三月辛未渤海國王大諲譔遣使者來同上

乾化元年八月戊辰渤海遣使者來同上

二年五月丁亥渤海遣使者來同上

唐莊宗同光二年正月乙卯渤海國王大諲譔使大禹謨來五月丙辰渤海國王大諲譔遣使者來同上五

三年二月辛巳渤海國王大諲譔遣使者來同上

天成元年四月甲寅渤海國王大諲譔使大陳林來七月庚申渤海使大昭佐來同上六

長興元年十一月丙戌契丹東丹王突欲來奔同上

二年十二月辛未渤海使文成角來同上

三年春正月己酉渤海遣使者來同上

廢帝清泰二年九月乙卯渤海遣使者來同上七

錢璆以鎭海等軍節度使授其子元瓘自稱吳越國王遣使册新羅渤海王海中諸國皆封拜其君長同上六十七吳越世家

契丹頗有窺中國之志患女眞渤海等在其後欲擊渤海懼中國乘其虛乃遣使聘唐以通好同光之間使者再至莊宗崩明宗遣供奉官姚坤告哀於契丹坤至西樓而阿保機方東攻渤海坤追至愼州見之阿保機曰昨聞中國禍亂欲以甲馬五萬

往助我兒而渤海末除志願不遂阿保機攻渤海取其扶餘一城以爲東丹國以其長子人皇王突欲爲東丹王同上七十二四夷附錄

渤海本號靺鞨高麗之別種也唐高宗滅高麗徙其人散處中國置安東都護府於平壤以統治之武后時契丹攻北邊高麗別種大乞乞仲象與靺鞨酋長乞四比羽走遼東分王高麗故地武后遣將擊殺乞四比羽而乞乞仲象亦病死仲象子祚榮立因并有比羽之衆其衆四十萬人據挹婁臣於唐至中宗時置忽汗州以祚榮爲都督封渤海郡王其後世遂號渤海其貴族姓大氏開平元年國王大諲譔遣使者來訖顯德常來朝貢其國土物産與高麗同諲譔世次立卒史失其紀同上七十四四夷附錄

安東府北至渤海一千九百五十里通典一百八十州郡典

登州西至海四里當中國往新羅渤海過大路元和郡縣圖志十一

渤海靺鞨大祚榮本高麗別種也唐開元中高麗滅祚榮家屬東保桂婁之故地據東牟山築城居之祚榮驍勇善用兵靺鞨之衆及高麗餘燼稍稍歸之冊府元龜九百五十六種族

振國本高麗其地在營州之東二千里南接新羅西接越喜靺鞨東北至黑水靺鞨地方二千里編戶十餘萬兵數萬人風俗與高麗及契丹同頗有文字及書記同上九百五十九土風

渤海國唐中宗時封大祚榮爲渤海郡王其俗呼其王爲可毒夫對面爲聖王牋表呼基下父曰老王母曰太妃妻曰貴妃長子曰副王諸子曰王子世以大氏爲酋長同上九百六十二官號

玄宗先天二年二月封靺鞨大祚榮爲渤海郡王大祚榮聖曆中自立爲振國王在營州東二千里兵數萬人至是遣郎將崔訢往冊命祚榮左驍衛員外大將軍渤海郡王仍以其所統爲忽汗州都督自是每歲遣使朝貢同上九六四封冊

開元七年三月忽汗州都督渤海郡王大祚榮卒遣使撫立其嫡子桂婁郡王大武藝襲爲左驍衛大將軍渤海郡王忽汗州都督

八年八月册渤海郡王左驍衛大將軍大武藝嫡男大都利行爲桂婁郡王同上

二十按原脱六字年渤海桂婁郡王大武藝病死其子大欽茂嗣立帝降書冊且弔之曰念卿亡父素勵誠節與善無徵奄至殂謝興言求往軫念良深卿是長嫡當襲父位宜全忠孝以繼前蹤今故遣使持節冊命兼申弔祭冊曰皇帝若曰於戲王者宅中守在海外必立藩長以寧遐荒咨爾故渤海郡王嫡子大欽茂代承緒業早聞才幹昔在爾考忠於國家爰逮爾躬當茲負荷豈惟立嫡亦乃擇賢休問可嘉寵章宜及是用命爾爲渤海郡

王爾往欽哉永爲藩屏長保忠信效節本朝作範殊俗可不美歟同上

二十一年渤海靺鞨越海入寇登萊詔新羅王金興光發兵討之仍加授興光開府儀同三司寧海軍使同上

德宗貞元十一年二月令内常侍殷志贍將册書往渤海册大嵩璘爲渤海王忽汗州都督嵩璘渤海大欽茂之子襲父位也同上九百六十五

十四年三月加渤海郡王兼左驍衛大將軍忽汗州都督大嵩璘銀青光祿大夫簡較司空册爲渤海國王依前忽汗州都督大嵩璘父欽茂以開元二十六年襲其父武藝忽汗州都督渤海郡王左金吾大將軍天寶中累加特進太子詹事賓客寶應元年進封渤海國王大曆中又累拜司空太尉及嵩璘襲位但

授其郡王將軍嵩璘遣使叙禮故更加册命焉上同

二十一年五月加忽汗州都督渤海王大嵩璘金紫光祿大夫簡較司徒上同

憲宗元和元年十月加忽汗州都督渤海國王大嵩璘簡較太尉上同

四年正月以故渤海國王大嵩璘男元瑜爲銀青光祿大夫簡較秘書監充忽汗州都督册爲渤海國王上同

八年正月以故渤海國王大元瑜長弟權知國務言義爲銀青光祿大夫簡較秘書監忽汗州都督册爲渤海國王遣内侍李重旻充使上同

十三年四月以知渤海國務大仁秀爲銀青光祿大夫簡較秘書監忽汗州都督册爲渤海國王上同

十五年閏正月加忽汗州都督渤海國王大仁秀金紫光祿大夫簡較司空（同上）

文宗太和五年正月以權知渤海國務大彝震爲銀青光祿大夫簡較秘書監兼忽汗州都督冊爲渤海國王（同上）

渤海靺鞨唐聖曆中高麗別種大祚榮自立爲振國王先天二年冊拜渤海郡王仍以其所統爲忽汗州加授忽汗州都督開元七年祚榮卒玄宗遣使冊立其嫡子桂婁郡王大武藝襲父爲左驍衛大將軍渤海王忽汗州都督九姓燕然都督二十五年武藝病死其子欽茂嗣立詔襲其父官爵寶應元年進封國王欽茂卒其子嵩璘嗣貞元十一年二月令內常侍殷志瞻將冊書冊爲渤海王忽汗州都督元和四年嵩璘卒子元瑜嗣元瑜卒弟言義權知國務八年正月封言義爲國王十三年遣使

告哀詔以知國務大仁秀爲國王太和五年仁秀卒以權知國務大彝震爲國王梁開平元年其王曰大諲譔 同上九百六十七繼襲

開元元年十二月靺鞨 按即渤海 王子來朝奏曰臣請就市交易入寺禮拜許之 同上九百七十一朝貢

二年二月拂涅靺鞨首領失異蒙越喜大首領烏施可蒙鐵利部落大首領闥許離等來朝 同上

四年閏十二月靺鞨部落拂涅部落遣大首領來朝 同上

五年三月拂涅靺鞨遣使獻方物五月靺鞨遣使來朝並獻方物 同上

六年二月靺鞨鐵利拂涅並遣使來朝 同上

七年正月拂涅靺鞨鐵利靺鞨越喜靺鞨並遣使來朝二月拂涅靺鞨遣使獻方物八月大拂涅靺鞨遣使獻鯨鯢魚睛貂鼠

皮白兎貓皮上同

九年十一月己酉渤海郡靺鞨大首領鐵利大首領拂湼大首領俱來朝並拜折衝放還蕃上同

十年十月越喜遣首領茂利蒙來朝並獻方物十一月渤海遣其大臣味勃計來朝並獻鷹上同

十二年二月渤海靺鞨遣其臣賀祚慶來賀正賜帛五十匹放還蕃十二月越喜靺鞨遣使破支蒙來賀正幷獻方物上同

十三年正月渤海遣大首領烏借芝蒙黑水靺鞨遣其將五郎子並來賀正旦獻方物上同

十四年十一月渤海靺鞨王遣其子義信來朝並獻方物上同

十五年八月渤海王遣其弟大寶方來朝十月靺鞨遣使來朝並獻方物上同

十七年二月渤海靺鞨遣使獻鷹是月渤海靺鞨遣使獻鯔魚同上

十八年正月靺鞨遣其弟大郎雅來朝賀正獻方物二月渤海靺鞨大首領遣使知蒙來朝且獻方物馬三十匹五月渤海靺鞨遣使烏那達利來朝獻海豹皮五貂原作豹誤鼠皮三張瑪瑙盃一馬三十匹黑水靺鞨遣使阿布利思來朝獻方物九月靺鞨遣使朝貢同上

十九年二月渤海靺鞨遣使來賀正十月渤海靺鞨王遣其大姓取珍等百二十人來朝同上

二十三年三月渤海靺鞨王遣其弟蕃來朝八月鐵利部落拂涅部落越喜部落俱遣使來朝獻方物同上

二十四年九月渤海靺鞨遣使獻方物同上

二十五年正月渤海靺鞨大首領木智蒙來朝四月渤海遣其臣公伯計來獻鷹鶻同上

二十六年閏八月渤海靺鞨遣使獻貂原作豹誤鼠皮一千張乾文魚一百口同上

二十七年二月渤海王遣使獻鷹又拂涅靺鞨遣使獻方物十月渤海遣其臣受福子來謝恩同上

二十八年二月越喜靺鞨遣其臣野古利來獻方物鐵利靺鞨遣其臣綿度戶來獻方物十月渤海靺鞨遣使獻貂鼠皮昆布同上

二十九年二月渤海靺鞨遣其臣失阿利越喜靺鞨遣其部落烏舍利黑水靺鞨遣其臣阿布利稽來賀正三月拂涅靺鞨遣首領那弃勃來朝賀正並獻方物四月渤海靺鞨遣使進鷹及

鶻同上

天寶五載三月渤海遣使來賀正同上

六載正月渤海黑水靺鞨並遣使來賀正各獻方物同上

七載正月黑水靺鞨遣使朝貢三月黑水靺鞨遣臣獻金銀及六十綜布魚牙紬朝霞紬牛黃頭髮人參同上

八載三月渤海遣使獻鷹同上

九載黑水靺鞨遣使賀正三月渤海遣使獻鷹

十一載十一月黑水羯遣使來朝按羯爲靺字之誤又漏靺字即黑水靺鞨也同上

十二載三月渤海遣使賀正同上

十三載正月渤海遣使賀正同上

大曆二年七月渤海遣使來朝八月渤海九月靺鞨渤海十一月渤海十二月渤海遣使朝貢同上九百七十二

三年三月渤海靺鞨十二月渤海遣使朝貢同上
七年五月渤海靺鞨遣使朝貢同上
八年四月渤海遣使來朝并獻方物六月渤海遣使賀正引見於延英殿十一月渤海遣使朝貢閏十一月渤海遣使來朝十二月渤海遣使來朝渤海靺鞨遣使朝貢同上
九年正月渤海來朝十二月渤海靺鞨遣使來朝同上
十年正月渤海靺鞨五月渤海六月渤海十二月渤海靺鞨遣使朝貢同上
十二年正月渤海遣使來朝幷獻日本國舞女一十一人及方物二月渤海遣使獻鷹四月渤海靺鞨十二月渤海靺鞨遣使來朝獻方物同上
德宗建中元年十月渤海遣使朝貢同上

三年五月渤海國遣使朝貢同上

貞元七年正月渤海遣使來朝同上

八年四月靺鞨遣使朝貢同上

十八年正月虞婁越喜等首領見同上

二十年十一月渤海遣使來朝同上

憲宗元和元年十二月渤海遣使朝貢同上

二年十二月渤海遣使朝貢同上

五年正月渤海遣使高才南等來朝十一月渤海王遣子大延眞等來獻方物同上

七年渤海遣使來朝同上

八年十二月渤海王子辛文德等九十七人來朝同上

九年正月渤海使高禮進等三十七人朝貢獻金銀佛像各一

十一月渤海遣使獻鷹鶻十二月渤海遣使大孝眞等五十九人來朝上同

十年二月黑水酋長十一人七月渤海王子大廷俊等一百一人并來朝貢上同

十一年三月渤海靺鞨十一月渤海遣使朝貢上同

十二年二月渤海遣使朝貢上同

十五年閏正月渤海遣使朝貢十二月渤海復遣使朝貢上同

穆宗長慶二年正月渤海遣使朝貢上同

四年二月渤海遣使朝貢上同

敬宗寶曆元年三月渤海遣使朝貢上同

二年正月渤海遣使朝貢上同

文宗太和元年四月渤海遣使來朝上同

三年十二月渤海遣使朝貢同上

四年十二月渤海遣使朝貢同上

五年十一月渤海遣使朝貢同上

六年三月渤海王子大明俊來朝同上

七年正月渤海王遣同中書右平章事高賞英來謝策命同上

開成元年十二月渤海遣使朝貢同上

四年十二月戊辰渤海王子大延廣朝貢同上

武宗會昌六年正月渤海使朝於宣政殿同上

梁太祖開平元年五月渤海王子大昭順貢海東物産同上

三年三月渤海王大諲譔差其相大誠諤朝貢進兒女口及物貂鼠皮熊皮等同上

乾化元年八月渤海國遣使朝賀且獻方物同上

二年五月渤海王大諲譔差王子大光贊景帝表并進方物同上景帝二字疑有誤

後唐莊宗同光二年正月渤海王子大禹謨來朝貢五月渤海國王大諲譔遣使姪元讓貢方物九月黑水國遣使朝貢同上

三年二月渤海國王大諲譔遣使裴璆貢人參松子昆布黃明細布貂鼠皮被一褥六髮靴革奴子二五月黑水胡獨鹿朝貢同上

明宗天成元年四月渤海國王大諲譔遣使大陳林等一百一十六人朝貢進兒口女口各三人人參昆布白附子及虎皮等

七月渤海使人大昭佐等六人朝貢同上

四年五月渤海遣使高正詞入朝貢方物八月黑水遣使骨至來朝兼貢方物同上

長興二年正月東丹王突欲進馬十四氈帳及諸方物又進本國印三面宣示宰臣十二月渤海使文成角來朝貢同上

三年正月渤海遣使朝貢同上

廢帝清泰二年十一月渤海遣使列周義入朝貢方物同上

開元二十二年二月新羅王興光從弟左領軍衛員外將軍忠信上表曰臣所奉進止令臣執節本國發兵馬討除靺鞨有事續奏者臣自奉聖旨誓將致命當此之時爲替人金孝方身亡便留臣宿衛臣本國王以臣久待天庭遣從姪志廉代臣今已到訖臣即合還每思前所奉進止無忘夙夜陛下先有制加本國王興光寧海軍大使錫之旌節以討凶殘皇威載臨雖遠猶近君則有命臣敢不祗蠢爾夷俘計亦悔禍然除惡務本布憲惟新故出師義貴乎三申縱敵患貽於數代伏望陛下因臣還

國以副使假臣盡將天旨再宣殊裔豈惟斯怒益振固亦武夫作氣必傾其巢穴靜此荒隅遂夷臣之小誠爲國家之大利臣等復乘桴滄海獻捷丹闈效毛髮之功答雨露之施臣所望也伏惟陛下圖之帝許焉同上九百七十三助國討伐

開元四年閏十二月靺鞨部落拂涅部落皆遣大首領來朝並賜物三十段放還蕃同上褒異九百七十四

六年二月靺鞨鐵利拂涅並遣使來朝各授守中郎將還蕃同上

七年正月拂涅靺鞨越喜靺鞨幷遣使來朝各賜帛五十疋六月丁卯靺鞨渤海郡王大祚榮卒贈特進賜物五百段遣左監門率上柱國吳思謙攝鴻臚卿持節充使弔祭同上

九年十一月己酉渤海郡靺鞨大首領鐵利大首領拂涅大首領俱來朝並拜折衝放還蕃同上

十年閏五月癸巳黑水酋長倪屬利稽來朝授勃州刺史放還蕃勃蕃中州也九月己巳大拂涅靺鞨如價及鐵利大拂涅買取利等六十八人來朝並授折衝放還蕃十月己亥鐵利靺鞨可婁計來朝授郎將放還蕃十一月辛未渤海遣使其大臣味勃計來朝幷獻鷹授大將軍賜錦袍金魚袋放還蕃十二月戊午黑水靺鞨大酋長倪屬利稽等十八人來朝並授中郎將放還蕃同上

十一年十一月甲戌越喜靺鞨勃施計拂涅靺鞨朱施蒙鐵利靺鞨倪處梨俱來朝並授郎將放還蕃同上

十二年二月丙申鐵利靺鞨渠池蒙來朝授將軍放還越喜靺鞨奴布利等十二人來朝並授郎將放還蕃拂涅靺鞨大首領魚可蒙來朝授郎將放還蕃乙巳渤海靺鞨遣其臣賀祚慶來

賀正進階游擊將軍賜帛五十疋放還蕃丙辰黑水靺鞨大首領屋作箇來朝授折衝放還蕃五月乙酉鐵利來朝授折衝放還蕃上同

十三年正月辛丑黑水靺鞨遣其將五郎子來賀正旦且獻方物授將軍賜紫袍金帶魚袋放還蕃三月丙午鐵利靺鞨大首領封阿利等一十七人來朝越喜靺鞨苾利施來朝黑水靺鞨大首領烏素可蒙來朝拂涅靺鞨薛利蒙來朝並授折衝放還蕃四月甲子渤海首領謁德黑水靺鞨諾箇蒙來朝並授果毅放還蕃五月渤海王大武藝之弟大昌勃價來朝授左威衛員外將軍賜紫袍金帶魚袋留宿衛黑水部落職紇蒙等二人來朝授中郎將賜紫袍銀帶金魚袋放還蕃上同

十四年三月乙酉渤海靺鞨王大都利來朝四月乙丑渤海靺

鞨王大都利來朝授左武衛大將軍員外置留宿衛上同
十五年二月辛亥鐵利靺鞨米象來朝授郎將放還蕃四月丁
未勅曰渤海宿衛王子大昌勃價及首領等久留宿衛宜放還
蕃庚申封大昌勃價襄平縣開國男賜帛五十疋首領已下各
有差先是渤海王大武藝遣男利行來朝并獻貂鼠至是乃降
書與武藝慰勞之賜綵練一百疋十一月丙辰鐵利靺鞨首領
失伊蒙來朝授果毅放還蕃上同
十六年四月癸未渤海王子留宿衛大都利行卒贈特進兼鴻
臚卿賜絹三百疋粟三百石命有司弔祭官造靈轝歸蕃九月
壬寅渤海靺鞨菸夫須計來朝授果毅放還蕃上同
十七年二月甲子渤海靺鞨王大武藝使其弟大胡雅來朝授
游擊將軍賜紫袍金帶留宿衛三月癸卯渤海靺鞨遣使獻鯔

魚賜帛二十疋遣之八月丁卯渤海靺鞨王遣其弟大琳來朝授中郎將留宿衛同上

十八年正月戊寅渤海靺鞨遣其弟大郎雅來朝賀正獻方物壬子大拂涅靺鞨兀異來朝獻馬四十匹授左武衛折衝賜帛三十段留宿衛二月戊寅渤海靺鞨遣使智蒙來朝且獻方物馬三十疋授中郎將賜絹二十疋緋袍銀帶放還蕃五月己酉渤海靺鞨遣使烏那達利來朝獻海豹皮五張貂鼠皮三張瑪瑙盃一馬三十匹授以果毅賜帛放還蕃壬午黑水靺鞨遣使阿布思利來朝獻方物賜帛放還蕃六月戊午黑水靺鞨大首領倪屬利稽等十人來朝並授中郎將放還蕃九月乙丑靺鞨遣使來朝獻方物賜帛放還蕃同上

十九年二月癸卯靺鞨遣使賀正授將軍放還蕃己未渤海靺

鞨遣使來朝正授將軍賜帛一百疋還蕃十月癸巳渤海靺鞨王遣其大姓取珍等百二十人來朝並授果毅各賜帛三十疋放還蕃上同

二十四年三月乙酉渤海靺鞨王遣其弟蕃來朝授太子舍人員外賜帛三十疋放還蕃十一月癸酉靺鞨首領聿棄計來朝授折衝賜帛五百疋放還蕃上同

二十五年正月甲午大拂涅靺鞨首領兀異來朝授中郎將放還蕃二月戊辰新羅國金興光卒先是二十二年以渤海靺鞨寇登州興光發兵助討破以功遂授興光開府儀同三司寧海使及卒帝悼惜久之四月丁未渤海遣其臣公伯計來獻鷹鶻授將軍放還蕃八月戊申渤海靺鞨大首領多蒙固來朝授左武衛將軍賜紫袍金帶及帛一百疋放還蕃上同

二十七年二月丁未渤海王弟大勗進來朝宴於內殿授左武衛大將軍員外置同正賜紫袍金帶及帛一百疋留宿衛十月乙亥渤海遣其臣優福子來謝恩授果毅紫袍銀帶放還蕃（同上）

二十九年二月己巳渤海靺鞨遣其臣失阿利來賀正越喜靺鞨遣其部落烏舍利來賀正黑水靺鞨遣其臣阿布利稽來賀正皆授郎將放還蕃（同上）

天寶二年七月癸亥渤海王遣其弟蕃來朝授左領軍衛員外大將軍留宿衛（同上）

德宗貞元七年五月戊辰以渤海賀正使大常靖爲衛尉卿同正令歸國（同上九百七十六）

十年二月壬戌以來朝渤海王子大淸允爲右衛將軍同正其下拜官三十餘人（同上）

十四年十一月戊申以渤海國王大嵩璘姪能信爲左驍騎衛中郎將虞侯婁蕃長都督茹富仇爲右武衛將軍並放還蕃上同

憲宗元和四年正月戊戌帝御麟德殿引見渤海使謁見賜物有差上同

七年正月癸酉帝御麟德殿對渤海等使賜宴有差甲申賜渤海使官告三十五通衣各一襲上同

八年十二月丙午宴渤海使仍賜以錦綵上同

九年二月己丑麟德殿召見渤海使高禮進等三十七人宴賜有差上同

十年正月丁酉詔賜渤海使者卯貞壽等官告放還蕃三月甲子賜渤海使大昌慶等官告歸之三月丙子賜渤海使者官告歸之上同

十一年二月癸卯賜渤海使錦綵銀器有差庚戌授渤海使高宿滿等二十人官

十二年三月甲戌以錦綿賜渤海使大誠愼等上同

十五年穆宗即位二月庚寅對渤海朝貢使於麟德殿宴賜有差十二月壬辰對渤海使於麟德殿宴賜有差上同

穆宗長慶二年正月壬子對渤海使者於麟德殿宴賜有差上同

文宗太和元年四月癸巳御麟德殿對渤海使者十一人宴賜有差上同

二年十二月己卯渤海遣使朝貢詔對於麟德殿宴賜有差上同

六年二月丙辰麟德殿對入朝渤海王子大明俊等六人宴賜有差上同

七年二月己卯麟德殿對渤海王子大光晟等六人宴賜有差

同上

開成二年正月癸巳上御麟德殿對賀正渤海王子大明俊等一十九人宴賜有差同上

三年二月辛卯上御麟德殿對入朝渤海使賜綿綵銀器有差同上

武宗會昌六年正月渤海使朝於宣政殿對於麟德殿賜食於內亭子仍賚錦綵器皿有差同上

梁太祖開平二年正月渤海國朝貢使殿中少令崔禮光已下各加爵秩并賜金帛有差同上

乾化二年閏五月戊申詔以分物銀器賜渤海進貢首領以下遣還其國同上

後唐莊宗同光二年五月庚申賜渤海朝貢使大元讓等分物

有差八月渤海朝貢使王姪學堂親衛大元謙可試國子監丞
十一月庚寅以黑水國朝貢兀兒爲歸化中郎將同上
三年五月乙卯以渤海國入朝使政堂省守和部少卿賜紫金
魚袋裴璆可右贊善大夫同上
明宗天成四年七月乙酉以渤海國前入朝使高正詞爲太子
洗馬八月乙巳黑水朝貢使骨至來可歸德司戈同上
長興三年正月渤海遣使朝貢賜物有差同上
晉高祖天福二年春故契丹人皇王婦葬輟視朝三日同上
憲宗元和四年正月命中官元文政往渤海充弔祭册立使同上
九百八十通好
八年正月命內侍李重旻充渤海册立宣慰使同上
十一年二月授渤海使國信以歸

十三年三月渤海國遣使李繼常等二十六人來朝同上

莊宗同光四年明宗初纂嗣遣供奉官姚坤空函告哀至契丹西樓屬阿保機在渤海又徑至慎州崎嶇萬里既至謁見保機延入穹廬同上

明宗天成元年九月幽州趙德均奏先遣軍將陳繼威使契丹部内今使還得狀稱今年七月二十日至渤海界扶餘府契丹族帳在府城東南隅契丹主阿保機已得疾其月二十七日死八月三日隨阿保機靈柩發離扶餘城同上

長興二年五月癸亥青州上言有百姓過海北植採附得東丹王堂兄京尹汚整書問慕華行止欲修貢也閏五月青州進呈東丹國首領耶律羽之書二封同上

四年契丹耶律德光以兄東丹王突欲在闕下其母繼發使申

欵朝廷亦優容之賜突欲姓李氏名贊華出鎭滑州以莊宗夫人夏氏嫁之 同上

晉高祖天福七年三月乙卯朔契丹通事高模翰來聘 同上 按模翰渤海人

唐玄宗開元二十年九月渤海靺鞨寇登州殺刺史韋俊命左領軍將軍蓋福順發兵討之 同上九百八十六征討

後唐莊宗同光二年七月幽州奏偵得阿保機東攻渤海 同上九百九十五交侵

四年正月北面招討使李紹眞奏北來奚首領云契丹阿保機寇渤海國 同上

明宗天成元年十一月青州霍彥威奏得登州狀申契丹先發諸部攻逼渤海國自阿保機身死雖已抽退尚留兵馬在渤海扶餘城今渤海王弟部領兵士攻圍扶餘城契丹 同上

長興元年正月青州奏遣人押渤海王憲一行歸本國被黑水

剽刼今得黑水兀兒狀及將印紙一張進呈同上

代宗大曆九年二月辛卯渤海質子大英俊還蕃引辭於延英

殿同上納質

德宗貞元七年八月渤海王遣其子大貞幹一作眞幹來朝請備宿

衛同上

後唐契丹東丹王歸中國明宗賜姓李名贊華尤好畫及燒金

鍊汞之術始泛海歸朝載書數千卷自隨樞密使趙延壽每求

假異書及醫經皆中國無者同上九百九十七技術

永康王兀欲即東丹之長子也後改名聿好行仁惠善丹青尤

精音樂同上

渤海以憲宗元和二年進奉端午使楊光信逃歸潼關吏執以

至鞫於內仗同上悖讒
後唐契丹東丹王歸中國明宗賜姓李名贊華嚴刻馭下姬僕小有過者即挑目火灼妻夏氏畏其慘毒竟離婚爲尼又好飲人血左右姬媵多刺其臂以吮之同上九百九十七殘忍
文宗太和七年春正月己亥銀靑光祿大夫簡較秘書監忽汗都督國王大彝震奏遣學士解楚卿趙孝明劉寶俊三人附謝恩使同中書右平章事高賞英赴上都學問先遣學生李居正朱承朝高壽海等三人事業稍成請准例遞乘歸本國許之同上九百九十九請求
文宗開成元年六月淄靑節度使奏渤海將到熟銅請不禁斷同上互市案海東繹史二十五引此條下又云是月京兆府奏准建中元年十月六日敕諸錦罽綾羅縠繡織成細紬絲布氂牛尾眞珠銀銅鐵奴婢等幷不得與新羅渤海契丹諸蕃互市又准令式中國人不合私與新羅渤海外國人交通買賣

明宗長興二年五月青州奏黑水瓦兒部至登州賣馬同上

黑水靺鞨最處北方尤稱勁健每特其勇嘗爲隣境之患同上卷一

千强盛

渤海國王武藝本高麗之別種也其父祚榮東保桂婁之地自立爲振國王以武藝爲桂婁郡王開元十四年黑水靺鞨遣使來朝武藝謂其屬曰黑水途經我境始可歸唐今不言而行必與大唐通謀腹背攻我也遂遣母弟大門藝發兵以擊黑水門藝以充質子至京師不欲搆怨乃曰黑水歸唐而擊之是背唐也唐國人衆兵强萬倍於我一朝結怨但恐自取滅亡昔高麗全盛之時兵三十餘萬抗敵唐家不事賓伏唐兵一時掃盪俱盡今日渤海之衆數倍小於高麗乃欲違背唐家事必不可武藝不從固遣之門藝又上書諫武藝怒遣其從兄大一夏代門

藝統兵命左右殺門藝門藝聞之遂間道來奔詔授左驍衛將軍後武藝遣使朝貢上表極言門藝罪狀請殺之玄宗遣使往安撫報武藝曰門藝來歸投義不可殺今流向嶺南已遣去訖乃留其使馬文軌別遣使報之俄有泄其事者武藝又上書曰大國示人以信豈有欺誑之理今聞門藝不向嶺南伏請殺之繇是責鴻臚少卿李道邃源復以不能督察官屬致有漏泄出道邃曹州刺史復爲澤州刺史遣門藝暫往嶺南以信之二十年武藝率海賊攻登州殺刺史韋俊詔門藝往幽州徵兵以討之仍令新羅發十萬人應接屬山阻寒雪竟無功而還武藝懷怨不已密遣使至東都厚賂刺客遮門藝於天津橋格之不死詔河南府捕獲其賊盡殺之同上仇怨

後唐契丹東丹王贊華明宗時歸朝清泰帝幸懷州遣內班秦

繼旻皇城使李彥紳害之東丹王長子兀欲晉開運末從虜主耶律德光入汴虜主遂殺繼旻彥紳於東市復東丹之讐也命兀欲弟留桂爲滑州節度使以處東丹之舊地同上

代宗大曆八年閏十一月渤海質子盜修龍袞擒之辭云慕中華文物帝矜而捨之海東繹史十一引册府元龜

穆宗長慶四年二月平盧節度使薛平遣使押領備宿衛渤海大聰睿等至樂驛命中官持酒脯迎宴焉同上三十九引册府元龜

渤海靺鞨本高麗別種後徙居營州其王姓大氏名祚榮先天中封渤海郡王子武藝唐會要九十六

貞元八年閏十二月渤海押靺鞨使楊吉福等三十五人來朝貢十年二月以來朝渤海王子大淸允爲右衛將軍同正其下拜官三十餘人十一年十二月以靺鞨都督密阿古等二十二

人並拜中郎將放還蕃至十四年三月加渤海郡王兼驍衛大將軍忽汗州都督大嵩璘爲銀青光祿大夫檢校司空冊爲渤海郡王依前忽汗州都督初嵩璘父欽茂以開元二十六年襲其父武藝忽汗州都督渤海郡王左金吾大將軍天寶中累加特進太子詹事賓應元年進封欽茂爲渤海郡王大曆中又累拜司空太尉及嵩璘嗣位但受其郡王將軍嵩璘遣使敘理故加冊命焉至元和元年以渤海郡王大嵩璘男元瑜爲銀青光祿大夫檢校秘書監忽汗州都督依前渤海國王七年十二月遣使朝貢八年又遣使朝貢十年二月黑水酋長十一人朝貢十一年三月渤海靺鞨遣使朝貢賜其使二十人官告同上

開元二十六年六月二十七日渤海遣使求寫唐禮及三國志晉書三十六國春秋許之同上三十六

開成二年三月渤海國隨賀正王子大俊明並入朝學生共一十六人敕渤海所請生徒習學宜令青州觀察使放六人到上都餘十人勒迴同上

乾寧二年十月賜渤海王大瑋瑎勅書翰林稱加官合是中書撰書意諮報中書同上五十七

開元七年閏七月張敬忠除平盧軍節度使自此始有節度之號八年四月除許欽琰又帶管內諸軍諸蕃及支度營田等使二十八年二月除王斛斯又加押兩蕃及渤海黑水等四府經略處置使遂爲定額同上七十八

元和二年八月以建王審爲鄆州大都督淄青等州節度觀察處置陸運海運押新羅渤海兩蕃等使按此爲親王遥領同上

元和十四年三月平李師道以所管十二州分三節度馬總爲

天平軍節度王遂爲兗海沂密節度薛戎爲平盧軍節度仍加押新羅渤海兩蕃使仍舊爲平盧軍賜兩蕃印一面同上

渤海本號靺鞨蓋高麗之別種也唐高宗平高麗徙其人散居中國置州縣於遼外就平壤城置安東督護府以統之至萬歲通天中契丹李榮反攻營府有高麗別種大舍利乞乞仲象大姓舍利官乞乞仲象名也與靺鞨酋長乞四比羽走保遼東分王高麗故地武后封乞四比羽爲許國公大舍利乞乞仲象爲震國公乞四比羽不受命武后命將軍李楷固擊殺之乞乞仲象死其子大祚榮繼立幷有比羽之衆其兵丁戶口四十餘萬保據挹婁故地至聖歷中稱臣朝貢上命御史張行岌就往宣慰號其都爲忽汗州以祚榮爲忽汗州都督封渤海郡王自是遂號爲渤海國其俗呼其王爲可毒失對面呼聖王牋表稱基下父曰老王

母曰太妃妻曰貴妃長子曰副王諸子曰王子代以爲大酋長

唐時常來朝貢五代會要三十

梁開平元年三月其王大諲譔遣王子大昭順來貢方物上同

二年正月又遣殿中少令崔禮光來朝上同

三年三月遣其相大成諤來朝兼貢女口上同

乾化元年八月遣使者來上同

二年五月又遣王子大光贊來貢方物上厚賜之上同

後唐同光二年正月遣王子大禹謨來朝上同

是年五月又遣王子大元讓來朝上賜之金綵八月又遣姪學

堂親衛大元謙試國子監丞上同

三年二月又遣使裴球來貢方物兼進女口五月以入朝使政

堂省守和部少卿賜紫金魚袋裴球爲右贊善大夫上同

天成元年四月遣使大陳林等一百一十六人來朝貢進男女口各三人幷人參昆布白附子等七月遣使大昭佐等六人來朝貢先是契丹大首領耶律阿保機兵力雄盛東北諸蕃多臣屬之以渤海國土地相接常有吞井之志是歲率諸蕃部落往攻之下扶餘城因改扶餘爲東丹府命其子突欲留兵鎭之及阿保機死渤海王命其弟率兵攻之不克乃保衆而退同上

四年五月遣高正訶來朝貢按訶字應從册府元龜删作詞七月以高正訶爲太子洗馬同上

長興二年十二月遣使成文角來朝同上

三年正月又遣使來朝貢同上

四年七月以先入朝使成文角爲朝散大夫右神武軍長史奏事右錄事試大理評事高保義爲朝散郎右驍衛長史並賜金紫同上

清泰二年十二月遣南海府都督列周道等入朝貢方物同上

三年二月以入朝使列周道爲檢校工部尚書政堂省工部卿烏濟顯試光祿卿同上

周顯德元年七月崔烏斯多等三十人歸化同上

後唐同光二年七月契丹阿保機率兵東攻渤海國同上

四年正月復攻渤海國又遣梅老鞋里以下三十七人貢馬三十四匹詐修和好同上

天成元年九月攻渤海國扶餘城下之命其長子突欲主其國號東丹王　二十七日阿保機卒其次子元帥太子德光嗣立德光本名曜屈之慕中國之名因改之初阿保機有三子長號人皇王次號元帥太子三號安端少君及阿保機死其妻述律氏令元帥太子勾當兵馬令安端少君往渤海國代突欲歸將立之而元帥太子素爲部族所敬又爲述律氏所鍾愛故因而立之僞稱天顯元年尋葬阿保機於西樓僞謚曰大聖皇帝西樓蕃中地名同上

長興元年十一月東丹王突欲率蕃官四十餘人馬百匹自登州泛海内附帝御文明殿召對及其部曲慰勞久之賜以衣冠金玉帶鞍馬錦綵器物等突欲進本國印三面宣示宰臣十二月中書門下奏契丹國東丹王突欲遠泛滄溟來歸王化請賜姓名仍准番官入朝例安排謹按四夷入朝番官有懷德懷化歸德歸化等將軍中郎將名號又本朝賜新羅渤海兩番國王官初自檢校司空至太保今突欲是阿保機之子請比新羅渤海國王例施行勅渤海國王人皇王突欲契丹先收渤海國改爲東丹其突欲宜賜姓東丹名慕華授光祿大夫檢校太保安東都護兼御史大夫上柱國渤海郡開國公食邑一千五百戶充懷化軍節度瑞愼等州觀察處置押番落等使同上

後唐同光二年七月率兵東攻渤海國四年正月復攻渤海國

同上二十九契丹

天成元年九月攻渤海國下之命其長子突欲主其國號東丹王同上

渤海夫餘之別種本濊貊之地其國西與鮮卑接地方三千里唐平高麗就平壤城置安東都護府統之萬歲通天中契丹攻陷營州靺鞨酋人反據遼東分王高麗之地渤海因保挹婁故地中宗封爲渤海郡王兼此上應有忽字汗州都督天成初契丹阿保機兵雄盛東北諸蕃多臣屬之以渤海土地相接有吞併之志攻其國夫餘城下之立長子圖欲爲東丹王領兵守之武經總要前集十六下

唐玄宗開元元年二月初高麗既亡其別種大祚榮徙居營州及李盡忠反風俗通大姓大庭氏之後大欵爲顓帝師按禮記曰大連善居喪東夷之子也蓋東夷之有大姓尙

矣

祚榮與靺鞨乞四北羽聚衆東走阻險自固盡忠死武后使將軍李楷固討其餘黨楷固擊乞四北羽斬之引兵踰天門嶺逼祚榮（新書天門嶺在土護眞河北三百里）祚榮逆戰楷固大敗僅以身免祚榮遂帥其衆東據東牟山築城居之（東牟山在挹婁國界地直營州東二千里南北新羅以泥河為境東窮海西契丹）祚榮驍勇善戰高麗靺鞨之人稍稍歸之地方二千里戶十餘萬勝兵數萬人自稱振國王附於突厥時奚契丹皆叛道路阻絕武后不能討中宗即位遣侍御史張行岌招慰之祚榮遣子入侍至是以祚榮為左驍衛大將軍渤海郡王以其所部為忽汗州令祚榮兼都督（靺鞨自此盛矣始去靺鞨專號渤海　資治通鑑二百十）

七年三月渤海王大祚榮卒（考異曰實錄六月丁卯祚榮卒遣左監門率吳思謙攝鴻臚卿充使弔祭按此月丙辰已云祚榮卒蓋六月方遣思謙弔祭耳）丙辰命其子武藝襲位（同上二百十二）

十四年是歲黑水靺鞨遣使入見（黑水靺鞨在流鬼國西南女眞即其遺種也）上以

其國爲黑水州仍爲置長史以鎭之渤海靺鞨王武藝曰黑水入唐道由我境往者請吐屯於突厥突厥置吐屯以領諸附從之國先告我與我偕行今不告我而請吏於唐是必與唐合謀欲腹背攻我也遣其母弟門藝與其舅任雅將兵擊黑水門藝嘗爲質子於唐諫曰黑水請吏於唐而我以其故擊之是叛唐也唐大國也昔高麗全盛之時彊兵三十餘萬不遵唐命掃地無遺況我兵不及高麗什之一二一旦與唐爲怨此亡國之勢也武藝不從彊遣之門藝至境上復以書力諫武藝怒遣其從兄大壹夏代之將兵召欲殺之門藝棄衆間道來奔制以爲左驍衛將軍武藝遣使上表罪狀門藝請殺之上密遣門藝詣安西留其使者別遣報云已流門藝於嶺南武藝知之上表稱大國當示人以信豈得爲此欺誑固請殺門藝上以鴻臚少卿李道邃源復不能

督察官屬致有漏泄皆坐左遷暫遣門藝詣嶺南以報之臣光曰王者所以服四夷威信而已門藝以忠獲罪自歸天子天子當察其枉直賞門藝而罰武藝爲政之體也縱不能討猶當正以門藝之無罪告之今明皇威不能服武藝恩不能庇門藝顧效小人爲欺誑之語以取困於小國乃罪鴻臚之漏泄不亦可羞哉同上二百十三

二十年九月渤海靺鞨王武藝遣其將張文休帥海賊寇登州殺刺史韋俊上命右領軍將軍葛福順發兵討之同上

二十一年正月上遣大門藝詣幽州發兵以討渤海王武藝考異曰新書烏承玼傳云可突干殺其王邵固降突厥而奚亦亂是歲奚契丹入寇詔承玼擊之破於捺祿山又云渤海大武藝引兵至馬都山屠城邑承玼窒要路塹以大石亙四百里於是流人得還士少休脫鎧而耕歲省度支運錢按韓愈爲烏重胤作廟碑敘重胤父承洽云屢破契丹從戰捺祿走可突干渤海上至馬都山吏民逃徙失業尚書領所部兵塞其道塹原累石綿四百里深高皆三丈寇不得進民還其居歲能錢三千萬疑新書約此碑作承玼傳按新書帝紀及渤海傳皆無武藝入寇至馬都山事或者韓碑云走可突干渤海上至馬都山謂破走可突干渤海上追之至馬都山耳二十一年郭英傑與可突干戰

（都山然則都山蓋契丹之書也吏民逃徙失業蓋因可突干入寇而然與上止是一事新地承之致誤然未知新書承玭傳中餘事別據何書）庚申命太僕員外卿金思蘭使於新羅（思蘭新羅王之侍子留京師官爲太僕卿員外置）發兵擊其南鄙會大雪丈餘山路阻隘士卒死者過半無功而還武藝怨門藝不已密遣客刺門藝於天津橋南不死上命河南搜捕賊黨盡殺之（河南謂河南府同上）

二十六年八月辛巳渤海王武藝王卒子欽茂立（同上二百十四）

二十九年八月乙未以祿山爲營州都督充平盧軍使（考異曰實錄此年八月以幽州節度副大使安祿山爲營州刺史充平盧渤海黑水軍使舊紀以幽州節度副使安祿山爲營州刺史平盧軍節度副使會要二十八年王斛斯爲平盧節度使遂爲定額按舊傳祿山自平盧兵馬使爲平盧軍使蓋以平盧兵馬使帶幽州節度副使之名耳實錄衍大字也天寶元年始以平盧爲節度會要誤也）兩蕃渤海黑水四府經略使（唐謂奚契丹爲兩蕃同上）

天寶元年正月壬子分平盧別爲節度以安祿山爲節度使平

盧節度鎭撫室韋靺鞨統平盧盧龍二軍榆關守捉安東都護府屯營平二州之境治營州兵三萬七千五百人平盧軍在營州城內兵萬六千人盧龍軍在平州城內兵萬人榆關守捉在營州城西四百八十里兵三千人安東都護府在營州東二百里兵八千五百人同上二百十五

代宗廣德元年七月李懷光等屯晉州懷光本渤海靺鞨也姓茹爲朔方將以功賜姓同上二百二十三

德宗貞元十年十二月初渤海文王欽茂卒子宏臨早死族弟元義立元義猜虐國人殺之立宏臨之子華嶼是爲成王改元中興華嶼卒復立欽茂少子嵩鄰是爲康王改元正厤渤海自大祚榮立國開元之間其子武藝立益以彊盛東北諸夷皆畏而臣之改元仁安更五代以至於宋耶律雖數加兵不能服也故通鑑歷叙其事爲詳同上二百三十五

十一年春二月乙巳册拜嵩鄰爲忽汗州都督渤海王考異曰實錄乙

巳册大嶺嵩鄰爲渤海郡王今從新傳同上

憲宗元和四年正月渤海康王嵩鄰卒子元瑜立改元永德同上二百三十七

八年正月渤海定王元瑜卒弟言義權知國務庚午以言義爲渤海王同上二百三十九

十三年二月初渤海僖王言義卒弟簡王明忠立改元太始一歲卒從父仁秀立改元建興乙巳遣使來告喪五月辛丑以知渤海國務大仁秀爲渤海王同上二百四十

文宗太和四年是歲渤海宣王仁秀卒子新德早死孫彝震立改元咸和同上二百四十四

宣宗大中十二年二月渤海王彝震卒癸未立其弟虔晃爲渤海王同上二百四十九

後唐莊宗同光二年七月時東北諸夷皆役屬契丹惟渤海未服契丹主謀入寇恐渤海掎其後渤海時爲海東盛國置五京十五府六十二州盡有高麗肅慎之地乃先舉兵擊渤海之遼東九月契丹攻渤海無功而還同上二百七十三

明宗天成元年正月契丹主擊女眞及渤海恐唐乘虛擊之戊寅遣梅老鞋里來修好同上二百七十四

七月契丹主攻渤海拔其夫餘城即唐高麗之夫餘城也時高麗王王建有國限混同江而守之混同江之西不能有也故夫餘城屬渤海國混同江即鴨綠水更命曰東丹國命其長子突欲鎮東丹號人皇王同上二百七十五又同書二百六十九梁均王貞明二年十二月契丹阿保機稱皇帝下考異曰又滅渤海虜其王大諲譔立長子爲渤海東丹王號人皇王自號天皇王始立年號曰天贊國稱大遼

後晉齊王開運二年十月初高麗王建用兵吞滅鄰國頗彊大因胡僧襪囉言於高祖曰渤海我昏姻也其王爲契丹所虜請

與朝廷共擊取之高祖不報及帝與契丹爲仇䫻囉復言之帝欲使高麗擾契丹東邊以分其兵勢會建卒子武自稱權知國事上表告喪十一月戊戌以武爲大義軍使高麗王遣通事舍人郭仁遇使其國諭指使擊契丹仁遇至其國見其兵極弱曏者䫻囉之言特建爲誇誕耳實不敢與契丹爲敵仁遇還武更以它故爲解宋白曰晉天福中有西域僧䫻囉來朝善火卜俄辭高祖請遊高麗王建甚禮之時契丹併渤海之地有年矣建因從容謂䫻囉曰渤海本吾親戚之國其王爲契丹所虜吾欲爲朝廷攻而取之且欲平其舊怨師迴爲言於天子當定期兩襲之䫻囉還具奏高祖不報出帝與契丹交兵䫻囉復奏之帝遣郭仁遇飛詔諭建深攻共地以牽脅之會建已卒武知國事與其父之大臣不叶自相魚肉内難稍平兵威未振且夷人怯懦䫻囉之言皆建虚誕耳同上二百八十四

高宗命李勣討平之謂高麗俘其王高藏裂地而爲郡縣建安東都護府於平壤城以兵鎮守後武后遣將擊殺其主乞昆羽按即

乞四比羽而立其主乞仲象按即乞乞仲象亦病死仲象子祚榮立因有其衆四十萬據於桂婁臣於唐中宗時乃置忽汗州以祚榮爲都督渤海郡王其後遂號渤海宣和奉使高麗圖經一

太祖問趙普男尊女卑何故男跪而女不跪羣臣無對者惟王貽孫曰古者男女皆跪至唐則天時始拜而不跪太祖曰何以爲實貽孫曰古詩云長跪問故夫遂得振學譽詩話總龜八引玉壺清話

王溥子貽孫字象賢溥藏書至萬卷貽孫遍覽之太祖嘗問趙普拜禮何以男子跪而婦人不跪普訪禮官無知者貽孫云古詩云長跪問故夫即婦人古亦跪也唐武后時婦人始拜而不跪普問所出對曰唐幽州從事張建章著渤海記備言之普歎伏東都事略十八

唐志張建章渤海國記三卷太和中王貽孫云武后時婦人始拜

而不跪張建章渤海記言之玉海十六地理類異域圖書

唐渤海遣子入侍　傳渤海本粟末靺鞨及祚榮號震國王中宗遣侍御史張行岌招慰祚榮遣子入侍先天中遣使拜渤海郡王以所統爲忽汗州都督始去靺鞨號玄宗朝獻者二十九開元二年令生徒六人入學新羅七八二十六年渤海遣使來寫唐禮及三國志晉書三十六國春秋　大曆二十五貞元四元和十六朝獻長慶四寶曆再文宗世來朝十二會昌四咸通三初其王數遣諸子詣京師大學習議古今制度遂爲海東盛國實錄貞元十一年二月乙巳冊嵩隣爲渤海王　志張建章渤海國記三卷玉海一百五十三朝貢類外夷來朝

開元二十六年六月二十七日渤海求寫唐禮及三國志晉書三十六國春秋許之同上一百五十四朝貢類錫予外夷

太平興國四年六月庚午渤海酋帥大鸞河率小校李勳等十

六人部族三百騎與范陽軍民二百餘人皆來降召見賜錢帛以大鸞河爲渤海都指揮使（續資治通鑑長編二十）

六年秋七月丙申朔上將大舉伐契丹遣使賜渤海王詔書令發兵以應王師其略云聞爾國本爲大蕃近年頗爲契丹所制爾迫於兵勢屈膝事之讒慝滋多誅求無已雖欲報怨力且不能所宜盡出族帳助予攻取俟其翦滅當行封賞幽薊土宇復歸中朝沙漠之外悉以相與然渤海竟無至者（同上二十二）

淳化二年十二月時定安國王子太元因女眞使上表後不復至上又以渤海不通朝貢詔女眞發兵攻之凡斬一級賜絹五疋爲賞（同上三十二）

渤海本粟末靺鞨附高麗者姓大氏高麗滅率衆保挹婁之東牟山地直營州東二千里南北新羅以泥河爲境東窮海西契

丹築城郭以居高麗逋殘稍歸之唐萬歲通天中契丹盡忠殺營州都督趙翽反有舍利乞乞仲象者與靺鞨酋乞四比羽及高麗餘種東走度遼水保太白山之東北阻奥婁河樹壁自固武后封乞四比羽爲許國公乞乞仲象爲震國公赦其罪比羽不受命后詔將軍李楷固等擊斬之時仲象巳死其子祚榮引殘痍遁去楷固窮躡度天門嶺祚榮因高麗靺鞨兵拒楷固楷固敗還於是契丹附突厥王師道絶不克討祚榮即幷比羽之衆恃荒遠乃建國自號震國王遣使交突厥地方五千里戶十餘萬勝兵數萬頗知書契盡得夫餘沃沮弁韓朝鮮海北諸國中宗時使侍御史張行岌招慰祚榮遣子入侍睿宗先天中遣使拜祚榮爲左驍衛大將軍渤海郡王以所統爲忽汗州都督自是始去靺鞨號專稱渤海玄宗開元七年祚榮死其國私謚

爲高王子武藝立斥大土宇東北諸夷畏臣之私改年曰仁安帝賜典册襲王并所領未幾黑水靺鞨使者入朝帝以其地建黑水州置長史臨總武藝召其下謀曰黑水始假道於我與唐通異時請吐屯於突厥皆先告我今請唐官不吾告是必與唐腹背攻我也乃遣弟門藝及舅任雅相發兵擊黑水門藝嘗質京師知利害謂武藝曰黑水請吏而我擊之是背唐也唐大國兵萬倍我與之産怨我且亡昔高麗盛時士三十萬抗唐爲敵可謂雄强唐兵一臨掃地盡矣今我衆比高麗三之一王將違之不可武藝不從兵至境又以書固諫武藝怒遣從兄壹夏代將召門藝將殺之門藝懼儳路自歸詔拜左驍衛將軍武藝使使暴門藝罪惡請誅之有詔處之安西好報曰門藝窮來歸我誼不可殺已投之惡死地并留使者不遣別詔鴻臚少卿李道

遂源復諭旨武藝知之上書斥言陛下不當以妄示天下意必殺門藝帝怒道遂復漏言國事皆在除而陽斥門藝以報後十年武藝遣大將張文休率海賊攻登州帝馳遣門藝發幽州兵擊之使太僕卿金思蘭使新羅督兵攻其南會大寒雪袤丈士凍死過半無功而還武藝望其弟不已募客入東都狙刺於道門藝格之得不死河南捕刺客悉殺之武藝死其國私謚武王子欽茂立改元大興有詔嗣王及所領欽茂因是赦境内天寶末欽茂徙上京直舊國三百里忽汗河之東訖帝世朝獻者二十九寶應元年詔以渤海爲國欽茂王之進檢校太尉大歷中二十五來以日本舞女十一獻諸朝貞元時東南徙東京欽茂死私謚文王子宏臨早死族弟元義立一歲猜虐國人殺之推宏臨子華璵爲王復還上京改年中興死謚成王欽茂少子嵩

鄰立改元正歷有詔授右驍衛大將軍嗣王建中貞元間凡四
來死謚康王子元瑜立改元永德死謚定王弟言義立改年朱
雀並襲王如故事死謚僖王弟明忠立改年大始立一歲死謚
簡王從父仁秀立改年建興其四世祖野勃祚榮弟也仁秀
頗能討伐海北諸部開大境宇有功詔檢校司空襲王元和中
凡十六朝獻長慶四寶歷凡再大和四年仁秀死謚宣王子新
德蚤死孫彝震立改年咸和明年詔襲爵終文宗世來朝十二
會昌凡四彝震死弟虔晃立死玄錫立咸通時三朝獻初其王
數遣諸生詣京師大學習識古今制度至是遂爲海東盛國地
有五京十五府六十二州以肅愼故地爲上京曰龍泉府領龍
湖渤三州其南爲中京曰顯德府領盧顯鐵湯榮興六州濊貊
故地爲東京曰龍原府亦曰栅城府領慶鹽穆賀四州沃沮故

地爲南京曰南海府領沃睛椒三州高麗故地爲西京曰鴨渌府領神柏豐正四州曰長嶺府領瑕河二州夫餘故地爲夫餘府常屯勁兵捍契丹領扶仙二州鄚頡府領鄚高二州挹婁故地爲定理府領定潘二州安邊府領安瓊二州率賓府領華益建三州拂涅故地爲東平府領伊蒙沱黑比五州鐵利府領廣汾蒲海義歸六州越喜故地爲懷遠府領達越懷紀富美福邪芝九州安遠府領寧郿慕常四州又郢銅涑三州爲獨奏州涑州以其近涑沫江蓋所謂粟末水也龍原東南瀕海日本道也南海新羅道也鴨渌朝貢道也長領營州道也夫餘契丹道也俗謂王曰可毒夫曰聖主曰基下其命爲教王之父曰老王母太妃妻貴妃長子曰副王諸子曰王子官有宣詔省中臺省政堂省有左右相左右平章侍中常侍諫議又有左六司忠仁義

部右六司智禮信部名有郎中員外又有武員左右衛大將軍之屬大抵憲象中國之度服章亦有紫緋淺緋綠及牙笏金銀魚之制餘俗與高麗契丹略等幽州節度府與相聘問自營平距京師蓋八千里而遠梁開平元年王大諲譔遣王子來貢方物二年三年及乾化二年俱遣使來貢後唐同光二年遣王子來朝又遣姪學堂親衛大元謙試國子監丞三年及天成元年俱遣使入貢進兒口女口先是契丹大首領邪律阿保機兵力雄盛東北諸蕃多臣屬之以渤海土地相接常有呑併之志是歲率諸蕃部攻渤海國夫餘城下之改夫餘城爲東丹府命其子突欲留兵鎭之未幾阿保機死命其弟率兵攻夫餘城不克而還四年及長興二年三年四年淸泰二年三年俱遣使貢方物周顯德元年渤海國烏思羅等三十人歸化其後隔絕不通

宋太平興國四年太宗平晉陽移兵幽州其酋帥大鸞河率小校李勳等十六人部族三百騎來降以鸞河爲渤海都指揮使六年賜烏舍城浮渝府渤海琰府王詔略曰蠢兹北戎犯我封略今欲鼓行深入大殲醜類素聞爾國密邇寇讎勢迫併吞力不能制因而服屬困於宰割當靈旗破虜之際是鄰邦雪憤之日所宜盡出族帳佐予兵鋒俟其翦滅沛然封賞幽薊土宇復歸中朝朔漠之外悉以相與勗乃協力朕不食言時將率兵大舉北伐故降是詔文獻通考三百二十六四裔考三渤海

淳化二年冬以渤海不通朝貢詔女眞攻之凡獲一級以絹五匹爲賞同上三百二十七四裔考四女眞

定安國本馬韓之種爲契丹所攻破其酋帥糾合餘衆保於西鄙建國改元自稱定安國宋開寶三年其國王烈萬華因女眞

遣使入朝乃附表貢獻方物太平興國中太宗方經營遠略討擊胡虜因降詔其國令張犄角之勢其國亦怨寇讎侵侮不已聞中國方用兵北討欲依王師以攄宿忿得詔大喜六年冬會女眞遣使朝貢路由本國乃託其使附表來上云定安國王臣烏玄明言臣本以高麗舊壤渤海遺黎保據方隅涉歷星紀仰覆露鴻均之德被漸漬無外之澤各得其所以遂物性而頃歲契丹恃其强暴入寇境土攻破城寨俘掠人民臣祖考守節不降與衆避地僅存生聚以迄於今而又夫餘府昨背契丹並歸本國災禍將至無大於此所宜受天朝之密畫率勝兵而助討必欲報敵不敢違命臣玄明誠懇誠願頓首頓首其末題云元興六年十月日定安國王臣烏玄明表上聖皇帝殿前上答以詔書令其發兵協力同伐契丹以詔付女眞使令齎以賜之端

拱二年其王子因女眞使附獻馬鵰羽鳴鏑淳化二年其王子大元因女眞使上表其後不復至同上三百二十七四裔考四定安

渤海本高麗之別種唐高宗平高麗徙其人居中國則天萬歲通天中契丹攻陷營府高麗別種大祚榮走保遼東睿宗以爲忽汗州都督封渤海郡王因自稱渤海國併有扶餘肅愼等十餘國歷唐梁後唐朝貢不絕後唐天成初爲契丹阿保機攻扶餘城下之改扶餘爲東丹府命其子突欲留兵鎭之阿保機死渤海王復攻扶餘不能克歷長興淸泰遣使朝貢周顯德初其酋豪崔烏斯等三十人來歸其後隔絕不能通中國太平興國四年大宗平晉陽移兵幽州其酋帥大鸞河率小校李勛等十六人部族三百騎來降以鸞河爲渤海都指揮使六年賜烏舍城浮渝府渤海琰府王詔曰朕纂紹丕構奄有四海普天之下

罔不率俾剗太原封域國之保障頃因據竊遂相承襲倚遼爲援歷世逋誅朕前歲親提銳旅盡護諸將拔幷門之孤壘斷匈奴之右臂眷言弔伐以蘇黔黎蠢茲北戎非理構怨輒肆荐食犯我村略一昨出師逆擊斬獲甚衆今欲鼓行深入席捲長驅焚其龍庭大殲醜類素聞爾國密邇寇讎迫於吞并力不能制因而服屬困於宰割當靈旗破敵之際是鄰邦雪憤之日所宜盡出族帳佐予兵鋒俟其翦滅沛然封賞幽薊土宇復歸中原朔漠之外悉以相與勗乃協力朕不食言時將大舉征契丹故降是詔諭旨九年春宴大明殿因召大鸞河慰撫久之上謂殿前都校劉廷翰曰鸞河渤海豪帥束身歸我嘉其忠順夫夷落之俗以馳騁爲樂俟高秋戒候當與駿馬數十匹令出郊遊獵以遂其性因以緡錢十萬并酒賜之宋史四百九十一外國傳渤海國

定安國本馬韓之種爲契丹所攻破其酋帥糾合餘衆保於西鄙建國改元自稱定安國開寶三年其國王烈萬華因女眞遣使入貢乃附表貢獻方物太平興國中太宗方經營遠略討擊契丹因降詔其國令張犄角之勢其國亦怨寇讎侵侮不已聞中國用兵北討欲依王師以攄宿憤得詔大喜六年冬會女眞遣使來貢路由本國乃託其使附表來上云定安國王臣烏玄明言伏遇聖主洽天地之恩撫夷貊之俗臣玄明誠喜誠抃頓首頓首臣本以高麗舊壤渤海遺黎保據方隅涉歷星紀仰覆露鴻鈞之德被侵漬無外之澤各得其所以遂本性而頃歲契丹恃其彊暴入寇境土攻破城砦俘略人民臣祖考守節不降與衆避地僅存生聚以迄於今而又扶餘府昨背契丹並歸本國災禍將至無大於此所宜受天朝之密畫率勝兵而助討必

欲報敵不敢違命臣玄明誠懇誠願頓首頓首其末題云元興六年十月日定安國王臣玄明表上聖皇帝前上答以詔書曰勅定安國王烏玄明女眞使至得所上表以朕嘗賜手詔諭旨且陳感激卿遠國豪帥名王茂緒奄有馬韓之地介於鯨海之表疆敵吞併失其故土沈寃未報積憤奚伸矧彼獯戎尚搖蠆毒出師以薄伐乘夫天災之流行敗衂相尋滅亡可待今國家已於邊郡廣屯重兵只俟嚴冬即申天討卿若能追念累世之恥宿戒舉國之師當予伐罪之秋展爾復仇之志朔漠底定爵賞有加宜思永圖無失良便而況渤海願歸於朝化扶餘已背於賊庭勵乃宿心糾其協力克期同舉必集大勳尚阻重溟未遑遣使倚注之切鑒寐寧忘以詔付女眞使令賫以賜之端拱二年其王子因女眞使附獻馬鵰羽鳴鏑淳化二年其王子太

元因女眞使上表其後不復至（同上定安國）

王溥子貽孫字象賢溥好聚書至萬餘卷貽孫遍覽之太祖嘗問趙普拜禮何以男子跪而婦人否普問禮官不能對貽孫曰古詩云長跪問故夫是婦人亦跪也唐太后朝婦人始拜而不跪普問所出對云太和中有幽州從事張建章著渤海國記備言其事普大稱賞之（宋史二四九王溥傳）

太宗端拱二年將討幽薊詔羣臣各言邊事吏部尚書宋琪疏上謂（中略）渤海兵馬土地盛於奚帳雖勉事契丹俱懷殺主破國之怨（中略）如將來王師討伐雖臨陳擒獲必貸其死命置署存撫使之懷恩但以臯契丹爲名如此則藩部之心願報私憾契丹小醜刻日殄平其奚霫渤海之國各選重望親嫡封册爲王仍賜分器鼓旗軍服戈甲以優遣之必竭赤心永服皇化俟克平

之後宣布守臣令於燕境及山後雲朔諸州厚給衣糧料錢別作禁軍名額召募三五萬人教以騎射隸於本州此人生長塞垣諳練戎事乘機戰鬬一以當十兼得奚霫渤海以爲外臣乃守在四夷也（中略）契丹蕃部之別種代君遼澤中其主自阿保機始彊盛因攻渤海死於遼陽妻述律氏生三男長曰東丹次曰德光季曰自在太子東丹生永康永康代德光爲主（中略）又有渤海首領大舍利高模翰步騎萬餘人並髡髮左衽竊爲契丹之飾（下略同上二百六十四宋琪傳）

渤海高麗之別種憲象中國之度服章亦有紫緋淺緋綠及牙笏金銀魚之制餘俗與高麗契丹略等幽州節度府與相聘問自營平距京師蓋八千里而遠梁開平元年王大諲譔遣王子來貢方物二年三年及乾元二年俱遣使來貢後唐同光二年

遣王（按下此應有子字）來朝又遣姪學堂親衛大元謙試國子監丞三年及天成元年俱遣使入貢進兒口女口先是契丹大首領耶律阿保機兵力雄盛東北諸蕃多臣屬之以渤海土地相接常有併吞之志是歲率諸蕃部攻渤海國扶餘城下之改扶餘城爲東丹府命其子突欲留兵鎭之保機死渤海王復攻扶餘不能克周顯德中其首（按此下應有領字）崔烏斯等三十人歸化自後不通中國（徐松輯永樂大典本宋會要二百九十三）

太宗太平興國四年太宗征幽州渤海首帥大鸞河率小校李勳等十六人部族三百騎來降詔以鸞河爲渤海都指揮使六年七月賜烏舍城浮渝府渤海琰府王詔曰朕奄有萬邦光被四表無遠弗屆無思不服惟契丹小醜介於北荒糺合奸兇侵擾邊鄙朕昨提銳旅往征幷明（按此字疑爲州字之誤）而契丹舉國興師

犯關爲寇疆吏來告我伐用張尋於涿鹿之墟破其十萬餘衆斬首數萬級奪車帳萬餘乘令國將席卷乘勝長驅深入收碣石之舊壤焚龍庭之故墟攘除腥羶廓清氛祲聞爾渤海國爰從前代本是大蕃近年以來頗爲契丹所制侵漁爾封略塗炭爾人民無協比之恩有併吞之志朕聞汝迫於兇醜屈膝事之讒慝滋多誅求無藝雖欲報怨力且不能今靈旗破虜之秋是汝國復仇之日所宜盡率部族來應王師俟逆黨剪平當大行封賞幽薊之地入於朝廷朔漠之外悉以相與汝能效順朕不食言今遣使諭意渤海大國近年役服於契丹至是帝將發師大舉故先令告諭俾之發兵爲應也同上

淳化二年以渤海國不通朝貢詔女眞發兵攻之凡斬一級賜絹五匹爲賞同上

徽宗政和八按應作六年五月二日臣僚言登州與渤海相望熙寧中巡檢每季下北海駝基島駐劄以駝基石爲界自北朝通好不曾根理深慮渤海相近作過則駝基寨孤立乞以末島嗚呼島爲界並欽島添置卓望兵令戍官往來巡邏詔令指畫聞奏不得希功生事同上引宋會要與後三條路同又滿洲源流考六

太祖天贊三年時東北諸夷皆服屬惟渤海未服太祖謀南征恐渤海掎其後乃先舉兵擊渤海之遼東師攻渤海無功而還天贊六年遼史作天顯元年太祖攻渤海拔其夫餘城更命曰東丹國命長子突欲鎭之號人皇王先是渤海國王大諲譔本與奚契丹爲脣齒國太祖初興併吞八部繼而用師併吞奚國大諲譔深憚之陰與新羅諸國結援太祖知之集議未决後因遊獵彌旬不止有黃龍在其氈屋上連發二矢殪之龍墜於前太祖曰

吾欲伐渤海國衆計未定而龍見吾前吾能殺之是滅渤海之勝兆也遂平其國擄其主契丹國志一

天顯四年十一月契丹東丹王突欲失職怨望帥其部曲四十人越海奔唐唐賜東丹名慕華明年改賜姓李名贊華以爲懷化節度使

十年十一月唐主殺東丹王李贊華會同元年七月遼以渤海夫餘城爲東京按此爲遼陽之誤同上二

景宗乾亨六年七月宋太宗欲北侵遺詔渤海王發兵相應然渤海畏遼竟無至者遣使如渤海責問同上六

天祚帝天慶六年春正月朔夜渤海人高永昌率凶徒十數人乘酒恃勇持刃踰垣入府衙登廳問留守所在紿云外軍變請爲備保先纔出則殺之是夜有戶部使太公鼎本渤海人登進士第頗剛明聞亂作權行留守事與副守高淸臣集諸營奚漢

兵千餘人次日搜索元作亂渤海人得數十人並斬首即撫安
民倉卒之際有濫被其害者小人喜亂得以藉口不可禁戢一
夜燒寨起亂初三日軍馬抵首山門太公鼎等登門說諭使歸
不從初五日夜城中舉火內應開門騎兵突入陣於通衢太公
鼎高清臣等督軍迎敵不勝領麾下殘兵百餘人奪西門出奔
行闕高永昌自殺留守蕭保先後自據東京稱大渤海皇帝改
元應順據遼東五十餘州分遣軍馬肆其殺掠所在州郡奚人
戶往往挈家渡遼以避獨瀋州未下宰相張琳瀋州人也天祚
命討之琳先常兩任戶部使有東京人望至是募遼東失業者
并驅轉戶強壯充軍蓋遼東夙與女眞渤海有讐轉戶則使從
庶幾効命敢戰旬日之間得兵二萬餘隨行官屬將領聽從辟
差先是天祚募渤海武勇馬軍高永昌等二千人屯白草谷備

禦女眞會東京留守太師蕭保先乃奉先堂弟爲政酷虐渤海素悍有犯法者不恕因以激變東京乃渤海故地自阿保機力戰二十餘年始得之建爲東京夏五月初自顯州進兵渤海止備遼河三乂黎樹口張琳遣羸卒數千疑其守兵删以精騎間道渡海趨瀋州渤海始覺遣兵迎敵旬日間三十餘戰渤海稍却退保東京張琳兵距城五里隔太子河劄寨先遣人移文招撫不從傳令留五日糧決策破城越二日發安德州義軍先渡河次引大軍齊渡忽上流有渤海鐵騎五百突出其傍諸軍少却退保舊寨河路復爲所斷三日不得渡衆以饑告謀歸瀋州徐圖後舉初七日夜移寨渤海騎兵尾襲强壯者僅得入城老幼悉被殺掠是時軍伍尙整方議再舉忽承女眞西路都統闍母國王檄準渤海國王高永昌狀遼國張宰相統領大軍前來討伐

伏乞救援當道於義即合應援已約五月二十五日進兵檄到潘州衆以渤海詐作此檄不爲備是日探聞東北有軍擁至將士呼曰女眞至矣張琳急整軍迎敵將士望見女眞兵氣已奪遂敗走入城女眞隨入先據城西南後縱兵殺戮幾盡孟初劉思温等死之張琳與諸子弟等并官屬縋城苟免盡失軍資器甲隨入遼州收集殘軍坐是謫授遼興軍節度使乃平州也女眞初援渤海已而復相攻渤海大敗高永昌遁入海女眞遣兀室訥波勃菫以騎三千追及於長松島斬之其潰散漢兒軍多相聚爲盜如侯槩吳撞天等所在蟠結以千百計自稱雲隊海隊之類紛然並起每一飯屠數千人數路之民殆盡遼不能制之同上

十

東丹王名突欲太祖長子母曰述律氏太祖攻渤海拔其夫餘

城更名曰東丹國命其長子突欲鎮東丹號人皇王時唐明宗初年也太祖崩於渤海述律后使少子安端少君守東丹與長子突欲奉太祖之喪發渤海先是突欲鎮東丹時乃渤海國亦有宮殿被十二旒冕服皆畫龍像稱制行令凡渤海左右平章事大內相已下百官皆其國自除授歲貢契丹國細布五萬疋麄布十萬疋馬一千匹太祖崩述律后愛中子德光欲立之至西樓命與突欲俱乘馬立帳前謂諸將曰二子吾皆愛之莫知所立汝曹擇可立者執其轡諸將知其意爭譟躍曰願事元帥太子后曰衆之所欲吾安敢違遂立之爲天皇王稱皇帝突欲慍帥數百騎欲奔唐爲邏者所遏后不罪遣歸東丹唐明宗長興元年突欲自以失職帥部曲四十人越海自登州奔唐明宗賜姓東丹名慕華以爲懷化節度使瑞鎮等州觀察使其部曲

及先所俘將暘隱等皆賜姓名暘隱姓狄名懷惠次年明宗更賜東丹慕華姓名曰李贊華明宗長興三年以贊華爲義成節度使選朝士爲僚屬輔之贊華但優游自奉不豫政事明宗嘉之雖時有不法亦不問以莊宗後宮夏氏妻之贊華好飲人血姬妾多刺臂以吮之婢僕小過或抉目或刀刲火灼夏氏不忍其殘奏離婚爲尼贊華之歸唐乘船踰海因於海岸立木爲碑惟書二十漢字詩云小山壓大山大山全無力羞見故鄉人從此投外國贊華性好讀書不喜射獵初在東丹時令人賫金寶私入幽州市書載以自隨凡數萬卷置書堂於醫巫閭山上扁曰望海堂（以南至海可三十里有望海寺也）潞王末年石晉內叛求援契丹潞王已危乃遣宦者秦繼旻皇城使李彥紳殺之贊華遇害於其第石晉詔贈贊華燕王遣使送其喪歸國其後太宗破石晉入

中原求得李彥紳秦繼旻殺之以其家族財物賜東丹王子兀欲兀欲後即位爲世宗葬之醫巫閭山謚讓國皇帝（同上十四）

渤海國去燕京東北千五百里以石累城腳東並海其王舊以大爲姓右姓曰高張楊竇烏李不過數種部曲奴碑無姓者皆從其主婦人皆悍妒大氏與他姓相結十姊妹迭幾察其夫不容側室及他游聞則必謀寘毒死其所愛一夫有所犯而妻不之覺者衆人則羣聚而詬之爭以嫉相誇男子多智謀驍勇出他國右至有三人渤海當一虎之語自天祚之亂金人陷城慮其難制轉徙他所其人大怨富室安居踰二百年往往爲園池植牡丹多至三二百本有數十幹（一作餘）叢生者皆燕地所無纔以十數千或五千賤貨（一作賣）而去其居故地者仍歸契丹舊爲東京置留守有蘇扶復等州蘇與宋（一作萊）登州青州相直每

大風順隱隱聞雞犬聲（同上二十六）

阿骨打之十五年（時宋政和六年遼天慶六年）女眞克遼渤海軍先是渤海人高永昌殺其東京留守蕭保先自稱大渤海國皇帝據遼東五十餘州遼主遣其宰相張琳討之至瀋州女眞遣兵來援渤海琳敗績乃以燕王淳爲都元帥仍募遼東人號怨軍者二萬以行淳至乾州武朝彥等謀殺淳不克復召淳還遣蕭德恭耶律余覩等屯田爲備既而女眞破渤海軍斬高永昌其衆散爲盜所至擄掠而遼不能制（大金國志一）

南唐烈祖昇元二年（晉高祖天福三年）契丹王耶律德光及其弟東丹王各遣使以羊馬入貢別持羊三萬口馬二百匹來鬻以其價市羅紈茶藥烈祖從之於是翰林院進二月入貢圖詔中書舍人江文蔚作贊其詞曰皇帝建西都之歲神功邁於三古皇風

格於四裔華夷咸若駿奔結軌粵六丹契丹使梅里捺盧古東丹使兵器寺少令高徒煥奉書致貢咸集都邑公卿庶尹拜手稽首稱賀以爲文德所服受命之符也若迺鴻荒以降驟步相侔耀武以信威有所不及任筭以御物有所不從詩頌太原之師則用伐矣漢開朔方之地則崇力矣若我宣猷大麓儷德無私刑於朝廷以及於荒服旃裘左袵捧日分光殊方異產充庭納賮曰垂衣裳而天下治斯之謂矣有司紀美烈於繢事傳曰主上明聖而德不聞有司之過也臣職在翰墨親覩隆平敢獻贊曰赫矣聖武纂堯之緒要荒之長駿奔臣附伏波之柱單于之臺遺鏃徒費獻琛靡來我后穆穆我網恢恢重譯日貢皇哉唐哉陸游南唐書十八契丹列傳

遼太祖神册三年二月渤海遣使來貢四年二月丙寅修遼陽

故城以渤海戶實之改爲東平郡置防禦使天贊三年五月徙薊州民實遼州地渤海殺其刺史張秀實而掠其民四年十二月乙亥詔曰所謂兩事一事已畢惟渤海世讎未雪豈宜安駐乃舉兵親征渤海大諲譔皇后皇太子大元帥堯骨皆從丁巳次商嶺夜圍扶餘府天顯元年春正月庚申拔扶餘城誅其守將丙寅命惕隱安端前北府宰相蕭阿古只等將萬騎爲先鋒遇諲譔老相兵破之皇太子大元帥堯骨南府宰相蘇北院夷離堇斜涅赤南院夷離堇迭里是夜圍忽汗城己巳諲譔請降庚午駐軍於忽汗城南辛未諲譔素服稾索牽羊率僚屬三百餘人出降上優禮而釋之甲戌詔諭渤海郡縣丙子遣近侍康末怛等十三人入城索兵器爲邏卒所害丁丑諲譔復叛攻其城破之駕幸城中諲譔請罪馬前詔以兵衛諲譔及族屬以出

祭告天地復還軍中二月庚寅安邊鄚頡南海定理等府洎諸道節度刺史來朝慰勞遣之以所獲器幣諸物賜將士壬辰以青牛白馬祭天地大赦改元天顯以平渤海遣使報唐甲午復幸忽汗城閱府庫物賜從臣有差以奚部長勃魯恩王郁自回鶻新羅吐蕃黨項室韋沙陀烏古等從征有功優加賞賚丙午改渤海國爲東丹忽汗城爲天福冊皇太子倍爲人皇王以主之以皇弟迭刺爲左大相渤海老相爲右大相渤海司徒大素賢爲左次相耶律羽之爲右次相赦其國內殊死以下丁未高麗濊貊鐵驪靺鞨來貢三月戊午遣夷離畢康默記左僕射韓延徽攻長嶺府甲子祭天丁卯幸人皇王宮己巳安邊鄚頡定理三府叛遣安端討之丁丑三府平壬午安端獻俘誅安邊府叛帥二人癸未宴東丹國僚佐頒賜有差甲申幸天福城乙酉

班師以大諲譔舉族行夏四月丁亥朔次鐵子山辛卯人皇王率東丹國僚屬辭五月辛酉南海定理二府復叛大元帥堯骨討之六月丁酉二府平丙午次慎州秋七月丙辰鐵州刺史衛鈞反乙丑堯骨攻拔鐵州庚午東丹國左大相迭刺卒辛未衛送大諲譔於皇都西築城以居之賜諲譔名曰烏魯古妻曰阿里只（按遼史一百十六國語解云烏魯古阿里只太祖及述律后受諲譔降時所乘二馬名也因賜諲譔夫婦以爲名）甲戌次扶餘府上不豫辛巳上崩八月辛卯康默記等攻下長嶺府壬寅堯骨討平諸州奔赴行在乙巳人皇王倍繼至太祖所崩行宮在扶餘城西南兩河之間後建昇天殿於此而以扶餘爲黃龍府云（遼史二太祖本紀）

太宗天顯二年冬十一月人皇王倍率羣臣請於后曰皇子大元帥勳望中外攸屬宜承大統后從之三年九月己丑幸人皇

王倍第辛卯再幸人皇王第十二月時人皇王在皇都詔遣耶律羽之遷東丹民以實東平其民或亡入新羅女眞因詔困乏不能遷者許上國富民給贍而隸屬之升東平郡爲南京四年四月辛酉人皇王倍來朝八月癸卯幸人皇王第九月庚午如南京癸巳至南京冬十月壬寅幸人皇王第宴羣臣十二月戊午至自南京五年二月己亥詔修南京丙午以先所俘渤海戶賜皇弟李胡丙辰上與人皇王朝皇太后太后以皆工書命書於前以觀之三月辛未人皇王獻白紵乙酉宴人皇王僚屬便殿庚寅駕發南京夏四月乙未詔人皇王先赴祖陵謁太祖廟丙辰會祖陵人皇王歸國九月己卯詔舍利普寧撫慰人皇王庚辰詔置人皇王儀衛冬十月戊戌遣使賜人皇王胙甲辰人皇王進玉笛十一月戊寅東丹奏人皇王浮海適唐六年春正

月丁卯如南京三月丁亥人皇王倍妃蕭氏率其國僚屬來見夏四月建中臺省於南京五月乙亥至自南京七年夏四月甲戌唐遣使來聘致人皇王倍書八年十一月辛丑太皇太后崩遣使告哀於唐及人皇王倍九年夏四月唐李從珂弑其主自立人皇王倍自唐上書請討十年冬十一月丙午幸宏福寺爲皇后飯僧見觀音畫像乃大聖皇帝應天皇后及人皇王所施顧左右曰昔與父母兄弟聚觀於此歲時未幾今我獨來悲歎不已乃自製文題於壁以極追感之意讀者悲之十一年十一月辛巳晉帝石敬塘至河陽李從珂窮蹙召人皇王倍同死不從遣人殺之乃舉族自焚同上三太宗本紀上

會同元年二月丙申上思人皇王遣惕隱率宗室以下祭其行宮秋七月戊辰遣中臺省右相耶律述蘭迭烈哥使晉册晉帝

爲英武明義皇帝三年春正月庚寅人皇王妃來朝六月乙未朔東京宰相耶律羽之言渤海相大素賢不法詔僚佐部民舉有才德者代之秋七月丙子從皇太后視人皇王妃疾戊寅人皇王妃蕭氏薨丙戌徙人皇王行宮於其妃薨所八月己亥詔東丹吏民爲其王倍妃蕭氏服同上四太宗本紀下

世宗諱阮小字兀欲讓國皇帝長子母柔順皇后蕭氏太宗大同元年二月封永康王四月丁丑太宗崩於欒城戊寅即皇帝位八月壬午朔尊母蕭氏爲皇太后九月丁卯改大同元年爲天祿元年追謚皇考曰讓國皇帝以安端主東丹國封明王二年冬十月壬午南京留守魏王趙延壽薨以中臺省右相牒蠟爲南京留守封燕王同上五世宗本紀

穆宗應歷二年六月壬寅漢爲周所侵遣使求援命中臺省右

相高模翰赴之十二月辛亥明王安端薨同上穆宗本紀

景宗保寧二年夏四月幸東京致奠於讓國皇帝及世宗廟五年七月庚辰以保大軍節度使耶律斜里底爲中臺省左相同上八景宗本紀上

聖宗諱隆緒乾亨四年九月癸丑即皇帝位十二月庚辰省置中臺省官統和元年正月丙子渤海撻馬解里以受先帝厚恩乞殉葬詔不許賜物以矜之二年十二月辛丑以大仁靖爲東京中臺省右平章事同上十聖宗本紀一

四年三月癸丑以渤海小校貫海等叛入於宋籍其家屬分賜有功家屬同上十一聖宗本紀二

十三年七月丁巳渤海燕頗等侵鐵驪遣奚王和朔奴等討之同上十三聖宗本紀四

十六年春正月丙午以監門衛上將軍耶律喜羅爲中臺省左相二十一年夏四月戊辰渤海部遣使來貢同貢者有兀惹奧里米越里篤越里古四部同上十四聖宗本紀五

二十八年十一月高麗禮部郎中渤海陀失來降同上十五聖宗本紀六

開泰七年十二月蕭排押等與高麗戰於茶陀二河遼軍失利渤海詳穩高淸明等死之八年三月己卯詔加征高麗有功渤海將校官丙戌置東京渤海承奉官都知押班五月乙亥遷寧州渤海戶於遼土二河之間同上十六聖宗本紀七

太平八年九月壬辰朔以渤海宰相羅漢權東京統軍使九年八月己丑東京舍利軍詳穩大延琳囚留守駙馬都尉蕭孝先及南陽公主殺戶部使韓紹勳副使王嘉四捷軍都指揮使蕭頗得延琳遂僭位號其國爲興遼年爲天慶初東遼之地自神

册來附未有榷酤鹽麴之法關市之征亦甚寬弛馮延休韓紹勳相繼以燕地平山之法繩之民不堪命燕乂初歲大饑戶部副使王嘉復獻計造船使其民諳海事者漕粟以振燕民水路艱險多至覆沒雖言不信鞭楚搒掠民怨思亂故延琳乘之首殺紹勳嘉以快其衆延琳先事與副留守王道平謀道平夜棄其家踰城走與延琳所遣召黃龍府黃翩者俱至行在告變上即徵諸道兵以時進討時國舅詳穩蕭匹敵治近延琳先率本管及家兵據其要害絕其西渡之計渤海太保夏行美亦舊主兵戍保州延琳密馳書使圖統帥耶律蒲古行美乃以實告蒲古得書遂殺渤海兵八百人而斷其東路延琳知黃龍保州皆不附遂分兵西取瀋州其節度使蕭王六初至其副張傑聲言欲降故不急攻及知其詐而已有備攻之不克而還時南北女

眞皆從延琳高麗亦稽其貢及諸道兵次第皆至延琳嬰城固守冬十月丙戌朔以南京留守燕王蕭孝穆爲都統國舅詳穩蕭匹敵爲副統奚六部大王蕭蒲奴爲都監以討之十年三月甲寅朔詳穩蕭匹敵至自遼東言都統蕭孝穆去城四面各五里許築城堡以圍之駙馬延寧與其妹穴地遁去惟公主崔八在後爲守陴者覺而止八月丙午東京賊將楊詳世密送款夜開南門納遼軍擒延琳渤海平十一月辛亥詔渤海舊族有勳勞材力者敘用餘分居來隰遷閏等州（同上十七聖宗本紀八）

興宗重熙十五年十一月己亥渤海部以契丹例通括軍馬（同上十九興京本紀二）

天祚帝天慶四年秋七月阿骨打乃集女直諸部兵擒遼障鷹官及攻寧江州東北路統軍司以聞時上在慶州射鹿聞之略

不介意遣海州刺史高仙壽統渤海軍應援同上二十七天祚本紀二

五年二月饒州渤海古欲反自稱大王三月以蕭謝佛留等討之四月癸丑蕭謝佛留爲渤海古欲所敗以南面副部署蕭陶蘇斡爲都統赴之五月陶蘇斡及古欲戰敗績六月丙辰陶蘇斡招獲古欲等六年春正月丙寅朔東京夜有惡少年十餘人乘酒執刃踰垣入留守府問留守蕭保先所在今軍變請爲備蕭保先出刺殺之戶部使大公鼎聞亂即攝留守事與副留守高清明集奚漢兵千人盡捕其衆斬之撫定其民東京故渤海地太祖力戰二十餘年乃得之而蕭保先嚴酷渤海苦之故有是變其裨將渤海高永昌僭號稱隆基元年遣蕭乙薛高興順招之不從閏月己亥遣蕭韓家奴張琳討之戊午貴德州守將耶律余覩以廣州渤海叛附永昌我師擊敗之二月戊子張家

奴姓耶律誘饒州渤海攻陷高州三月甲戌饒州渤海平丙子韓家奴張琳等復爲賊所敗五月女直軍攻下瀋州復陷東京擒高永昌七月春州渤海二千餘户叛東北路統軍使勒兵追及盡俘以還同上二十八天祚本紀二

義宗名倍小字圖欲太祖長子母涫欽皇后述律氏幼聰敏好學外寬内摯神册元年春立爲皇太子時太祖問侍臣曰受命之君當事天敬神有大功德者朕欲祀之何先皆以佛對太祖曰佛非中國教倍曰孔子大聖萬世所尊宜先太祖大悅即建孔子廟詔皇太子春秋釋奠嘗從征烏古黨項爲先鋒都統及經略燕地太祖西征留倍守京師因陳取渤海計天顯元年從征渤海拔扶餘城上欲括户口倍諫曰今始得地而料民民必不安若乘破竹之勢徑造忽汗城克之必矣太祖從之倍與大

元帥德光爲前鋒夜圍忽汗城大諲譔窮蹙請降尋復叛太祖破之改其國曰東丹名其城曰天福以倍爲人皇王主之仍賜天子冠服建元甘露稱制置左右大次四相及百官一用漢法歲貢布十五萬端馬千匹上諭曰此地瀕海非可久居留汝撫治以見朕愛民之心駕將還倍作歌以獻陛辭太祖曰得汝治東土吾復何憂倍號泣而出遂如儀坤州未幾諸部多叛大元帥討平之太祖訃至倍即日奔赴山陵倍知皇太后意欲立德光乃謂公卿曰大元帥功德及人神中外攸屬宜主社稷乃與羣臣請於太后而讓位焉於是大元帥即皇帝位是爲太宗太宗既立見疑以東平爲南京徙倍居之盡遷其民又置衛士陰伺動靜倍既歸國命王繼遠撰建南京碑起書樓於西宫作樂田園詩唐明宗聞之遣人跨海持書密召倍倍因畋海上使再

至倍謂左右曰我以天下讓主上今反見疑不如適他國以成
吳泰伯之名立木海上刻詩曰小山壓大山大山全無力羞見
故鄉人從此投外國攜高美人載書浮海而去唐以天子儀衛
迎倍倍坐船殿衆官陪列上壽至汴見明宗明宗以莊宗后夏
氏妻之賜姓東丹名之曰慕華改瑞州爲懷化軍拜懷化軍節
度使瑞愼等州觀察使復賜姓李名贊華移鎭滑州遙領虔州
節度使倍雖在異國常思其親問安之使不絕後明宗養子從
珂弑其君自立倍密報太宗曰從珂弑君盍討之及太宗立石
敬塘爲晉王加兵於洛從珂欲自焚召倍與俱倍不從遣壯士
李彥紳害之時年三十八有一僧爲收瘞之敬塘入洛喪服臨
哭以王禮權厝後太宗改葬於醫巫閭山謚曰文武元皇王世
宗即位謚讓國皇帝陵曰顯陵統和中更謚文獻重熙二十年

增謚文獻欽義皇帝廟號義宗及謚二后曰端順曰柔貞倍初市書至萬卷藏於醫巫閭絶頂之望海堂通陰陽知音律精醫藥砭焫之術工遼漢文章嘗譯陰符經善畫本國人物如射騎獵雪騎千鹿圖皆入宋秘府然性刻急好殺婢妾微過常加封灼夏氏懼而求削髮爲尼五子長世宗次婁國稍隆先道隱同上

宗室又同傳隆先子陳格與渤海官屬謀傳殺其父舉兵作亂上命轘裂於市

天贊四年親征渤海天顯元年滅渤海國地方五千里兵數十萬五京十五府六十二州盡有其衆契丹益大同上兵衛志

凡舉兵帝率蕃漢文武臣僚祭告天地諸陵乃詔諸道徵兵惟南北奚王東京渤海兵馬雖奉詔未敢發兵必以聞上遣大將持金魚符合然後行同上

太祖東併渤海得城邑之居百有三同上地理志

東京遼陽府唐高宗於此置安東都護府後爲渤海大氏所有大氏始保挹婁之東牟山武后萬歲通天中爲契丹盡忠所逼有乞乞仲象者度遼水自固武后封爲震國公傳子祚榮建都邑自稱震王併吞海北地方五千里兵數十萬中宗賜所都曰忽汗州封渤海郡王十有二世至彝震僭號改元擬建宮闕有五京十五府六十二州爲遼東盛國忽汗州即故平壤城也號中京顯德府太祖建國攻渤海拔忽汗城俘其王大諲譔以爲東丹王國立太子圖欲爲人皇王以主之神册四年葺遼陽故城以渤海漢戶建東平郡爲防禦州天顯三年遷東丹國民居之升爲南京城名天福北有讓國皇帝御容殿大東丹國新建南京碑銘在宮門之南同上

大東丹國中臺省太祖天顯元年置景宗乾亨元年省

左大相　右大相　左次相　右次相

渤海帳司官制未詳

渤海宰相　渤海太保　渤海撻馬　渤海近侍詳穩司耶律

阿蘇官此見本傳

遼太祖有帝王之度滅渤海存其族帳亞於遥輦

渤海軍都指揮司　渤海軍詳穩司

渤海部　西北渤海部

渤海内侍都知

東京渤海承奉官聖宗開泰八年耶律八哥奏渤海承奉班宜設官以統之因置　渤海承奉都知押班同上百官志

五月重五日君臣宴樂渤海膳夫進艾糕同上禮志

渤海仗　天顯四年太宗幸遼陽府人皇王備乘輿羽衛以迎

乾亨五年聖宗東巡東京留守具儀衛迎車駕此故渤海儀衛也同上儀衛志

太宗得燕置南京城北有市南雄州高昌亦立互市以通西北諸部高麗之貨故女直以金帛布蜜蠟諸藥材及鐵离靺鞨于厥等部以蛤珠青鼠貂鼠膠魚之皮牛羊駝馬毳罽等物來易於遼者道路繦屬中略神册初平渤海得廣州本渤海鐵利府改曰鐵利州地亦多鐵同上食貨志

太宗時治渤海人一依漢法同上刑法志

道宗大安三年西北渤海部進牛同上部族表

太祖天贊四年十二月征渤海國天顯元年二月回鶻新羅吐蕃党項沙陀從征有功賞之改渤海國爲東丹國忽汗城爲天福城同上屬國表

聖宗統和二十一年渤海部來貢（同上）

迭刺字雲獨昆德祖第三子（太祖之弟）性敏給太祖白迭刺之智卒然圖功吾所不及緩以謀事不如我天顯元年爲中臺省左大相寅底石字阿辛德祖第四子（太祖之弟）太祖遺詔以寅底石守太師政事令輔東丹王淳欽皇后遣司徒劃沙殺於路安端字猥隱德祖第五子（太祖之弟）天顯元年征渤海破老相兵三萬餘人安邊鄚頡定理三府叛平之天保初以功王東丹國賜號明王蘇字雲獨昆德祖之第六子（太祖之少弟）天顯初征渤海攻破忽汗城大諲譔降（同上皇子表）

阿古只字撒本以功拜北府宰相攻渤海破扶餘城獨將騎兵五百敗老相軍三萬渤海既平改東丹國頃之已降郡縣復叛盜賊蜂起阿古只與康默記討之所向披靡會賊游騎七千自

鴨淥府來援勢張甚阿古只帥麾下精鋭直犯其鋒一戰克之斬馘二千餘遂進軍破回跋城同上阿古只傳

太祖天贊四年親征渤海默記與韓知古從後大諲譔叛命諸將攻之默記分薄東門率驍勇先登既拔與韓延徽下長嶺府軍還已下城邑多叛默記與阿古只平之既破回跋城歸營太祖山陵畢卒同上康默記傳

討渤海破扶餘城耶律斜湼赤從太子大元帥率衆夜圍忽汗城大諲譔降已而復叛命諸將分地攻之詰旦斜湼赤感勵士伍鼓譟登陴敵震懾莫敢禦遂破之同上耶律斜湼赤傳

韓延徽守政事令天贊四年從征渤海大諲譔乞降既而復叛與諸將破其城又與康默記攻官嶺府拔之孫紹勳仕至東京戶部使會大延琳叛被執辭不屈賊以鋸解之憤罵至死同上韓延

徽傳

耶律羽之小字兀里字寅底哂幼豪爽不羣長嗜學通諸部語太祖經營之初多預軍謀天顯元年渤海平立皇太子爲東丹王以羽之爲中臺省右次相時人心未安左大相迭剌不踰月薨羽之莅事勤恪威信並行太宗即位上表曰我大聖天皇始有東土擇賢輔以撫斯民不以臣愚而任之國家利害敢不以聞渤海昔畏南朝阻險自衛居忽汗城今去上京遼邈既不爲用又不罷戍果何爲哉先帝因彼離心乘釁而動故不戰而克天授人與彼一時也遺種寖以蕃息今居遠境恐爲後患梁水之地乃其故鄉地衍土沃有木鐵鹽魚之利乘其微弱徙還其民萬世長策也彼得故鄉又獲木鐵鹽魚之饒必安居樂業然後選徒以翼吾左突厥党項室韋夾輔吾右可以坐制南邦混

一天下成聖祖未集之功貽後世無疆之福表奏帝嘉納之是歲詔徙東丹國民於梁水時稱其善人皇王奔唐羽之鎭撫國人一切如故以功加守太傅遷中臺省左相會同初以册禮赴闕加特進表奏左次相渤海蘇貪墨不法事卒子和里終東京留守同上耶律觀烈附傳羽之

天贊三年將伐渤海鐸臻諫曰陛下先事渤海則西夏必躡吾後請先西討庶無後顧憂太祖從之同上耶律鐸臻傳

太祖東伐大諲譔降而復叛攻之突呂不先登渤海平承詔銘太祖功德於永興殿壁班師已下州郡往往復叛突呂不從大元帥攻破之同上突呂不傳

太祖伐渤海以思温爲漢軍都團練使力戰拔夫餘城身被數創太祖親爲調藥同上趙思温傳

耶律安圖父迭里天贊三年爲南院夷離菫征渤海攻忽汗城俘斬甚衆太祖崩淳欽皇后稱制欲以大元帥嗣位迭里建言帝位宜先嫡長今東丹王赴朝當立由是忤旨以黨附東丹王詔下獄不伏殺之同上耶律安圖傳

耶律八哥留守東京奏渤海承奉官宜有以統領之上從其言置都知押班同上耶律八哥傳

蕭孝忠重熙七年爲東京留守時禁渤海人擊毬孝忠言東京最爲重鎮無從禽之地若非毬馬何以習武且天子以四海爲家何分彼此宜弛其禁從之同上蕭孝忠傳

高模翰應歷初召爲中臺省右相九年正月遷左相卒同上高模翰傳

牒蠟字述蘭天顯中爲中臺省右相世宗即位封燕王爲南京留守同上牒蠟傳

匹敵爲國舅詳穩太平九年渤海大延琳叛刼掠隣部與南京留守蕭孝穆往討孝穆欲令城降乃築重城圍之數月城中人陰來納欵遂擒延琳東京平同上蕭匹敵傳

韃底懼人圖己挈其二子迭里特朔刮奔渤海僞爲失明後因毬馬之會與二子奪良馬奔歸國同上逆臣傳

渤海女眞高麗合從連衡不時征討同上文學蕭韓家奴傳

奚回離保即箭笴山自立號奚國皇帝改元天復設奚漢渤海三樞密院同上奚回離保傳金史奚王回離保傳云籍渤海奚漢丁壯爲軍

粟末靺鞨始附高麗姓大氏李氏破高麗粟末靺鞨保東牟山後爲渤海稱王傳十餘世有文字禮樂官府制度有五京十五府六十二州五代時契丹盡取渤海地太祖敗遼兵於境上獲耶律謝十乃使梁福斡荅刺招諭渤海人曰女直渤海本同一

家蓋其初皆勿吉之七部也金史世紀

渤海留守以甲贈太祖太祖不受二年遼調諸軍於寧江州太祖遣胡沙保往觀形勢還言惟四院統軍與寧江州及渤海八百人耳十月次來流城召渤海梁福斡答剌使之僞亡去招諭其鄉人曰女直渤海本同一家我興師伐罪不濫及無辜也太祖天輔二年七月癸未詔渤海大家奴等六謀克貧民昔嘗給以官糧置之漁獵之地今歷日已久不知登耗可具其數以聞太宗天會四年七月壬申出金牌命貝勒大臬以所領渤海軍八明安爲萬戶熙宗天眷元年九月乙未詔百官誥命女直契丹漢人各用本字渤海同漢人世宗大定十七年十二月戊辰金以渤海舊俗男女婚娶多不以禮必先攘竊以奔詔禁絕之犯者以姦論同上本紀

有渤海樂（中略）宮縣樂工自明昌間以渤海教坊兼習泰和初有司又奏太常工人數少即以渤海漢人教坊兼習以備用（同上樂志）

熙宗皇統五年罷遼東漢人渤海猛安謀克承襲之制浸移兵柄於其國人（同上兵志）

所謂渤海軍則渤海八猛安之兵也（同上）

收國二年四月詔斡魯統諸軍與闍母蒲察迪古乃合咸州路都統斡魯古等伐高永昌詔曰永昌誘脅戍卒竊據一方直投其隙而取之爾此非有遠大計其亡可立待也東京渤海人德我舊矣易爲招懷如其不從即議進討無事多殺高永昌渤海人在遼爲裨將以兵三千屯東京八甔口永昌見遼政日敗太祖起兵遼人不能支遂覬覦非常是時東京漢人與渤海人有怨而多殺渤海人永昌乃誘諸渤海幷其戍卒入據東京旬月

之間遠近響應有兵八千人遂僭稱帝改元隆基遼人討之久不能克永昌使撻不野杓合以幣求救於太祖且曰願併力以取遼太祖使胡沙補往諭之曰同力取遼固可東京近地汝輒據之以僭大號可乎若能歸欵當處以王爵仍遣係遼籍女直胡突古來高永昌使撻不野與胡沙補胡突古偕來而永昌表辭不遜且請還所俘渤海人太祖留胡突古不遣遣大藥師奴與撻不野往招諭之斡魯方趨東京遼兵六萬來攻昭散城阿徒罕勃堇烏論石準與戰於益褪之地大破之五月斡魯與遼軍遇於瀋州敗之進攻瀋州取之永昌聞取瀋州大懼使家奴鐸剌以金印一銀牌五十來願去名號稱藩斡魯使胡沙補撒八往報之會渤海高禎降言永昌非眞降者特以緩師爾斡魯進兵永昌遂殺胡沙補等率衆來拒遇於沃里活水我軍既濟

永昌之軍不戰而卻逐北至東京城下明日永昌盡率其衆來戰復大敗之遂以五千騎奔長松島初太祖下寧江州獲東京渤海人皆釋之往往中道亡去諸將請殺之太祖曰既已克敵下城何爲多殺昔先太師嘗破敵獲百餘人釋之皆亡去既而往往招其部人來降今此輩亡後日當有効用者至是東京人恩勝奴仙哥等執永昌妻子以城降即寧江州所釋東京渤海人也先太師蓋謂世祖云未幾撻不野執永昌及鐸剌以獻皆殺之於是遼之南路係籍女直及東京州縣盡降（同上斡魯傳）

高永昌據東京斡魯往伐之闍母等爲之佐已克瀋州城中出奔者闍母邀擊殆盡與永昌隔沃里活水衆遇淖不敢進闍母以所部先濟諸軍畢濟軍東京城下城中人出城來戰闍母破之於首山殲其衆獲馬五百匹（同上闍母傳）

盧克忠貴德州鳳集人高永昌據遼陽克忠走詣金源郡王斡魯營降遂以撒屋出爲鄉導斡魯克東京永昌走長松島克忠與渤海人撻不野追獲之同上循吏盧克忠傳

唐滅高麗粟末保東牟山漸彊大號渤海姓大氏有文物禮樂至唐末稍衰自後不復有聞金伐遼渤海來歸蓋其遺裔也同上外國高麗傳

李晏字致美高平人拜御史中丞初遼人掠中原人及得奚渤海諸國生口分賜貴近或有功者大至一二州少亦數百皆爲奴婢輸租爲官且納課給其主謂之二稅戶大定初一切免爲民閭山寺僧賜戶三百與僧共居供役而不輸租故不在免例訴者積年臺寺不爲理又訴於致美致美上章大略謂天子作民父母當同仁一視分別輕重乃胥史舞文法之僘陛下大明

博照豈可使天下有一民不被其澤者且沙門既謂之出家而乃聽其與男女雜居乎書奏宰相持不可世宗詔致美與相詰難致美伏御座前曰前日車駕幸遼東閭山寺曾供從官一宿之具寺僧物陛下物也陛下無以此直寺僧而使三百家受屈世宗大笑曰李晏刼制我邪即日免之中州集二

營州西北百里曰松陘嶺其西奚其東契丹距營州北四百里至湟水營州東百八十里至燕郡城又經汝羅守捉渡遼水至安東都護府五百里府故漢襄平城也東南至平壤城八百里西南至都里海口六百里至建安城三百里故平郭縣也南至鴨淥江北泊汋城七百里故安平縣也自都護府東北經古蓋牟新城又經渤海長嶺府千五百里至渤海王城城臨忽汗海其西南三十里有古肅愼城其北經德理鎭至南黑水靺鞨千

里新唐書地理志引賈耽邊州入四夷道里記營州入安東道按即皇華四達記

登州東北海行過大謝島龜歆島末島烏湖島三百里北渡烏湖海至馬石山東之都里鎮二百里東傍海壖過青泥浦桃花浦杏花浦石人汪槖駝灣烏骨江八百里乃南傍海壖過烏牧島貝江口椒島得新羅西北之長口鎮又過秦王石橋麻田島古寺島得物島千里至鴨淥江唐恩浦口乃東南陸行七百里至新羅王城自鴨淥江口舟行百餘里乃小舫泝流東北三十里至泊汋口得渤海之境又泝流五百里至九都縣城故高麗王都又東北泝流二百里至神州又陸行四百里至顯州天寶中王所都又正北如東六百里至渤海王城同上登州海行入高麗渤海道

渤海國南海鴨淥扶餘柵城四府並是高句麗舊地也自新羅泉井郡至柵城府凡三十九驛三國史記三十七引賈耽古今郡國志

東沃沮國與中華懸隔唯粟末白山爲近其白山部素附於高麗因牧平壤後部衆多入於中國汨咄安車骨與號室等部亦因高麗破後奔散微弱今無聞焉縱有遺人並於渤海編戶唯黑水部全盛分爲十六部落又以南北爲稱開元十三年安東都護薛泰請於黑水靺鞨內置黑水軍續更以最大部落爲黑水府仍以首領爲都督諸部刺史隸屬焉中國置長史就其部落監領之十六年其部落都督賜姓李氏賜名獻誠授雲麾將軍兼黑水經略使仍以幽州都督爲其押使自此朝貢不絕舊說黑水西北有思慕靺鞨正北微東十日程有郡利靺鞨東北十日程有窟說靺鞨亦謂之屈設東南十日程有莫曳皆靺鞨今黑水靺鞨界南至渤海國德理府北至小海東至大海西至室韋南北約二千里東西約一千里其國少馬人步戰多貂

鼠皮尾骨齒角白兔白鷹等其拂涅鐵利等諸部落自唐初至天寶末亦嘗朝貢或隨渤海使而來惟郡利莫曳皆三兩部未至及渤海寖强黑水亦爲其役至元和十一年渤海靺鞨遣使朝貢焉太平寰宇記卷一百七十五

渤海國去燕京女眞所都皆千五百里以石累城足東並海其王舊以大爲姓右姓曰高張楊竇烏李不過數種部曲奴婢無姓者皆從其主婦人皆悍妬大氏與他姓相結爲十姊妹迭幾察其夫不容側室及他游聞則必謀寘毒死其所愛一夫有所犯而妻不之覺者九人則羣聚而詬之爭以忌嫉相夸故契丹女眞諸國皆有女倡而其良人皆有小婦侍婢唯渤海無之男子多智謀驍勇出他國右至有三人渤海當一虎之語契丹阿保機滅其王大諲譔徙其名帳千餘戶於燕給以田疇捐其賦

入往來貿易關市皆不征有戰則用爲前驅天祚之亂其聚族立姓大者於舊國爲王金人討之軍未至其貴族高氏弃家來降言其虛實城後陷契丹所遷民益蕃至五千餘戶勝兵可三萬金人慮其難制頻年轉戍山東每徙不過數百家至辛酉歲盡驅以行其人大怨富室安居踰二百年往往爲園池植牡丹多至三二百本有數十榦叢生者皆燕地所無纔以十數千或五千賤貿而去其居故地者今仍契丹舊爲東京置留守有蘇扶等州蘇與中國登州青州相直每大風順穩隱聞雞犬聲阿保機長子東丹王贊華封於此謂之人皇王不得立鞅鞅嘗賦詩曰小山壓大山大山全無力羞見當鄉人從此投外國遂自蘇乘筏浮海歸唐明宗善畫馬好經籍猶以筏載行其國初倣唐置官司國少浮圖氏有趙崇德者爲燕都運米六十餘休致

爲僧自爲大院請燕竹林寺慧日師住持約供衆僧三年費竹林乃四明人趙與予相識頗久松漠紀聞

古肅眞即慎字城四面約五里遺堞尙在在渤海國都三十里亦以石累城脚同上

蒲路虎性愛民所居官必復租薄征得蕃漢間心但時有酒過後除東京留守治渤海城勑令止飲行未抵治所有一僧以榛柃𢢵盂遮道而獻榛柃木名有文縷可愛多用爲椀曰可以酌酒路虎曰皇帝臨遣時宣戒我勿得飲爾何人乃欲以此器導我邪顧左右令窪勃辣駭彼云敲殺也即引去行刑者哀其亡辜擊其腦不力欲令宵遁而以死告未畢復呼使前僧被血淋漓路虎曰所以獻我者意安在對曰大王仁慈正直百姓喜幸故敢奉此爲壽無它志也路虎意解欲釋之詢其鄉以渤海對路虎笑曰汝聞我來用此

相鶻突耳豈可赦也卒殺之又於道遇僧尼五輩共輦而載召而責之曰汝曹羣遊已冒法而乃敢顯行吾前邪皆射殺之同上

初漢兒至曲阜方發宣聖陵粘罕聞之問高慶緒渤海人曰孔子何人對曰古之大聖人曰大聖人墓豈可發皆殺之故闕里得全同上

渤海螃蟹紅色大如椀螯巨而厚其跪如中國蟹螯石舉鮀魚之屬皆有之同上按契丹國志與此略同

唐季不能勤遠略遼東之地爲渤海大氏所有傳國十餘世當五代時契丹與渤海血戰數十年竟滅其國於是遼東之地盡入於遼遼東行部志

武宗會昌元年渤海貢瑪瑙櫃紫瓷盆瑪瑙櫃方三尺深色茜所製工巧無比用貯神仙之書置之帳側紫瓷盆量容半斛內

外通瑩其色純紫厚可寸餘舉之則若鴻毛上嘉其光潔遂處於仙臺祕府以和藥餌後三才人擲玉環誤缺其半菽上猶歎息久之杜陽雜編卷下

懿宗咸通初有渤海僧薩多羅者寓於西明精舍云能通鳥獸之言往往聞烏鵲燕雀啅噪則說休咎及閭巷間事如目擊者佛圖澄之聽鈴語不是過也一日秋暑方炎與小朝客數人聯騎將納涼於城西別墅路遇牝豕引諸豘而行喀喀有聲一朝士戲曰此猪有語否對曰有之人自不能諭也又問曰所語何對曰巨豶顧諸雛云行行行向前樹陰下喫妳料其不遠當遇官槐而止且飼羣子矣諸朝士頗奇之因綏轡以偵果逾溝不沒過圈不奔直抵木陰踞乳諸子爾後貴臣宅互迎問之無少差忒後中官主禁旅者將籍名於軍寺蕃僧不樂杖錫出京不

知所往闕史卷下

張建章爲幽州行軍司馬後歷郡守尤好經史聚書至萬卷所居有書樓但以披閱清淨爲事經涉之地無不理焉曾齎府戎命往渤海遇風濤乃泊其船忽有青衣泛一葉舟而至謂建章曰奉大仙命請大夫建章乃應之至一大島見樓臺巋然中有女仙處之侍翼甚盛器食皆建章故鄉之常味也食畢造退女仙謂建章曰子不欺暗室所謂君子人也忽患風濤之苦吾令此青衣往來導之及還風濤寂然往來皆無所懼又回至西岸經太宗征遼碑半在水中建章則以帛包麥屑置于水中摸而讀之不欠一字其篤學也如此薊門之人皆能說之于時亦聞于朝廷葆光子曾遇薊門軍校姓孫忘其名細話張大夫遇水仙蒙遺鮫綃自齎而進好事者爲之立傳今亳州太清宮道士

有收得其本者且曰明宗皇帝有事郊丘建章鄉人掌東序之寶其言國璽外唯有二物其一即建章所進鮫綃簟而貯之軸之如帛以紅線三道劄之亦云夏天清暑展開可以滿堂凜然邇來變更莫知所在北夢瑣言十三題曰張建章泛海遇仙

渤海國志長編卷一終

渤海國志長編卷二

遼陽金毓黻　撰集

渤海國志前編二

總略下

新羅聖德王三十二年秋七月唐玄宗以渤海靺鞨越海入寇登州遣太僕員外卿金思蘭歸國仍加授王爲開府儀同三司寧海軍使發兵擊靺鞨南鄙會大雪丈餘山路阻隘士卒死者過半無功而還金思蘭本王族先因入朝恭而有禮因留宿衛及是委以出疆之任三國史記八新羅本紀

三十三年春正月入唐宿衛左領軍衛員外將軍金忠信上表曰臣所奉進止令臣執節本國發兵馬討除靺鞨有事續奏者書已見前卷以下從略帝許焉同上

憲康王十二年春北鎮奏狄國人按指渤海入鎮以片木挂樹而歸

遂取以獻其木書十五字云寳露國與黑水國人共向新羅國和通同上十一新羅本紀

景明王五年二月靺鞨别部達姑衆來寇北邊時太祖按即高麗太祖將堅權鎭朔州率騎擊大破之匹馬不還王喜遣使移書謝於太祖同上十二新羅本紀

開元二十一年大唐遣使教諭曰靺鞨渤海外稱藩翰內狡猾今欲出兵問罪卿亦發兵相爲犄角聞有舊將金庾信孫允中在須差此人爲將仍賜允中金帛若干於是大王命允中弟允文等四將軍率兵會唐兵伐渤海同上四十三列傳

崔致遠字孤雲王京新羅沙梁部人也年十二入唐求學乾符元年禮部侍郎裴瓚下一舉及第其文集有上太師侍中新羅國狀云高句麗殘孽類聚北依太白山下國號爲渤海開元二十年

怨恨天朝將兵掩襲登州殺刺史韋俊於是明皇帝大怒命內史高品（按應作偘）何行成太僕卿金思蘭發兵過海攻討仍就加我王金某爲正太尉持節充寧海軍事鷄林州大都督以冬深雪厚蕃漢苦寒敕命廻軍至今三（按應作二）百餘年一方無事滄海晏然此乃我武烈大王之功也（同上四十六列傳）

玄宗遣內史高偘何行成與金思蘭同使新羅諭王曰渤海外稱藩屏內懷狡猾今欲出兵問罪卿亦發兵擊其南鄙又敕新羅名將金庾信孫允中爲將賜金帛王遣允中等四將率兵會唐師共擊渤海會天寒士卒凍死皆罷歸（海東繹史十一引新羅史疑此即因三國史記連綴而成非別有新羅史也）

通典云渤海本粟末靺鞨至其酋祚榮立國自號震旦先天中（玄宗壬子）始去靺鞨號專稱渤海開元七年（己未）祚榮死謚爲高王世

子襲立明皇賜典册襲王私改年號遂爲海東盛國地有五京十五府六十二州後唐天成初契丹攻破之其後爲丹所制三國史云儀鳳三年高宗戊寅高麗殘孽類聚北依太伯山下國號渤海開元二十年間明皇遣將討之又聖德王三十二年玄宗甲戌渤海靺鞨越海侵唐之登州玄宗討之又新羅古記云高麗舊將祚榮姓大氏聚殘兵立國於太白山南國號渤海按上古諸文渤海乃靺鞨之別種但開合不同而已按指掌圖渤海在長城東北角外賈耽郡國志云渤海國之鴨淥南海扶餘柵城四府竝是高麗舊地也自新羅酒泉郡地理志朔州領縣有泉井郡今湧州至柵城府三十九驛又三國史云百濟末年渤海靺鞨新羅分百濟地據此則鞨海又分爲二國也羅人云北有靺鞨南有倭人西有百濟是國之害也又靺鞨地接阿瑟羅州又東明記云卒本城地連靺鞨或云今東眞羅第六祇麻王十四年乙丑靺鞨兵大入北境襲大嶺柵過泥河後魏書靺鞨作勿吉指掌圖云挹婁與勿吉皆肅愼也東坡指掌圖云辰韓之北有南北

黑水三國遺事一靺鞨渤海

開元二十一年癸酉唐人欲征北狄按此指渤海請兵新羅同上二孝成王

唐以大祚榮爲渤海郡王及卒私謚曰高王子武藝立渤海本粟末靺鞨祚榮父乞乞仲象保太白山東祚榮嗣驍勇善騎射高句麗餘燼稍稍歸之乃建國號震地方千里勝兵數萬頗知書契盡得扶餘沃沮卞韓朝鮮之地至後孫仁秀開大境宇有五京十二府六十二州遂爲海東盛國至景哀王時契丹攻滅之以爲東丹國其世子及大臣等皆降於高麗東國史略二又圖書集成方輿彙編邊裔典四十一渤海部彙考亦引此文改稱朝鮮史略

高麗太祖八年按太祖建元天授九月丙申渤海將軍申德等五百人來投庚子渤海禮部卿大和鈞均老司政大元鈞工部卿大福謩左右衛將軍大審理等民一百戶來附渤海本粟末靺鞨也

唐武后時高句麗人大祚榮走保遼東睿宗封爲渤海郡王因自稱渤海國並有扶餘肅愼等十餘國有文字禮樂官府制度五京十五府六十二州地方五千餘里衆數十萬隣於我境而與契丹世讐至是契丹主謂左右曰世讐未雪豈宜安處乃大舉攻渤海大諲譔圍忽汗城大諲譔戰敗乞降遂滅渤海於是其國人來奔者相繼十二月戊子渤海左首衛小將冒豆干檢校開國男朴漁等率民一千戶來附高麗史世家

十年三月甲寅渤海工部卿吳興等五十人僧載雄等六十人來投同上

十一年三月戊申渤海人金神等六十戶來投七月辛亥渤海大儒範率民來附九月丁亥渤海人隱繼宗等來附見於天德殿三拜人謂失禮大相含弘曰失土人三拜古之禮也同上

十二年六月庚申渤海人洪見等以船二十艘載人物來附九月丙子渤海正近等三百餘人來投同上

十七年七月渤海國世子大光顯率衆數萬來投賜姓名王繼附之宗籍特授元甫守白州以奉其祀賜僚佐爵軍士田宅有差十二月渤海陳林等一百六十人來附同上

二十一年渤海人林昇以三千餘戶來投同上

二十五年十月契丹遣使來遺橐駞五十匹王以契丹嘗與渤海連和忽生疑貳背盟殄滅此甚無道不足遠結爲隣遂絕交聘流其使三十人於海島繫橐駞萬夫橋下皆餓死同上

景宗四年是歲渤海人數萬來投高麗史二世家

顯宗二十年八月乙未東女眞大相噲拔率其族三百餘戶來投賜渤海古城地處之九月戊午契丹東京將軍大延琳遣大

府丞高吉德告建國兼求援延琳渤海始祖大祚榮七代孫叛契丹國號興遼建元天興十二月庚寅興遼國大師大延定引東北女眞與契丹相攻遣使乞援王不許自此路梗與契丹不通壬辰命西北面判兵馬事柳韶赴鎭以備興遼同上五世家二十一年正月丙寅興遼國又遣水部員外郎高吉德上表乞師五月乙丑契丹水軍指麾使虎騎尉大道李卿等六人來投自是契丹渤海人來附甚衆七月乙丑興遼國行營都部署劉忠正遣寧州刺史大慶翰賫表來乞援九月丙辰興遼國郢州刺史李匡祿來告急尋聞國亡遂留不歸甲戌遣金賀如契丹賀收復東京乙亥契丹遣千牛將軍羅漢奴來詔曰近不差人往還應爲路梗今渤海偷主俱遭圍閉並已歸降宜遣陪臣速來赴國必無虞慮十月契丹奚哥渤海民五百餘人來投處之

江南州郡同上

二十二年三月契丹渤海民四十餘人來投同上

德宗於顯宗二十二年五月即位七月丁卯渤海監門軍大道行郎等十四人來投己巳渤海諸軍判官高眞祥孔目王光祿自契丹持牒來投同上

元年正月戊戌渤海沙志明童等二十九人來投二月戊申渤海史通等十七人來投五月丁丑渤海薩五德等十五人來投

六月辛亥渤海于原書作亐音若己等十二人來投乙卯渤海所乙史等十七人來投七月丙申渤海高城等二十人來投十月丙午渤海押司官李南松等十人來奔同上

二年四月渤海首乙分等十八人來投戊午渤海可守等三人來投五月癸巳渤海監門隊正奇叱火等十九人來投六月辛

丑渤海先宋等七人來投十二月癸丑渤海奇叱火等十一人來投處之南地同上

文宗四年四月癸酉渤海開好等來投同上七世家

睿宗十一年三月壬寅鄭良稷自遼東京還時東京渤海人作亂殺留守蕭保先立供奉官高永昌僭號皇帝國號大元建元隆基良稷至詐稱官銜上表稱臣以國家所遺留守土物贈永昌得厚報及還匿不奏事覺有司請下獄治之從之十二月渤海四十四人來同上十四世家 按十二年三月辛卯遼來遠城牒云東京渤海背亂又移牒寧德城云東京渤海續有背叛以後則不復見

乙酉後唐同光三年契丹天贊四年高麗太祖天授八年契丹滅渤海國世子大光顯來附同上八十六年表

崔彥撝初名愼之慶州人自少能文新羅末年十八游學入唐

禮部侍郎薛廷珪下及第時渤海宰相烏炤度子光贊同年及第炤度朝唐見其子名在彥撝下表請曰臣昔年入朝登第名在李同之上今臣子光贊宜升彥撝之上以彥撝才優學贍不許年四十二始還新羅同上九十二崔彥撝傳

成宗元年正匡崔承老上書曰若契丹者與我連境宜先修好而彼又遣使求和我乃絕其交聘者以彼國嘗與渤海連和忽生疑貳不顧舊盟一朝殄滅故太祖以爲無道之甚不足與交所獻駱駞亦皆棄而不畜其深策遠計防患於未然保邦於未危者有如此也渤海既爲丹兵所破其世子大光顯等以我國家舉義而興領其餘衆數萬戶日夜倍道來奔太祖憫念尤深迎待甚厚至賜姓名又附之宗籍使奉其本國祖先之禋祀其文武參佐以下亦皆優洽爵命其急於存亡繼絕能使遠人來

服者又如此也同上九十三崔承老傳

契丹東京將軍大延琳叛自稱興遼國刑部尙書郭元請乘機取鴨江東岸守門下侍中崔士威與徐訥等上書以爲不可元固執攻之竟不克延琳所署太師大延定引東北女眞與契丹相攻遣使乞援王議諸輔臣士威與平章事蔡忠順言兵者危事不可不愼彼之相攻安知非我利耶但可修城池謹烽燧以觀其變王從之同上九十三崔士威傳

顯宗二十年興遼反契丹遣使求援刑部尙書郭元密奏王曰鴨江東畔契丹保障今可乘機取之崔士威徐訥金猛等皆上書言其不可元固執遣兵攻之不克慚恚發疽而卒同上九十四郭元傳

契丹東京將軍大延琳叛自稱興遼來求援王不許時平章事柳韶以西北面判兵馬事遭喪王下敎起復曰古者三年之喪

卒哭金革之事無避漢丞相翟方進遭喪既葬三十日除服視事今興遼來請師恐有邊警卿宜馳往邊上以備之同上九十四柳韶傳

知銀臺事左司郎中劉忠正本渤海人無甚技能甚寵於王穆宗王嘗以水房人吏分屬二人其一人謂閤門舍人庾行簡出入騶從僭擬無極王不豫行簡忠正並直宿於內宰臣請入寢行簡傳旨曰體氣漸平取別日召見宰相再請不許及康兆作亂殺行簡等七人同上一百二十二嬖幸庾行簡傳

新羅聖德王十二年十月唐以大祚榮爲渤海郡王渤海本粟末靺鞨即高句麗別種祚榮父乞乞仲象與其徒渡遼水保太白山東仲象死祚榮嗣驍勇善騎射高句麗餘燼稍稍歸之乃建國自稱震國王遣使交突厥地方五千里戶十餘萬勝兵數萬頗知書契盡得扶餘沃沮弁韓朝鮮諸國中宗時遣子入侍

至是拜爲左驍衛大將軍渤海郡王以所統爲忽汗州領忽汗州都督自是始去靺鞨號專號渤海東國通鑑十

十八年春渤海郡王大祚榮卒私謚曰高王子武藝立斥大土宇東北諸夷畏服之同上

二十五年唐以渤海大門藝爲左驍衛將軍初黑水靺鞨使者朝唐帝以其地建黑水州置長史武藝召其下謀曰黑水始假途於我與唐通今請唐官不吾告是必與唐謀攻我也乃遣弟門藝發兵擊黑水門藝曰黑水請吏而我擊之是背唐也唐大國兵萬倍我與之産怨我且亡昔高句麗盛時士三十萬抗唐爲敵可謂雄彊唐兵一臨掃地盡矣今我衆比高句麗三之一王將違之無乃不可乎武藝不聽強遣之門藝懼奔唐詔拜左驍衛將軍武藝使使暴門藝罪惡請誅之有詔處之安西好報

曰門藝窮來歸我誼不可殺已投之惡地并留使者不遣詔李道邃諭旨武藝知之上表曰大國當示人以信豈得爲此欺誑帝以道邃等漏洩左遷之暫遣門藝詣嶺南以報之同上

三十二年七月帝以渤海靺鞨越海入寇登州遣太僕員外郎金思蘭歸仍授王開府儀同三司寧海軍使發兵擊渤海南鄙諭曰靺鞨渤海外稱藩翰內懷狡猾今欲出兵問罪卿亦發兵爲犄角帝又曰聞舊將金庾信孫允中之賢可爲將遣之仍賜允中金帛於是王命允中等四將率兵會唐軍伐渤海會大雪丈餘山路阻隘士卒死者過半無功而還同上

三十三年正月金忠信入唐宿衛爲左領軍衛員外將軍上表曰臣奉進止令臣執節本國發兵討除靺鞨有事續奏者云云帝許焉同上

已見前書

景德王二十一年唐册欽茂爲檢校太尉渤海國王先是武藝死謚武王子欽茂立徙上京直舊國三百里忽汗河之東及欽茂死謚文王同上

興德王五年渤海王仁秀卒仁秀祚榮弟野勃四世孫也頗能討伐海北諸部開大境宇唐詔加檢校司空自祚榮以來數遣諸生詣京師大學習識古今制度至是遂爲海東盛國同上十一

新羅景哀王三年高麗太祖九年春契丹滅渤海契丹主自去年冬侵渤海攻西鄙諸部遂進圍扶餘城至是拔之遂進兵圍忽汗城渤海王大諲譔戰敗乞降契丹主命以兵衛諲譔及族屬出城改渤海爲東丹國忽汗爲天福城册太子倍爲人皇王以主之置諲譔於臨潢之西賜名曰烏魯古於是渤海世子大光顯及將軍申德禮部卿大和鈞均老司政大元鈞工部卿大

福謩左右衛將軍大審理小將冒豆干檢校開國男朴漁工部卿吳興等率其餘衆前後來奔高麗者數萬戶麗王待之甚厚賜光顯姓名王繼附之宗籍使奉其祀僚佐皆賜爵同上十二

新羅敬順王二年高麗太祖十一年八月渤海人隱繼宗等投高麗麗王引見於天德殿繼宗等三拜人謂失禮大相含弘曰失土人三拜古之禮也同上

高麗太祖二十五年十月契丹遣使來歸橐駝五十匹王以契丹嘗與渤海連和忽生疑貳不顧舊盟一朝殄滅此爲無道之甚不足遠結爲隣絶其交聘流其使三十人於海島繫橐駝萬夫橋下皆餓死同上十三

景宗四年六月渤海酋帥大鸞河降於宋宋以爲渤海都指揮使鸞河祚榮之遺種也同上

顯宗二十年九月契丹東京將軍大延琳遣大府丞高吉德告建國兼求援延琳渤海始祖大祚榮七代孫叛契丹國號興遼建元天興十一月參知政事郭元卒元性清廉工文詞歷位臺省以吏能稱然不自重與李作仁厚善人以此譏之及興遼叛密奏曰鴨江東畔契丹保障今可乘機取之崔士威徐訥金猛等皆上書不可元固執遣兵攻之不克慚恚發疽而卒十二月興遼國太師大延定引東北女眞與契丹相攻遣使乞援王議諸輔臣侍中崔士威平章事蔡忠順言兵者危事不可不慎彼之相攻安知非我利耶但可修城池謹烽燧以觀變耳王從之自此路梗與契丹不通起復西北面判兵馬事柳韶赴鎮時興遼求援不許故遣韶備之同上十六

二十一年正月興遼國遣水部員外郎高吉德上表乞師五月

契丹水軍指麾使虎騎尉大道李鄉等六人來投自是契丹渤海人來附甚衆七月興遼國行營都部署劉忠正遣寧州刺史大慶翰賫表來乞援九月興遼國郢州刺史李匡祿來告急尋聞國亡遂留不歸遣金哥如契丹賀收復東京契丹遣千牛將軍羅漢奴來詔曰近不差人往還應爲路梗今渤海偷主俱遭圍閉並以歸降宜遣陪臣速來赴國必無虞慮十月契丹奚哥渤海民五百餘人來投處之江南州郡同上

睿宗十一年三月鄭良稷自遼東京還時東京渤海人作亂殺留守蕭保先立供奉官高永昌僭稱皇帝國號大元建元隆基良稷至詐稱官銜上表稱臣以國家所遺留守土物贈永昌得厚報及還匿不奏事覺有司請下獄治之十二月渤海四十四人來投同上二十

日本聖武天皇神龜四年九月庚寅渤海郡使首領高齊德等八人來著出羽國遣使存問兼賜時服十二月丁亥渤海郡王使高齊德等八人入京以上十五字據日本紀略補丙申遣使賜齊德衣服冠履渤海國者舊高麗國也淡海朝廷天智七年冬十月唐將李勣伐滅高麗其後朝貢久絶矣至是渤海郡王遣寧遠將軍高仁義等應從日本全史作高仁二十四人朝貢而著蝦夷境仁義等以下十六人並被殺害首領齊德等八人僅免死而來日本全史於此下有渤海朝貢始於此七字續日本紀十

五年正月庚子渤海使朝賀甲寅天皇御中宮高齊德等上其王書書見文徵并方物於是齊德等八人並授正六位上賜常色服仍宴齊德等給大射及雅樂寮之樂宴訖賜祿有差

二月壬午以從六位下引田朝臣從麻呂爲送渤海客使四月

壬午齋德等八人各賜綵帛綾錦有差仍賜其王璽書（書見文徵）六月庚午送渤海使等拜辭（以上十一字據日本紀略補同上）

天平二年八月辛亥遣渤海使正六位上引田朝臣蟲麻呂等來歸九月癸丑蟲麻呂等獻渤海郡王信物丙子遣使以渤海郡信物令獻山陵六所并祭故太政大臣藤原不比等墓十月庚戌遣使奉渤海信物於諸國名神社（同上）

十一年七月癸卯渤海使副使雲麾將軍已珍蒙等來朝十月丙戌入唐使判官從五位下平郡朝臣廣成（一作平羣廣成一云郡與羣通）並渤海客等入京初廣成天平五年隨大使多治比眞人廣成入唐六年十月事畢却歸從蘇州入海惡風忽起彼此相失七年廣成仍歸唐逢本朝學生阿倍仲滿便奏得朝請取渤海路歸朝天子許之給船糧發遣十年三月從登州入海五月到渤海

界適遇其王大欽茂差使欲聘我朝即時同發及渡海渤海一船遇浪傾覆大使胥要德等四十人沒死廣成等率遺衆到著出羽國十二月戊辰渤海使已珍蒙等拜朝上其王啓幷方物啓見文徵同上十三

十二年正月戊子朔天皇御殿受朝賀渤海使亦同在列甲午已珍蒙等授位有差即賜宴於朝堂賜渤海郡王美濃絁三十疋絹三十疋絲一百五十絇調錦三百屯珍蒙美濃絁二十疋絹十疋絲五十絇調錦二百屯自餘各有差庚子以外從五位下大伴宿禰犬養爲遣渤海大使癸卯饗渤海客於朝堂甲辰天皇御大極殿南門觀大射五位以上射畢命渤海使已珍蒙等射焉丙辰遣使就客館贈渤海大使忠武將軍胥要德從二位首領已閼棄蒙從五位下幷賜調布一百五十端庸布六十

段丁巳天皇御中宮閤門已珍蒙等奏本國樂賜帛綿各有差二月己未珍蒙等還國四月丙子遣渤海使等辭見（以上十一字據日本紀略補）十月戊午遣渤海郡使大伴宿禰犬養等來歸（同上）十八年是年渤海及鐵利總一千一百餘人慕化來朝安置出羽國給衣糧放還（日本全史於此下有鐵利本黑水靺鞨一部後降渤海云十四字　同上十六）孝謙天皇天平勝寶四年九月丁卯渤海使輔國大將軍慕施蒙等著於越後國佐渡島十月庚辰遣左大史正六位上板上忌寸老人等於越後國問渤海客等消息（同上十八）五年五月乙丑渤海使慕施蒙等拜朝並貢信物奏稱渤海王言日本照臨聖天皇朝不賜使命已經十餘歲是以遣慕施蒙等七十五人賫國信物奉獻闕庭丁卯饗施蒙等於朝堂授位賜祿各有差六月丁丑施蒙等還國賜璽書（書見文徵　同上十九）

淳仁天皇天平寶字二年九月丁亥小野朝臣田守等至自渤海渤海大使輔國大將軍兼將軍行木底州刺史兼兵署少正開國公楊承慶歸德將軍楊泰師以下二十三人隨田守來朝便於越前國安置十月丁卯授遣渤海大使從五位下小野田守從五位上副使正六位下高橋老麻呂從五品下其餘六十六人各有差十二月戊申遣渤海使小野田守等奏唐國消息曰天寶十四載歲次乙未十一月九日御史大夫范陽節度使安祿山反舉兵作亂自稱大燕聖武皇帝改范陽作靈武郡其宅爲潛龍宮年號聖武留其子安慶按原作卿緒知范陽郡事自將精兵二十餘萬騎啓行南往十二月直入洛陽署置百官天子遣安西節度使哥舒翰將三十萬衆守潼津關使大將軍封常清將十五萬衆別圍洛陽天寶十五載祿山遣將軍孫孝哲等

帥二萬騎攻潼津關哥舒翰壞潼津岸以墜黃河絕其通路而還孝哲鑿山開路引兵入至於新豐六月六日天子遊於劍南七月甲子皇太子璵即皇帝位於靈武郡都督府改元爲至德元載已卯天子至於益州平盧留後事徐歸道遣果毅都尉行柳城縣兼四府經略判官張元澗（日本紀略作洞誤海軍繹史作簡）來聘渤海且徵兵馬曰今載十月當擊祿山王須發騎四萬來援平賊渤海疑其有異心且留未歸十二月丙午徐歸道果鴆劉正臣於北平僭通祿山幽州節度史思明謀擊天子安東都護王玄志仍知其謀帥精兵六千餘人打破柳城斬徐歸道自稱權知平盧節度進鎮北平至德三載四月王玄志遣將軍王進義來聘渤海且通國故曰天子歸於西京迎太上天皇於蜀居於別宮彌（疑爲弭字）滅賊徒故遣下臣來告命矣渤海王爲其事難信且留

進義遣使詳問行人未至事未可知其唐王賜渤海國王敕書一卷亦副狀進於是敕太宰府曰安祿山者是狂胡狡竪也違天起逆事必不利疑是不能計西還更掠於海東古人曰蜂蠆猶毒何況人乎其府帥船王及大貳吉備朝臣眞備俱是碩學名顯當代簡在朕心委以重任宜知此狀預設奇謀縱使不來儲備無悔其所謀上策及應備雜事一一具錄報來壬戌渤海使楊承慶等入京以上十一字據日本紀略補同上二十一

三年正月戊辰朔渤海原作高麗蕃客等依儀拜賀三日庚午帝臨軒渤海原作高麗使楊承慶等貢方物奏曰渤海原作高麗國王大欽茂言承聞在於日本照臨八方聖明皇帝登遐天宮攀號感慕不能默止是以差輔國將軍楊承慶歸德將軍楊泰師等令齎表文并貢常物入朝詔曰渤海原作高麗國王遥同先朝登遐天宮不

能默止使楊承慶等來慰問之慼痛永慕益深但歲月既改海內從吉故不以其禮相待也又不忘舊心遣使來貢勤誠之至深有嘉尚乙酉授渤海（原作高麗）大使楊承慶正三位副使楊泰師從三位判官馮方禮從五位下錄事以下十九人各有差賜國王及大使以祿有差饗五位以上及蕃客並主典以上於朝堂作女樂於舞臺奏內教坊踏歌於庭事畢賜綿各有差丙戌內射喚客亦令同射甲午太保藤原惠美押勝宴蕃客於田村第敕賜女樂及綿一萬屯當代文士賦詩送別副使楊泰師作詩和之丁酉以外從五位下高元度爲迎入唐大使二月戊戌朔賜渤海（原作高麗）王書（書見文徵）癸丑楊承慶等歸蕃高元度等亦相隨而去十月辛亥迎藤原河清使判官內藏忌守全成自渤海却迴海中遭風漂著對馬渤海使輔國大將軍兼將軍玄菟州刺

史兼押衙官開國公高南申相隨來朝（另齋中臺省牒見文徵）丙辰徵渤海（原作高麗）使於太宰十二月辛亥渤海（原作高麗）使高南申我判官內藏全成等到著難波江口丙辰高南申入京（同上二十二）

四年正月癸亥朔渤海蕃客依儀拜賀丁卯渤海國使高南申等貢方物奏曰國王大欽茂言爲獻日本朝遣唐大使特進兼秘書監藤原河清上表并恒貢物差輔國大將軍高南申等充使入朝（日本全史作上其國中臺省牒）詔曰遣唐大使藤原河清久不來歸所鬱念也而渤海（原作高麗）差南申令齎河清表文入朝王之誠欵實有嘉焉己巳高野天皇及帝御閤門渤海（原作高麗）使依儀陳列詔授大使高南申正三位副使高興福正四位下判官李能本解臂安貴寶（本朝通鑑作臂鷹安貴琮）並從五位下錄事以下各有差賜國王絁三十匹絲二百絇調錦三百屯大使以下各有差宴五位以

上及蕃客賜祿有差己卯内射因召蕃客令觀射禮二月辛亥渤海使高南申等歸蕃十一月丁酉送高南申使外從五位下陽侯玲璆至自渤海同上二十二及二十三

五年八月甲子高元度等至自唐國初元度奉使之日取渤海道隨賀正使楊方慶等往於唐國事畢欲歸内使宣敕曰特進秘書監藤原河淸今依使奏欲遣歸朝惟恐殘賊未平道路多難元度宜取南路先歸即令中謁者押領向蘇州刺史李岵平章造船送元度等歸十月癸酉以武藏介從五位下高麗朝臣大山爲遣渤海原作高麗使同上二十三

六年十月丙午朔正六位上伊吉連益麻呂副使等至自渤海其國使紫綬大夫行政堂省左允開國男王新福以下二十三人相隨來朝於越前國加賀郡安置供給我大使從五位下高

麗大山去日船上臥病到佐利翼津卒十一月乙亥朔以正六位上多治比小耳爲送渤海(原作高麗)入使閏十二月癸巳王新福等入京(同上二十四)

七年正月甲辰朔渤海(原作高麗)蕃客依儀拜賀事畢授位丙午渤海(原作高麗)使王新福貢方物授大使王新福正三位副使李能本正四位上判官楊懷珍正五位上品官著緋達能信從五位下餘各有差賜國王及使傔人以上祿亦有差宴蕃客奏唐樂庚申帝御閤門賜渤海(原作高麗)客綿渤海(原作高麗)大使王新福言李家太上皇(玄宗)少帝(肅宗)並崩廣平王(代宗)攝政年穀不登人民相食史家朝義(原作議)稱聖武皇帝性有仁恕人物多附兵鋒甚强無敢當者鄧州襄陽已屬史家李家獨有蘇州朝聘之路固未易通於是敕太宰府曰唐國荒亂兩家爭雄平殄未期使命難通其

沈惟岳等宜往安置優厚供給其時服者並以府庫物給如懷土情深猶願歸鄉者宜給駕船水手量事發遣甲子內射蕃客堪射亦預其列二月丁丑太師藤原惠美朝臣押勝宴渤海（原作高麗）使詔遣使賜以雜色袷衣三十櫃癸巳渤海（原作高麗）使王新福等歸蕃八月壬午初遣渤海（原作高麗）國船名曰能登歸朝之日風波暴急漂蕩海中祈曰幸賴船靈平安到國必請朝廷酬以錦冠至是緣於宿禱其冠製錦表絁裏以紫組爲纓十月乙亥左兵衛佐正七位下板振鎌束至自渤海以擲人於海勘當下獄初王新福之歸本蕃也駕船爛脆送使判官平郡蟲麻呂等慮其不完申官求留於是史生以上皆停其行以修理船使鎌束便爲船師送新福等發遣事畢歸日我學生高內弓其妻高氏及男廣成緣兒一人乳母一人并入唐學問僧戒融優婆塞一

人轉自渤海相隨歸朝海中遭風所向迷方柂師水手爲波所沒於時鎌束議曰異方婦人今在船上又此優婆塞異於衆人一食數粒經日不飢風漂之災未必不由此也乃使水手撮内弓妻并緣兒乳母優婆塞四人舉而擲海風勢猶猛漂流十餘日著隱岐國同上

八年七月甲寅新羅使大奈麻金才伯等九十一人到著太宰博多津遣右少辨從五位下紀朝臣牛養授刀大尉外從五位下粟田朝臣道麻呂等問其由緒金才伯等言曰唐國勑使韓朝彩自渤海來云送日本國僧戒融令達本鄉已畢若平安歸鄉者當有報信而至於今日寂無來音宜差此使其消息欲奏天子仍賫執事牒參大宰府其朝彩者上道在於新羅西津本國謝恩使蘇州金容爲取大宰報牒寄附朝彩在京未發勑曰

比來彼國投化百姓言本國發兵警備是疑日本國之來問罪也其事虛實如何對曰唐國擾亂海賊寔繁是以徵發甲兵防守緣邊乃是國家之設事既不虛及其歸日太宰府報牒新羅執事曰撿案內被乾政官符偁得太宰府解偁得新羅國牒偁依韓內常侍請欲知僧戒融達不府具狀申上者以去年十月從渤海（原作高麗）國還歸聖朝府宜承知即令報知（同上二十五）

光仁天皇寶龜二年六月（日本全史作四月）壬午渤海國使青綬大夫壹萬福等三百二十五人駕船十七隻著出羽國賊地野代湊於常陸國安置供給十月丙寅徵萬福以下四十人令會賀正十二月癸酉萬福等入京（同上三十一）

三年正月壬午朔渤海蕃客依儀拜賀甲申壹萬福等貢方物丁酉先是責問渤海王表無禮於壹萬福是日告萬福等曰萬

福等實是渤海王使者所上之表豈違例無禮乎由茲不收其表萬福等言夫爲臣之道不違君命是以不誤封函輒用奉進今爲違例返却表函萬福等實深憂慄仍再拜據地而泣更申君者彼此一也臣等歸國必應有罪今已參渡在於聖朝罪之輕重無敢所避庚子却付渤海國信物丙午萬福等修改表文代王申謝二月癸丑饗渤海蕃客於朝堂賜三種之樂萬福等入就座言曰所上表文緣乖常例返却表函及信物訖而聖朝厚恩垂矜萬福等預於客例加賜爵祿不勝慶躍謹奉拜闕庭授大使壹萬福從三位副使正四位下大判官正五位上少判官正五位下錄事并譯語并從五位下著綠品官以下各有差賜國王美濃絁三十疋絲二百絇調錦三百屯大使壹萬福以下亦各有差己卯賜渤海王書（書見文徵）庚辰渤海蕃客歸鄉九月

戊戌送渤海客使武生鳥守等解纜入海忽遭暴風漂著能登國客主僅得免死便於福良津安置同上三十二

四年二月乙丑渤海副使正四位下慕昌祿一作拜卒遣使弔之贈從三位賻物如令六月丙辰能登國言渤海國使烏須弗等乘船一艘來著部下差使勘問烏須弗報書曰渤海日本久來好隣往來朝聘如兄如弟近年日本使内雄等往渤海國學音聲却還本國今經十年未報安否由是差大使壹萬福等向日本國擬於朝參稍經四年未返本國更遣大使烏須弗等四十人面奉詔旨更無餘事所附進物及表書並在船内戊辰遣使宣告烏須弗曰太政官處分前使壹萬福等所進表詞驕慢故告知其狀罷去已畢而今能登國司言渤海國使烏須弗等所進表函違例無禮由是不召朝廷返却本鄉但表函違例非使

等之過也涉海遠來事須憐矜仍賜禄並路糧放還且渤海使取此道來朝者承前禁斷自今以後宜依舊例就筑紫道來朝十月乙卯遂壹萬福使正六位上武生連烏守至自渤海原作高麗同上

七年十二月乙巳渤海遣獻可大夫司賓少令開國男史都蒙等一百八應從日本全史作六十七人賀我即位並赴彼國王妃之喪比著我岸忽遭惡風柁折帆落漂没者多計其全存僅有四十六人便於越前國加賀郡安置供給同上三十四

八年正月癸酉遣使問史都蒙等曰去寶龜四年烏須弗歸本蕃日太政官處分渤海入朝使自今以後宜依古例向太宰府不得取北路來而今違此約束其事如何對曰烏須弗來歸之日實承此旨由是都蒙等發自弊邑南海府吐號浦西指對馬

島竹室之津而海中遭風著此禁境失約之罪更無所避二月壬寅召渤海使史都蒙等三十人入朝時都蒙言曰都蒙等一百六十餘人遠賀皇祚航海來朝忽被風漂致死一百二十幸得存活纔四十六人既是險浪之下萬死一生自非聖朝至德何以獨得存生況復殊蒙進入將拜天闕天下幸民何處亦有然死餘都蒙等四十餘人心同骨肉期共苦樂今承十六人別被處置分留海岸譬猶割一身而分背失四體而匍匐仰望宸輝曲照聽同入朝許之四月庚寅史都蒙等入京辛卯太政官遣使慰問癸卯都蒙等貢方物奏曰渤海國王始自遠世供奉不絕又國使壹萬福歸來承聞聖皇新臨天下不勝歡慶登時遣獻可大夫司賓少令開國男史都蒙入朝並戴荷國信拜奉天闕戊申授渤海大使史都蒙正三位大判官高祿思少判官

高鬱琳並正五位上大錄事史道仙正五位下少錄事高珪宣從五位下餘皆有差賜國王祿具載敕書都蒙以下亦各有差五月丁巳天皇御重閣門觀射騎召渤海使史都蒙等亦會射埸令五位以上進裝馬及走馬作田儛於儛臺蕃客亦奏本國之樂事畢賜大使都蒙以下綵帛各有差庚申先是渤海判官高淑源及少錄事一人比著我岸船漂溺死至是贈淑源正五位上少錄事從五位下並賻物如令癸酉史都蒙等歸蕃以大學少允正六位上高麗朝臣殿嗣爲送使賜渤海王書書見文徵又弔彼國王后喪亦有書見文徵同上三十四

九年四月丙午先是寶龜七年渤海原作高麗使輩三十人溺死漂著越前國江沼加賀二郡至是仰當國令加葬埋焉九月癸亥送渤海原作高麗使高麗朝臣殿嗣等來著越前國坂井郡三國湊

敕越前國遣渤海（原作高麗）使并彼國送使宜安置便處依例給之十二月己丑以正六位上大綱公廣道爲送渤海（原作高麗）客使（同上三十五）

十年正月壬寅朔渤海國遣獻可大夫司賓少令張仙壽等朝賀丙午渤海使張仙壽獻方物奏曰渤海王言聖朝之使高麗殿嗣等失路漂著遠夷之境乘船破損歸去無由是以造船二艘差仙壽等隨殿嗣令入朝并載荷獻物拜奉天朝戊申宴五位以上及仙壽等於朝堂賜祿有差詔渤海使曰渤海王使仙壽等來朝拜覲朕有嘉焉所以加授位階兼賜祿物丁巳宴五位以上及渤海使於朝堂賜祿已未內射渤海使亦在射列二月癸酉渤海使還國賜其王璽書并附信物四月辛卯領唐客使奏言遣唐使未見拜謝之禮但渤海國使皆悉下馬再拜舞

蹈今領唐客宜據此式節錄九月庚辰敕渤海及鐵利三百五十九人慕化入朝在出羽國宜依例給之但來使輕微不足爲賓今欲遣使給饗自彼放還其駕來船若有損壞亦宜修造歸蕃之日勿令留滯癸巳敕陸奥出羽等國用常陸調絁相模庸綿陸奥稅布充渤海鐵利等祿又敕在出羽國蕃人三百五十九人今屬嚴寒海路艱險若情願今年留滯者宜恣聽之十一月乙亥敕檢校人使押領高伴粥一作泮粥又作洋粥等進表無禮宜勿令進又不就筑紫巧言求便宜加勘當勿令更然丙子檢校渤海人使言鐵利官人爭坐說昌之上恒有凌侮之氣者太政官處分渤海通事從五位下高說昌遠涉滄波數回入朝言思忠勤授以高班次彼鐵利之人殊非優寵之意宜異其列位以顯品秩十二月戊午檢校渤海人使言渤海使押領高伴粥等苦請

云乘船損壞歸計無由伏望朝恩賜船九隻令達本蕃者許之同上三十五

桓武天皇延曆五年九月甲辰出羽國言渤海國使大使李元泰以下六十五人乘船一隻漂著部下被蝦夷略十二人見存四十一人同上三十九

六年二月甲戌渤海使李元泰等言元泰等入朝時柂師及挾抄等逢賊之日並被刧殺還國無由於是仰越後國給船一艘柂師挾抄水手而發遣焉同上

十四年十一月丙申出羽國言渤海國使呂定琳等六十人漂著夷地敕遷越後國依例供給日本後紀四原文已佚據日本紀略前篇十三補

十五年四月戊子渤海國遣使獻方物其王啓曰云云渤海國者高麗之故地也天命開別天皇天智七年高麗王高氏爲唐所

滅也後以天之眞宗豐祖父天皇文武二年始建渤海國和銅元年受唐册立其國五月丁未渤海國使呂定琳等還蕃遣上野介御長廣岳式部大錄桑原秋成等押送仍賜其王璽書曰天皇敬問渤海國王云云特寄絹二十疋絁二十疋絲百約綿二百屯以充云云今因定琳等還賜沙金小原作廿誤三百兩以充永忠等同上據日本紀略前篇十三補

十月己未正六位上御長眞人廣岳等歸自渤海國並齎其王啓見文徵

辛酉正六位上御長眞人廣岳授從五位下正六位上桑原公秋成外從五位下並以奉使稱旨也壬申先是渤海國王所上書疏體無定例詞多不遜今所上之啓首尾不失禮誠欵見乎詞羣臣上表奉賀曰臣聞大人馭時以德爲本明王應世懷遠是崇故有殷代則四海歸仁周日則九夷順軌伏惟天皇陛下

仰天作憲握地成軌窮日域而慕聲布風區而向化誠可以孕育千帝卷懷百王者矣近者送渤海客使御長廣岳等迴來伏見彼國所上啓辭義溫恭情禮可觀悔中間之迷圖復先祖之遺迹況復緣山浮海不顧往復之路難克己改過始請朝貢之年限與夫白環西貢楛矢東來豈可同日而道哉臣等幸忝周行得逢殊慶不任鳧藻之至謹詣闕奉表以聞同上五

十七年五月戊戌遣渤海國使內藏宿禰賀萬一作賀茂等辭因賜其王璽書曰云云十二月壬寅渤海國遣使獻方物其啓曰嵩璘啓使賀萬等至云云同上七原文已佚據日本紀略前篇十三補

十八年正月丙午朔皇帝御大極殿受朝文武官九品以上蕃客等各陪位減四拜爲再拜不拍手以有渤海國使也壬子豐樂院未成功大極殿前龍尾通上構作借殿葺以彩帛天皇臨

御蕃客仰望以爲壯麗命五位以上宴樂渤海國使大昌泰預焉賚祿有差辛酉宴羣臣並渤海客奏樂賜蕃客以上蓁揩衣並列庭踏歌癸亥於朝堂院觀射五位以上射畢次蕃客射焉以上十九字據日本逸史八引類聚國史七十二補四月己丑渤海國使大昌泰等還蕃遣式部少錄正六位上滋野宿禰船白等押送賜其王璽書書見文徵五月丙辰前遣渤海使外從五位下內藏宿禰賀茂麻呂等言歸鄉之日海中黑暗東西掣曳不識所著於是遠有火光尋逐其光忽到島濱訪之是隱岐國智夫郡其處無有人居或云比奈麻治比賣神常有靈驗商賈之輩漂宕海中必揚火光賴之得全者不可勝數神之祐助良可嘉報伏望奉預幣例許之九月辛酉正六位上式部少錄滋野宿禰船代等到自渤海國並齎其王啓見文徵同上八

二十三年六月庚午敕比年渤海國使來著多在能登國停宿之處不可疎陋宜早造客院（同上十二　按以下有闕文）

平城天皇大同四年（四月戊子禪位於嵯峨天皇）十月癸酉朔渤海國遣使獻方物王啓曰云云（同上十八原文已佚據日本紀畧前篇十四補）

嵯峨天皇弘仁元年四月庚午朔饗渤海使高南容等於鴻臚館丁丑南容等歸國賜國王書曰云云五月丙寅渤海使首領高多佛脫身留越前國安置越中國給食即令史生羽栗馬長並習語生等就習渤海語（同上十九據日本紀畧前篇十四補）九月丙寅渤海國遣使獻方物（並賚其王啓見文徵）十二月庚午從六位上林宿禰東人（一作仁）爲送渤海客使大初位下上毛野公繼益爲錄事（同上二十）

二年正月丙申朔蕃客朝賀如常儀壬寅宴五位以上并蕃客

賜祿有差壬子御豐樂院觀射蕃客賜角弓射焉（以上十五字據日本逸史十九引類聚國史七十二補）乙卯遣大納言正三位坂上大宿禰田村麻呂中納言正三位藤原朝臣葛野麻呂參議從三位菅野朝臣眞道等饗渤海使於朝集院賜祿有差丁巳渤海國使高南容歸蕃賜其王書（書見文徵）四月庚寅遣渤海國使正六位上林宿禰東人等辭見賜衣被（以上二十四字據日本紀畧補）十月癸亥正六位上林宿禰東人等至自渤海國奏曰國王之啓不據常例是以去而不取其錄事大初位下上毛野公嗣益等所乘第二船發去之日相失不見未知何在十二月乙亥故遣渤海錄事大初位下上毛野公嗣益追贈從六位下以身死王事也（以上三十三字據日本紀略補 同上二十一）

五年五月乙卯制新羅王子來朝之日若有朝獻之志者准渤

海之例但顧修隣好者不用答禮直令還却且給還糧同上二十三原文已佚據日本紀略前篇十四補

九月癸卯渤海國遣使獻方物十一月辛巳免出雲國田租緣有賊亂及供蕃客也以上十二字據日本紀略補同上二十四

六年正月癸酉朔皇帝受朝蕃客陪位己卯宴五位以上並渤海使奏女樂是日授位渤海國大使王孝廉從三位副使高景秀正四位下判官高英善王昇基正五位下錄事釋仁貞烏賢偲譯語李俊雄從五位下賜祿有差戊子御豐樂院宴五位以上及蕃客奏踏歌賜祿有差壬辰於朝集堂饗王孝廉等賜樂及祿甲午渤海國使王孝廉等歸蕃賜書書見文徵五月戊子渤海國使王孝廉等於海中値逆風漂迴舟檝裂折不可更用癸巳令越前國擇大船駕蕃客也六月癸丑渤海大使從三位王孝

廉薨詔曰悼往飾終事茂舊範褒忠録績義存先彝故渤海國使從三位王孝廉闕庭修聘滄溟迴艫復命未申昊蒼不慭寔雖有命在天薤露難駐而銜恨使命不得更歸朕慟於懷加贈榮爵死而有靈應照泉扃宜可正三位更賜信物并使等祿以先所賜濕損也同上二十四

十年十一月甲午渤海國遣使獻方物上啓曰云云同上二十七原文已佚據日本紀略前篇十四補

十一年正月甲戌朔蕃客朝賀如儀庚辰宴五位以上及蕃客於豐樂院授位又渤海國入覲大使李承英等叙位有差己丑御豐樂殿奏踏歌宴羣臣及蕃客賜祿甲午賜渤海王書曰天皇敬問云云乙未唐越州人周光翰言升則等告請歸鄉仍隨渤海使以放還同上二十八據日本紀略前篇十四補

十二年十一月乙巳渤海國遣使獻方物國王上啓曰仁秀啟云云同上二十九據日本紀略前篇十四補

十三年正月癸巳朔皇帝御大極殿受朝賀蕃客陪位如儀巳亥御豐樂殿宴羣臣及蕃客戊申御豐樂殿五位以上及蕃客奏踏歌渤海國使王文矩等打毬賜綿二百屯爲賭所司奏樂蕃客率舞賜祿壬子饗王文矩等於朝集殿癸丑文矩等歸蕃賜國王書曰云云同上三十據日本紀略前篇十四補

十四年四月淳和天皇嗣位十一月壬申加賀國言上渤海國入覲使一百一人到著狀十二月戊子停止存問渤海使今年雪深往還不通敕令守掾等准例存問同上三十一據日本紀略前篇十四補

淳和天皇天長元年正月乙卯賜渤海客徒大使以下錄事以上六人冬衣服料二月壬午詔旨渤海國使等此般召賜治不

賜便風待本國退還云云四月丙申覽越前國所進渤海國信物并大使貞泰等（按類聚三代格十八作高貞泰）別貢物又契丹大狗二口倭子二口在前進之庚子返却渤海副使璋璿別（此字據日本逸史補）貢物辛丑幸神泉苑令渤海猲逐苑中鹿中途而休焉五月癸亥印遣渤海敕書日月上一踏（同上三十二據日本紀略前篇十四補）

二年十二月辛丑隱岐國馳驛奏上渤海國使高承祖等百三人到來乙巳大內記布瑠宿禰高庭定領客使借出雲介不稱領客使（同上三十三據日本紀略前篇十四補）

三年三月戊辰朔右大臣藤原緒嗣上表可召渤海客徒經營重疊騷動不遑云云不許五月戊寅渤海國使高承祖授正三位副使判官錄事等亦有叙位庚辰渤海國客徒歸加賀國辛巳天皇敬問渤海國王云云（按此處有闕文 同上三十四據日本紀略前篇十四補）

五年正月甲戌但馬國馳驛言上渤海人百餘人來著日本全史云但馬言渤海使王文矩等百餘人來二月己丑但馬國司寫渤海王啟中臺省牒案進上四月癸未渤海客大使以下稍工以上賜絹綿有差日本全史賜渤海使絹綿而不許入京敕曰年滿一紀然後入覲同上三十六據日本紀略前篇十四補

仁明天皇承和八年十二月丁亥長門國言渤海客徒賀福延等一百五人來著庚寅以式部大丞正六位上小野朝臣恒柯少外記正六位上山代宿禰氏益爲存問渤海客使續日本後紀十

九年二月乙酉令渤海客徒入京三月辛丑存問兼領渤海客使式部大丞正六位上小野朝臣恒柯少內記從六位上豐階公安人等上奏勘問渤海客徒等文并渤海王所上啟案別狀并中臺省牒案等文啟一首別狀一首牒一首具見文徵壬戌渤海客徒賀福延等發自河陽入於京師遣式部少輔從五位下藤原朝臣諸成

爲郊勞使是夕於鴻臚館安置供給癸亥太政官遣右大史正六位上蕃良朝臣豐持於鴻臚館爲慰勞焉是日渤海使賀福延等上中臺省牒甲子遣待從正五位下藤原朝臣春津於鴻臚館宣敕曰云云四月乙丑朔賜客徒時服以上三十四字據日本紀略前篇十五補丙寅渤海國使賀福延等於八省院獻啓函信物等己巳天皇御豐樂殿饗渤海使等詔授大使賀福延正三位副使王寶璋正四位下判官高文暄一作喧馬孝慎一作烏二人並正五位下錄事高文寅一作宣高平信安歡喜三人並從五位下自外譯語以下首領以上十三人隨色加階焉使右少辨兼右近衛少將從五位下藤原朝臣氏宗供食日暮賜祿各有差辛未大使賀福延私獻方物癸酉饗客徒等於朝集堂遣使從五位下惟良宿禰春道供食宣敕曰云云以上十九字據日本紀略前篇十五補丙子遣敕使

於鴻臚館宣詔賜渤海王書書見文徵太政官賜中臺省牒牒見文徵牒
解由判官正六位上藤原朝臣粟作文章生從六位上大中臣
朝臣清世等爲領客使是日使賀福延等歸鄉同上十一
嘉祥元年十二月乙卯能登國馳驛奏渤海國入覲使王文矩
等一百人來著矣同上十八
二年二月丙戌朔以少內記正七位上縣犬養大宿禰貞守直
講正六位上山口忌寸西成等爲存問渤海客使發遣於能登
國三月戊辰遣能登國存問渤海客使少內記縣犬養大宿禰
貞守等馳驛奏上客徒等將來啟牒案啓牒俱見文徵乙丑日本紀略作乙亥
存問使等馳驛奏詰問客徒等違例入覲之由問答文等壬申
日本紀略作壬午以縣犬養大禰宿貞守山口忌寸西成爲兼領渤海
客使四月辛亥領客使等引渤海國使王文矩等入京遣敕使

左近衛少將從五位上良岑朝臣宗貞慰勞安置鴻臚館（此下有宣命以譯語難解從略）癸丑賜渤海客徒時服五月乙卯渤海國入覲使大使王文矩等詣八省院獻國王啟函并信物等丙辰天皇御豐樂殿宴客徒等（此下有宣詔從略）大使以下首領相共拜舞訖授大使王文矩從二位文矩去弘仁十三年叙正三位故今增位叙從二位副使烏（一作馬）孝愼從四位上大判官馬（一作烏）福山少判官高應順並正五位下大錄事高文信中錄事多安壽少錄事李（一作學誤）英眞並從五位下自餘品官並首領等授位有階戊午天皇御武德殿覽馬射六軍擁節百寮侍座命文矩等陪宴（此下有宣詔從略又本朝通鑑有佩五月五日藥玉且飲酒十字）日暮乘輿還宮癸亥遣公卿於朝堂饗客徒（此下有宣詔從略）乙丑遣參議從四位上小野朝臣篁右馬頭從四位下藤原朝臣春津少納言從五位下藤原朝臣春岡

右少辨從五位上橘朝臣海雄左少史正六位上大窪益門少內記從七位下安野宿彌豐道等於鴻臚館賜敕書并太政官牒書牒俱見文徵此日客徒歸却同上十九

三年文德天皇於是年三月嗣位五月辛巳嵯峨太皇太后崩太后姓橘氏諱嘉智子父清友少而沈厚涉獵書記身長六尺二寸眉目如畫舉止甚都寶龜八年渤海原作高麗國遣使修聘清友年在弱冠以良家子姿儀魁偉接對遣客渤海原作高麗大使獻可大夫史都蒙見而器之問通事舍人山於野上云彼一少年爲何人乎野上對是京洛一白面耳都蒙明於相法語野上云此人毛骨非常子孫大貴野上云請問命之長短都蒙云三十二有厄過此無恙其後清友娶田口氏女生后延曆五年爲內舍人八年病終於家時年三十二驗之果如都蒙之言日本文德天皇實錄一

清和天皇貞觀元年正月己卯（二十二日）能登國馳驛言渤海國入覲使馬（一作烏）孝愼等一百四人來著珠洲郡乙酉（二十八日）正六位上行少外記廣宗宿禰安人大內記正六位上安倍朝臣清行爲領渤海國客使二月庚寅（四日）渤海國客著能登國是日詔遷於加賀國安置便處癸巳（七日）從六位下行直講苅田首安雄爲領渤海客使以廣宗安人辭退也乙未（九日）大初位下春日朝臣宅成爲渤海通事三月己巳（十三日）領渤海國客使安倍朝臣清行苅田首安雄俶裝進發告宣（一作宣告）使等宜稱存問兼領渤海客使當般不任存問使也渤海國副使周元伯頗閑文章詔越前權少掾從七位下島田朝臣忠臣假爲加賀權大掾向彼與元伯唱和以忠臣能屬文也五月乙丑（十日）存問兼領渤海客使大內記安倍朝臣清行加賀國司等奉進渤海國啟牒信物（啓牒）

俱見文徵日本三代實錄二

六月丁未（二十三日）賜渤海國敕書（書見文徵）太政官送中臺省牒（牒見文徵）東絁五十疋綿四百屯賜大使馬孝愼孝愼別貢土宜仍有此錫賚焉七月甲戌（二十一日）存問兼領渤海客使直講苅田安雄復命奏言客徒今月六日解纜皈蕃大內記安倍淸行去四月丁父憂去職故安雄獨皈奏事依諒闇不喚客徒自加賀國還蕃焉（同上三）

三年正月乙未（二十日）出雲國上言渤海國使李居正等一百五人自隱岐國來著嶋根郡癸卯（二十八日）散位正六位上藤原朝臣春景兵部少錄正七位下葛井連善宗爲領渤海客使播磨少目大初位上春日朝臣宅成爲通事敕竟使事之閒春景宜稱但馬權介善宗稱因幡權介五月甲午（二十一日）宣告存問兼領渤

海客使但馬權介正六位上藤原朝臣春景并出雲國司等云渤海國使李居正違先皇制輒以弔來亦令看啟案違例多端事須責其輕慢自彼却還然而如聞居正位在公卿齒過懸車才綺交新猶有可愛因欲特加優恤以聽入京而頃者炎旱連日有妨農時慮夫途次更以停止又王啟并信物等不可更收須進上中臺省牒以出雲國給絁一百三十五疋綿一千二百二十五屯使頒賜渤海客一百五人己卯（二十六日）太政官送渤海國中臺省牒下存問使并出雲國司絁一十疋綿四十屯別賜大使李君正六月己未（十六日）頒行長慶宣明曆經先是陰陽頭從五位下兼行曆博士大春日朝臣眞野麻呂奏言謹檢豐御食炊屋姬天皇（推古）十年十月百濟國僧觀勒始貢曆術而未行於世高天原廣野姬天皇（持統）四年十二月有敕始用元嘉曆次

用儀鳳曆高野姬天皇稱德天平寶字七年八月停儀鳳曆用開元太衍曆厥後寶龜十一年遣唐使錄事故從五位下行內藥正羽栗臣翼貢寶應五紀曆經云大唐今停大衍曆唯用此經天應元年有敕令據彼經造曆日無人習學不得傳業猶用太衍曆經已及百年眞野麻呂去齊衡三年申請用彼五紀曆朝廷議云國家據太衍經造曆日尙矣去聖已遠義貴兩存暫宜相兼不得偏用貞觀元年渤海國大使馬一作烏孝愼新貢長慶宣明曆經云是大唐新用經也眞野麻呂試加覆勘理固當然仍以彼新曆比校太衍五紀等兩經且察天文且參時候兩經之術漸以麤疏令朔節氣既有差又勘大唐開成四年天平十二年等曆不復與彼新曆相違曆議曰陰陽之運隨動而差差而不已遂與曆錯者方今大唐開元以來三改曆術本朝天平

以降猶用一經靜言事理實不可言請停舊用新欽若天步詔從之同上五

六年正月甲辰十七日散位從五位下山口伊美吉西成卒西成者右京人也幼嬾讀書好習射藝逮於成人改節入學以春秋名家兼善毛詩周易承和之初拜大學直講嘉祥二年渤海國王遣使入覲以西成權稱大學大允爲存問兼領客使向加賀國引客入京卒時年六十三同上八

十三年十二月壬子十一日渤海國入覲使楊成規等百五人著加賀國岸同上二十

十四年正月丁丑六日以正六位上行少内記菅原朝臣道眞從六位下行直講美努連清名爲存問渤海客使園池正六位上春日朝臣宅成爲通事辛卯二十日四月京邑咳逆病發死亡者

衆人間言渤海客來異土毒氣之令然焉是日大祓於建禮門前以厭之丁酉（二十六日）以正六位下行外少記大春日朝臣安守爲存問渤海客使以少內記菅原朝臣道眞丁母憂去職也三月甲申（十四日）詔存問渤海客使大春日朝臣安守美努連清名並兼領客使癸巳（二十三日）今春以後內外頻見恠異由是各遣使者於諸社奉幣告文辭別去年陰陽寮占申就蕃客來不祥之事可在占申今渤海客隨盈紀例來朝事不獲已國憲可召云云四月壬子（十三日）存問渤海客使少外記大春日朝臣安守等開大使楊成規所齎啟牒函詰問違例之由問答狀及記錄安守等向加賀國途中消息馳驛奏上乙卯（十六日）以正六位上行少內記都宿禰言道正六位上行式部少丞平朝臣季長爲掌渤海客使常陸少掾從七位上多治眞人守善文章生從八位

下菅野朝臣惟肖爲領歸鄉渤海客使五月丙子七日掌渤海客使都言道自修解文請官裁稱姓名相配其義乃美若非佳令何示遠人望請改名良香以遂穩便依請許之甲申十五日勅遣從五位上守右近衛少將藤原朝臣山陰到山城國宇治郡山科村郊迎勞渤海客領客使大春日朝臣安守等與郊勞使共引渤海國入覲大使政堂省左允正四品慰軍上鎭將軍賜紫金魚袋楊成規副使右猛賁衛少將正五品賜紫金魚袋李與晟等二十人入京安置鴻臚館右京人左官掌從八位上狛人氏守賜姓直道宿彌氏守爲人長大容儀可觀權爲玄番屬向鴻臚館供讌饗送迎之事故隨氏守申請聽改姓其先高麗國人也丙戌十七日勅遣正五位下行右馬頭在原朝臣業平向鴻臚館勞問鴻臚館是日賜客徒時服丁亥十八日勅遣左近衛中

將從四位下兼行備中權守源朝臣舒向鴻臚館檢領楊成規等所齎渤海國王啟及信物中臺省牒（啓牒俱見文徵）其信物大蟲皮七張豹皮六張熊皮七張蜜五斛戊子（十九日）敕遣參議正四位下行左大辨兼勘解由長官近江權守大江朝臣音人向鴻臚館賜渤海國使授位階告身（別有敕書見文徵）大使以下相共拜舞訖授大使楊成規從三位副使李興晟從四位下判官李國度（一作慶）賀王（一作主）眞並正五位下錄事高福成高觀李孝信並從五位上品官以下並首領等授位各有差及天文生以上隨位階各賜朝服去年陰陽寮占曰就蕃客來朝可有不祥之徵由是不引見自鴻臚館放還焉己丑（二十日）內藏寮與渤海客迴易貨物庚寅（二十一日）聽京師人與渤海客交關辛卯（二十二日）聽諸市人與客徒私相市易是日官錢四十萬賜渤海國使等乃喚集市廛

人賣與客徒此間土物以前筑後少目從七位上伊勢朝臣與房爲爲領歸鄉客使通事壬辰二十三日敕遣大學頭從五位上兼行文章博士阿波介巨勢朝臣文雄文章得業生越前大掾從七位下藤原朝臣佐世於鴻臚館饗讌渤海國使下有宣詔從略觴行數周客主淵醉賜客徒祿各有差癸巳二十四日大使楊成規從掌客使請私以壤尊一作懷尊將來奉獻天皇及皇太子掌客使奏狀有詔許之內裏東宮賚物有數是日敕遣民部少輔兼東宮學士從五位下橘朝臣廣相賜客徒曲宴遣兵部少輔從五位下兼行下野權介高階眞人令範賜御衣客主俱醉興成賦詩甲午二十五日敕遣參議右大辨從四位上兼行讚岐守藤原朝臣家宗從四位上行右近衛中將兼行阿波守源朝臣興從六位下守大內記大江朝臣公幹於鴻臚館賜敕書以上三字據日本紀略前篇十八補

從五位上行少納言兼侍從和氣朝臣彝範正五位下守右中辨藤原朝臣良近左大史正六位上大春日朝臣安守付太政官牒大使以下再拜舞蹈受賜書太政官牒函（書牒俱見文徵）是日領歸鄉客使多治眞人守善等引客徒出館大使楊成規言成規等覲聘禮畢歸本土去今差大使令其領送成規等瞻望丹闕涕泗盈衿仰戀之誠中心無限臨別掌客使都良香相遮館門舉觴而進（同上二十一）

十五年五月庚寅（二十七日）先是太宰府言去三月十一日不知何許人船二艘載六十人漂著薩摩國甑島郡言語難通問答何用其首領崔宗佐大陳潤等自書曰宗佐等渤海國人彼國王差入大唐賀平徐州海路浪險漂盪至此國司推驗事意不齎公驗所書年紀亦復相違疑是新羅人僞稱渤海人竊來窺邊

境歟領將二船向府之間一船得風飛帆逃遁是日敕渤海遠蕃歸順於我蕞爾新羅久挾禍心宜令府國官司審加推勘實是渤海人者須加慰勞充糧發歸若新羅凶黨者全禁其身言上兼令管內諸國愼重警守同上二十三

七月庚午八日先是太宰府馳驛言渤海國人崔宗佐門孫宰等漂著肥後國天草郡遣大唐通事張建忠覆問事由審實情狀是渤海國入唐之使去三月著薩摩國逃去之一艦也仍奉進宗佐等日記并所齎蠟封函子雜封書弓劍等是日敕討覆宗佐等申狀知是渤海人亦其表函牒書印封官銜等讐校先來入覲在此間者符合如一崔宗佐等既非伺隙之奸寇可謂善隣之使臣其飄泊艱澁誠當矜恤宜令在所支濟衣糧所上蠟封函子雜封書等全其印封莫煩披閱亦其隨身雜物秋毫不

犯皆悉還與其所乘二船設有破損勤加繕修足以淩波早得好去但宗佐等彼國名官之人盍知我朝之相善然則飄著之日須露情實以望恩濟而飛帆逃亡還似奸賊非我仁恕何免重誅宜責以過契俾悔其非同上二十四

十六年六月庚申四日先是渤海宗佐等五六十人漂著石見國給資糧放還本鄉以上三十一字據日本紀略前篇十八補

陽成天皇元慶元年正月戊子十六日出雲國言渤海國大使政堂省孔目官楊中遠等一百五人去年十二月二十六日著岸中遠申云爲謝恩請使差使中遠等兼獻方物於島根郡安置供給二月乙巳三日以少外記正八位上大春日朝臣安名前讃岐掾正八位下占部連月雄爲存問渤海客使園池正正六位上春日朝臣宅成爲通事三月壬子十一日以存問渤海客使大

春日朝臣安名占部連月雄兼領客使同上三十

四月己丑十八日存問兼領渤海客使少外記大春日朝臣安名等寫渤海國王啟并中臺省牒馳驛上奏啓牒俱見文徵六月甲午二十五日渤海國使楊中遠等自出雲國還於本蕃王啟并信物不受而還之大使中遠欲以珍翫玳瑁酒盃等奉獻天子皆不受之通事園池正春日朝臣宅成言昔往大唐多觀珍寶未有若此之奇恠同上三十一

六年十一月乙未二十七日加賀國馳驛言今月十四日渤海國入覲使裴頲等一百五人著岸丙申二十八日下符加賀國安置渤海客於便處依例供給勤加優遇又禁制私迴易客徒所齎貨物同上四十二

七年正月戊辰朔以正六位上行少外記大藏伊美吉善行式

部少丞高階眞人義範爲存問渤海客使前筑後少目伊勢朝臣興房爲通事以上五十字據日本紀略前篇十九補癸巳二十六日令山城近江越前加賀等國修理官舍道橋埋瘞路邊死骸以渤海客可入京也下知越前能登越中國送酒肉魚鳥蒜等物於加賀國爲勞饗渤海客也二月戊午二十一日林邑樂人百七人於大安寺令調習以大和國正稅充給其食欲令渤海客徒觀彼樂也是日存問渤海客使大藏善行高階茂範並爲兼領客使壬戌二十五日賜渤海客使冬時服遣辨官史生一人押送於加賀國令領客使等頒賜焉三月甲戌八日存問兼領渤海客使少外記大藏善行式部少丞高階茂範等進發奉參內裏辭見賜御衣袴各一襲四月戊戌二日以左衛門大尉正六位上坂上大宿彌茂樹文章得業生從八位上紀朝臣長谷雄爲掌渤海客使民部大丞正

六位上清原眞人長岑文章生從八位下多治比眞人有友爲領歸鄉渤海客使丁巳（二十一日）緣饗渤海客諸司官人雜色人等客徒在京之間聽帶禁物以從五位上行式部少輔兼文章博士加賀權守菅原朝臣道眞權行治部大輔事從五位上行美濃介島田朝臣忠臣權行玄蕃頭事爲對渤海大使裴頲故爲之矣甲子（二十八日）敕遣右近衛少將正五位下平朝臣正範到山城國宇治郡山階野邊郊勞渤海客領客使少外記大藏善行等引客徒入鴻臚館乙丑晦（二十九日）遣右大史正六位上家原朝臣高鄉於鴻臚館慰勞客徒五月丙寅朔遣從五位上行右兵衛佐源朝臣充向鴻臚館勞問客徒丁卯（二日）大使裴頲等於朝堂奉進王啓及信物親王以正五位以上（以上四字據日本紀略前篇十九補）及百寮初位以下皆會四位以下未得解由者亦預焉所司受啓

信物奉進內裏戊辰三日天皇御豐樂殿賜宴渤海客徒親王以下參議以上侍殿上五位以上侍顯陽堂大使以下二十人侍承歡堂百官六位以下相分侍觀德明義兩堂授大使文籍院少監正四品賜紫金魚袋裴頲從三位副使正五品賜緋銀魚袋高周封正四位下判官錄事授五位其次叙六位以下各有等級隨其位階賜朝衣客徒拜舞退出更衣而入拜舞升堂就食雅樂寮陳鼓鐘內教坊奏女樂妓女百三十八人遞出舞酒及數杯別賜御餘枇杷子一銀椀大使以下起座拜受日暮賜客徒祿各有差庚午五日天皇御武德殿覽四府騎射及五位以上貢馬喚渤海客徒觀之賜親王公卿續命縷伊勢守從五位上安倍朝臣興行引客就座供食別敕賜大使以下錄事以上續命縷品官以下菖蒲蘰是日大雨先是豫敕所司若遇雨殺

須停節會勿喚客徒改日而行事掌客使等速引客徒入於宮城故雨中成禮焉壬申七日大使裴頲別貢方物是日內藏頭和氣朝臣彜範卒僚下向鴻臚館交關癸酉八日內藏寮交關如昨乙亥十日於朝集堂賜饗渤海客徒大臣以下就東堂座擇五位以上有容儀者三十人侍堂上座從五位下守左衛門權佐藤原朝臣良積引客就西堂座供食充所定侑食者謝障不出良積依有儀貌俄當此選大使裴頲欲題送詩章忽索筆硯良積不閑屬文起座而出頲隨止矣敕遣中使從五位下行右馬助藤原朝臣恒興賜御衣一襲大使裴頲賞裴頲高才有風儀也丁丑十二日渤海客徒歸蕃是日遣參議正四位下行右衛門督兼近江權守藤原朝臣諸葛從四位下行左近衛少將兼近江權介藤原朝臣遠經正六位上行少內記多治比眞人彥輔向

鴻臚館付敕書正五位下行太皇太后宮權亮平朝臣惟範從五位上行少納言兼侍從藤原朝臣諸房從六位上守右少史秦宿禰安兄付太政官牒禮畢領客使民部大丞清原眞人常岑文章生多治比有友等引客徒出館就路己卯（十四日）今月三日豐樂院宴渤海客樂人舞妓等以大藏省商布一千一百五段賜之依承和九年例也（同上四十三）

光孝天皇少而聰明好讀經史容止閑雅嘉祥二年渤海國入覲大使王文矩望見天皇在諸親王中拜起之儀謂所親曰此公子有至貴之相其登天位必矣元慶八年二月乙未（四日）太上天皇遜皇帝位焉（同上四十五）

仁和二年五月丙午前周防守從五位上紀朝臣安雄卒安雄貞觀初爲渤海存問兼領客使卒時年六十五（同上四十九原文已佚據日本

（紀略前篇二十補）

宇多天皇寬平四年正月甲寅（八日）渤海客來著出雲國丁巳（十一日）以少內記藤原菅根大學大允小野良䎘爲渤海客存問使六月丙申（二十四日）遣渤海敕書令左近少將藤原朝臣敏行書之辛丑（二十九日）太政官賜渤海國牒二通一者令左近衛少將藤原朝臣敏行書之一者文章得業生小野美材書之八月戊寅（七日）存問渤海客使奏聞歸來（日本紀略前篇二十）

六年五月渤海使裴頲等入朝十二月丙辰（二十九日）渤海國客徒百五人到著於伯耆國（同上）

七年正月庚辰（二十二日）以備中權掾三緣理平明法得業生中原連岳等爲渤海客存問使五月癸亥（七日）渤海客來著鴻臚館丁卯（十一日）天皇幸豐樂院賜饗於客徒兼叙位階庚午（十四日）於朝

集堂賜饗於客徒辛未(十五日)參議左大辨菅原朝臣道眞向鴻臚館賜酒饌於客徒壬申(十六日)渤海客徒歸去(同上)

醍醐天皇延喜八年正月庚辰(八日)渤海客來四月八日存問渤海領客使大內記藤原博文等同入覲使文籍院少監裴璆二十一日領客使等設曲宴於今來河邊某日天皇賜書於渤海王五月十二日法皇(宇多)賜書渤海裴璆(原文下有頣字蓋有闕文)六月某日渤海使裴璆來朝某日掌客使諸文士於鴻臚館餞北客歸鄉(同上後篇一)

十九年十二月甲午(一日)任渤海客存問使等(同上)

二十年四月壬子(二十日)存問渤海客使裴璆等五月己巳(八日)渤海入覲大使裴璆等二十人著於鴻臚館辛未(十日)右大臣(忠平)覽渤海國牒狀以大使從三位裴璆授正三位壬申(十一日)渤海大

使裴璆於八省院進啟並信物等癸酉（十二日）天皇御豐樂院賜饗宴於渤海客丁丑（十六日）於朝集堂勞饗渤海客徒戊寅（十七日）發遣領歸使等又法皇（宇多）賜書於大使己卯（十八日）大使裴璆歸鄉太政官賜返牒（同上）

延長七年十二月二十四日渤海國入朝使英緒大夫裴璆著丹後國竹野郡大津濱（同上）

八年三月二日渤海存問使裴璆進怠狀（同上）

桓武天皇延曆十四年十一月丙申出羽國言渤海國使呂定琳等六十八人漂著夷地志理波村因被刧略人物散亡敕宜遷越後國依例供給（日本逸史四引日本類聚國史百九十三下簡稱類史）

十五年四月戊子渤海國遣使獻方物其王啓又告喪啟（二書俱見文徵）又傳奉在唐學問僧永忠等所附書渤海國者高麗之故地

也天命開別天皇天智七年高麗王高氏爲唐所滅也後以天之眞宗豐祖父天皇文武二年大祚榮始建渤海國和銅六年受唐册立其國延袤二千里無州縣館驛處處有村里皆靺鞨部落其百姓者靺鞨多土人少皆以土人爲村長大村曰都督次曰刺史其下百姓皆曰首領土地極寒不宜水田俗頗知書自高氏以來朝貢不絕五月丁未渤海國使呂定琳等還蕃遣正六位上上野介御長眞人廣岳正六位上行式部大錄桑原公秋成等押送仍賜其王璽書書見文徵又附定琳賜太政官書於在唐僧永忠等曰云云同上五引類史一百九十三

十七年四月甲戌以外從五位下內藏宿禰賀茂麻呂爲遣渤海使正六位上御史宿禰今嗣爲判官五月戊戌遣渤海國使內藏宿禰賀茂等辭見因賜其王璽書書見文徵又賜在唐留學僧

永忠等書曰云云十二月壬寅渤海國遣使獻方物附齎王啓見文徵同上七引類史一百九十三

嵯峨天皇弘仁七年五月丁卯遣使賜渤海副使高景秀以下大通事以上夏衣是日賜渤海王書書見文徵同上二十四引類史百九十四

十年十一月甲午渤海國遣使李承英等獻方物上啟啓見文徵問承英等曰慕感德等還去之日無賜敕書今於所上之啟云伏奉書問言非其實理宜返却但啓詞不失恭敬仍宥其過特加優遇承英等頓首言臣小國賤臣惟罪是待而日月迴光雲雨施澤寒木逢春涸鱗得水戴荷之至不知舞蹈同上二十七引類史百九十四

十一年正月甲午賜渤海王書書見文徵同上二十八引類史百九十四

十二年十一月乙巳渤海國遣使獻方物國王上啟啓見文徵同上二十九引類史百九十四

十三年正月癸丑文矩等歸蕃賜國王書（書見文徵同上三十引類史百九十四）

淳和天皇天長元年二月壬午詔曰天皇詔旨渤海國使等其國王國禮差使奉渡使等淩麗波忘寒風參來隨例台治賜爲國國比年不稔百姓弊又疫病發時豐時臨送迎百姓苦有依此般召賜便風待本國退還五月戊辰詔曰天皇御命客人國還退時近在依國王賜祿並貞泰御手都物賜饗賜（以上宣命文不可盡解惟以與史事有關故擷要錄之同上三十二引類史百九十四）

三年三月戊辰朔右大臣從二位兼行皇太子傅臣藤原朝臣緒嗣言依臣去天長元年正月二十四日上表渤海入朝定以一紀而今寄言靈仙巧敗契期仍可還却狀以去年十二月七日言上而或人論曰今有兩君絕世之讓已越堯舜私而不告大仁芳聲緣何通於海外臣案日本書紀云譽田天皇（應神）崩時

太子菟道稚郎子讓位於大鷦鷯尊固辭曰豈違先帝之命輒從弟王之言兄弟相讓不敢當之太子興宮室於菟道而居皇位空之既經三歲太子曰我久生煩天下哉遂於菟道宮自薨大鷦鷯尊悲慟越禮即天皇位都難波高津宮委曲在書紀不能以具盡於時讓國之美無赴海外此則先哲智慮深慮國家然則先王之舊典萬世之不朽者也又傳聞禮記云夫禮者所以定親疎決嫌疑別異同明是非也禮不辭費禮不踰節而渤海客徒既違詔旨濫以入朝偏容拙信恐損舊典實是商旅不足隣客以彼商旅爲客損國未見治體加以比日雜務行事贈皇后（高志内親王）改葬 一 御齋會 二 掘加勢山溝并飛鳥堰溝 三 七道畿內巡察使 四 可召渤海客徒 五 經營重疊騷動不遑又頃年旱疫相仍人物共盡一度供給正稅欠少況復時臨農要弊

多逢送人疲差役稅損供給夫君無爭臣安存天下民憂未息天災難滅非一人天下是萬人天下縱令損民爲德有慙後賢伏請停止客徒入京即自著國還却且示朝威且除民害惟依期入朝須用古例臣緒嗣雖久臥疾牀心神既迷而恩主之至半死無忘愚臣中誠不獲不陳謹重奉表以聞不許五月甲戌渤海客徒大使高承祖等入京安置鴻臚辛巳天皇敬問渤海國王云書見文徵 同上三十四引類史百九十四

桓武天皇神龜四年十二月大唐使領首齊德入京按此即渤海使高齋德也中有誤字又誤作大唐 扶桑略記六

陽成天皇元慶七年四月丁酉二日以文章得業生從八位上紀朝臣長谷雄等爲掌渤海客使丁巳二十二日緣饗渤海客諸司官人雜色人等客徒在京之間聽帶禁物以從五位上行式部少

輔兼文章博士加賀權守菅原朝臣道眞等爲對渤海大使五月丙寅朔從五位上行右兵衛佐源朝臣充向鴻臚館勞問客徒丁卯二日唐客即渤海客大使等一百五人於朝堂奉進王啓及信物親王以下五位以上及百寮初位以上皆會所司受啓信物奉進內裏戊辰三日天皇御豐樂殿宴渤海客雅樂寮陳鼓鐘內教坊奏女樂妓女百四十八人遞出舞酒及數杯別賜御餘枇杷子一銀鋺庚午五日天皇御武德殿覽四府騎射渤海客徒觀之賜親王公卿續命縷敕賜唐客即渤海客大使以下錄事以上續命縷品官以下菖蒲蔓乙亥十日於朝集堂賜饗渤海客徒敕遣中使賜御衣一襲丁丑十二日渤海使歸蕃同上二十

醍醐天皇延喜八年正月八日左大臣奏伯耆國言上渤海入覲大使裴璆等著岸狀解文三月二十日奏存問渤海客使大

內記藤原博文直講假大學權允秦維興等令向伯耆國狀四月二日定以式部大丞紀淑光散位菅原淳茂爲掌客使以兵部少丞小野葛根文章生藤原守眞爲領客使二十六日渤海客入京時可騎馬准寬平例仰公卿等令進私馬五月五日御南殿覽左右馬寮渤海客可騎馬各二十疋九日法皇（即宇多太上法皇）賜唐客（即渤海使）書（書見文徵）十四日於朝集堂可饗蕃客十五日饗蕃客朝集堂并賜彼國王等物使右近少將平元方殊給大使裴璆御衣一襲遣參議菅根朝臣內藏頭高階朝臣鴻臚給敕書使右中辨清貫少納言玄上納官牒又賜唐客大使答物（同上）

二十三

十九年十一月十八日大納言藤原朝臣（道明）令尹文奏自若狹守尹衡許告來渤海客徒來著之由二十一日客徒牒狀云當

丹生浦海中浮居云云而無著岸之由又牒中雖載人數及有來著由未有子細狀令藏人仲連以若狹國解文奉覽於六條院二十五日右大臣忠平奏渤海客事所定行事可遷若狹安置越前及可令入京事十二月五日以式部少丞橘惟親直講依知奏廣助爲存問渤海客使阿波權掾大和有卿爲通事定渤海客宴饗日權酒部數四十人前例差仰八十人去八年彼數已無用仍令定減十六日仰遣內教坊別當右近少將伊衡於內教坊選定渤海客宴日舞人等仰定坊家可調舞人二十人舞童十人音聲二十人去八年音聲人三十六人此度定減此外威儀二十人依例內侍所可差女孺等二十四日右大臣令邦基朝臣奏若狹國中遷送越前國松原驛館客徒一百五人并隨身雜物等解文客狀中云遷送松原驛館而閉封門戶行

事官人等無人兒敷設薪炭更無儲備者仰宜令切責越前國急令安置供給者仍即令仰大臣以越前掾維明便可爲蕃客行事國司申以大臣書狀可仰彼國守延年也勘前例無以官符宣旨即此事例仍今令大臣告仰之同上二十四

二十年三月二十二日遣官使於越前國賜渤海客時服五月五日定客徒可入京日并蕃客入京之間可聽著禁物召仰瀧口右馬允藤原邦良等見客在京之間每日可進鮮鹿二頭事七日明經學生刑部高名參內令問漢語者事高名奏云云行事所召得漢語者大藏三常即召之於藏人所令高名申云其語能否奏云三唐語尤可廣博云云敕從公卿定申以三常令爲通事八日唐客即渤海客可入京辰三剋申四剋掌客使季方朝綱等參入御衣各一襲給兩使十一日渤海使人裴璆等於八

省院進王啓幷信物已四刻親王以下參議以上向八省院十二日於豐樂院可賜客徒宴自夜中陰雨辰四刻雨止已一刻出御南殿乘輿出宮入御豐樂院十五日掌客使民部大丞季方領大使裴璆別貢物進藏人所十六日於朝集院饗渤海客徒幷賜國王答信物六月十四日文章得業生朝綱就藏人所令奏渤海大使裴璆書狀并送物仰遣書可返送物事二十二日朝綱令奏遣渤海大使裴璆書狀客已皈鄉即仰所贈帶裘二十六日右大臣（忠平）令元方奏領歸鄉渤海客使大學少允坂上恒蔭等申遁留不歸客徒四人事二十八日抑遁留不歸人等准大同五年例越前國安置云云（同上）

二十二年九月己卯（二日）渤海客安置越前之□進解文（同上附裡書）

延長八年四月朔日唐客（即渤海客）稱東丹國使著丹後國令問子細件使答狀前後相違重令復問東丹使人等本雖爲渤海人今降爲東丹之臣而對答中多稱契丹王之罪惡云云一日爲人臣者豈其如此乎須舉此旨先令責問今須令進過狀仰下丹後國已了東丹國失禮義（日本全史於此文下云裴璆因奉謝狀即釋放還此後朝貢遂絕）同上二十四

八年正月戊辰（三日）丹後國言上渤海客到來由左大臣參被定召否之由件客九十三人去年十二月二十三日著丹後國竹野郡乙酉（二十日）渤海客船修造料幷若狹但馬結番以正稅可饗同客也（同上附裡書）

光仁天皇寶龜十年五月敕前學生阿（一作安）陪朝臣仲麻呂在唐而亡家口偏乏葬禮有闕賜絁綿先是天平六年平群廣成

將還自唐時船發蘇州海風忽惡漂崑崙國賊圍之纔得解而歸唐國遇仲麻呂便奏入朝請取渤海道而歸天子許之本朝通鑑十四此下各條取其不見前紀或有異同者錄之其他不具載

平城天皇大同元年八月僧空海自大唐來歸空海在唐有爲藤大使與渤海王子書同上十八

嵯峨天皇弘仁五年十一月時渤海國使在出雲國大使王孝廉有從出雲州書情寄兩敕使詩詩見文徵同上二十

六年正月渤海大使王孝廉有奉敕陪內宴詩僧仁貞亦有禁中陪宴詩詩皆見文徵原注仁貞亦渤海入朝之僧也渤海入覲副使高景秀寄對龍顏之作於桑原赤腹腹赤和之滋野貞主有春夜宿鴻臚館簡王大使詩詩皆見文徵同上

十三年正月渤海國使王文矩等打毬天皇有觀打毬詩滋野

貞主奉和之貞主又有奉使入客館詩（詩皆見文徵）（同上二十一）

陽成天皇元慶六年十月壬戌敕令能登國禁伐損羽咋郡福良泊山木渤海客著北陸岸之時必迷歸舶於此山任民伐採或煩無材故豫禁伐大木妨民業（同上三十六）

七年五月丁丑渤海使歸蕃參議藤原諸葛等向鴻臚館附敕書令般菅道眞田達音等會鴻臚館與大使有即席贈答詩以爲一軸道眞作序頲謂菅禮部詩似白樂天及其歸鄉有餞別詩（按田達音其爲島田忠臣平忠臣音達訓音相近）（同上）

宇多天皇寬平六年十二月文章生橘澄淸任伯耆權掾依渤海客入覲也（同上三十九）

七年三月菅原道眞奉別敕與式部少輔紀長谷雄詣玄蕃寮接對渤海國大使裴頲聊命詩酒大使思舊年主使時賦交字

詩滿座酬和往復累篇副使大夫亦預焉同上

醍醐天皇延喜七年是年從四位上右兵衛督藤敏行卒歷仕

貞觀以來五朝能倭歌且有能書之名多寫佛經且其墨痕傳

於渤海續本朝通鑑三

八年四月法皇賜書於渤海國裴頲託名稱棲鶴洞居士無名

氏附璆遣之頲璆父也先是入朝六月裴璆歸國領客使藤博

文招文士數輩於鴻臚館設宴賦詩餞之擬文章生大江朝綱

作之序序見文徵裴璆讀之至雁山鴻臚之句擊節歎賞之朝綱之

名由是始著時歲二十四今般菅淳茂逢裴璆曰裴文籍後聞

君久菅禮部孤見我新蓋追憶元慶往事也璆過越前時都在

中爲掾在國邂逅臨别餞之曰與君後會應無定從此懸望北

海風璆感賞之朝議謂在中私與外國使贈答可免其官然以

璆褒其句播名於異域故宥之同上

二十年五月裴璆著貂裘一領以爲珍奇自誇重明親王乘鴨毛車著黑貂裘八襲以參朝璆望見之大慙裴璆歸國文士數輩會於鴻臚館作詩餞之紀在昌作序序見文徵五同上

延長八年四月裴璆稱東丹國使來丹後天皇遣使問曰本是渤海何稱東丹國使乎璆等對曰渤海爲契丹破滅改名東丹臣等今降爲東丹之臣云云詔責之曰朕聞渤海之於契丹世讐之國也今汝懷二心朝秦暮楚爲人臣者豈一日如此乎哉璆等叩頭謝罪獻過狀曰臣等背眞向僞爭善從惡不救先主於塗炭之間猥諂新主於兵戈之際云云同上六

開成四年日本承和六年八月十三日時在登州文登縣清寧鄉赤山村聞相公已下九隻船在青山浦更有渤海交關船同泊彼浦十五日寺家設

餺飥餅食等作八月十五日之節斯節諸國未有唯新羅國獨有此節老僧等語云新羅國昔與渤海相戰之時以是日得勝矣仍作節樂而喜儛永代相續不息設百種飲食歌儛管絃以晝續夜三箇日便休今此山院追慕鄉國今日作節其渤海爲新羅罰纔有一千人向北逃去向後卻來依舊爲國今喚渤海國之者是也（入唐求法巡禮行記二）

五年三月二日登州都督府城南街東有新羅館渤海館（中略）二十日早發西行（自北海縣發）二十里野中逢渤海使從上都歸國（中略）二十二日朝衙入州（青州）見錄事司法次到尙書押兩蕃使衙門（即押新羅渤海兩蕃）合鄧都使通登州牒都使出來傳語喚入使宅尙書傳語云且歸寺院續有處分（中略）二十八日登州留後官王李武來院相看便聞渤海王子來到擬歸本鄉待敕使來發去（同上）

七月一日取竹林路從竹林寺前向西南踰一高嶺到保磨鎭國金閣寺堅固佛菩薩院宿遍臺供養主僧義圓亦歸汾州去今日從花嚴寺續後來同院宿院僧茶語云日本國靈仙三藏昔住此院二年其後移向七佛教誡院亡過彼三藏自剝手皮長四寸濶三寸畫佛像造金銅塔安置今見在當寺金閣下長年供養云云二日共義圓供主等及寺中數僧開金閣見靈仙聖人手皮佛像及金銅塔三日齋後從臺頂向南下行十七里許於谷裏有一院屋舍破落無人在爲名七佛教誡院額題云八地超蘭若日本僧靈仙曾居此處身亡渤海僧貞素哭靈仙上人詩於板上書釘在壁上寫之如後（詩見文徵）太和二年四月十四日書於小窟中安置南行三里許到大曆靈境寺向老宿問靈仙三藏亡處乃云靈仙三藏先曾多在鐵懃蘭若及七佛教

誠院後來此寺住浴寶院被人藥殺中毒而亡過弟子等埋殯未知何處云云（同上三）

今世之人必以擊勝爲君縱非我朝僉在人國如去延長年中大赦（一作延）契王以正月一日討取渤海改東丹國掌領也盍以力虜領哉加於衆力之上戰討經功也（將門記）

論曰余遍覽中外載籍蒐輯渤海遺聞凡得三百三十餘事成總略二卷自謂過前人所獲然而未能備也大抵見存載籍之涉於渤海者約分二類一曰自唐迄元之作皆錄渤海一族史事即總略之所載是也一曰自明訖今之作多摭舊聞繫以論證此又總略之支與流裔也近賢撰述之體往往自注所出以明語有來歷意非不美然亦不能一槩論之本編之作有紀有表有傳有考一段之文分隸數篇或以違異竟從割棄儻用自

注之例勢難盡贍其全於是取纂輯之所從出者彙爲一編凡所取材燦然具在語各有當不厭求詳然則總略之輯有不容或緩者矣嘗試論之紀表傳考如江河而總略則其泉源也紀表傳考猶瀰瀲而總略則其絲縷也無泉源何以致浩瀚之觀無絲縷何以成文章之美是故舍本謂之逐末原始乃能要終總略之輯亦如是已若乃免去重複力避抵牾則紀表傳考之所有事而非總略之職志也以此爲識蓋無當焉

渤海國志長編卷二終

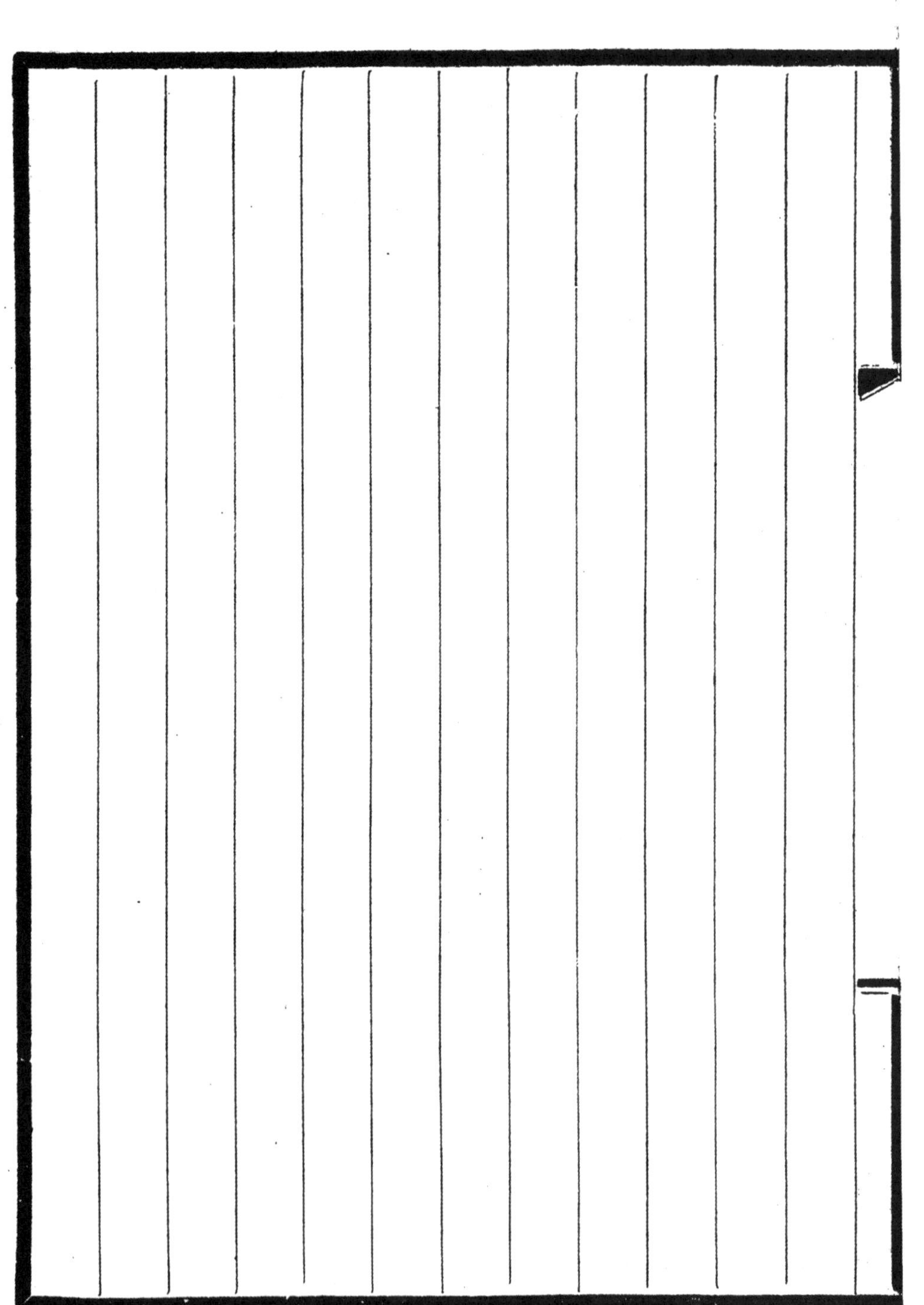

渤海國志長編卷三

遼陽金毓黻撰集

世紀第一　渤海國志一

渤海高王名祚榮姓大氏靺鞨粟末部人乞乞仲象之子也或云高麗別種靺鞨之先出自肅愼肅愼啟自有虞一名挹婁在南北朝之世則曰勿吉亦名靺鞨居太白山之北凡分七部其一曰粟末部居最南抵太白山與高麗接依粟末水其二曰伯咄部在粟末之北其三曰安車骨部在伯咄之東北其四曰拂涅部在伯咄之東其五曰號室部在拂涅之東其六曰黑水部在安車骨之西北其七曰白山部在粟末之東南每部之間遠者三四百里近亦二百里粟末白山二部皆近高麗高麗盛時皆臣屬之唐滅高麗併其地部衆多奔散粟末之酋名乞四比

羽者同乞乞仲象率家屬徙居營州附於契丹仲象官大舍利武后萬歲通天元年契丹大酋李盡忠反殺營州都督趙翽唐發兵討之比羽仲象畏罪又以靺鞨故地空虛乃率所屬亡命東奔武后赦其罪封比羽爲許國公仲象爲震國公比羽不受命后詔右玉鈐衛大將軍李楷固中郎將索仇擊斬之是時仲象已卒祚榮嗣領其衆引殘痍遁去楷固度天門嶺以追祚榮祚榮合高麗及靺鞨之兵以拒之楷固大敗脫身而還屬契丹及奚盡附突厥道絕唐兵不能討祚榮遂併比羽之衆東度遼水保靺鞨之故地阻奧婁河據東牟山築城居之其地直營州之東二千里祚榮驍勇善用兵靺鞨之衆伯咄安車骨號室等部遣人俱爲編戶高麗餘燼亦稍稍歸之

元年即唐武后聖曆元年也祚榮自立爲震國王震一作振仍稱靺

鞨是爲建國之始王以其父仲象嘗官大舍利遂以大爲氏遣使通於突厥

八年唐中宗復位遣侍御史張行岌來招慰遣子門藝隨行岌朝唐遂留宿衛唐將遣使册拜會契丹與突厥連歲寇邊使命不得達

十四年冬十一月遣使貢方物於唐

十六年冬唐遣郎將崔忻攝鴻臚卿忻一作訢來册拜王爲左驍衛員外大將軍渤海郡王以其所統爲忽汗州加授忽汗州都督並以其嫡子武藝爲桂婁郡王自是始去靺鞨之號專稱渤海遣王子失其名朝唐十二月至長安奏請就市交易入寺禮拜玄宗許之是歲子門藝自唐放還

十七年夏崔忻還唐

十九年冬閏十二月遣大首領失其名朝唐

二十年夏五月遣使朝唐並獻方物

二十一年春二月遣使朝唐

二十二年春三月丁酉王薨遣使赴唐告哀夏六月丁卯玄宗詔贈特進賜物五百段遣左監門率上柱國吳思謙攝鴻臚卿持節充使前來弔祭國人上謚曰高王高王之世有勝兵數萬闢地二千里編戶十餘萬盡得沃沮朝鮮海北諸地南與新羅以泥河爲界東窮海西鄰契丹北至黑水靺鞨頗有文字及書記具有開國規模焉

武王名武藝高王之世子也初封桂婁郡王高王七年三月王薨武藝嗣立八月唐遣使册爲左驍衛大將軍渤海郡王忽汗州都督按册府元龜九百六十七又有九姓燕然都督六字是歲唐置平盧節度使經略管

內諸蕃治於營州

仁安元年春正月改元（用即位明年改元之例下放此）并建年號曰仁安秋八月唐册王嫡男都利行爲桂婁郡王九月唐遣左驍衛郎將攝郎中張越來約共討奚契丹

二年遣大首領（失其名）朝唐以冬十一月至拜官（折衝）放還

三年遣大臣味勃計朝唐并獻鷹以冬十一月辛未至授官放還是歲與黑水靺鞨同遣使請吐屯於突厥

四年冬遣臣賀祚慶朝唐賀明年正旦

五年春二月乙巳賀祚慶至唐賜帛放還冬遣大首領烏借芝蒙（芝一作支）朝唐賀明年正旦並貢方物

六年春正月烏借芝蒙至唐授官放還遣首領謁德朝唐以夏四月甲子至授官放還遣弟昌勃價朝唐以五月至授官留宿

衛是歲黑水靺鞨朝唐唐以其地爲黑水州王疑黑水靺鞨與唐通謀發兵擊之

七年遣世子都利行朝唐獻貂鼠以春三月乙酉至夏四月乙丑授官留宿衛遣子義信朝唐獻方物命弟門藝及任雅發兵擊黑水靺鞨旋遣大壹夏代門藝門藝奔唐唐授門藝左驍衛將軍遣臣馬文軌葱勿雅朝唐表請誅門藝冬十一月辛丑義信至唐馬文軌葱勿雅至唐唐處門藝於安西並留文軌等不遣別遣鴻臚少卿李道邃源復來諭旨

八年春遣臣李盡彥齎表朝唐唐復遣內使來諭旨夏四月丁未唐放留宿衛王弟昌勃價及首領等還國並授官爵賜帛有差玄宗降書慰勞王賜綵練一百疋秋八月遣弟寶方朝唐遣郎將高仁等二十四人聘於日本至蝦夷仁等多被殺害同行

高齋德等八人僅免九月庚寅至日本冬十月遣使（失其名）朝唐
獻方物
九年夏四月癸未王世子都利行卒於唐贈官及絹粟命有司
弔祭遣喪還國秋高齋德同日本聘使引田從麻呂來遣臣葵
夫須計朝唐以九月壬寅至授官放還
十年遣弟胡雅朝唐以春二月甲子至授官留宿衛三月壬寅
遣使朝唐獻鷹癸卯遣使獻鯔魚於唐賜帛二十匹遣還秋八月
丁卯遣弟琳朝唐授官留宿衛是秋日本聘使歸國冬遣弟郎
雅朝唐賀正並獻方物
十一年春正月戊寅郎雅至唐賜帛二月戊寅遣臣智蒙朝唐
獻方物及馬授官賜物放還夏五月己酉遣臣烏那達利朝唐
獻海豹皮貂鼠皮瑪瑙杯及馬授官放還秋九月乙丑遣使朝

唐獻方物賜帛放還

十二年遣使（失其名）朝唐賀正以春二月癸卯至授官（將軍）賜帛（一百）疋放還遣其大姓取珍等百二十人朝唐以冬十月癸巳至授官放還

十三年秋契丹遣使約攻唐九月乙巳遣大將張文休率兵越海攻唐登州殺其刺史韋俊又以兵趨幽州至馬都山唐平盧先鋒烏承玼禦之又以石塞其歸路兵不得進玄宗命左領軍將軍蓋福順發兵遣門藝往幽州徵兵來討並遣使徵新羅兵以攻南境

十四年春唐及新羅兵俱無功而退是歲密遣使至唐東都假刺客刺門藝未中唐捕刺客殺之唐竄王弟郎雅等（郎一作朗）於嶺南遣大誠慶朝唐上表悔過玄宗以書諭之突厥遣使來請會

攻奚契丹王欲執送其使表請於唐不許唐赦郎雅等罪放還

十六年遣子蕃朝唐授官放還

十七年冬十一月癸酉首領聿棄計朝唐授官賜帛放還是冬遣大首領木智蒙朝唐

十八年春正月木智蒙至唐夏四月丁未遣臣公伯計朝唐獻鷹鶻授官將軍放還秋八月戊申遣大首領多蒙固朝唐並送水手及落沒人以八月至玄宗授以官又作書與王齎還王薨遣使赴唐告哀國人上謚曰武王武王之世斥大土宇東北諸夷皆畏臣之

文王名欽茂武王之中子也仁安十八年武王薨欽茂權知國務

大興元年春正月改元夏六月辛巳唐遣內侍段守簡來册欽

茂爲渤海郡王仍嗣爲左金吾大將軍按一作左驍衛大將軍忽汗州都督王承唐詔赦其境內遣使朝唐請寫漢書三國志晉書三十六國春秋唐禮玄宗許之秋八月遣使失其名隨守簡朝唐並貢貂鼠皮一千張乾文魚百口

二年遣弟朂進獻鷹於唐以春二月丁未至賜宴授官留宿衛遣都督胥要德及已珍蒙等聘於日本幷送日本朝唐使平羣廣成歸國要德溺於海珍蒙等以秋七月癸卯至日本冬十月乙亥遣臣受福子受一作優來唐謝賜賜一作恩授官放還

三年春二月唐以王斛斯爲平盧軍節度使加押渤海黑水等四府經略處置使遂爲故事夏四月已珍蒙等同日本聘使大伴犬養來秋日本聘使歸國是年遣使失其名獻貂鼠皮於唐

四年遣臣失阿利朝唐賀正旦以春二月己巳至授官放還夏

四月遣使失其名進鷹鶻於唐秋八月乙未唐以安祿山爲營州都督兼平盧軍使兼押渤海黑水等四府經略使

五年春正月壬子唐以安祿山爲平盧節度使押渤海蕃使如故

六年遣弟蕃朝唐以秋七月癸亥至授官留宿衛

九年遣使朝唐賀正以春三月至冬遣使失其名朝唐賀明年正旦是歲國人及鐵利部人千一百餘貫於日本船至出羽登陸守臣尋給衣糧放還

十年春正月使至唐並獻方物

十二年春三月遣使獻鷹於唐

十三年春三月遣使獻鷹於唐

十五年秋遣臣慕施蒙等七十五人聘於日本

十六年遣使朝唐賀正以春三月至夏慕施蒙等還自日本冬

遣使朝唐賀明年正旦

十七年春正月使至唐

十八年徙都上京龍泉府直舊國三百里忽汗河之東唐加王

特進太子詹事後又進爲太子賓客是冬唐有安祿山之亂

十九年夏四月唐以劉正臣爲柳城太守平盧節度使兼陸運

押渤海黑水等四府經略使秋平盧留後徐歸道遣果毅都尉

行柳城郡兼四府經略判官張元澗來徵兵馬且曰今年十月

合諸軍擊祿山請王發騎四萬來會王留元澗未遣是年十二

月歸道叛附祿山王遂不果發兵

二十年夏四月權知平盧節度王玄志遣將軍王進義奉唐帝

敕書來聘

二十一年日本遣小野田守等六十八人來聘秋遣將軍楊承慶等二十三人同往報聘

二十二年春楊承慶同日本入唐使高元度來冬遣將軍高南申送日本遣唐使內藏全成等歸國遣臣楊方慶朝唐賀明年正旦偕高元度同往

二十三年春高南申等同日本聘使陽玲璆來冬日本聘使歸國

二十四年冬日本遣臣高麗大山來聘卒於中途其副使伊吉益麻呂來是歲唐營州陷於奚平盧節度移駐青州稱平盧淄青節度使

二十五年唐詔以渤海爲國進封王爲渤海國王加檢校太尉秋遣行政堂省左允王新福等二十三人同伊吉益麻呂聘於

日本

二十六年春王新福同日本送使板振鎌束來冬唐使內常侍韓朝彩同日本留學僧戒融來十月戒融同鎌束歸國是歲日本來留學音聲人內雄業成歸國

二十七年春韓朝彩轉赴新羅是歲遣臣王誕朝貢於唐

二十八年唐以平盧淄青節度觀察使兼押渤海蕃使授李正己爲使自是正己每歲來市名馬不絕

二十九年唐加拜王司空兼太尉

三十年夏五月秋八月九月冬十一月十二月皆遣使朝貢於唐

三十一年春三月冬十二月皆遣使朝貢於唐

三十四年夏遣大夫壹萬福等三百二十五人聘於日本

三十五年夏五月遣使朝貢於唐秋九月壹萬福渡海遇風不得還

三十六年春二月乙丑遣聘日本副使慕昌祿卒於日本夏四月遣使朝唐并獻方物遣臣烏須弗等四十人聘日本幷査詢壹萬福等著落六月遣使朝唐賀正是夏壹萬福同日本聘使武生鳥守來秋烏須弗還自日本冬武生鳥守歸日本十一月閏月皆遣使朝貢於唐留唐宿衞王子失其名私取修龍袞事發鞫之辭云慕中朝文物故欲得之代宗釋其罪不問十二月遣使朝貢於唐

三十七年春正月遣使朝貢於唐二月辛卯唐代宗放留質王子英俊還國並御殿延見冬十二月遣使朝貢於唐

三十八年春正月夏五月六月冬十二月皆遣使朝貢於唐

三十九年王妃卒冬遣司賓少令史都蒙等一百六十七人聘於日本并致王妃之訃海中遇風僅四十六人得全

四十年春正月辛酉遣使獻日本國舞女十一人及方物於唐二月遣使獻鷹於唐夏四月壬寅遣使朝貢於唐是夏史都蒙同日本送使高麗殿嗣來冬十二月復遣使往朝唐

四十一年秋遣臣張仙壽送高麗殿嗣歸日本並致聘

四十二年春張仙壽還自日本夏閏五月丙子唐詔停渤海歲貢鷹鶻秋遣高泮䴢等聘於日本冬泮䴢等還

四十三年冬十月遣使朝貢於唐

四十五年夏五月遣使朝貢於唐秋唐以淮西節度使李希烈兼淄青等州節度兼押渤海蕃使

四十八年徙都東京龍原府

四十九年秋遣李元泰等六十五人聘於日本海中遇風漂著蝦夷被刼略僅四十一人得全

五十年春李元泰等還自日本

五十四年春正月遣臣大常靖朝唐賀正夏五月戊辰授官放還秋八月王子貞幹（幹一作翰）朝唐請備宿衛

五十五年夏四月遣使朝貢於唐秋八月辛卯唐以李師古爲平盧淄青等州節度觀察海運陸運押渤海蕃等使冬閏十二月遣押靺鞨使楊吉福等三十五人朝貢於唐

五十七年（成王中興元年）春王薨國人上謚曰文王文王在位最久遷都二次謹於事唐一歲至四五朝其賢於乃父遠矣

廢王名元義文王之族弟也大興五十七年春文王薨世子宏臨蚤卒元義嗣位二月壬戌遣王子淸允等三十餘人朝唐授

官有差元義立數月遇下猜虐國人殺之
成王名華璵文王之孫宏臨之子也元義遇弒國人共推華璵
爲王改元中興即大興五十七年也還都上京龍泉府自是遂
定都焉冬王薨國人上諡曰成王
康王名嵩璘文王之少子也中興元年冬成王薨嵩璘權知國
務
正曆元年春正月改元二月乙巳唐遣內侍殷志瞻來册嵩璘
爲渤海郡王兼左驍衛大將軍忽汗州都督冬遣郎中呂定琳
等六十人聘於日本並告哀冬十一月都督密阿古等二十二
人朝唐拜官放還
二年夏呂定琳同日本送使長廣岳來秋長廣岳歸日本備書
齎還

四年王以唐但授郡王將軍遣使朝唐理敘進册爲銀青光祿大夫檢校司空渤海國王依前忽汗州都督王姪能信及蕃長茹富仇朝唐夏日本遣臣内藏賀茂持國書來聘冬十一月戊申唐授能信等官放還是冬遣左熊衛都將大昌泰等同内藏賀茂至日本答聘

五年夏大昌泰同日本送使滋野船白來秋遣滋野船白還日本

十年冬十一月遣使朝貢於唐

十一年遣使朝唐加王金紫光祿大夫檢校司徒

十二年冬十月唐加王檢校太尉又以李師道爲平盧淄青節度副大使海運陸運押渤海蕃使冬十二月丙戌遣使朝貢於唐

十三年春遣楊光信朝唐進奉端午不待放還逃至潼關被執送唐京鞫之秋八月唐以建王審遥領鄆州大都督淄青平盧等州節度觀察處置陸運海運押渤海蕃等使冬十二月遣使朝唐

十四年冬遣使朝唐

十五年春正月戊戌使至唐憲宗御殿延見賜物秋遣和部少卿高南容聘於日本王薨國人上謚曰康王

定王名元瑜康王之子也正曆十四年康王薨元瑜權知國務唐遣中官元文政來弔祭并册元瑜爲銀青光禄大夫檢校秘書監忽汗州都督依前渤海國王

永德元年春正月改元遣臣高才南等朝唐夏高南容還自日本同行首領高多佛留於日本秋再遣高南容聘於日本冬十

一月遣子延眞等朝唐獻方物
二年夏高南容同日本聘使林東人來秋遣林東人歸日本冬
遣使朝貢於唐
三年春正月癸酉使至唐憲宗御殿麟德殿延見賜宴甲申賜官
告三十五通及衣一襲王薨國人上諡曰定王
僖王名言義定王之長弟也永德三年定王薨言義權知國務
是歲冬十二月遣使朝貢於唐並告哀
朱雀元年春正月改元是月唐遣內侍李重旻往册言義爲銀
青光祿大夫檢校秘書監忽汗州都督渤海國王冬十二月王
子失其名及辛文德等九十七人朝唐丙午宴賜
二年春正月遣臣高禮進等三十七人朝貢於唐獻金銀佛像
各一二月己丑憲宗御殿延見賜宴有差秋遣臣王孝廉高景

秀等聘於日本冬十一月遣使獻鷹鶻於唐十二月遣臣大孝
眞等五十九人朝唐
三年遣臣卯貞壽大昌慶等朝唐春正月丁酉賜卯貞壽等官
告放還二月甲子授大昌慶等官告放還三月丙子遣臣朝唐
賜官告放還夏六月王孝廉卒於日本秋七月王子庭俊等一
百一人朝貢於唐
四年遣臣高宿滿大誠愼等朝貢於唐春二月癸卯賜物庚戌
授高宿滿等二十人官並國信放還三月甲戌賜大誠愼等物
夏高景秀等還自日本冬十一月遣使朝貢於唐
五年春二月遣使朝唐王薨國人上謚曰僖王
簡王名明忠僖王之弟也朱雀五年僖王薨明忠嗣立爲王
太始元年春正月改元二月王薨遣使朝唐且告哀國人上謚

曰簡王

宣王名仁秀簡王之從父也其四世野勃高王弟也太始元年春二月簡王薨仁秀權知國務三月遣臣李繼常等二十六人朝唐告哀夏五月（一作四月）唐遣使册仁秀爲銀青光祿大夫檢校秘書監忽汗州都督渤海國王冬遣臣慕感德等聘於日本

建興元年春正月改元三月唐討平李師道以薛戎爲平盧節度加押渤海蕃使是春慕感德等還自日本冬遣臣李承英等聘於日本

二年春李承英等還自日本閏正月遣使朝唐是月加仁秀金紫光祿大夫檢校司空二月唐穆宗御殿（麟德殿）延見使臣宴賜有差冬十二月遣使朝貢於唐

三年遣姪大公則同愼能至等朝唐授官有差冬遣政堂省左

允王文矩等聘於日本

四年春正月遣使朝貢於唐壬子穆宗御麟德殿延見宴賜有

差是春王文矩等還自日本

五年遣姪大多英同大定順等朝唐授官有差冬遣臣高貞泰

等百有一人聘於日本

六年春遣臣大聰叡等五十人朝唐請備宿衛夏高貞泰等還

自日本

七年春三月遣使朝唐冬遣臣高承祖等百三人聘於日本

八年春正月遣使朝唐夏高承祖還自日本自是日本約以每

十二年通聘一次永以爲例亦不答聘

九年夏四月遣使十一人朝唐癸巳文宗御麟德殿延見宴賜

有差冬遣使朝唐賀明年正旦又遣臣王文矩等聘於日本

十年夏王文矩等還自日本朝唐使還遇風溺於海冬十二月遣使朝唐己卯文宗御殿麟德殿延見宴賜

十一年冬十二月遣使朝唐

十二年王薨國人上謚曰宣王宣王之世南定新羅北伐海北諸部開大境宇並釐定京府州縣之名國勢甚盛

□王名彝震宣王之孫也父新德蚤卒建興十二年宣王薨彝震權知國務是歲十二月遣使朝唐告哀

咸和元年春正月改元是月己丑唐遣使册彝震爲銀青光祿大夫檢校秘書監忽汗州都督渤海國王冬十一月遣使朝貢於唐

二年春二月遣子明俊等六人朝唐丙辰文宗御殿延見宴賜有差尋放還唐遣內侍王宗禹來置左右神策軍左右三軍一

百二十司冬王宗禹還唐

三年春正月遣同中臺省右平章事高寶英朝唐謝册命仍遣學生解楚卿趙孝明劉寶俊三人隨寶英赴唐都留學前遣學生李居正朱承朝高壽海三人至是業成寶英請遞乘歸本國唐許之二月王子光晟等六人朝唐已卯文宗御殿延見宴賜有差

五年是歲幽州節度府遣行軍司馬張建章齎書來聘

六年夏六月運熟銅至唐交易唐淄青節度使奏以將到請不禁斷遣子明俊等十九人朝貢於唐賀明年正旦以冬十二月至又隨行學生十六人留於青州

七年春正月癸已唐文宗御殿延見明俊等宴賜有差唐敕渤海所請生徒習學宜令青州觀察使放六人到上都餘十人勒

回

八年春二月遣使朝唐辛卯文宗御殿麟德殿延見賜物有差

九年冬十二月王子延廣朝貢於唐

十一年冬遣政堂省左允賀福延等百五人聘於日本

十二年夏賀福延等還自日本

十六年春正月遣使朝唐己未武宗御殿延見宴賜有差朝於宣政殿對於麟德殿賜食於內亭子仍賚錦綵器皿

己丑王子大之蕚朝貢至唐

十八年冬遣永寧縣丞王文矩等百人聘於日本

十九年夏王文矩還自日本

二十七年王䪥史失其謚

□王名虔晃彝震之弟也咸和二十六年王彝震䪥虔晃權知

國務遣使告哀於唐

□□元年春正月改元史失其年號二月唐册彝震爲銀青光祿大夫檢校秘書監忽汗州都督渤海國王冬遣政堂省左允烏孝慎等百四人聘於日本

二年秋烏孝慎等還自日本

三年冬遣臣李居正等百五人聘於日本

四年夏李居正等還自日本

十四年王薨史失其謚

□王名玄錫虔晃之孫也□□十四年王虔晃薨玄錫嗣立冬遣政堂省左允楊成規等百五人聘於日本

□□元年春正月改元史失其年號夏五月楊成規等在日本互市尋還

二年春遣臣門孫宰崔宗佐大陳潤等朝唐賀平龐勛之亂海

中遇風三月漂着日本
三年夏門孫宰等還自日本
五年冬遣政堂省孔目官楊中遠等百五人聘於日本
六年夏楊中遠還自日本
十一年冬遣文籍院少監裴頲等百五人聘於日本
十二年夏裴頲還自日本
十八年冬十月己未朔唐以崔安潛爲平盧軍節度觀察押渤海蕃使
十九年春三月辛亥朔唐以王師範爲平盧軍節度觀察押渤海蕃使
二十年冬遣文籍院少監王龜謀等百五人聘於日本
二十一年秋王龜謀等還自日本

二十二年王薨史失其謚王之世凡四遣使朝唐又遣諸生至唐京習古今制度歸而放之地有五京十五府六十二州遂爲海東盛國

□王瑋瑎不詳其世□□二十二年王玄錫薨瑋瑎嗣立遣使告哀於唐

□□元年春正月改元史失其年號唐加册封冬遣文籍院監裴頲等百五人聘於日本

二年夏裴頲等還自日本

十三年遣國相烏炤度朝貢於唐其子光贊同來應賓貢試進士及第是年王薨史失其謚

末王名諲譔不詳其世疑爲瑋瑎之子□□十三年王瑋瑎薨諲譔嗣立

□□元年春正月改元史失其年號夏四月朱温篡唐國號梁唐亡

五月戊寅遣王子昭順貢海東物產於梁冬遣文籍院少監裴璆聘於日本

二年春正月遣殿中少令崔禮光等朝梁授官賜物有差夏裴璆等還自日本

三年春三月辛未遣相大誠諤朝梁並進方物

五年秋八月戊辰遣使朝梁並貢方物

六年夏五月丁亥王子光贊齎表朝梁並進方物閏五月戊申梁厚賜遣還

九年是歲契丹轄底挈其二子來奔未幾奪良馬逸去

十二年春二月遣使貢於契丹冬十二月梁以朱珪充平盧軍節度淄青登萊等州觀察處置押渤海蕃等使

十三年春二月契丹掠國人實遼陽冬再遣裴璆等聘於日本
十四年夏裴璆等還自日本是歲新羅王子弓裔之部將王建自立國號高麗
十五年春二月屬部達姑衆攻新羅爲高麗兵邀擊敗還未幾王遂與高麗修好並通昏媾
十七年十月李存勗滅梁國號唐
十八年春正月乙卯王子禹謨朝貢於唐夏五月丙辰遣姪元讓貢方物於唐庚申賜物有差是月遣兵攻契丹遼州殺其刺史張秀實並掠其民以歸丙辰遣使貢方物於唐秋七月契丹太祖率兵來攻八月遣姪元謙朝唐授以官九月契丹兵無功引去是歲吳越國王錢璆遣使來行册封
十九年春二月辛巳遣守政堂省和部少卿裴璆朝貢於唐夏

五月乙卯授以官王懼契丹見偪遣使與新羅結援冬十二月乙亥契丹太祖率兵並新羅回鶻吐蕃党項沙陀之衆來攻丁酉夜圍扶餘府

二十年春正月庚申扶餘城陷守將死之遣大陳林等一百十六人朝貢於唐命老相失其名率兵禦契丹丙寅敗績是夜上京被圍己巳王請降契丹許之辛未王稾索牽羊率僚屬三百餘人出降契丹太祖受而釋之甲戌契丹詔諭各郡縣丙子契丹遣近侍康末怛等十三人入城檢索兵器邏卒殺之王懼不出丁丑契丹兵攻城破之王請罪契丹以兵衛王及其旅屬出城宿於軍中二月庚寅安邊鄚頡南海定理等府及諸道節度刺史來朝契丹太祖慰勞遣還甲午契丹太祖復入城閱府庫物丙午改渤海爲東丹國上京爲天福城以子倍爲人皇王王之

大赦國内三月戊午契丹兵攻長嶺府己巳安邊鄚頡定理三府舉兵謀恢復不克安邊府守將二人死之乙酉契丹旋師以王舉族西行夏四月大陳林等至唐五月辛酉南海定理二府復舉兵謀恢復不克秋七月丙辰鐵州刺史衛鈞舉兵謀恢復不克辛未契丹衛送王於臨潢府西築城居之改王名曰烏魯古妃曰阿里只世子光顯及將軍申德等率其餘衆先後奔高麗八月辛卯長嶺府陷於契丹王弟失其名率兵攻扶餘城不克保衆而退於是凡百有三城皆入於契丹渤海國亡

論曰余次渤海十五王事爲世紀初頗患其無年月經緯可尋迨檢新唐書渤海傳叙事不紀年月而舊唐書則有之舊唐書渤海傳所不具者而本紀則載之再檢册府元龜唐會要五代會要遼史諸書則事蹟愈詳年月愈明旁涉新羅高麗日本諸

史所得益多取而鉤稽排比漸有友紀可理夫渤海立國頗久制度差備記言記事必有專官迨見滅於遼盡去其籍始不克明其本末今於千餘年之後收拾叢殘輯有二百二十九年之事蹟誠非始意所及不僅慰情勝無矣抑考渤海末葉事蹟以新唐書所紀爲詳祇以年月不詳頗費尋檢又玄錫瑋瑎諲譔三王嗣立及薨逝之年諸書殊無明文茲雖暫從假定亦別舉證以明之紀爲傳考之綱紀不明其經緯則傳考無所附麗乙部之體固宜爾也孔子曰知之爲知之不知爲不知又曰君子於其所不知蓋闕如也余輯此編之旨當亦不外是矣

渤海國志長編卷三終

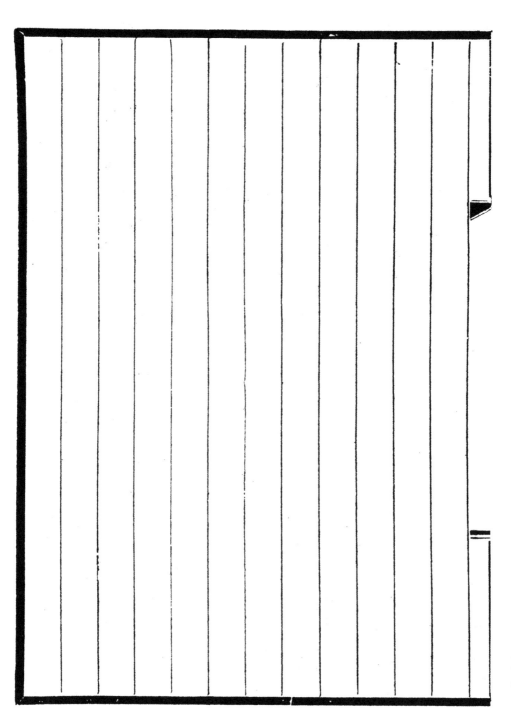

渤海國志長編卷四

遼陽金毓黻　撰集

後紀第二　渤海國志二

東丹人皇王名倍小字圖欲姓耶律氏契丹太祖阿保機之長子也幼聰敏好學外寬內摯太祖即位立王爲皇太子甘露元年（渤海末王諲譔二十四年）春正月契丹兵攻渤海扶餘城下之太祖欲括戶口王諫曰始得地而料民民必不安若乘破竹之勢逕造忽汗城破之必矣太祖從其言王與弟堯骨爲前鋒夜圍忽汗城末王諲譔出降渤海亡二月丙午太祖建東丹國以王爲人皇王王之建元甘露改忽汗城爲天福準用天子冠服被十二旒冕皆畫龍象仍用渤海舊制建中臺等省及百官中臺省置左右大次四相以叔迭刺爲左大相渤海老相（失其名）爲右

大相渤海司徒大素賢爲左次相耶律羽之爲右次相赦國內殊死以下約歲貢布十萬端馬千匹於契丹三月丁卯太祖幸王宫命文班林牙突呂不勒銘於永興殿壁乙酉太祖東還王率僚屬陛辭作歌以獻太祖謂之曰得汝治東土吾復何憂王號泣而出秋七月丙午中臺省左大相迭刺卒遣臣大昭佐等六人仍沿渤海故事入唐朝貢太祖殂於扶餘遺詔以寅底石守太師兼政事令來輔王后述律氏遣司徒劃沙殺於路更遣安端代王居守王乃自往奔喪八月至行在九月丁卯扶櫬至契丹上京

二年王在契丹上京冬十一月王知其母述律氏欲立其弟堯骨乃與羣臣請於述律氏而讓位焉堯骨即位改名德光是爲契丹太宗當左大相迭刺之卒新國初建人心未安右次相耶

律羽之莅事勤恪威信並行及太宗即位羽之上表曰我大聖天皇始有東土擇賢輔以撫斯民不以臣愚而任之國家利害敢不以聞渤海昔畏南朝阻險自衛居忽汗城今去上京遼邈既不爲用又不罷戍果何爲哉先帝因彼離心乘釁而動故不戰而克天授人與彼一時也遺種寖以蕃息今居遠境恐爲後患梁水之地乃其故鄉地衍土沃有木鐵鹽魚之利乘其微弱徙還其民萬世長策也彼得故鄉又獲木鐵鹽魚之饒必安居樂業然後選徒以翼吾左突厥党項室韋夾輔吾右可以坐制南邦混一天下成聖祖未集之功貽後世無疆之福表上太宗嘉納之

三年王在契丹上京冬十二月太宗詔耶律羽之遷國於東平（即今遼陽城）移渤海民戶以實之並升東平爲南京渤海舊戶憚於

遷徙多亡入新羅高麗女眞太宗因詔困乏不能遷者許契丹富民贍給而隷屬之王歸國

四年夏四月辛酉王朝於契丹上京五月遣高正祠入唐貢方物秋七月乙酉唐授正祠官九月庚午太宗奉耶律太后如南京王同行癸巳至國冬十月壬寅太宗幸王第宴羣臣是冬遣裴璆等九十三人聘於日本

五年春正月國人王憲等自唐青州泛海歸國爲黑水部剽刦

二月己亥契丹詔修南京王命翰林學士王繼遠撰大東丹國新建南京碑銘立碑於宮門之東起書樓於西宮丙午太宗以渤海俘戶賜其弟李胡丙辰王同太宗朝太后太后以皆工書命書於前以觀之三月辛未王獻白紵於太宗乙酉太宗宴王僚屬於便殿庚寅太宗發南京夏四月乙未王先往謁太祖陵

秋畋於宜州尋歸國王愛醫巫閭山水奇秀購書數萬卷置其絕頂築堂貯之顏曰望海作樂田園詩是月裴璆等至日本被拒不得入其國都遂還秋九月己卯太宗命舍利普寧來撫慰庚辰契丹置王儀衛冬十月戊戌太宗謁太祖陵遣使來賜胙甲辰王進玉笛於太宗王既以位偪見疑又因增置儀衛以陰伺動靜益不自安唐明宗聞之遣人跨海持書密召王王因畋海上使再至王謂左右曰我以天下讓主上今反見疑不如適他國以成吳泰伯之名立木海上刻詩曰小山壓大山大山全無力羞見故鄉人從此投外國十一月丙辰攜高美人載書浮海而去

六年春正月丁卯契丹太宗如南京壬申王至唐京謁明宗丁丑王進印三紐馬十四並以氈帳及諸方物獻於唐二月丁酉

幸王第夏三月辛酉唐賜王姓東丹名曰慕華授檢校太保安東都護渤海郡開國公充懷化軍節度瑞愼等州觀察處置等使同王來部曲五人唐皆賜姓名罕只曰罕友通穆葛曰穆順義撤羅曰羅賓德易密曰易師仁蓋禮曰蓋來賓並授歸化歸德等將軍郎將有差丁亥太宗至南京王妃蕭氏率其僚屬謁之夏四月契丹重建中臺省於南京佐國務改置左右二相仍受成於契丹遷耶律羽之爲左相褋蠟爲右相乙亥太宗還上京五月癸亥王從兄汚整自唐青州寄書問王起居且欲修朝貢之禮閏月左相耶律羽之兩上王書自青州寄唐京秋九月己亥唐賜王姓李氏仍名贊華改封隴西縣開國公冬十二月遣臣文成角高保乂等入唐朝貢

七年王在唐京以下五年俱同春正月國相遣使朝貢於唐賜物有差

二月己卯王進契丹地圖於唐夏四月癸亥唐以王爲滑州節度使並以莊宗夫人夏氏嫁之甲戌唐遣使聘於契丹王附致書於太宗

八年秋七月唐授文成角高保乂等官冬十一月唐明宗殂子從厚立辛丑契丹太皇太后薨太宗致書訊王並告哀是歲唐賜王姓李氏名贊華鎮滑州以莊宗夫人夏氏嫁之

九年夏四月明宗養子從珂弑其主從厚自立王自唐密報太宗曰從珂弑君盍討之

十年冬十一月遣南海府都督列周道政堂省工部卿烏濟顯入唐貢方物

十一年春二月唐授列周道等官秋契丹有侵唐之意九月辛亥從珂幸懷州欲立王爲契丹主不果行冬十一月契丹册立

石敬塘爲帝是爲晉高祖晉以兵圍洛陽辛巳從珂窮蹙欲自焚召王與俱王不從乃遣壯士秦繼旻李彥紳害之王薨年三十八有一僧收瘞之十二月晉贈王燕王遣前單州刺史李肅部署歸葬本國按以甘露紀元止於是年以下依次順數至國除止

十二年春正月丙子王櫬自晉北歸是歲葬於醫巫閭山

十三年遣使同契丹使聘於南唐並別持羊三萬口馬二百匹鬻之以其價市羅紈茶藥齎還

十五年春正月庚寅王妃蕭氏朝於契丹上京夏六月乙未朔左相耶律羽之以左次相大素賢不法奏於太宗詔僚佐部民舉有才德者代之秋七月丙子太宗從太后視王妃疾戊寅王妃蕭氏薨於行所八月己亥太宗詔全國吏民爲王妃服王子兀欲繼主國政兀欲名阮人皇王冢子也

二十一年秋八月太宗自將伐晉兀欲隨師往

二十二年春正月太宗入汴殺秦繼旻李彥紳爲人皇王復讐也二月太宗改國號曰遼封兀欲爲永康王兀欲弟婁國一作留桂爲滑州節度使以處王之舊地夏四月丁丑太宗北還殂於欒城戊寅諸將奉兀欲即帝位是爲遼世宗秋七月入上京八月壬午朔尊母蕭氏爲皇太后九月丁卯追謚人皇王曰讓國皇帝陵曰顯陵以其叔祖安端爲東丹國主封明王

二十三年冬十月壬午遼以中臺省右相牒蠟爲南京留守封燕王

二十六年秋九月遼世宗遇弒以高翰模爲中臺省右相

二十七年夏六月壬寅遣中臺省右相高翰模率兵援漢冬十二月辛亥明王安端薨

二十九年秋七月國人烏斯多等三十人歸於周

三十四年春正月遷高模翰爲左相尋卒

四十五年夏四月遼景宗如東京即遼陽原稱南京致奠於讓國皇帝及世宗廟

四十八年秋七月庚辰以耶律斜里底爲中臺省左相

五十四年夏六月宋太宗既滅北漢遂乘勝北伐東丹帥大鸞河小校李勛等降於宋宋以鸞河爲渤海都揮使

五十六年秋七月丙午宋太宗賜烏舍城扶餘渤海琰府王詔約共伐遼扶餘府自遼歸於定安國定安國王烏玄明上表於宋太宗優詔答之

五十七年冬十二月庚辰遼罷東京中臺省東丹國除

論曰契丹滅渤海繼建東丹東丹之王爲耶律氏之子非大氏

之遺胤也而亦爲之作紀以嗣渤海之後何也蓋東丹旣建仍用渤海之制以治其土臣其臣子其民是渤海雖滅猶未滅也東丹臣民之往異國者嘗自稱曰渤海而異國之紀載亦曰渤海使來不曰東丹若斯之類不一而足不特此也東丹國除遺裔猶盛歷遼及金其勢未殺其所以致此之故亦可思矣渤海遺裔事蹟別輯列傳於後茲先次東丹國事以爲之綱題曰後紀亦用世紀之例也

渤海國志長編卷四終

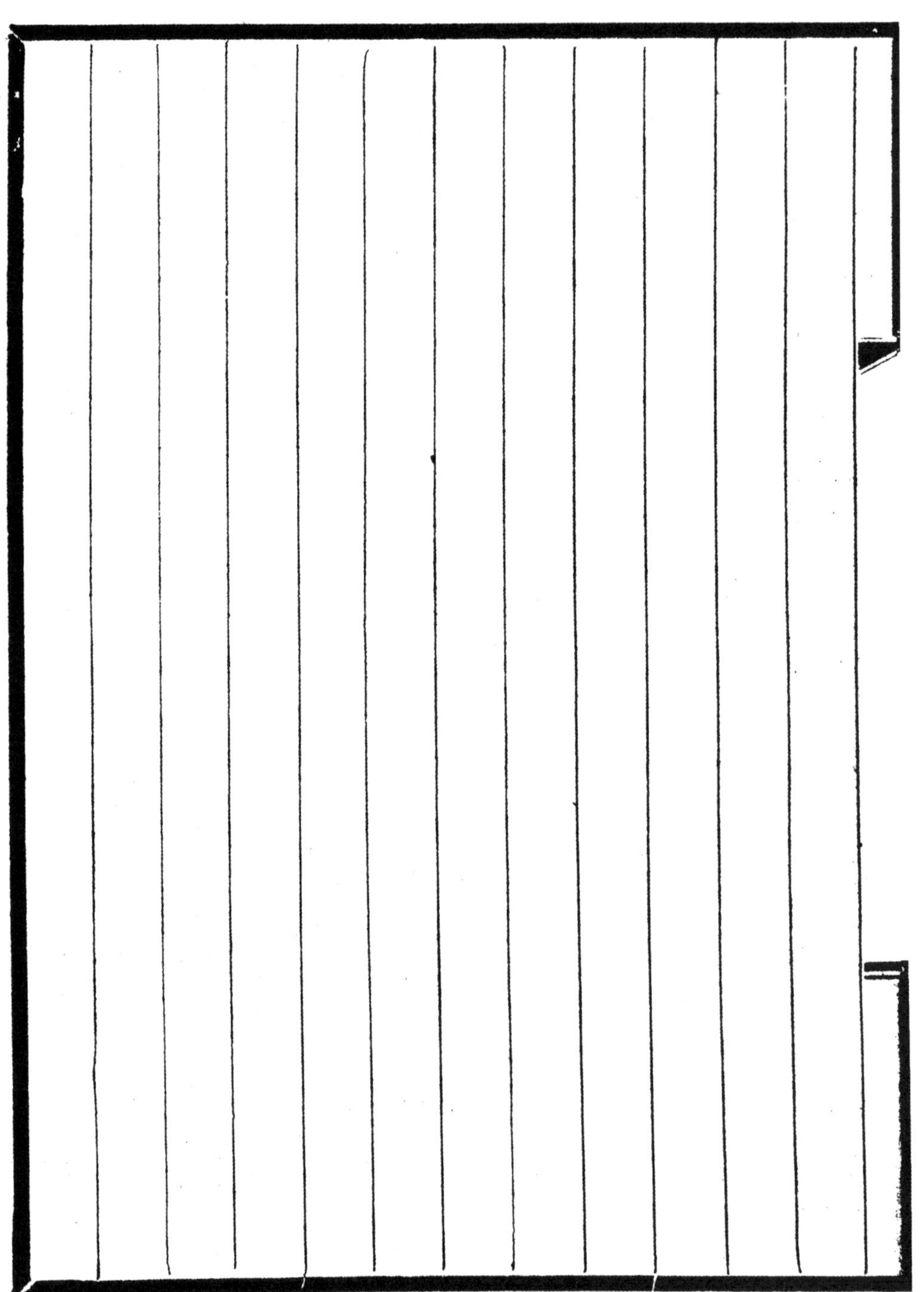

渤海國志長編卷五

遼陽金毓黻　撰集

年表第一　　渤海國志三

渤海諸王受唐封號朝貢不絕唐亡之後其事朱梁及後唐也亦以事唐之禮事之又能南結新羅東聘日本西通契丹蓋以方五千里之地周旋於數國之間可謂極事大交鄰之能事矣及其亡也東丹繼建亦踵其故事數通中朝又嘗南至南唐東至日本別其遺裔或徙臨潢或奔高麗或入女眞歷遼及金屢見紀載於是頭緒棼如一事常涉數國非輔之以表不能明也茲先撰年表以挈其綱復分撰世系大事屬部諸表以張其目執簡馭繁若金在冶覽斯編者其或取之

干支	渤海	唐梁後唐晉漢周宋	遼	日本	新羅	高麗	西曆

戊戌	高王祚榮元年	唐武后聖曆元年		文武皇二年	孝昭王七年		六九八
己亥	二年	二年		三年	八年		六九九
庚子	三年	久視元年		四年	九年		七〇〇
辛丑	四年	長安元年		大寶元年	十年		七〇一
壬寅	五年	二年		二年	聖德王元年		七〇二
癸卯	六年	三年		三年	二年		七〇三
甲辰	七年	四年		慶雲元年	三年		七〇四
乙巳	八年	中宗神龍元年		二年	四年		七〇五
丙午	九年	二年		三年	五年		七〇六
丁未	十年	景龍元年		四年	六年		七〇七
戊申	十一年	二年		元明皇和銅元年	七年		七〇八
己酉	十二年	三年		二年	八年		七〇九

庚戌	十三年	睿宗景雲元年		三年	九年		七一〇
辛亥	十四年	二年		四年	十年		七一一
壬子	十五年	太極元年即先天元年		五年	十一年		七一二
癸丑	十六年	玄宗開元元年		六年	十二年		七一三
甲寅	十七年	二年		七年	十三年		七一四
乙卯	十八年	三年		元正皇靈龜元年	十四年		七一五
丙辰	十九年	四年		二年	十五年		七一六
丁巳	二十年	五年		養老元年	十六年		七一七
戊午	二十一年	六年		二年	十七年		七一八
己未	二十二年	七年		三年	十八年		七一九
庚申	武王仁安元年	八年		四年	十九年		七二〇
辛酉	二年	九年		五年	二十年		七二一

壬戌	三年	十年		六年	二十一年		七二二
癸亥	四年	十一年		七年	二十二年		七二三
甲子	五年	十二年		聖武皇 神龜元年	二十三年		七二四
乙丑	六年	十三年		二年	二十四年		七二五
丙寅	七年	十四年		三年	二十五年		七二六
丁卯	八年	十五年		四年	二十六年		七二七
戊辰	九年	十六年		五年	二十七年		七二八
己巳	十年	十七年		天平元年	二十八年		七二九
庚午	十一年	十八年		二年	二十九年		七三〇
辛未	十二年	十九年		三年	三十年		七三一
壬申	十三年	二十年		四年	三十一年		七三二
癸酉	十四年	二十一年		五年	三十二年		七三三

甲戌	十五年	二十二年		六年	三十三年		七三四
乙亥	十六年	二十三年		七年	三十四年		七三五
丙子	十七年	二十四年		八年	三十五年		七三六
丁丑	十八年	二十五年		九年	孝成王元年		七三七
戊寅	文王大興元年	二十六年		十年	二年		七三八
己卯	二年	二十七年		十一年	三年		七三九
庚辰	三年	二十八年		十二年	四年		七四〇
辛巳	四年	二十九年		十三年	五年		七四一
壬午	五年	天寶元年		十四年	景德王元年		七四二
癸未	六年	二年		十五年	二年		七四三
甲申	七年	三年		十六年	三年		七四四
乙酉	八年	四年		十七年	四年		七四五

丙戌	九年	五年		十八年	五年		七四六
丁亥	十年	六年		十九年	六年		七四七
戊子	十一年	七年		二十年	七年		七四八
己丑	十二年	八年		孝謙皇天平勝寶元年	八年		七四九
庚寅	十三年	九年		二年	九年		七五〇
辛卯	十四年	十年		三年	十年		七五一
壬辰	十五年	十一年		四年	十一年		七五二
癸巳	十六年	十二年		五年	十二年		七五三
甲午	十七年	十三年		六年	十三年		七五四
乙未	十八年	十四年		七年	十四年		七五五
丙申	十九年	肅宗至德元年		八年	十五年		七五六
丁酉	二十年	二年		天平寶字元年	十六年		七五七

戊戌	二十一年	乾元元年		二年	十七年		七五八
己亥	二十二年	二年		淳仁皇天平寶字三年	十八年		七五九
庚子	二十三年	上元元年		四年	十九年		七六〇
辛丑	二十四年	二年		五年	二十年		七六一
壬寅	二十五年	寶應元年		六年	二十一年		七六二
癸卯	二十六年	代宗廣德元年		七年	二十二年		七六三
甲辰	二十七年	二年		八年	二十三年		七六四
乙巳	二十八年	永泰元年		稱德皇天平神護元年	惠恭王元年		七六五
丙午	二十九年	大曆元年		二年	二年		七六六
丁未	三十年	二年		神護景雲元年	三年		七六七
戊申	三十一年	三年		二年	四年		七六八
己酉	三十二年	四年		三年	五年		七六九

庚戌	三十三年	五年		光仁皇寶龜元年	六年		七七〇
辛亥	三十四年	六年		二年	七年		七七一
壬子	三十五年	七年		三年	八年		七七二
癸丑	三十六年	八年		四年	九年		七七三
甲寅	三十七年	九年		五年	十年		七七四
乙卯	三十八年	十年		六年	十一年		七七五
丙辰	三十九年	十一年		七年	十二年		七七六
丁巳	四十年	十二年		八年	十三年		七七七
戊午	四十一年	十三年		九年	十四年		七七八
己未	四十二年	十四年		十年	十五年		七七九
庚申	四十三年	德宗建中元年		十一年	宣德王元年		七八〇
辛酉	四十四年	二年		桓武皇天應元年	二年		七八一

壬戌	四十五年	三年		延曆元年	三年		七八二
癸亥	四十六年	四年		二年	四年		七八三
甲子	四十七年	興元元年		三年	五年		七八四
乙丑	四十八年	貞元元年		四年	元聖王元年		七八五
丙寅	四十九年	二年		五年	二年		七八六
丁卯	五十年	三年		六年	三年		七八七
戊辰	五十一年	四年		七年	四年		七八八
己巳	五十二年	五年		八年	五年		七八九
庚午	五十三年	六年		九年	六年		七九〇
辛未	五十四年	七年		十年	七年		七九一
壬申	五十五年	八年		十一年	八年		七九二
癸酉	五十六年	九年		十二年	九年		七九三

甲戌	成王中興元年	十年		十三年	十年		七九四
乙亥	康王正曆元年	十一年		十四年	十一年		七九五
丙子	二年	十二年		十五年	十二年		七九六
丁丑	三年	十三年		十六年	十三年		七九七
戊寅	四年	十四年		十七年	十四年		七九八
己卯	五年	十五年		十八年	昭聖王元年		七九九
庚辰	六年	十六年		十九年	哀莊王元年		八〇〇
辛巳	七年	十七年		二十年	二年		八〇一
壬午	八年	十八年		二十一年	三年		八〇二
癸未	九年	十九年		二十二年	四年		八〇三
甲申	十年	二十年		二十三年	五年		八〇四
乙酉	十一年	二十一年 順宗永貞元年		二十四年	六年		八〇五

丙戌	十二年	憲宗元和元年		平城皇大同元年	七年		八〇六
丁亥	十三年	二年		二年	八年		八〇七
戊子	十四年	三年		三年	九年		八〇八
己丑	十五年	四年		四年	憲德王元年		八〇九
庚寅	定王永德元年	五年		嵯峨皇弘仁元年	二年		八一〇
辛卯	二年	六年		二年	三年		八一一
壬辰	三年	七年		三年	四年		八一二
癸巳	僖王朱雀元年	八年		四年	五年		八一三
甲午	二年	九年		五年	六年		八一四
乙未	三年	十年		六年	七年		八一五
丙申	四年	十一年		七年	八年		八一六
丁酉	五年	十二年		八年	九年		八一七

干支							公元
戊戌	簡王太始元年	十三年		九年	十年		八一八
己亥	宣王建興元年	十四年		十年	十一年		八一九
庚子	二年	十五年		十一年	十二年		八二〇
辛丑	三年	穆宗長慶元年		十二年	十三年		八二一
壬寅	四年	二年		十三年	十四年		八二二
癸卯	五年	三年		十四年	十五年		八二三
甲辰	六年	四年		淳和皇天長元年	十六年		八二四
乙巳	七年	敬宗寶曆元年		二年	十七年		八二五
丙午	八年	二年		三年	興德王元年		八二六
丁未	九年	文宗太和元年		四年	二年		八二七
戊申	十年	二年		五年	三年		八二八
己酉	十一年	三年		六年	四年		八二九

庚戌	十二年	四年		七年	五年		八三〇
辛亥	口王咸和元年	五年		八年	六年		八三一
壬子	二年	六年		九年	七年		八三二
癸丑	三年	七年		十年	八年		八三三
甲寅	四年	八年		仁明皇承和元年	九年		八三四
乙卯	五年	九年		二年	十年		八三五
丙辰	六年	開成元年		三年	僖康王元年		八三六
丁巳	七年	二年		四年	二年		八三七
戊午	八年	三年		五年	閔哀王元年		八三八
己未	九年	四年		六年	神武王元年 文聖王元年		八三九
庚申	十年	五年		七年	二年		八四〇
辛酉	十一年	武宗會昌元年		八年	三年		八四一

壬戌	十二年	二年		九年	四年		八四二
癸亥	十三年	三年		十年	五年		八四三
甲子	十四年	四年		十一年	六年		八四四
乙丑	十五年	五年		十二年	七年		八四五
丙寅	十六年	六年		十三年	八年		八四六
丁卯	十七年	宣宗大中元年		十四年	九年		八四七
戊辰	十八年	二年		嘉祥元年	十年		八四八
己巳	十九年	三年		二年	十一年		八四九
庚午	二十年	四年		三年	十二年		八五〇
辛未	二十一年	五年		文德皇仁壽元年	十三年		八五一
壬申	二十二年	六年		二年	十四年		八五二
癸酉	二十三年	七年		三年	十五年		八五三

甲戌	二十四年	八年		齊衡元年	十六年		八五四
乙亥	二十五年	九年		二年	十七年		八五五
丙子	二十六年	十年		三年	十八年		八五六
丁丑	二十七年	十一年		天安元年	憲安王元年		八五七
戊寅	口王虔晃元年	十二年		二年	二年		八五八
己卯	二年	十三年		清和皇貞觀元年	三年		八五九
庚辰	三年	懿宗咸通元年		二年	四年		八六〇
辛巳	四年	二年		三年	景文王元年		八六一
壬午	五年	三年		四年	二年		八六二
癸未	六年	四年		五年	三年		八六三
甲申	七年	五年		六年	四年		八六四
乙酉	八年	六年		七年	五年		八六五

丙戌	九年	七年		八年	六年		八六六
丁亥	十年	八年		九年	七年		八六七
戊子	十一年	九年		十年	八年		八六八
己丑	十二年	十年		十一年	九年		八六九
庚寅	十三年	十一年		十二年	十年		八七〇
辛卯	十四年	十二年		十三年	十一年		八七一
壬辰	□王玄錫元年	十三年		十四年	十二年		八七二
癸巳	二年	十四年		十五年	十三年		八七三
甲午	三年	僖宗乾符元年		十六年	十四年		八七四
乙未	四年	二年		十七年	憲康王元年		八七五
丙申	五年	三年		十八年	二年		八七六
丁酉	六年	四年		陽成皇元慶元年	三年		八七七

戊戌	七年	五年		二年	四年		八七八
己亥	八年	六年		三年	五年		八七九
庚子	九年	廣明元年		四年	六年		八八〇
辛丑	十年	中和元年		五年	七年		八八一
壬寅	十一年	二年		六年	八年		八八二
癸卯	十二年	三年		七年	九年		八八三
甲辰	十三年	四年		八年	十年		八八四
乙巳	十四年	光啓元年		光孝皇仁和元年	十一年		八八五
丙午	十五年	二年		二年	定康王元年		八八六
丁未	十六年	三年		三年	眞聖王元年		八八七
戊申	十七年	文德元年		四年	二年		八八八
己酉	十八年	昭宗龍紀元年		宇多皇寬平元年	三年		八八九

庚戌	十九年	大順元年		二年	四年		八九〇
辛亥	二十年	二年		三年	五年		八九一
壬子	二十一年	景福元年		四年	六年		八九二
癸丑	二十二年	二年		五年	七年		八九三
甲寅	口王瑋瑎元年	乾寧元年		六年	八年		八九四
乙卯	二年	二年		七年	九年		八九五
丙辰	三年	三年		八年	十年		八九六
丁巳	四年	四年		九年	孝恭王元年		八九七
戊午	五年	光化元年		醍醐皇昌泰元年	二年		八九八
己未	六年	二年		二年	三年		八九九
庚申	七年	三年		三年	四年		九〇〇
辛酉	八年	天復元年		延喜元年	五年		九〇一

壬戌	九年	二年		二年	六年		九〇二
癸亥	十年	三年		三年	七年		九〇三
甲子	十一年	天祐元年		四年	八年		九〇四
乙丑	十二年	昭宣帝天祐二年		五年	九年		九〇五
丙寅	十三年	三年		六年	十年		九〇六
丁卯	末王諲譔元年	四年唐亡梁太祖開平元年		七年	十一年		九〇七
戊辰	二年	二年		八年	十二年		九〇八
己巳	三年	三年		九年	十三年		九〇九
庚午	四年	四年		十年	十四年		九一〇
辛未	五年	乾化元年		十一年	十五年		九一一
壬申	六年	二年		十二年	神德王元年		九一二
癸酉	七年	末帝乾化三年		十三年	二年		九一三

甲戌	八年	四年		十四年	三年		九一四
乙亥	九年	貞明元年		十五年	四年		九一五
丙子	十年	二年	遼太祖神冊元年	十六年	五年		九一六
丁丑	十一年	三年	二年	十七年	景明王元年		九一七
戊寅	十二年	四年	三年	十八年	二年	高麗太祖元年	九一八
己卯	十三年	五年	四年	十九年	三年	二年	九一九
庚辰	十四年	六年	五年	二十年	四年	三年	九二〇
辛巳	十五年	龍德元年	六年	二十一年	五年	四年	九二一
壬午	十六年	二年	天贊元年	二十二年	六年	五年	九二二
癸未	十七年	後唐莊宗同光元年	二年	延長元年	七年	六年	九二三
甲申	十八年	二年	三年	二年	景哀王元年	七年	九二四
乙酉	十九年	三年	四年	三年	二年	八年	九二五

丙戌	二十年渤海亡 東丹甘露元年	明宗天成元年	天顯元年	四年	三年	九年	九二六
丁亥	二年	二年	太宗天顯二年	五年	四年	十年	九二七
戊子	三年	三年	三年	六年	敬順王元年	十一年	九二八
己丑	四年	四年	四年	七年	二年	十二年	九二九
庚寅	五年	長興元年	五年	八年	三年	十三年	九三〇
辛卯	六年	二年	六年	朱雀皇承平元年	四年	十四年	九三一
壬辰	七年	三年	七年	二年	五年	十五年	九三二
癸巳	八年	四年	八年	三年	六年	十六年	九三三
甲午	九年	閔帝應順元年 廢帝淸泰元年	九年	四年	七年	十七年	九三四
乙未	十年	二年	十年	五年	八年亡	十八年	九三五
丙申	十一年	晉高祖天福元年	十一年	六年		十九年	九三六
丁酉	十二年	二年	十二年	七年		二十年	九三七

戊戌	十三年	三年	會同元年	天慶元年		二十一年	九三八
己亥	十四年	四年	二年	二年		二十二年	九三九
庚子	十五年	五年	三年	三年		二十三年	九四〇
辛丑	十六年	六年	四年	四年		二十四年	九四一
壬寅	十七年	七年	五年	五年		二十五年	九四二
癸卯	十八年	八年	六年	六年		二十六年	九四三
甲辰	十九年	出帝開運元年	七年	七年		惠宗元年	九四四
乙巳	二十年	二年	八年	八年		二年	九四五
丙午	二十一年	三年	九年	九年		定宗元年	九四六
丁未	二十二年	漢高祖天福十二年	大同元年 世宗天祿元年	村上皇天曆元年		二年	九四七
戊申	二十三年	隱帝乾祐元年	二年	二年		三年	九四八
己酉	二十四年	二年	三年	三年		四年	九四九

庚戌	二十五年	三年	四年	四年		光宗元年	九五〇
辛亥	二十六年	周太祖廣順元年	穆宗應曆元年	五年		二年	九五一
壬子	二十七年	二年	二年	六年		三年	九五二
癸丑	二十八年	三年	三年	七年		四年	九五三
甲寅	二十九年	世宗顯德元年	四年	八年		五年	九五四
乙卯	三十年	二年	五年	九年		六年	九五五
丙辰	三十一年	三年	六年	十年		七年	九五六
丁巳	三十二年	四年	七年	天德元年		八年	九五七
戊午	三十三年	五年	八年	二年		九年	九五八
己未	三十四年	六年	九年	三年		十年	九五九
庚申	三十五年	宋太祖建隆元年	十年	四年		十一年	九六〇
辛酉	三十六年	二年	十一年	應和元年		十二年	九六一

壬戌	三十七年	三年	十二年	二年		十三年	九六二
癸亥	三十八年	乾德元年	十三年	三年		十四年	九六三
甲子	三十九年	二年	十四年	康保元年		十五年	九六四
乙丑	四十年	三年	十五年	二年		十六年	九六五
丙寅	四十一年	四年	十六年	三年		十七年	九六六
丁卯	四十二年	五年	十七年	四年		十八年	九六七
戊辰	四十三年	開寶元年	十八年	冷泉皇安和元年		十九年	九六八
己巳	四十四年	二年	景宗保寧元年	二年		二十年	九六九
庚午	四十五年	三年	二年	圓融皇天祿元年		二十一年	九七〇
辛未	四十六年	四年	三年	二年		二十二年	九七一
壬申	四十七年	五年	四年	三年		二十三年	九七二
癸酉	四十八年	六年	五年	天延元年		二十四年	九七三

干支							
甲戌	四十九年	七年	六年	二年		二十五年	九七四
乙亥	五十年	八年	七年	三年		二十六年	九七五
丙子	五十一年	太宗太平興國元年	八年	貞元元年		景宗元年	九七六
丁丑	五十二年	二年	九年	二年		二年	九七七
戊寅	五十三年	三年	十年	天元元年		三年	九七八
己卯	五十四年	四年	乾亨元年	二年		四年	九七九
庚辰	五十五年	五年	二年	三年		五年	九八〇
辛巳	五十六年	六年	三年	四年		六年	九八一
壬午	五十七年東丹國除	七年	四年	五年		成宗元年	九八二

起戊戌訖壬午凡二百八十五年

渤海國志長編卷五終

渤海國志長編卷六

遼陽金毓黻　撰集

世系表第二　渤海國志四

唐	渤海	
唐武后萬歲通天元年	渤海高王大祚榮	東保挹婁之故地據東牟山築城居之是爲創業之始
聖曆元年	高王祚榮元年	自立爲震國王是爲建國之始按舊唐書祇云聖曆中自立而聖曆祇二年不詳其爲何年日本逸史云文武天皇二年祚榮始建國是年正爲聖曆元年據此定之說見叢考
玄宗開元元年	祚榮十六年	是年册拜祚榮左驍衛員外大將軍渤海郡王加授忽汗州都督自是始去靺鞨號

專稱渤海　又按新唐書稱睿宗先天二年是年十二月玄宗改元開元實係一年茲從後改年號書之

開元七年	祚榮二十二年	高王薨子武藝嗣立　賜册襲封
開元八年	武王武藝仁安元年	自武藝起始私行年號　按渤海王卒當年改元或翌年改元史無明文可考茲用翌年改元之例繫於開元八年後放此
開元二十五年	仁安十八年	武王薨子欽茂嗣立　賜册襲封　按册府元龜謂開元二十年武藝卒蓋記錄有誤茲從舊唐書
開元二十	文王欽茂大	

六年	興元年	
肅宗寶應元年	大興二十五年	唐以渤海爲國進封王爲渤海國王
德宗貞元十年	大興五十七年 成王中興元年	文王薨子宏臨早卒族弟元義嗣立　按欽茂薨於何年唐書失載蓋未嘗來告喪也續日本紀載嵩璘致日本國書有祖欽茂卒於大興五十七年之語茲從之 是歲國人殺元義推宏臨子華璵爲王即欽茂之孫也　按元義被殺故無謚其年號亦失載華璵嗣立必當年改元故繫中興元年於是年 成王華璵亦薨於是年子嵩璘嗣立

貞元十一年	康王嵩璘正曆元年	是年二月受册封爲渤海郡王　按舊唐書紀嵩璘於二月受封遠道告喪行須經月則華璵薨於去年可知
貞元十四年	正曆四年	是年進封爲渤海國王復舊號
憲宗元和四年	正曆十五年	康王薨子元瑜嗣立　賜册襲封
元和五年	定王元瑜永德元年	
元和七年	永德三年	定王薨弟言義嗣立
元和八年	僖王言義朱雀元年	是年正月言義賜册襲封故知元瑜卒於去年

元和十二年	朱雀五年	僖王薨弟明忠嗣立
元和十三年	簡王明忠太始元年	簡王薨從父仁秀嗣立　賜册襲封
元和十四年	宣王仁秀建興元年	
文宗太和四年	建興十二年	宣王薨子新德早卒孫彝震嗣立　賜册襲封　按舊唐書謂仁秀卒於太和五年茲從新書
太和五年	口王彝震咸和元年	按彝震以下各王諡號史均失載
宣宗大中十	咸和二十	王彝震薨弟虔晃嗣立

一年	七年	
大中十二年	口王虔晃元年	按自虔晃以後年號失載　按虔晃嗣位於是年見舊唐書本紀　又按以下各王之薨年立年史均失載蓋以唐末多故不能與中國交通也
懿宗咸通十二年	虔晃十四年	王虔晃薨孫玄錫嗣立　據日本三代實錄王玄錫致日本國書定爲玄錫嗣立之年
咸通十三年	口王玄錫元年	
昭宗景福二年	玄錫二十二年	王玄錫薨瑋瑎嗣立

乾寧元年	口王瑋瑎元年	按唐會要載昭宗乾寧二年賜渤海王大瑋瑎加官較書則瑋瑎之立必近於是時故假定是年爲其元年
昭宣帝天祐三年	瑋瑎十三年	王瑋瑎薨諲譔嗣立
梁太祖開平元年	末王諲譔元年	按五代會要於梁開平元年始見大諲譔之名故假定是年爲其元年
後唐明宗天成元年即遼太祖天顯元年	諲譔二十年	是年正月諲譔降遼渤海國亡

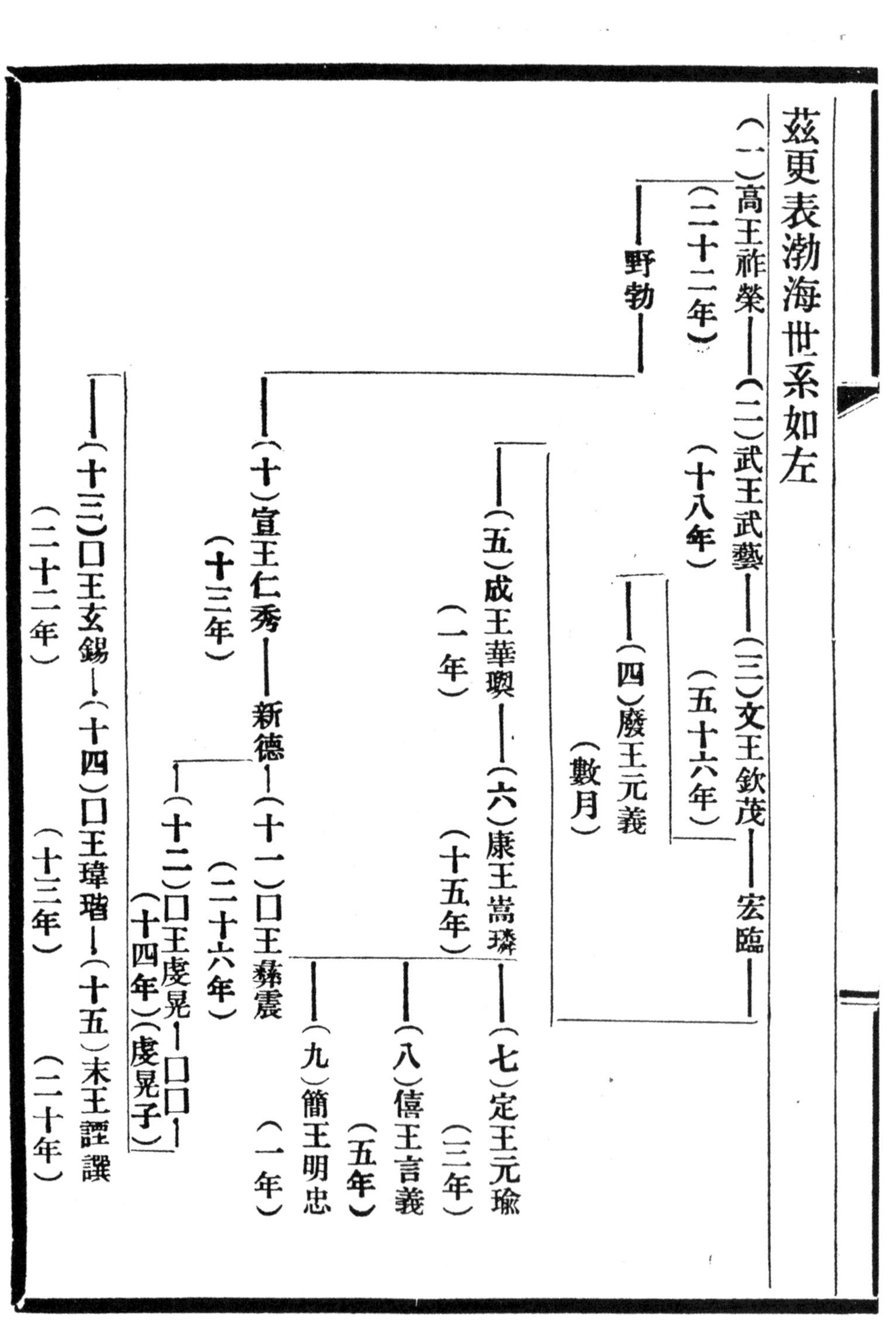

茲更表渤海世系如左
（一）高王祚榮（二十二年）
野勃
（二）武王武藝（十八年）
（三）文王欽茂（五十六年）
宏臨
（四）廢王元義（數月）
（五）成王華璵（一年）
（六）康王嵩璘（十五年）
（七）定王元瑜（三年）
（八）僖王言義（五年）
（九）簡王明忠（一年）
（十）宣王仁秀（十三年）
新德
（十一）□王彝震（二十六年）
（十二）□王虔晃（十四年）
□□
（虔晃子）
（十三）□王玄錫（二十二年）
（十四）□王瑋瑎（十三年）
（十五）末王諲譔（二十年）

自唐武后聖曆元年高王祚榮建國之日起訖後唐明宗天成元年末王諲譔降遼之日止凡傳十五世二百二十九年

渤海國志長編卷六終

渤海國志長編卷七

遼陽金毓黻 撰集

大事表第三　渤海國志五

唐	渤海	事
唐武后萬歲通天元年	高王大氏祚榮建國前二年	祚榮自營州東奔度天門嶺保東牟山築城居之
聖曆元年	高王祚榮元年	祚榮自立爲震國王是爲建國之始遣使通於突厥
中宗神龍元年	八年	唐遣侍御史張行岌往招慰之祚榮遣子門藝入侍
睿宗景雲二年	十四年	遣使貢方物於唐

玄宗開元元年	十六年	唐遣使册爲渤海郡王是爲受唐册封之始遣子朝唐請就市交易入寺禮拜自是每歲遣使朝唐門藝自唐歸國
開元四年	十九年	遣大首領朝唐
開元七年	二十二年	王薨唐遣使册子武藝襲王
開元八年	武王仁安元年	唐册王嫡男大都利行爲桂婁郡王唐遣郎將張越來
開元九年	仁安二年	遣大首領朝唐
開元十年	仁安三年	遣味勃計朝唐
開元十二年	仁安五年	遣賀祚慶賀唐正旦

開元十三年	仁安六年	遣烏借芝蒙賀唐正旦遣首領謁德朝唐弟大昌勃價朝唐
開元十四年	仁安七年	大都利行朝唐留宿衛遣子大義信朝唐遣大門藝任雅發兵擊黑水靺鞨旋遣大壹夏代門藝門藝奔唐遣馬文軌葱勿雅朝唐請誅門藝唐不許遣使來諭旨
開元十五年	仁安八年	遣李盡彥朝唐大昌勃價還遣大寶方朝唐遣高仁等聘於日本仁被蝦夷所害僅其屬高齋德等八人至日本
開元十六年	仁安九年	大都利行卒於唐護喪歸國首領菸夫須計朝唐高齋德同日本遣使還國

開元十七年	仁安十年	王弟大胡雅朝唐弟大琳朝唐日本聘使還國
開元十八年	仁安十一年	王弟大郎雅朝唐遣智蒙朝唐獻馬遣烏那利達朝唐獻物
開元十九年	仁安十二年	大姓取珍等百二十人朝唐
開元二十年	仁安十三年	遣將張文休越海攻唐登州殺刺史又以兵趨幽州唐平盧先鋒禦之兵不得深入又發兵討之無功
開元二十一年	仁安十四年	遣人刺大門藝未中唐竄大郎雅等於嶺南遣大誠慶朝唐上表悔過突厥使來會攻奚契丹却之唐赦大郎雅等罪幷放還

開元二十三年	仁安十六年	王子大蕃朝唐
開元二十四年	仁安十七年	遣首領聿棄計朝唐又遣首領木智蒙朝唐
開元二十五年	仁安十八年	遣公伯計朝唐大首領多蒙固朝唐王薨子欽茂嗣立
開元二十六年	文王大興元年	唐遣使冊欽茂襲王赦其境內遣使隨唐冊使入朝請寫漢書三國志晉書三十六春秋唐禮唐許之
開元二十七年	大興二年	王弟大勗進朝唐遣臣受福子朝唐謝賜遣胥要德己珍蒙等聘於日本胥要德溺於海

開元二十八年	大興三年	遣使於唐己珍蒙等同日本答聘使來
開元二十九年	大興四年	遣失阿利朝唐
天寶二年	大興六年	王弟大蕃朝唐
天寶五年	大興九年	遣使朝唐賀正
天寶六年	大興十年	遣使朝唐
天寶八年	大興十二年	遣使獻鷹於唐十三年同
天寶十一年	大興十五年	遣慕施蒙聘於日本
天寶十二年	大興十六年	遣使朝唐慕施蒙等還

年	年	
天寶十三年	大興十七年	遣使朝唐賀正
天寶十四年	大興十八年	徙都上京龍泉府唐加王特進　新唐書謂玄宗之世渤海共朝獻二十九次
肅宗至德元年	大興十九年	秋唐平盧留後徐歸道遣判官張元澗來聘
至德二年	大興二十年	平盧節度王玄志遣將軍王進義來聘
乾元元年	大興二十一年	日本遣使來聘遣楊承慶報聘
乾元二年	大興二十	楊承慶同日本入唐使高元度來又遣楊

	二年	方慶同高元度入唐遣高南申使日本
上元元年	大興二十三年	高南申同日本答聘使來
上元二年	大興二十四年	日本遣使來聘
寶應元年	大興二十五年	唐詔以渤海爲國進封王爲國王加檢校太尉遣王新福聘於日本
代宗廣德元年	大興二十六年	王新福同日本答聘使來唐內常侍韓朝彩來
廣德二年	大興二十七年	遣王誕朝唐
大曆元年	大興二十	唐加王司空兼太尉　按舊唐書謂在大

唐	渤海	事
	九年	歷中茲姑系以此年
大歷二年	大興三十年	三遣使朝唐
大歷三年	大興三十一年	兩遣使朝唐
大歷六年	大興三十四年	遣壹萬福等聘於日本
大歷七年	大興三十五年	遣使朝唐
大歷八年	大興三十六年	五遣使朝唐遣烏須弗聘日本壹萬福等同日本答聘使來烏須弗還
大歷九年	大興三十	兩遣使朝唐唐放質子大英俊還國

	七年	
大歷十年	大興三十八年	四遣使朝唐
大歷十一年	大興三十九年	王妃卒遣史都蒙聘日本
大歷十二年	大興四十年	四遣使朝唐並獻日本舞女史都蒙同日本聘使來
大歷十三年	大興四十一年	遣張仙壽送日本聘使還國
大歷十四年	大興四十二年	張仙壽還遣高泮弼聘日本
德宗建中元	大興四十	遣使朝唐

年	三年	
建中三年	大興四十五年	遣使朝唐
貞元元年	大興四十八年	徙都東京龍原府　按新書祇云貞元中徙都茲姑系以此年
貞元二年	大興四十九年	遣李元泰聘日本
貞元三年	大興五十年	李元泰還
貞元七年	大興五十四年	遣大常靖大貞幹先後朝唐
貞元八年	大興五十五年	遣楊吉福等朝唐

貞元十年	大興五十七年	遣大清允朝唐王薨族弟元義嗣立國人殺之立文王孫華璵是爲成王還都上京
	成王中興元年	冬成王薨嵩璘嗣立
貞元十一年	康王正曆元年	唐册嵩璘爲郡王遣呂定琳聘日本都督密阿古等朝唐
貞元十二年	正曆二年	呂定琳同日本答聘使來
貞元十四年	正曆四年	唐進册王爲國王日本遣使來聘遣大能信茹富仇等朝唐遣大昌泰聘日本
貞元十五年	正曆五年	大昌泰同日本答聘使來

貞元二十年	正曆十年	遣使朝唐
貞元二十一年	正曆十一年	遣使朝唐唐加王檢校司徒
順宗永貞元年		
憲宗元和元年	正曆十二年	唐加王檢校太尉遣使朝唐
元和二年	正曆十三年	遣楊光信朝唐逃還被執遣使朝唐
元和四年	正曆十四年	遣使朝唐遣高南容聘於日本王薨唐遣使册王子元瑜嗣王

元和五年	定王永德元年	遣高才南及大延眞先後朝唐高南容還遣高多佛高南容先後聘日本
元和六年	永德二年	高南容同日本答聘使來
元和七年	永德三年	遣使朝唐王薨
元和八年	僖王朱雀元年	唐遣使册定王弟言義嗣王辛文德等朝唐
元和九年	朱雀二年	遣高禮進等朝唐獻佛像又遣大孝眞朝唐先後共三次遣王孝廉等聘日本
元和十年	朱雀三年	遣卯貞壽大昌慶大庭俊等先後朝唐王孝廉卒於日本
元和十一年	朱雀四年	遣高宿滿大誠愼等朝唐先後共朝唐三次

元和十二年	朱雀五年	王薨弟明忠嗣王
元和十三年	簡王太始元年	王薨唐遣使冊王從父仁秀嗣王遣李繼常等朝唐遣慕感德等聘日本
元和十四年	宣王建興元年	慕感德等還討伐海北諸部開大境宇遣李承英聘日本
元和十五年	建興二年	李承英還遣使先後朝唐二次唐加王檢校司空　按新唐書謂憲宗之世渤海凡十六朝貢
穆宗長慶元年	建興三年	遣大公則等朝唐遣王文矩聘日本
長慶二年	建興四年	遣使朝唐王文矩還

長慶三年	建興五年	遣大多英等朝唐遣高貞泰等聘日本
長慶四年	建興六年	遣大聰叡等朝唐高貞泰等還
敬宗寶曆元年	建興七年	遣使朝唐遣高承祖聘日本
寶曆二年	建興八年	遣使朝唐高承祖還自是日本約每十二年通聘一次
文宗太和元年	建興九年	遣使朝唐遣王文矩聘日本
太和二年	建興十年	遣使朝唐王文矩還
太和三年	建興十一年	遣使朝唐
太和四年	建興十二年	王彝震遣使赴唐告哀

太和五年	口王彝震咸和元年	唐遣使册宣王孫彝震嗣王
太和六年	咸和二年	遣大明俊等朝唐唐遣內侍王宗禹來置左右神策軍
太和七年	咸和三年	遣高寶英大光晟先後朝唐遣學生三人入唐太學先遣學生三人業成還國
太和九年	咸和五年	幽州節度行軍司馬張建章來聘
開成元年	咸和六年	遣使朝唐運熟銅至唐交易
開成二年	咸和七年	遣大明俊朝唐賀正學生六人至唐都留學
開成三年	咸和八年	遣使朝唐
開成四年	咸和九年	遣大延廣朝唐

武宗會昌元年	咸和十一年	遣賀福延聘日本
會昌二年	咸和十二年	賀福延還
會昌六年	咸和十六年	遣使朝唐遣王子大之蕚朝唐
宣宗大中二年	咸和十八年	遣王文矩聘日本
大中三年	咸和十九年	王文矩還
大中十一年	咸和二十七年	王薨遣使赴唐告哀

大中十二年	口王虔晃元年	唐册彝震弟虔晃嗣王遣烏孝慎聘日本
大中十三年	虔晃二年	烏孝慎還
懿宗咸通元年	虔晃三年	遣李居正聘日本
咸通二年	虔晃四年	李居正還
咸通十二年	虔晃十四年	遣楊承規等聘日本王薨孫玄錫嗣立
咸通十三年	口王玄錫元年	遣崔宗佐大陳潤朝唐楊承規等在日本互市旋還
僖宗乾符三年	玄錫五年	遣楊中遠聘日本

乾符四年	玄錫六年	楊中遠還
中和二年	玄錫十一年	遣裴頲聘日本
中和三年	玄錫十二年	裴頲還
昭宗大順二年	玄錫二十年	遣王龜謀聘日本
景福元年	玄錫二十一年	王龜謀還
景福二年	玄錫二十二年	王蔑瑋瑎嗣立遣使告哀於唐
乾寧元年	口王瑋瑎元年	唐加册封遣裴頲復聘日本

乾寧二年	瑋瑎二年	裴頲還
昭宣帝天祐三年	瑋瑎十三年	遣烏炤度朝唐　王薨諲譔嗣立
梁太祖開平元年	末王諲譔元年	遣大昭順朝梁
開平二年	諲譔二年	遣崔禮光朝梁遣裴璆聘日本旋還
開平三年	諲譔三年	遣大誠諤朝梁
乾化元年	諲譔五年	遣使朝梁
乾化二年	諲譔六年	遣大光贊朝梁
末帝貞明元年	諲譔九年	契丹轄底及其二子來奔未幾逸去
貞明四年	諲譔十二年	遣使貢於契丹

貞明五年	諲譔十三年	契丹掠國人實遼陽遣裴璆聘日本
貞明六年	諲譔十四年	裴璆還
龍德元年	諲譔十五年	二月屬部達姑衆攻新羅敗還
後唐莊宗同光二年	諲譔十八年	遣大禹謨大元讓先後朝唐攻契丹殺其遼州刺史張秀實並掠其民遣大元讓朝唐契丹兵來攻旋引去
同光三年	諲譔十九年	遣裴璆朝唐遣使聘於新羅十二月契丹兵圍扶餘府
明宗天成元年	諲譔二十年	正月扶餘府陷於契丹上京被圍王出降世子光顯及將軍申德等奔高麗二月改渤海爲東丹國七月王遷於臨潢府王弟率兵攻扶餘城不克渤海國亡

右渤海

後唐明宗天成元年	東丹國人皇王甘露元年	二月契丹建東丹國於忽汗城以人皇王王之渤海世子大光顯及將軍申德等先後奔高麗建中臺省置左右大次四相及百官七月遣大昭佐等入唐契丹太祖殂王往奔喪
天成二年	甘露二年	王留契丹上京太宗德光即位右次相耶律羽之表請遷渤海民於遼陽
天成三年	甘露三年	十二月耶律羽之遷東丹國於遼陽幷徙其民王尋歸國
天成四年	甘露四年	四月王朝於契丹五月遣高正祠入唐貢方物七月唐以正祠爲太子洗馬九月太

		宗奉太后如東丹國王同歸國遣裴璆等聘於日本
長興元年	甘露五年	正月國人王悳等自唐歸國二月修南京三月王獻白紵於太宗四月裴等璆至日本不得達命而還太宗還京王謁太祖陵旋歸國九月太宗命舍利普寧來慰王十月太宗遣使來賜胙唐主遣使跨海密召王十一月王浮海奔唐至洛陽明宗賜姓東丹名慕華拜官復賜姓李名贊華王妃蕭氏主國事耶律羽之進位左相
長興二年	甘露六年	王在洛陽三月太宗如東丹國王妃蕭氏率僚屬謁之從兄汚整左相耶律羽之皆

		以書訊王遣文成角入唐朝貢
長興四年	甘露八年	唐以文成角爲朝散大夫右神武軍長史奏事右錄事試大理評事高保乂爲朝散郎右驍衛長史並賜金紫
閔帝應順元年	甘露九年	唐李從珂弒其主從厚自立王自唐密報太宗討之
廢帝清泰元年		
清泰二年	甘露十年	遣列周道烏濟顯入唐貢方物
清泰三年	甘露十一年	二月唐以列周道爲檢校工部尙書烏濟顯試光祿卿十一月石敬塘以契丹兵攻唐唐主遣人殺王而後自焚　按以甘露

		紀元止於是年本年後改以東丹紀年續甘露之後
後晉高祖天福二年	東丹國十二年	王欆自晉北歸葬於醫巫閭山
天福三年	東丹國十三年	遣使同契丹使聘於南唐
天福五年	東丹國十五年	正月王妃蕭氏朝於遼六月左相耶律羽之以左次相大素賢不法奏於太宗罷之七月王妃蕭氏薨於行所太宗詔東丹吏民爲之服
後漢高祖天福十二年	東丹國二十二年	二月太宗封人皇王子兀欲爲永康王四月太宗卒世宗兀欲即位九月追謚其父

		人皇王曰讓國皇帝以其叔父安端主東丹國
隱帝乾祐元年	東丹國二十三年	世宗以中臺省右相牒蠟爲南京留守
後周太祖廣順元年	東丹國二十六年	穆宗以高模翰爲中臺省右相
廣順二年	東丹國二十七年	遣右相高模翰率兵援漢安端卒
世宗顯德元年	東丹國二十九年	國人烏斯多等三十人歸於周
顯德六年	東丹國三十四年	正月遷高模翰爲左相

宋	東丹	事
宋太祖開寶三年	東丹國四十五年	定安國王烈萬華因女眞使上表於宋
開寶六年	東丹國四十八年	以耶律斜里底爲左相
太宗太平興國四年	東丹國五十四年	宋太宗伐契丹東丹帥大鸞河小校李勛等降於宋宋以鸞河爲渤海都指揮使
太平興國六年	東丹國五十六年	宋太宗賜烏舍城扶餘府渤海琰府王詔約共伐契丹扶餘府自契丹歸定安國定安國王烏玄明上表於宋太宗以詔答之
太平興國七年	東丹國五十七年	契丹罷中臺省東丹國除時景宗乾亨四年也

右東丹

渤海國志長編卷七終

渤海國志長編卷八

遼陽金毓黻　撰集

屬部表第四　渤海國志六

唐	渤海	事
唐玄宗開元二年	高王十七年	二月拂涅部首領失異蒙越喜部大首領烏施可蒙鐵利部大首領闥許離等朝唐 十二月拂涅部大首領朝唐
開元四年	高王十九年	閏十二月拂涅部遣大首領朝唐賜物三十段放還
開元五年	高王二十年	三月拂涅部遣使獻方物於唐
開元六年	高王二十	二月鐵利拂涅兩部俱遣使朝唐各授守

	一年	中郎將放還
開元七年	高王二十二年	正月拂涅鐵利越喜三部俱遣使朝唐各賜帛五十疋二月拂涅部遣使獻方物於唐八月拂涅部遣使獻鯨鯢魚睛貂鼠皮白兎貓皮於唐
開元九年	武王仁安二年	十一月拂涅鐵利兩部大首領朝唐並拜折衝放還
開元十年	仁安三年	閏五月黑水部酋長倪屬利稽來朝授勃利州刺史放還蕃九月拂涅部首領如價鐵利部大首領買取利等六十八人朝唐並授折衝放還十月越喜部遣首領茂利蒙朝唐獻方物鐵利部遣可婁計朝唐授

		郎將放還十二月黑水部大酋長倪屬利稽等十人朝唐並授中郎將放還
開元十一年	仁安四年	十一月越喜部勃施計拂涅部朱施蒙鐵利部倪處梨俱來朝唐並授郎將放還
開元十二年	仁安五年	二月鐵利部涙池蒙朝唐授將軍放還越喜部奴布利等十二人朝唐並授郎將放還黑水部大首領屋作箇朝唐授折衝放還拂涅部大首領魚可蒙朝唐授郎將放還五月鐵利部遣使朝唐授折衝放還十二月越喜部破支蒙朝唐賀正並獻方物
開元十三年	仁安六年	正月黑水部遣其將五郎子朝唐賀正並獻方物授將軍賜紫袍金帶魚袋放還三

		月鐵利部大首領封阿利等十七人朝唐越喜部茲利施黑水部大首領烏素可蒙拂涅部薛利蒙俱來朝唐並授折衝放還四月黑水部諸箇蒙朝唐授果毅放還五月黑水部落職紇蒙等二人朝唐授中郎將賜紫袍銀帶金魚袋放還唐於黑水部內置黑水軍續更以最大部落爲黑水府以其首領爲都督及諸部刺史唐置長史監領之
開元十二年	仁安七年	武王發兵擊黑水部
開元十五	仁安八年	二月鐵利部米象朝唐授郎將放還十一

唐	渤海	事
年		月鐵利部首領失伊蒙朝唐授果毅放還
開元十六年	仁安九年	唐賜黑水部都督姓李氏名獻誠授雲麾將軍兼黑水經略使
開元十八年	仁安十一年	正月拂涅部兀異朝唐獻馬四十匹授左武衛折衝賜帛三十段留宿衛五月黑水部遣阿布思利朝唐獻方物賜帛放還六月黑水部大首領倪屬利稽等十人朝唐並授中郎將放還
開元二十三年	仁安十六年	八月鐵利拂涅越喜三部俱遣使朝唐獻方物
開元二十四年	仁安十七年	九月越喜部遣使獻方物

開元二十五年	仁安十八年	正月拂涅部首領兀異朝唐授中郎將放還
開元二十七年	文王大興二年	二月拂涅部遣使朝唐獻方物
開元二十八年	大興三年	二月越喜部遣臣野古利鐵利部遣臣綿度戶俱朝唐獻方物
開元二十九年	大興四年	二月越喜部遣部落烏舍利朝唐賀正黑水部遣臣阿布利稽朝唐賀正皆授郎將放還蕃三月拂涅部遣首領那棄勃朝唐賀正並獻方物
天寶六年	大興十年	正月黑水部遣使朝唐賀正且獻方物
天寶七年	大興十一	正月黑水部遣使貢於唐三月黑水部遣

	年	使獻金銀於唐及六十綜布魚牙紬朝霞紬牛黃頭髮人葠
天寶九年	大興十三年	正月黑水部遣使朝唐賀正
天寶十一年	大興十五年	十一月黑水部遣使朝唐
德宗貞元十八年	康王正曆七年	虞婁越喜兩部遣使朝唐
憲宗元和十年	僖王朱雀三年	二月黑水部酋長十一人朝貢於唐
後唐莊宗同光二年	末王諲譔十八年	九月黑水國遣使朝貢於唐十一月唐以黑水國朝貢兀兒爲歸化中郎將

同光三年	諲譔十九年	五月黑水國朝貢於唐
明宗天成四年	東丹甘露四年	八月黑水國遣使骨至貢方物於唐
長興元年	甘露五年	二月黑水首領兀兒遣使貢於唐
長興二年	甘露六年	十月鐵驪貢於遼　按以後鐵驪凡數見黑水則不復見

渤海國志長編卷八終

渤海國志長編卷九

遼陽金毓黻　撰集

宗臣列傳第一　　渤海國志七

大門藝高王之中子武王之同母弟也唐中宗初年遣侍御史張行岌來招慰高王即遣門藝隨使者往留侍宿衛玄宗開元初放還熟於唐之情勢仁安七年黑水靺鞨遣使朝唐唐以其地爲黑水州置長史遣使鎭押武王聞之召諸臣謀曰黑水途經我境始與唐通舊請突厥吐屯皆先告我今請唐官不吾告是必與唐腹背攻我也遣門藝及任雅發兵擊黑水門藝諫曰黑水請唐家官吏而我擊之是背唐也唐大國兵萬倍我與之結怨我且亡昔高麗全盛時兵三十萬抗唐爲敵可謂雄彊唐兵一臨掃地俱盡今我衆數倍少於高麗乃欲背唐事必不可

王不從兵發至境門藝又以書諫王怒遣大壹夏代之將召殺門藝門藝懼遂棄其衆間道奔唐至授左驍衛將軍王使馬文軌葱勿雅朝唐上表極言門藝罪狀請誅之玄宗詔處門藝於安西留其使不遣别遣鴻臚少卿李道邃源復來諭旨並云門藝窮來歸我義不可殺已投之嶺南俄有洩其事者王遣其臣李盡彦齎表請云大國示人以信豈有欺誑之理今門藝不向嶺南請仍誅之玄宗怒道邃復不能督察官屬致有漏言左遷道邃曹州刺史復澤州刺史復遣崔尋挹來諭旨並予以書曰卿於昆弟之間自相忿鬩門藝窮而歸我安得不容然處之西陲爲卿之故亦云不失頗謂得所何則卿雖居海曲常習華風至如兄友弟悌豈待訓習骨肉情深自所不忍門藝縱有過惡亦應容其改修卿遂請取東歸肆其屠戮朕教天下以孝友豈

復忍聞此事誠惜卿名行豈是保護逃亡卿不知國恩遂爾背德卿所恃者遠非能有他朕比年含容優恤中土所未命將事亦有時卿能悔過輸誠轉禍爲福言則似順意尚執迷請殺門藝然後歸國是何言也觀卿表狀亦有忠誠可熟思之不容易耳今使內使往宣喻朕旨一一並具口述使人李盡彥朕亦親有處分皆所知之王遂不復請十三年九月遣將張文休率兵並導海賊逾海攻唐登州殺其刺史韋俊又分兵趨幽州至馬都山吏民逃徙平盧先鋒烏承玼率所部兵累石塹原亘四百里欲窒其歸路文休等乃退玄宗詔左領軍將軍蓋福順與門藝往幽州徵兵禦之仍令內史高侶何行成太僕員外卿金思蘭往新羅發兵會攻南境會大寒雪深丈餘唐及新羅士卒死過半乃引去王懷怨不已密募人至唐東都狙刺門藝於天津

橋南門藝格之得不死玄宗詔捕刺客悉誅之先是王子朗雅等朝唐未歸至是並竄於嶺南未幾王上表謝過玄宗乃赦朗雅等還並報賜以書云卿往者誤計幾於禍成而失道未遙迷復能從何其智也朕棄人之過收物之誠表卿洗心良以慰意計卿既盡誠節永固東藩子孫百代復何憂也近使至具知欵曲兼請宿衛及替亦已依行大朗雅等先犯國章竄逐南部亦皆捨罪仍放歸藩卿可知之皆朕意也會突厥遣使來會攻奚及契丹王欲執送其使於唐乃遣大誠慶朝唐請命玄宗不許又諭以書云不識逆順之端不知存亡之兆而能有國者未之聞也卿往年背德已爲禍階近能悔過不失臣節迷復非遠善何以加朕記人之長忘人之短况此歸伏載用嘉歎永作東土不亦宜乎所令大誠慶等入朝並已處分各加官賞想具知之

所請替人亦令還彼突厥遣使請合擊兩蕃奚及契丹今既內屬而突厥私恨欲讐此蕃卿但不從何妨有使擬行執縛義所不然此是人情況爲君道然則知卿忠赤動必以聞永保此誠慶流未已門藝竟留唐不復歸

大壹夏武王之從兄也仁安七年武王遣大門藝擊黑水部門藝以書固諫王使壹夏往代之

大昌勃價武王之弟也仁安六年五月奉使朝唐授左威衛員外將軍賜紫袍金帶魚袋留宿衛八年四月丁未玄宗敕曰渤海宿衛王子大昌勃價及首領等久留宿衛宜放還庚申封昌勃價襄平縣開國男賜帛五十疋首領以下各有差先是王遣世子都利行朝唐並獻貂鼠至是玄宗降璽書與王慰勞之賜綵練一百疋交昌勃價等齎還

大寶方武王之弟也仁安八年奉使朝唐

大胡雅武王之弟也仁安十年二月奉使朝唐授游擊將軍賜紫袍金帶留宿衛

大琳武王之弟也仁安十年八月奉使朝唐授中郎將留宿衛

大朗雅朗一作郎武王之弟也仁安十一年正月奉使朝唐賀正旦獻方物賜帛留不遣十三年武王遣將逾海攻登州唐乃竄入朝使於嶺南朗雅與焉未幾武王上表謝過唐乃赦朗雅等罪并放還事具大門藝傳

大都利行武王之世子也仁安元年八月唐遣使冊爲桂婁郡王七年奉使朝唐授左武衛大將軍員外置留宿衛九年以疾卒於唐詔贈特進及鴻臚卿賜絹三百疋粟三百石命有司弔祭官造靈轝還蕃

大蕃武王之子也仁安十六年三月奉使朝唐授太子舍人員外置賜帛三十疋放還大興六年七月再朝唐進授左領軍衛員外大將軍留宿衛

大義信武王之子也仁安七年十一月奉使朝唐獻方物

大誠慶一作大茂慶不詳其世仁安十三年武王與唐結怨構兵翌年遣誠慶朝唐上表謝過玄宗賜以璽書予誠慶官賞遣還事具大門藝傳

大勗進文王之弟也大興二年二月奉使朝唐宴於內殿授左武衛大將軍員外置同正賜紫袍金帶及帛一百疋留宿衛

大英俊王子也文王之世入唐爲質子大興三十七年代宗延見於延英殿放還

大常靖不詳其世大興五十四年奉使朝唐賀正五月授爲衛

尉卿同正放還

大貞斡一作翰又作輔王子也大興五十四年八月奉使朝唐請備宿衛

大淸允王子也中興元年二月奉使朝唐賀正授爲右衛將軍同正其下三十餘人皆拜官有差

大能信康王之姪也正曆四年十一月同茹富仇奉使朝唐授驍衛中郎將放還

大昌泰不詳其世於康王時官慰軍大將軍左熊衛都將上柱國封開國子正曆四年四月日本桓武皇遣內藏賀茂等齎國書並絹絁各三十疋絲二百絇綿三百屯來聘書曰前年廣岳等還省啓具知國隔滄溟世修聘禮往者高氏繼緒每慕化而相尋大氏復基亦承風而靡絕中間音問有乖舊儀故待行人

不爲常例頃乃追蹤曩烈修聘於今因請隔年之裁庶作永歲之則丹款攸著深用欽嘉不佞祗膺叡圖嗣奉神器聲教旁洎旣無間於朔南區宇雖殊豈有隔於懷抱所以一依所請許其往來使人之數勿限多少但顧一海之無際非一葦之可航湧浪驚風動罹患害若年以爲期則艱虞莫測間以六歲遠近合宜故遣使申懷並附信物是年冬日本使還王遣昌泰隨往附覆書曰賀茂等至貺書及信物依數領足慰悅實深嵩璘莅有舊封纘承先業遠蒙善獎聿修如常遙降德音重貺使命懇懃慰喻良難爲懷况復俯覽去書頓依所請不遺信物許以限期書疏之間不摘疵類庇廕之託迴異他時而一葦難航遠承明喻特六年爲限竊憚其遲請更貺嘉圖促其期限是則向風之趣自不倦於高情慕誼之忱可追蹤於高氏十二月昌泰及隨

行人入日京五年正旦參朝賀日皇命羣臣減四拜爲再拜不拍手以昌泰在也國書既上日皇許縮聘期並復王書曰昌泰等來重請聘期占雲之譯交肩騄水之貢繼踵每念美志良用欽嘉故遣専使往告年期猶嫌其遲更事覆請夫限以六載本爲路難彼此不辭豈論遲促宜許修聘之使勿拘年限四月昌泰等還日皇復遣式部少錄滋野船白同來答聘並賫信物如例九月船白東歸王覆書曰曩請往還之期承以半紀爲限嵩璘情殷馳系求縮程期乃荷舍己從人便依所請筐篚得申謝忱無任使者迴帆本宜相送未及期限不敢同行初日廷禁來使取道北國謂必由筑紫後不能守其禁迨十年六月日廷始開其禁並敕能登守臣曰渤海使來船多著於是宜造客院欸之不可簡陋亦用昌泰等所請也

大延眞定王之子也永德元年十一月奉使朝唐
大孝眞不詳其世朱雀二年十二月奉使朝唐同行五十五人
大昌慶不詳其世朱雀三年奉使朝唐二月賜官告放還
大廷俊王子也朱雀三年七月奉使朝唐同行一百一人
大誠愼不詳其世朱雀四年奉使朝唐三月唐以錦綿賜之放還
大聰叡不詳其世建興六年奉使朝唐同行五十人平盧節度使薛平遣使押領至樂驛敬宗命中官持酒脯迎宴入京聰叡等遂請備宿衛
大公則王姪也建興中同愼能至奉使朝唐穆宗授以官並降制曰海東之國知義之道與華夏同風者爾輩是也冒越深阻和會於庭余嘉乃誠命以崇秩用奮威衛保爾恩榮無怠無違

永作藩服

大多英王姪也建興中同大定順奉使朝唐穆宗授以衛將軍並降制曰我有十二衛將軍以率其屬皆匡備左右爲吾近臣自非勳庸不以輕授以汝各職琛賮勞於梯航俾耀遠人宜示恩寵歸撫爾類知吾勸來

大定順王族也建興中同王姪多英朝唐事已具前

大明俊一作俊明王子也咸和二年二月奉使朝唐同行六人丙辰文宗延見於麟德殿宴賜有差七年正月復朝唐賀正同行十九人文宗復延見於麟德殿宴賜有差又同來學生十六人止於青州文宗敕准六人到上都學習餘十人令青州觀察使勒迴

大光晟光一作先王子也咸和三年二月奉使朝唐同行六人己卯

文宗延見於麟德殿宴賜有差

大延廣王子也咸和九年十二月奉使朝唐翌年正月朝於宣政殿賚錦綵器皿

大昌輝王子也咸和中奉使朝唐文宗賜物放還並予王彝震以書曰王子大昌輝等自省表陳賀並進奉事具悉卿代襲忠貞器資仁厚遵仁義而封部和樂持法度而渤海晏遠寧慕華風聿修誠節梯航萬里任土之貢獻俱來夙夜一心朝天之禮義克備龍庭必會鯷域何遙言念嘉猷豈忘寤歎勉弘教義常奉恩榮今因王子大昌輝等回國賜卿及信物至宜領之妃及副王長史平章事各有賜物具如別錄

大之蕚王子也咸和十六年正月奉使朝唐

大某失其名王子也咸和末年奉使朝唐及歸詩人温庭筠送

以詩云疆理雖重海詩書本一家盛勳歸舊國佳句在中華定

界分秋漲開帆到曙霞九門風月好回首即天涯

大陳潤王族也玄錫二年同門孫宰崔宗佐等朝唐賀平龐勛

之亂海中遇風漂著日本尋還事具門孫宰傳

大昭順王子也末王元年五月奉使朝梁貢海東物產

大誠諤誠一作成不詳其世末王之相也末王三年三月奉使朝梁

貢進兒女口及貂鼠熊皮等物

大光贊末王之子也末王六年五月奉使朝貢於梁表進方物

太祖詔以分物銀器賜之遣還

大禹謨王子也末王十八年正月奉使朝貢於後唐

大元讓末王之姪也末王十八年五月奉使朝貢於後唐賜元

讓金綵及同行人等分物有差

大元謙末王之姪也官學堂親衛末王十八年八月奉使朝貢於後唐授試國子監丞

大陳林不詳其世末王二十年正月奉使朝貢於後唐同行一百十六人進兒口女口各三人人葠昆布白附子及虎皮等四月至唐其國已亡遂奔高麗

大和鈞於末王時官禮部卿末王二十年國亡與同族暨民戶百餘奔高麗

大均老於末王時官禮部卿國亡與大和鈞同奔高麗

大元鈞於末王時官政堂省司政與大和鈞等同奔高麗

大福謩於末王時官工部卿與大和鈞等同奔高麗

大審理於末王時官左右衛將軍與大和鈞同奔高麗

大光顯末王之世子也契丹兵攻下上京龍泉府光顯及將軍

申德等率其餘衆數萬戶先後奔高麗高麗王待之甚厚賜光顯姓名王繼附之宗籍授元甫守白州以奉其祀又予僚佐爵軍士田有差

論曰古者分封宗室衆建諸侯蓋取犬牙相錯之勢而爲彊本弱枝之計詩曰大宗惟翰宗子惟城此之謂也渤海大氏始附高麗繼奔營州卒奠居於東牟度其初興不過數十人之族耳迨享祚既久宗族蕃衍同姓之彥列居衝要於是內當股肱之任外應折衝之選冠冕異姓稱爲宗臣余於千載之後摭拾散亡猶得四十七人而亡後之遺裔不與焉何其盛也然元義以猜虐被弒宣王以疏屬入繼狂狡之憂攘奪之禍蓋已有其見端特載籍闕略莫由詳其終始耳及其亡也耶律氏提一旅之師乘破竹之勢旬餘而破扶餘六日而下忽汗方以摧枯拉朽

曾不是若無亦大氏宗人耽於逸樂弛其邊備而卒爲彊鄰所乘歟不然千里饋糧士有飢色孤軍深入兵家所忌曾是據有五京十五府六十二州之地左右六軍一百二十司之衆而不能與之一抗何也是故兄弟同氣也宗族一本也善用之則可收枝葉扶疏之效不善用之亦可兆萁豆相煎之憂沿流者宜忘源矯枉者必過正觀於大氏一族興亡之故有國者可以鑒矣

渤海國志長編卷九終

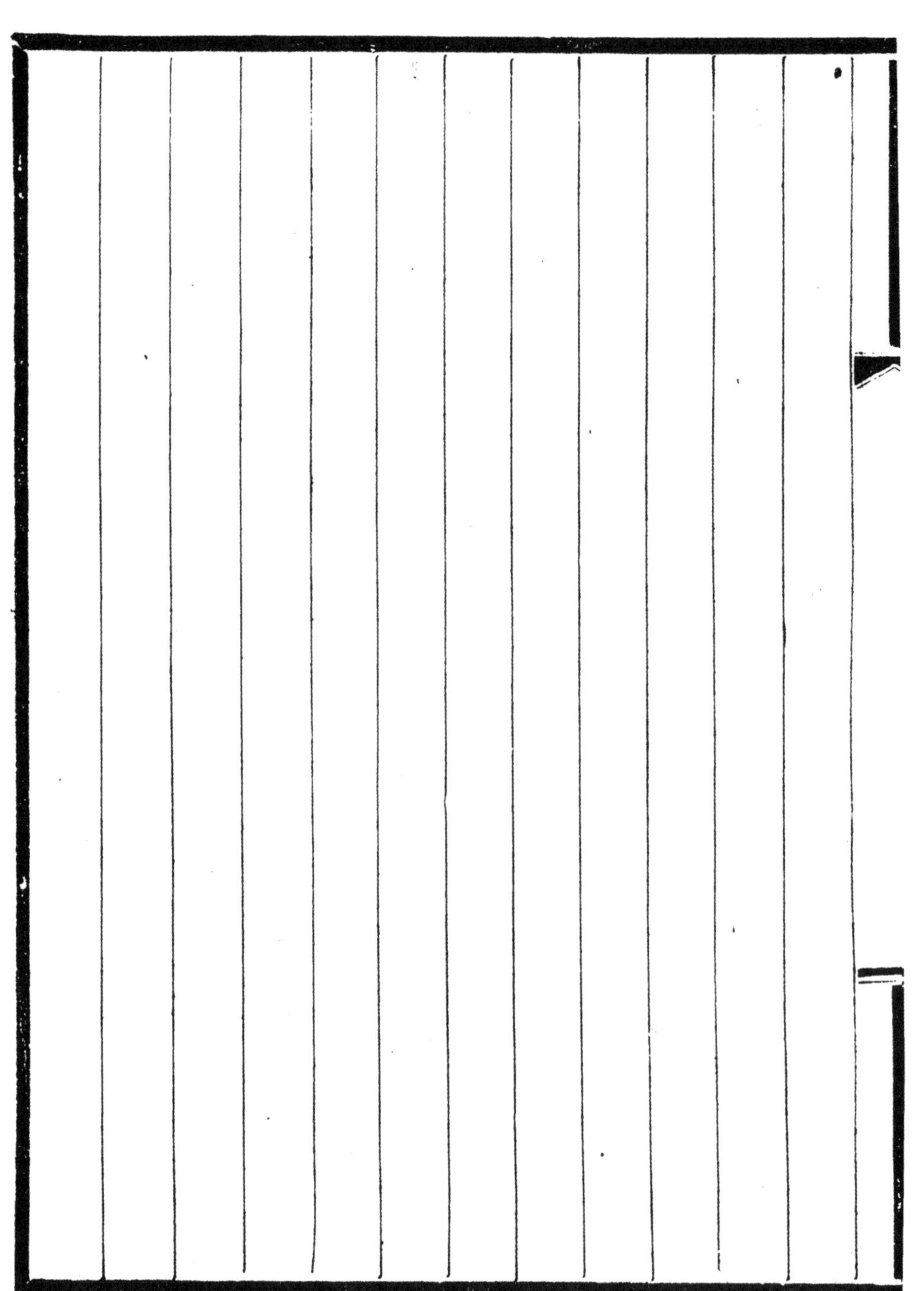

渤海國志長編卷十

遼陽金毓黻 撰集

諸臣列傳第二　渤海國志八

任雅武王之舅也仁安七年王命其副大門藝擊黑水部事具門藝傳

馬文軌仕於武王之世仁安七年大門藝奔唐王使文軌及蔥勿雅齎表朝唐請誅門藝唐留不遣事具門藝傳

蔥勿雅與文軌同朝於唐事已具前

李盡彥武王之臣也唐留王弟門藝詭云投之嶺南王遣盡彥齎表理之語具門藝傳

味勃計武王之大臣也仁安三年十一月奉使朝唐並獻鷹授大將軍賜錦袍金魚袋放還

賀祚慶武王之臣也仁安五年奉使朝唐賀正以二月至授游擊將軍賜帛五十疋放還

烏借芝蒙武王時之大首領也仁安六年正月奉使朝唐賀正旦獻方物

謁德武王時之首領也仁安六年四月奉使朝唐授果毅放還

高仁於武王時官寧遠將軍郎將仁安八年九月同德周舍那婁高齋德等二十四人奉使聘於日本海中遇風漂著蝦夷境仁等十六人俱被害祇餘齋德等八人

德周武王時官義游將軍果毅都尉仁安八年聘於日本被蝦夷所害

舍那婁武王時之別將也仁安八年聘於日本被蝦夷所害

高齋德武王時之首領也仁安八年秋隨正使高仁等聘於日

本是爲兩國通聘之始仁等爲蝦夷所害祇齋德等八人獲免九月船轉至出羽登陸日本聖武皇遣使存問十二月齋德等入日京九年正月禮謁日皇上所齎國書並獻信物書曰山河異域國土不同延聽風猷祇增傾仰武藝忝當列國監總諸蕃復高麗之舊居有扶餘之遺俗但以天涯路阻海漢悠悠音耗未通吉凶絕問親仁結援庶協前經通使聘鄰始於今日謹遣使齎狀並附貂鼠皮三百張土宜雖賤用表獻芹之誠皮幣非珍還慚掩口之誚主理有限披瞻未期時嗣徽音永敦鄰好日皇授齋德等八人俱正六位上延見賜宴贈綵帛十疋綾十疋絁二十疋絲一百絇綿二百屯並使聽雅樂四月齋德等使還日本以引田從麻呂爲送使與之同來報聘並齎璽書曰省啟具知恢復舊壤聿修曩好欣慰良深所宜佩義懷仁監撫有境

滄波雖隔不斷往來便因首領高齋德等還次付書及信物仍遣使送還王來書用敵國禮而日本則以屬國待之故書辭如此其後亦然十一年秋引田從麻呂東歸覆命附以信物
茲夫須計仕於武王之世仁安九年九月奉使朝唐授果毅放還
智蒙智一作知仕於武王之世仁安十一年二月奉使朝唐獻方物又馬三十四授中郎將賜絹二十疋緋袍銀帶放還
烏那達利仕於武王之世仁安十一年五月奉使朝唐獻海豹皮五張貂鼠皮三張瑪瑙杯一馬三十四授果毅賜帛放還
取珍國之大姓也或云以大爲氏名取珍仕於武王之世仁安十二年十月奉使朝唐同行一百二十人授果毅各賜帛三十疋放還
張文休武王時之大將也仁安十三年九月率兵越海攻唐登

州殺其刺史韋俊唐以兵來討事具大門藝傳

木智蒙武王時之大首領也仁安十八年正月奉使朝唐

公伯計仕於武王之世仁安十八年四月奉使朝唐獻鷹鶻授將軍放還

多蒙固武王時之大首領也仁安十八年八月奉使朝唐送水手及落沒人等玄宗授左武衛將軍賜紫袍金帶及帛一百疋放還並賜王書曰多蒙固所送水手及承前落沒人等表卿忠赤輸誠無所不盡長能保此永作邊捍自求多福無以復加

聿棄計武王時之首領也仁安十七年十一月奉使朝唐授折衝賜帛五百疋放還

受福子一作優受仕於文王之世大興二年十月奉使朝唐謝恩授果毅賜紫袍銀帶放還

胥要德於文王時官若忽州都督忠武將軍大興二年秋奉使聘日本遇風與同使四十人溺於海日本贈以從二位及調布庸布

已閼棄蒙文王時之首領也大興二年秋隨胥要德聘日本溺於海日本贈以從五位下及調布庸布

已珍蒙於文王時官雲麾將軍大興二年七月與胥要德等同聘日本先是日本遣平羣廣成入唐及歸海中遇風仍返唐京請取道渤海乃自登州泛海來謁至是王遣要德等送之要德既溺於海珍蒙等乃偕廣成至出羽登陸十月入日京十二月上所賫國書並大蟲皮羆皮各七張豹皮六張人蔘三十斤蜜三斤書曰山河杳絕國土夐遙佇望風猷惟增傾仰伏惟至德遐暢奕葉重光澤流萬姓欽茂忝繼祖業監總如前義洽情深

願修鄰好今貴國使平羣廣成等風濤失便漂落來投欲待來春放回且加優賞使者苦請及年歸去陳詞至切鄰義非輕因備行資即爲發遣仍差使送彼等歸國三年正月日皇荅贈美濃絁三十疋絹三十疋絲一百五十絇調錦三百屯授珍蒙等位有差日皇又御大極殿南門觀大射珍蒙等與射月晦日皇御中閤門聽珍蒙等奏渤海樂二月與大伴犬養同來報聘十月犬養東歸覆命

失阿利仕於文王之世大興四年二月奉使朝唐賀正旦

慕施蒙於文王時官輔國大將軍大興十五年秋王以不與日本通聘已十餘年遣施蒙往聘同行七十五人九月船至佐渡島登陸越後守臣以聞十月日皇遣左大史坂上老人等來存問十六年五月施蒙等入京未賚國書口陳來旨並獻信物日

廷頗欲施蒙等修屬國禮爭執久之始授位賜物如例六月使
還孝謙皇答書云王遠隔海外遣使入朝丹心至明深可嘉尚
但省來啟無稱臣名嘗檢舊記高麗表云族惟兄弟誼則君臣
或乞援兵或賀踐祚修朝聘之恒式效忠欵之懇誠先朝嘉其
有禮待以殊恩榮命之隆日新無絕想所具知不假一二言也
先迴之使既賜覆書今歲之朝何無上表以禮進退彼此所同
王其熟思

楊承慶於文王時官輔國大將軍行木底州刺史兼兵署少正
封開國公大興二十一年日本正使小野田守副使高橋老麻
呂等來聘使還王遣承慶等二十三人同往答聘且弔聖武皇
之喪九月登陸居於越前十二月入日京二十二年正月上所
賫國書及信物書略曰貴國先皇登遐感慕不能自已是以遣

使弔問並齎信物前往日皇饗於朝堂授承慶正三位太保藤原惠美押勝又宴於田村第賦詩贈答而日皇以覆書付承慶並予女樂及綿一萬屯先是日本遣藤原河淸入唐遭安史之亂久留未返二月乃以高元度爲正使內藏全成爲副使同行九十九人送承慶等還並命元度入唐迎河淸日皇貽王土毛絹三十疋美濃絁三十疋絲二百絇綿三百屯更貽錦四疋兩面二疋纈羅四疋白羅十疋綵帛三十疋白綿百帖並附以覆書云承慶等遠涉滄海來弔國憂誠表慇懃深增酷痛但隨時變禮聖哲通規從吉履新更無餘事所貽信物依數領之即因還使相酬物雖輕尠寄思良深至宜並納仍遣使送還便假道貴邦達於大唐並遣相知贈物如別

楊泰師於文王時官歸德將軍與楊承慶等同聘日本爲副使

日本授泰師從三位泰師能詩及還諸文士賦詩送別泰師作詩和之

馮方禮仕於文王之世隨楊承慶聘日本任判官日本授方禮從五位下

高南申於文王時官輔國大將軍玄菟州刺史兼押衙官大興二十二年春楊承慶等同日使高元度等來會藤原河清遣人齎表自唐京來謂唐亂未平途危未即還遣人歸國告遲歸之故十月元度仍入唐迎河清王遣南申同其判官內藏全成齎河清表東渡遇風船漂至對馬十二月入日京二十三年正月呈中臺省牒並河清表牒曰迎河清使高元度等九十九人已至鄙境祿山逆命於前思明作亂於後大唐境內騷荒未平來使全往彼境恐被殘害從此却回慮違來志今祇元度等十一

人入唐將命其判官全成等仍放歸鄉並遣使發送往報委曲日皇方鬱念河清覽表牒甚喜遂以絁絲綿等信物贈王並覆書謝之授南申正三位饗於朝堂使陪觀射禮二月南申同日本送使陽侯玲璆來十一月玲璆歸國二十四年八月元度自唐南路東還

高興福同高南申聘日本任副使日本授正四位下

安貴寶於文王大興二十二年隨高南申聘日本任解臂一作臂鷹

日本授從五位下

李能本仕於文王之世大興二十二年隨高南申聘日本任判官日本授從五位下二十六年又同王新福聘日本任副使日本進授正四位上

楊方慶慶一作度仕於文王之世大興二十二年冬奉使朝唐賀明

年正旦日本入唐使高元度與之偕往
王新福於文王時官紫綬大夫行政堂省左允封開國男大興
二十四年冬日本遣武藏介高麗大山等致聘行至佐利翼津
病卒其副使伊吉益麻呂來二十五年秋使還王命新福等二
十三人同往報聘十月朔船至加賀登陸越前守臣以聞十一
月朔日皇以多治小耳爲迎使閏十二月新福等入日京二十
六年正月獻方物日皇授新福正三位並賜宴新福因言唐太
上皇少帝並崩廣平王豫嗣位史朝義之亂未平朝聘之路宜
由蘇州然亦未易通也二月日皇予雜色袷衣三十櫃並遣左
兵衛佐板振鎌束送新福等還是秋唐遣內常侍韓朝彩同日
本留學僧戒融來適逢鎌束十月遂同鎌束東歸
楊懷珍於文王大興二十六年隨王新福聘日本任判官日本

授正五位上
達能信文王時爲著緋品官亦隨王新福聘日本授從五位下
王誕仕於文王之世大興中葉奉使朝唐路經青州將赴徐州
李太守行營平盧節度掌書記韓翃送以詩云少年結客散黄
金中歲連兵掃綠林渤海名王曾折首漢家諸將盡傾心行人
去指徐州近飮馬回看泗水深喜見明時鍾太尉功名一似舊
淮陰
壹萬福於文王時官青綬大夫大興三十四年奉使聘於日本
同行三百二十五人分乘十七船以往六月至出羽登陸三十
五年正月萬福等四十人入日京獻方物日廷以表文不合例
却之萬福乃修改表文代王申謝卒以禮欵之二月日皇授萬
福從三位賜宴副使以下授賜有差使還日皇命武生烏守同

來報聘貽王美濃絁三十疋絲二百絇調錦三百屯大使以下
亦各有差並致王書曰本邦繼體承基臨馭區宇恩覃德澤寧
濟蒼生是則率土之濱化有輯於同軌普天之下恩無隔於殊
鄰昔高麗盛時其王高氏祖宗奕世介居瀛表親如兄弟義若
君臣航海梯山朝貢相續逮乎季歲高氏淪亡自爾以來音問
寂絶爰洎神龜四年王之先考左金吾衛大將軍渤海郡王遣
使來朝始修職貢先朝嘉其丹欵寵待優隆王襲遺封纂修前
業獻誠述職不墜家聲今省來書頓改前式日下不注官品姓
名書尾虛陳天孫僭號遠度王意豈有是乎近慮事勢疑有錯
誤故命有司停其賓禮但使人壹萬福等深悔前咎代王申謝
矜彼遠來聽其悛改王悉此意永念良圖又高氏之世兵亂不
休爲假朝威被稱兄弟方今大氏曾無事例不稱甥舅於禮失

矣後歲之使不可更然若能改往自新實乃繼好無窮耳時日本必欲使臣修屬國之禮持之至堅後來使人多以此故被拒不能達命九月萬福等解維入海遇暴風漂著能登居於福良津三十六年夏乃得還十月送使武生鳥守使畢東歸覆命

慕昌祿祿一作拜仕於文王之世大興三十四年壹萬福使日本昌祿爲之副授正四位下三十六年二月卒於福良津日本遣使弔之加贈從三位萬福以喪歸國

烏須弗仕於文王之世大興三十六年夏王以壹萬福等使日本未還遣須弗往六月船至能登登陸日本以齎來書牒仍不合例拒不使入京並遣人問故須弗對曰渤海日本往來聘問如兄如弟近歲日本使內雄來敝國學音聲還已十年未知安否因差大使壹萬福修聘並來問訊亦三年未歸此須弗等之

所以來也日本乃給衣糧遣還又以船著北國爲曩例所禁後
宜取道筑紫
史都蒙於文王時官獻可大夫司賓少令封開國男大興三十
九年王使都蒙等一百六十七人聘於日本賀光仁皇即位並
赴王妃之喪十二月船將至越前遇暴風壞柁同行多漂沒僅
都蒙等四十六人獲免四十年正月日廷遣使問曰往年烏須
弗還告以海路之禁今又違約何也都蒙謝曰前使實聞此言
都蒙等發敝邑南海府吐號浦西指對馬海中遇風飄而至此
非得已也二月日廷限都蒙以下三十人入京都蒙又以書請
曰都蒙等一百六十七人航海遠來忽被風漂死者一百二十
一人祇餘四十六人幸得生存誼同骨肉期共苦樂今餘十六
人別被處置如割一身而失四體請賜曲照聽同入朝日廷許

之四月四十六人俱入京獻方物日皇授都蒙正三位判官以
下各有差五月丁巳日皇御重閣門觀射騎都蒙等同會射場
日皇令其國五位以上進馬作田舞都蒙亦奏本國樂自是渤
海樂遂傳於日本云及使還日本以大學少允高麗殿嗣爲答
聘使並報王書曰史都蒙等遠渡滄溟來賀踐祚顧慚寡德叨
嗣洪基若涉大川罔知所濟王修朝聘於典故慶寶曆於維新
勤懇之誠實深嘉尙但都蒙等來途遇風人船多損聞之傷懷
今造船差使送至本土隨贈王絹五十疋絁五十疋絲二百絇
綿二百屯又加贈黃金百兩水銀百兩金漆一缶漆一缶海石
榴油一缶水精念珠四貫檳榔扇十枚又以書弔王妃喪曰禍
故無常賢室殞逝聞之增惻雖松檟未茂而居諸已改吉凶有
制存之而已謹因還使賻絹絁各二十疋綿二百屯至請檢領

都蒙善相人日本橘清友以良家子奉派接伴姿儀瑋麗都蒙謂通事舍人山於野上曰此子骨法非常主後嗣大貴野上又問其年之修短都蒙云年三十二有厄後清友官内舍人凡八年病卒於家年三十二其女爲嵯峨皇后生仁明皇果如都蒙言

高祿思於文王大興三十九年隨史都蒙聘日本任大判官日本授正五位上

高鬱琳亦隨史都蒙聘日本任少判官日本授正五位上

史道仙亦隨史都蒙聘日本任大錄事日本授正五位下

高珪宣亦隨史都蒙聘日本任少錄事日本授從五位下

高淑源亦隨史都蒙聘日本任判官遇風溺於海日本贈正五位上又少錄事一人與淑源同溺亦贈從五位下

張仙壽於文王時官獻可大夫司賓少令大輿四十年日本聘使高麗殿嗣來四十一年秋殿嗣還國遇風失路王乃造二船使仙壽送還並報聘九月船至越前十二月日廷以大綱廣道爲使迎仙壽等入京四十二年正月獻方物日皇賜宴授位階並與射禮二月使還日本覆王書並致信物如例

高泮弼弼一作粥仕於文王之世大輿四十二年秋奉使聘於日本同行國人及鐵利人共三百五十九人泮弼爲押領使九月至出羽登陸日廷敕所在守臣給食十一月以所賫國書不合例又不由筑紫道郤其入京並以所乘船已破贈船九艘十二月泮弼乃還

高說昌仕於文王之世曾數隨使節聘日本授從五位下大輿四十一年又隨高泮弼聘日本任通事有同行鐵利人與說昌

爭坐次日本檢校人爲請太政官處分云說昌遠涉滄波數四入朝言思忠勤曾授高班次彼鐵利人之下殊非優寵之意宜異其列以章品秩其爭乃定

李元泰仕於文王之世大興四十九年秋奉使聘於日本同行六十五人九月登陸爲蝦夷刦略多被殺傷餘四十一人出羽守臣聞於日廷五十年二月元泰等入日京及使還由越後守臣造船一艘給夫乘之以歸

楊吉福於文王時官押靺鞨使大興五十五年奉使朝貢於唐同行五十五人

阿密古於康王時官都督正曆元年十二月奉使朝唐同行二十二人拜中郎將放還

呂定琳於康王時官匡諫大夫工部郎中正曆元年冬奉使齎

書聘於日本告文王之喪及嗣位其告喪書曰上天降禍大行大王以大興五十七年三月四日薨背善鄰之義必問吉凶限於滄溟所以緩告其告嗣位書曰嵩璘視息苟延奄及祥制羣僚敦勸奪志抑情起續洪基祇承先烈紀綱依舊封域如初每自思惟實荷顧眷而滄溟括地破浪漫天瞻拜無由徒增傾仰謹差使濟海起居兼修舊好文王之薨國有內難成王嗣立又遭短祚久之王始嗣位書中諱言其事然云奄及祥制起續洪基蓋隱指此也定琳等同行六十人海中遇風漂至志理波村被蝦夷剽劫散亡略盡十一月轉至出羽登陸守臣以聞日廷敕移越後供給二年四月定琳等入日京上所賫書五月日皇以上野介御長廣岳行式部大錄桑原秋成爲送使與定琳等同來並弔國喪定琳之來賫有日本留唐學問僧永忠等託寄

之書至是太政官乃以沙金三百兩並覆書託定琳轉致永忠
等長廣岳等至國上桓武皇覆書曰王新纘先基肇臨舊服眷
言誠欵慶慰載深而有司執奏勝寶以前諸啓頗存體制詞義
可觀今檢定琳所上之啓首尾不慥殊違舊義衡以修聘之道
敬禮爲先苟乖於斯何須來往但定琳等漂著邊夷悉被劫掠
僅存性命言念艱苦有憫於懷仍加優賞存撫發遣又先王不
憖未終遐壽聞之惻然情不能止今並依定琳等歸次特寄絹
二十疋絁二十疋絲一百絇綿二百屯以申遠信日皇以定琳
所賫書辭仍用敵國之制故復書特申斯義及十月廣岳等東
還王以巽詞復之書曰差使奔波貴申情禮延佇休眷瞻望爲
勞遠承貺施重敦使命耳盈佳問目溢珍奇俯仰之間自增慰
悦呂定琳等不料邊虜被陷賊場俯垂恤存生還本國奉茲洪

造去留同麻嵩璘猥以寡德謬荷重負官承先爵土統舊封制命策書冬中錫及金印紫綬域外光輝思欲修禮勝方結交貴國歲時朝聘[illegible]帆相望而巨木擒材此土難長小船汎海不沒即危亦或引海不諳遭罹夷害雖慕盛化如艱阻何儻能長尋舊好幸許往來則送使之數限以二十式作永規其隔年多少任聽裁定望於來秋許以往期今廣岳等使畢不敢淹滯謹因迴次附奉土物書達日廷竟如所請後五年日皇又遣內藏賀茂等來聘事具大昌泰傳

茹富仇於康王時官虞婁蕃長都督正曆四年十一月同王姪大能信朝唐授爲右武衛將軍放還

楊光信仕於康王之世正曆十三年奉使朝唐進奉端午不待遣放逃歸行至潼關吏執之送唐京鞫於內仗其後不詳

高南容於康定二王時官和部少卿和幹苑使封開國子正曆十五年十月奉使聘於日本時康王新逝定王即位遣使告哀且修聘問也於時日本亦遭平城皇之喪嵯峨皇嗣立永德元年南容入日京四月被欵於鴻臚館尋齎覆書還國是年九月復齎國書使於日本賀嵯峨皇即位書曰南容等使回遠辱書問念切先考慰及藐孤曷任哀感聞先皇昇遐寶位有歸歡洽兆民之心賴及一方之外重差南容奉啟申賀兼上土宜具如别録南容等駕船涉水還路多虞並望遠降彼使押領同來十二月入日京二年正月日皇遣大納言坂上田村麻呂等饗於朝集院四月南容等還日本以林東人爲送使齎書同來書曰南容來賀省啓具之王心切善隣聿修先業南容使命不墜船艊窮危雖無來請豈能恝置仍遣使押送並附微物十月東人

東歸王致覆書改啓爲狀東人却而不受

高多佛定王時之首領也正曆十五年隨高南容聘於日本永德元年南容等還多佛獨脫身留於越前日廷遣史生羽栗馬長並習語生等往就多佛習渤海語後復賜多佛姓高庭氏名高雄遂籍於日本子孫以高庭爲氏

高才南仕於定王之世永德元年正月奉使朝唐

辛文德仕於僖王之世朱雀元年十二月同王子某失其名朝唐同行九十七人賜宴及錦綵

高禮進仕於僖王之世朱雀二年正月奉使朝唐同行三十七人獻金銀佛像各一二月憲宗延見麟德殿宴賜有差

王孝廉仕於僖王之世官太守朱雀二年秋奉使聘於日本高景秀爲之副告定王之喪九月舟至出雲登陸十二月入日京

呈國書三年正月日皇宴之奏踏歌授孝廉從三位使人謂之曰嚮遣林東人於汝國書詞何以違例孝廉因遜謝曰世移主易不知前事孝廉能詩日本諸臣多與唱和孝廉將還日皇畀以覆書曰孝廉等至省啟具懷先王不終遐壽奄然殂背乍聞惻怛情不能已王祚流累葉慶溢連枝遠發使臣聿修舊業占風北海指蟠木而問津望日南朝凌鯨波以修聘永念誠欵歎慰攸深前年高南容等啓請再駕危船旋涉大水望辱降使押領同來朕矜其遠來即聽所請因差林東人爲使分配兩船押送東人歸言王改啟爲狀不遵舊例是以棄而不取兩國修聘由來久矣書疏往來皆有故實專輒乖違是則長傲夫克己復禮聖人明訓失之則亡典籍垂規苟禱義之或虧亦何貴於往來今以問之孝廉對云世移主易不知前事今所上啟不敢違

常然不遵舊例僭在本國不謝之罪惟命是聽本邦不咎既往容其自新所以敕彼有司待以恒例宜悉此懷間以雲海相見無由良用爲念五月孝廉等乘船返海中遇風漂著越前孝廉遂感疾六月孝廉卒日本贈正三位以喪還孝廉之在日本與僧空海以詩唱和及其卒也空海致書孝廉之記室慰問之有賢使年華未秋奄遭風霜二三幼稚偏露誰怙之語又以詩弔之蓋其爲異邦所禮重惟後來之裴氏父子差可比擬云高景秀仕於僖王之世與王孝廉同聘日本任副使日本授景秀正四位下朱雀三年夏孝廉將還病卒四年夏景秀以孝廉喪還日本加致王書曰去年孝廉等北返遭風船破還著更造一船未得風便孝廉患瘡卒然殞逝王昇基釋仁貞等亦相繼物故念之愴然今景秀等還具書道意並附致信物如別

高英善隨王孝廉聘日本任判官日本授正五位下

王昇基亦隨王孝廉聘日本任判官日本授正五位下尋卒於

日本

烏賢偲李俊雄俱隨王孝廉聘日本任錄事日本並授從五位

下

釋仁貞亦隨王孝廉聘日本任錄事仁貞能詩日本諸臣多與

唱和日本授仁貞從五位下尋卒於日本或曰仁貞僧也名仁

貞冠以釋字

卯貞壽仕於僖王之世朱雀三年冬奉使朝唐賜官告放還

高宿滿仕於僖王之世朱雀四年二月奉使朝唐同行二十人

授官並賜錦綵銀器放還

李繼常仕於簡王之世太始元年三月奉使朝唐同行二十六

人

慕感德仕於宣王之世太始元年簡王薨宣王嗣位是冬遣感德聘於日本告僖簡二王之喪海中遇風漂著彼岸以書辭違例未得入日京建興元年春日廷造舟送之始得還

李承英於宣王時官文籍院述作郎建興元年慕感德等既還自日本是冬王遣承英齎書再往修聘並報謝書曰感德等回伏奉書問慰沃寸誠此使去途遭風船舶摧壞幾難生還重蒙嘉貺供億頻繁資以舟楫始得歸國下情感荷不勝厚幸伏以兩邦繼好積有歲年萬里尋修始終不替謹遣使齎啟申謝有少土物具如別狀十一月承英等抵日本登陸十二月入京二年正月獻國書及方物日皇賜宴授位如例初感德等之還日廷實未與書而來書有伏奉書問之語日皇使人詰之仍以書

詞委巽不失恭敬許其入京及承英等還日皇覆書曰承英等
至省啓具之王嗣守蕃緒踐修舊好候雲呂而聳望儀風律以
馳誠行李無曠於歲時琛贄不盡於天府而前使慼德等駕船
漂毀利涉無由特賜一舟俾其還渡王受施勿忘追廸前良虔
發使臣遠來報謝言念丹欵深用嘉之因還寄物色目如別時
有留日本唐人周光翰言升則請携之同返承英許焉
王文矩於宣王及王彛震之世歷官政堂省左允永寧縣丞凡
三奉使於日本建興三年冬初以政堂省左允賚書及方物往
聘書曰承英等還伏奉書問俯存嘉貺至紉殷勤貴國敝邦海
天雖隔飛封轉幣風儀是敦音書每嗣於歲時惠賚幸承於珍
異眷念之分一何厚焉仁秀不才幸修先業交好庶保於終始
延誠冀踵於尋修謹遣使賚啟遠修國禮以固勤情奉少土宜

具錄別紙十一月文矩等至日本十二月入日京四年正月日皇御豐樂殿宴之奏踏歌文矩善擊毬日皇作詩紀其事並資以綿二百屯二月授文矩正三位文矩尋還日皇附覆書云使至省啓深紉雅懷王俗傳禮樂門襲衣冠器範淹通其儀不忒靡憚艱阻聘禮頻修絕鯤溟而挂帆隨雁序以輸賮不有君子能如是乎言念欵誠無忘寤寐風馬異域斗牛同天道之云遙愛而不見附少信物具如別錄謹因還次書略不悉九年冬再往聘同行百餘人十二月登陸留於但馬守臣以聞十年正月日廷遣國博士林遠雄來勘問違期之故文矩對曰此行爲大唐平盧淄青節度使康志睦交通之事而來明知違期無所逃罪即擬却還第船破糧絕仰待資給日皇竟拒其入京並傳敕曰年滿一紀始許來聘二月由但馬守臣寫其國書及中臺省

牒以進並給船糧時日本禁國人與蕃客交易官吏違例從重科處庶民違例決杖一百渤海使人多齎貨寶私與日人交易故政府嚴禁之文矩遂還咸和十八年冬以永寧縣丞三往聘同行百人中途船破又被刧略十二月至能登登陸十九年二月日皇遣少內記縣犬養貞守直講山口西成前來存問三月文矩介貞守等上所齎國書曰修聘使還年未逾紀今更遣使誠非守期然自古交鄰以禮曠時一歲猶恐情疏況茲星律轉迴風霜八變東南向風瞻慕有地寧能恬寂罕續音塵謹備土物隨使奉附又齎中臺省致日本太政官牒辭多不錄日本旋改貞守等爲領客使四月迎文矩等入京日本左近衛少將良岑宗貞奉命慰問於鴻臚館時日廷以文矩之來雖違約期遠涉滄波人物損傷仍受其聘問給服賜宴進敘文矩爲從二位

副使判官錄事及其餘品官首領各敘階位有差五月五日日皇御殿觀騎士射文矩等與焉並予以續命縷及酒東俗所重也文矩嫻辭令有儀容日皇重之命侍臣藤原衛接伴優禮冠於諸使衛亦嫻辭令者也文矩亦善相人見時康親王謂曰皇子相至貴他日必登大位親王後即位是爲光孝皇文矩使還日皇命參議小野篁等饗於鴻臚館並覆書曰聘使王文矩等至具知敦志欽仁宅心懷惠飛飈不斷望日域而志遐貢篚相尋想遼陽而如近眷其勤苦良嘉乃誠但修聘之期一紀爲限先皇明制國憲已成有司固請責以違約自邊劫還特閔其匪躬遠蹈船破物亡使得入朝不拘恒典斯乃特例不可再邀王宜守舊約而不失昭明德以有恒惟存信順之心誰嫌情禮之薄今文矩等還拜寄信物略申往意又附太政官覆中臺省牒

詞意同前

馬福山於建興十八年隨王文矩聘日本任大判官日本授正五位下

高應順於建興十八年隨王文矩聘日本任少判官日本授正五位下

高文信多安壽李英眞俱於建興十八年隨王文矩聘日本文信任大錄事安壽任中錄事英眞任少錄事日本並授從五位下

高貞泰仕於宣王之世建興五年冬奉使聘於日本同行百有一人十一月船至加賀登陸值大雪路不得通日皇命加賀守掾存問六年正月又予錄事以上冬服四月由越前守臣代獻信物及貞泰等別貢契丹獨二口猧二口日皇旋幸神泉苑觀

契丹猲逐苑鹿六月日本太政官議云延曆十八年（康王正曆五年）五月二十日右大臣奉敕渤海聘期制以六載而彼國使臣大昌泰等猶嫌其遲更事覆請乃從所願不立年限諸國承命厚加禮接今右大臣宣稱奉敕禮聘年期不可無限宜仍彼國還使更改前例限於一紀永以爲例其緣海諸郡資給來使一依前符遂由越前傳知來使並以比年不稔百姓凋敝憚於迎送不許入京貞泰乃還

璋璿失其姓仕於宣王之世與高貞泰同聘日本任副使曾別獻物於日廷竟被却還

高承祖於宣王時官政堂省少卿建興七年冬奉使聘於日本同行百有三人十二月船至隱岐登陸先是日本約以十二年來聘一次承祖此行未能守約適同行釋貞素齎日本留唐學

問僧靈仙託寄經敕於是承祖乃託言應靈仙之請而來隱岐守者以聞於朝日皇乃使大內記布留高掌領客使前來存問八年三月日本右大臣藤原緒嗣以渤海使期未屆違背舊典寄言靈仙巧敗約期且以連年旱疫供應煩勞宜即却還上奏請之日皇不許五月承祖等入日京日皇授承祖正三位副使判官錄事各敘位有差並宴賜如例及承祖使還日皇附以覆書曰承祖等至轉送在唐學問僧靈仙表物省啟具之載深嘉慰褒國命於西秦五臺之嶺非邈敦鄰好於南夏萬里之航自通煙波雖遼義則密邇有斐君子秉心塞淵感激之懷不可導說其釋貞素操行所缺者承祖具悉不復煩云書中謂貞素缺操行未詳何指或即藤原緒嗣所謂寄言靈仙巧敗約期也貞素事具本傳

愼能至仕於宣王之世於建興中同王姪大公則朝唐事具公則傳

高寶英（寶一作賞）於王彝震時官同中臺省右平章事咸和三年正月奉使朝唐謝策命並遣學生解楚卿等三人隨寶英詣唐京入學先是宣王遣學生李居正等三人詣唐京學習古今制度至是業成寶英請同歸本國文宗許之

賀福延於王彝震之世官政堂省左允建興十年春王文矩等以違聘期被日本拒回自是訖未遣使洎咸和十一年已滿一紀是冬乃使福延聘於日本同行百有五人十二月船至長門登陸日皇以式部大丞小野恒柯少外記山代氏益少內記豐階安人爲存問領客等使前來存問十二年三月介小野恒柯等上所賷國書別狀及中臺省牒書曰前者王文矩等往聘初

到貴界即承勘問不得入京文矩等還口傳尊命年滿一紀始許通聘仰承衷旨不敢頻煩謹依口傳仍依前約遣使奉啟下情無任又別狀云彝震祖父王在日遣高承祖往聘承命寄送在唐五臺山僧靈仙黄金百兩承祖齎至本國祖父王欽承眷意轉附朝唐賀正之使令尋靈仙所在以金付之而程途隔海過期不返後年朝唐使人回述方知前年之使往五臺山送金而靈仙物化於先不得付與並悉使等從海回帆至塗里浦遇風胥溺託寄之金亦同陷沒其後文矩修聘啟中已縷陳之未申禮意將啓却回故遣使再述事由藉輸誠志狀言靈仙物化及回使溺歿事前文矩奉使時尚未之知語有文飾故也未幾福延等入京日皇以使臣守約而來乃以式部少輔藤原諸成爲郊勞使安置福延等於鴻臚館太政官遣右大史蕃良豐持

至館慰問甚殷四月福延獻所賫信物並以私賫之土物分贈日本諸臣日皇授福延正三位副使判官錄事各授階有差譯語首領亦隨色加階焉福延等旋賫日皇覆書及太政官覆中臺省牒還書曰福延等至得啓具之奉遵明約言酌舊章一紀星回覲期不爽萬里波潤贐貢仍通言念乃誠無忘鑒寐前年朝唐使回詳知靈仙物化今省別狀事自合符亦悉託致黃金陷沒綠浦雖人逝賫失原圖不諧而思夫轉送之勞遙感應接之義悠悠天際非可跂予相見無由輒令人愵然不已耳附少信物色目如別往來牒辭俱不錄

王寶璋同賀福延聘於日本任副使日本授正四位下

高文暄一作暄隨賀福延聘於日本任判官日本授正五位下

高文寅一作宣高平信安歡喜三人俱隨賀福延聘於日本任錄

事日本並授從五位下

烏孝愼或云馬姓仕於彝震虔晃二王之世官政堂省左允咸和十一年隨賀福延聘於日本任判官日本授正五位下十八年秋再隨王文矩聘於日本任副使日本授從四位上虔晃元年冬孝愼三奉使聘於日本任大使同行百有四人二年正月船至珠洲登陸能登守臣以聞時値清和皇諒闇不許孝愼等入京止於加賀三月日皇以大內記安倍清行直講刈田安雄爲領客使來慰問五月孝愼介淸行等上所齎國書曰虔晃幸承先緒撫守一邦當國間年敢乖禮意爰依舊貫差命使程願將累代之情永展先親之禮況紀近盈年倍增結戀期海洋於挂席表翰信於郵傳仍發雲檣迫凌波浪凝萬里之遐想係寸心以難窮往復之間伏望矜恤孝愼別有所獻日皇予東絁五

十疋綿四百屯六月孝愼使還日皇致信物並覆書云孝愼等至具知文武兼體忠孝由衷襲當國之徽猷敦先王之舊好乃願深欵何靡增懷先皇以去年八月昇遐遺詔不許奔赴猥以寡德荷託鴻圖奉先訓而聿修撫舊甿以自恤雖則會同之禮大喪無虧延正之朝春秋所美然而闕庭遏密事須隔於段頫邦國頻灾人有難於驛郵緣此慰藉使者屆期遣還問紀如賒通情彌邇七月孝愼自加賀解纜還國此行於日本諸臣亦有所獻又傳唐長慶宣明曆於彼邦遵用歷八百年史家曾特筆紀之

周元伯於虔晃元年冬隨烏孝愼聘日本任副使止於加賀元伯頗嫻文藝爲日皇所聞特詔越前權少掾島田忠臣假加賀權大掾來與唱和忠臣亦彼邦之善屬文者也

李居正於宣王時入唐京學習古今制度咸和三年業成隨朝唐使高寶英歸國入仕虔晃三年冬奉使聘於日本同行百有五人四年正月自隱岐轉至島根登陸出雲守臣以聞日皇以散位藤原春宗兵部少錄葛井善宗爲領客使來慰問居正此行稱爲弔文德皇之喪而來五月日皇詔領客使及守臣曰渤海聘使違例前來輒稱來弔殊涉輕慢理宜却還惟聞居正位列公卿齡過懸車才優文綺猶可敬愛祗應上所齎中臺省牒至國書及信物不可更收頃者炎旱慮防農時亦不可聽其入京旋以絁百三十五疋綿千二百二十五屯交出雲守臣轉贈居正等乃還居正此行携有梵本東勝咒傳於日本後藏山城東勝寺

楊成規於王玄錫時官政堂省左允秩正四品慰軍上鎮將軍

賜紫金魚袋虔晃十三年王玄錫嗣位是冬遣成規聘於日本同行百有五人賸以書云本國肇自建邦常與貴國通使久要之情至今彌厚玄錫繼先祖之遺烈修舊典之餘風盈紀感心善鄰附義爰授使節仍修聘儀伏冀矜念遠客准其入都幸甚願甚又其中臺省牒略云一紀已盈實當聘覲仰據前典爰發星軺萬里程遙寸心所指成規此行上距前使烏孝愼之還適爲一紀故牒中云然十二月船至加賀登陸玄錫元年春日皇以少外記大春日安守直講美努淸名爲存問兼領客使又以少内記都良香式部丞平秀長爲掌客使五月成規等入日京居於鴻臚館時日京咳疾盛行患者多死民間流言謂由異國戾氣所致占者並云客使來朝其徵不祥緣此未得朝謁僅由領客使上所賫書牒並信物大蟲皮七張豹皮六張熊皮七張

蜜五斛日皇授成規從三位副使判官錄事品官以下並首領各授階位有差未幾日廷授以覆書云成規等至省啓昭然景式猶全風猷不墜言念篤信來覲以修數千里之波浪雖有邊涯十二回之寒暄豈促圭𣅜苟謂拘禮誰爲隔疏德也不孤夢想君子而已太政官復中臺省牒亦云成規等翹情紫闥織路滄波守我朝章修其國禮善隣之歎載念寢興宜准前規使申舊好成規此行攜載珍貨請就市交易日廷許之先與內藏寮互易成規得官錢四十萬又與日京及諸市人互相市易不拘例禁市人復以土產售與之成規擅辭翰日皇命文學之士都良香直道氏守大江音人巨勢文雄藤原佐世橘廣相高階令範等接待之賜曲宴饗賚甚厚成規因與賦詩酬酢良香稱其綴屬之美絕於傍人成規又以貂裘麝香暗摸靴贈良香良香

不敢受及成規之還也留別書有瞻望丹闕泲泗盈衿依戀之誠中心無限之語尤爲彼邦所傳誦云

李與晟於王虔晃時官右猛賁衛少將秩正五品賜紫金魚袋隨楊成規聘日本任副使日本授從四位下

李國度賀王眞俱隨楊成規聘日本任判官日本並授正五位下

高福成高觀李孝信俱隨楊成規聘日本任錄事日本並授從五位上

門孫宰於王玄錫之世爲檢校官玄錫二年王聞唐平龐勛之亂遣孫宰與崔宗佐大陳潤等六十人往賀乘船二艘航海遇風三月陳潤所乘之一艘漂著於日本之甑島孫宰宗佐所乘之一艘自甑島轉漂於天草郡薩摩及肥後守臣疑爲新羅諜

者詭稱渤海使人前來窺邊詰問綦嚴唐通事張建忠適在肥後並往覆問孫宰等以實對並出所賫蠟封國書函牒符印弓劍爲驗年月悉合守臣聞於日廷因付還驗物存問如例三年六月始修船給糧放孫宰等還

崔宗佐仕於王玄錫之世同門孫宰大陳潤等朝唐遇風漂著日本事已具前

楊中遠於王玄錫之世官政堂省孔目玄錫五年冬奉使聘於日本同行百有五人十二月登陸六年正月出雲守臣聞於日廷欵於島根先是楊成規聘日許就市交易朝唐使門孫宰等遇風復由日本賫送王特遣成規等往答謝其國書曰廼者楊成規等被差往聘得達微誠使還復承賜書拜蹈受讀翌年檢校官門孫宰等乘船入唐海中遇風漂著貴岸特蒙矜恤予以

資糧乃得生還致念久要之情特敦善鄰之誼延頸南望抃感交深身非木石豈宜緘默且檢舊典兩國交使往來舟車織路今乃使節澗絕多歷歲年禮尙往來聖人所貴聞義則從君子斯宗先祖規模常欲奉於是日後嗣堂構庶必繼於前修何勝懇誠不遑待紀謹差使申謝請准入都遠客幸甚三月日皇以行少外記大春日安名前讚岐掾占部月雄爲領客使前來存問四月中遠介安名等上所賫國書中臺省牒及信物六月日本太政官以前使通聘未滿一紀違背曩例不許入京並却其書牒信物由領客使宴於出雲仍給歸途資糧太政官并覆牒云貴國世爲善隣我德不居無煩來謝曩時有制以紀爲限今讀來牒頓戾舊章仍令所在友存收其素欵俟守期於盈紀修舊好而更來中遠等乃還中遠此行賫有玳瑁盃欲獻於日廷

不得請日本通事春日宅成見之歎曰昔入大唐獲觀多珍未有若此之奇也

高元固於王玄錫之世入唐應賓貢試過福建遇詩人徐夤謂之曰國人得公斬蛇劍御溝水人生幾何諸賦皆以金書列爲屏障夤因贈以詩云折桂何年下月中閩山來問我雕蟲肯銷金翠銷屏上誰把芻蕘過日東郯子昔時遭孔聖繇余往代諷秦宮嗟嗟大國金門士幾個人能振素風夤字昭夢莆田人登昭宗乾寧進士第授秘書省正字後歸鄉依王審知詩即作於是時

烏炤度於王玄錫之世入唐應賓貢試與新羅賓貢李同同榜進士及第名在其上仕至國相迨王瑋瑎十三年其子光贊亦入唐應賓貢試禮部侍郎薛廷珪知貢舉光贊與新羅賓貢崔

彥撝同榜進士及第而名在其下值炤度奉使朝唐表請曰臣昔年入朝登第名在李同之上今臣子光贊宜升彥撝之上昭宣帝不許

裴頲於王玄錫之世官文籍院少監秩正四品賜紫金魚袋玄錫十一年冬奉使聘於日本同行百有五人十一月船至加賀登陸日廷命守臣欵接並禁與國人互易貨物十二年正月日皇以行少外記大藏善行式部少丞高階茂範爲存問使許頲等入京頲以碩學通才典領文籍風儀甚美鄰國雅重視之乃徵北陸諸郡海產肴物送加賀供客使食復以客使入京途經加賀越前近江山城諸地分命守臣修葺沿途官舍道橋掩瘞遺體以崇觀聽頲等將近京又以右近衛少將平正範爲郊迎使文章得業生紀谷長雄爲掌客使皆向來使節所未有也五

月頲等入日京獻國書及信物日皇宴於豐樂殿内教坊舞女百三十八人奏舞使頲觀之旋授頲從三位同使者位各有差端午日日皇御殿觀四府騎射頲與焉同行録事以上悉予續命絲品官以下予菖蒲縵如王文矩故事内藏寮就鴻臚館交易客使珍貨亦如楊成規故事先是日皇以頲富文藻乃以式部少輔文章博士菅原道眞權治部大輔美濃介島田忠臣權玄蕃頭至是又擇五位以上有容儀者三十人接伴之左衛門權佐藤原良積與其選而不嫻文辭及會頲欲與賦詩良積錯愕而出道眞忠臣長谷雄等與頲唱酬甚懽道眞與頲同年生雅相愛重頲謂道眞詩似白香山道眞則稱之曰裴大使七步之才也即席贈遺疑若宿構日皇亦好詩賞頲才美予衣一襲及頲等使還日皇命參議行右衛門督兼權近江守藤原諸葛

等至鴻臚館以國書信物及太政官牒付之王瑋瑎元年冬頲
再奉使於日本時已進文籍監同行仍百有五人十二月船至
伯耆登陸守臣以聞宇多皇命備中權掾三統理平明法得業
生中原岳來存問二年五月頲等入日京欵於鴻臚館賜宴叙
位如例頲仍與菅原道眞紀谷長雄等賦詩唱酬以敍離懷是
月使還其餘事不詳子璆詳後
高周封仕於王玄錫之世官階不詳賜緋銀魚袋玄錫十一年
隨裴頲同聘日本任副使日本授正四位下同使判官錄事授
五位以下各隨階授位有差
王龜謀於王玄錫時官文籍院少監玄錫二十年冬奉使聘於
日本同行百有五人賫國書及中臺牒以往牒云守約敦誠年
星遍漢已近舊制之限將及滿紀之期每仰前規常企上國梯

航而早勤來往溟海而不患𡮢遥謹遣使展謁繼修舊好十二月舟至出雲登陸守臣以聞自裴頲之還至是將及十年尚未滿一紀之數故日廷僅於二十一年正月遣少内記藤原菅根大學大允小野良弼爲存問使來出雲寫其書牒奏之而不許其入京六月龜謀等還日皇附致覆書而太政官亦答以牒云國之典故理宜率由來非其期待以何禮既無地於逃責豈不時而備儀所司議成從境放却第龜謀等行緣風渚身苦浪花雖秋雁僭知候之賓而寒松全守貞之節仍命州吏造船給糧善隣之懷以此爲則申舊好於後紀尋前蹤於當年異時之來勿違成例日本左近少將藤原敏行善書所覆書牒皆命敏行書之由是其墨蹟遂流傳於國内龜謀還後二年裴頲續來適滿一紀之數

崔禮光於王諲譔時官殿中少令諲譔二年正月奉使朝梁梁加禮光以下爵秩並賜金帛有差

裴璆於末王時嗣其父頲官文籍院少監繼爲政堂省信部少卿改和部少卿擅文藻如其父屢膺使命初頲再至日本與菅原道眞等以詩唱和嘗言吾家有千里駒即指璆也諲譔元年冬以文籍院少監奉使聘於日本船至伯耆登陸二年正月守臣以聞時去裴頲之還適滿一紀之數三月日皇遣大內記藤原博文等來存問四月以式部大丞紀淑光散位菅原淳茂爲掌客使兵部少丞小野葛根文章生藤原守眞爲領客使曲宴璆等於今來河邊並引之入京淳茂道眞之子也與璆同年生亦擅文藻如其父至是與璆唱和言及先人時事璆感歎歔欷異域之人兩世邂逅以爲奇遇淳茂贈璆詩有云裴文籍後聞

君久菅禮部孤見我新年齒再推同甲子風情三賞舊佳辰皆紀實也醍醐皇以璆爲名父之子亦愛其才美深加優禮授從三位並予衣一襲六月使畢將還日皇遣參議藤原菅根就館付覆書及太政官牒時宇多法皇遜居仁和寺託名棲鶴居士投書於璆以致其父頲曰足下昔再入覲光儀可愛余本野人未曾交語每想風姿北望增戀方今名父之子禮畢北歸輒私與通函藉達鄙意嗟乎余棲南山之南浮雲不定君家北海之北險浪幾重一天之下宜有相知四海之內莫謂不遇此中納言紀谷長雄筆也藤原博文約諸文士餞璆於鴻臚館賦詩爲別大江朝綱爲之序有云前途程遠馳思於雁山之暮雲後會期遙霑纓於鴻臚之曉淚璆極賞之東國之例不許臣執私交遠人越前掾都在中與璆交游臨別以詩贈之璆歎其工執政

知而不問以重璆也十三年冬璆以信部少卿再奉使於日本同行百有五人十一月船至若狹登陸守臣以聞處於越前之松原驛此行亦違滿一紀再來之例日皇遣式部少輔橘惟親等來存問並給食十四年二月饋時服於璆等五月璆等違日廷限以二十人携其珍貨入京被欵於鴻臚館上其國書及信物日皇宴璆等於豐樂院進敘璆爲正三位及使還文士數輩會於鴻臚館賦詩送之紀有昌爲之序同行有四人遁留不還日廷遂命安置於越前璆頗重大江朝綱之才歸國後會日本使人來璆訊之曰大江公已爲相乎答曰未也璆曰貴邦何不重才也十九年二月以守和部少卿奉使朝梁貢人蔘松子昆布黄明細布貂鼠皮被一褥六髮靴革奴子二五月梁授璆右贊善大夫賜紫金魚袋尋還二十年正月國滅於契丹改爲東

丹國人皇王突欲爲王璆仕於其朝官英緒大夫甘露四年冬使於日本同行九十三人十二月船至竹野大津濱登陸五年正月丹後守臣以聞日皇遣使來存問璆稱本爲渤海故臣今仕東丹同使者多稱契丹之過惡日廷始知渤海已亡惟以使者失辭復遣使勘問璆等乃進謝狀曰璆等奉陪臣之小使紊與國之恒規向僞背眞去善從惡不救前王於危亡之際猥從新主於兵戈之間勘責之旨誠無所避遂不得修聘而還自楊泰師王孝廉王文矩楊承規等以文采見重異域而裴氏父子尤爲特出可謂使於四方不辱君命者已璆歸之後遂無再聘日本者

衛鈞於末王之世官鐵州刺史諲譔二十年國亡七月鈞舉兵抗契丹契丹遣堯骨率兵圍之拔其城

申德官將軍末王諲譔二十年國亡奔高麗同行五百餘人
冒豆干末王時之小將也諲譔二十年國亡奔高麗
朴漁爵檢校開國男末王諲譔二十年國亡奔高麗
吳興官工部卿末王諲譔二十年國亡明年三月與奔高麗同
行五十人又有僧載雄等六十人與興同行
論曰渤海之先附於高麗高麗之俗固重世族者也唐承六代
之後俗以門閥相高渤海頻與唐通亦熏習其化宋洪皓稱其
右姓有六曰高張楊竇烏李此熏習唐化之證也金尙書令張
浩之先渤海人也本姓高氏爲高句麗東明王之裔至曾祖霸
始姓張高氏爲高麗右姓國亡後籍於渤海渤海諸臣及遺裔
之見著錄者高氏凡得五十餘人較他姓爲繁此又世族出於
高麗之證也世族之制原於魏之九品中正官人者衡以門第

故世俗以門第相高渤海亦然故宗臣以王子爲最貴其他族人亦多爲貴卿異姓諸臣以右姓爲貴庶姓入仕者久之亦成世族故其銜使命而朝天子入異國也多妙選才長應對優於文學之士爲之非其平日陶鎔有術亦曷克臻此斯亦重世族之明效已余次渤海諸臣列傳凡得百十有七人皆異姓之仕於王朝者觀其軺車所往常以百數十人自隨夫豈無績學之彦卓異之儔出乎其間特以書缺有間姓字不彰良可慨也

渤海國志長編卷十終

渤海國志長編卷十一

遼陽金毓黻　撰集

士庶列傳第三

渤海國志九

茹常於武王時入唐居幽州後爲朔方列將以戰功賜姓李氏更名嘉慶子懷光亦仕唐以武功顯德宗時累官太尉朔方節度使貞元元年以叛誅即文王大興四十八年也

釋貞素者僧也僖王之世負笈入唐究心釋典以應公爲師朱雀元年秋與日本留唐學問僧靈仙遇於唐京逆旅議論投契無間宣王建興四年靈仙入五臺山求法遂留於鐵懃寺七年貞素携日本寄靈仙百金並書自唐京涉長途抵五臺致於靈仙靈仙乃以舍利萬顆新經兩部造敕五通別具表文屬靈仙致之日本未幾貞素返國是年冬遂與高承祖同聘於日本蓋

重靈仙之託也及承祖等還日廷又以百金託致於靈仙九年冬貞素隨賀正使重入唐地不辭跋涉訪問靈仙十年四月達於五臺而靈仙已先移居靈境寺並爲人毒死矣貞素哭以詩云不體塵心淚自涓情因法服奄幽泉明朝儻問滄波客的說遺鞋白足還靈仙與應公相友善應公復師事靈仙爲衣鉢授受之所自故貞素兩往訪之是年賀正使畢貞素隨返海行至塗里浦遇風同行俱溺貞素與焉而託寄靈仙之金亦同陷沒朱承朝於宣王時同李居正高壽海詣唐京學習古今制度咸和三年業成隨朝唐使同中臺省右平章事高寶英還國其後仕履未詳居正别有傳

高壽海遺唐學生也事已具前

解楚卿於咸和五年隨高寶英詣唐京入學同行趙孝明劉寶

俊共三人其後還國仕履未詳

趙孝明劉寶俊皆遣唐學生也事已具前

薩多羅僧也於王虔晃初年入唐京厲於西明精舍自謂能通鳥獸語每聞烏鵲燕雀啅噪則說休咎及閭巷間事如目擊者一日秋暑方炎多羅與朝士數人聯騎將納凉於城西別墅途遇牝豕引諸豘而行喀喀有聲一朝士戲問曰此豕有語否多羅對曰有之人自不能喻也又問曰所語何對曰巨彘顧諸雛云行行行向前樹陰下食孄計其不遠當遇官槐而止且飼羣子矣諸朝士奇其語因緩轡隨偵之豕果逾溝不沒過圈不奔直抵木陰踞乳諸子如其所言爾後貴臣宅第互迎問之無少差忒後主禁旅者欲籍其名於軍寺多羅不樂杖錫出京不知所往唐人蘇鶚闕史紀之如此

論曰渤海士庶之見紀載者至尠余所得者僅八人而已然如茹常之留唐不歸亦高多佛遁留日本之儔亞也朱承朝等五人與李居正同爲遣唐學生歸國後當亦入仕釋貞素兩次入唐一使日本亦如釋仁貞之膺從事之選不得純以緇流視之特此諸氏無仕履可考姑以比於士庶之列至若薩多羅者出於小說家言頻涉怪誕而余猶取以入傳者渤海史蹟十九無考以罕見珍故過而存之也

渤海國志長編卷十一終

渤海國志長編卷十二

遼陽金毓黻　撰集

屬部列傳第四　　渤海國志十

渤海武王之世斥大土宇東北諸夷畏而臣之九傳至宣王討伐海北諸部開大境宇蓋東北諸夷始則臣事繼則半就夷滅者也茲考其屬部有五曰黑水部曰拂涅部曰虞婁部曰越喜部曰鐵利部

黑水部爲勿吉七部之一處於最北亦曰黑水靺鞨有望建河按即今黑龍江流於其境分南北二部南黑水靺鞨在河之南北黑水靺鞨在河之北其人勁健俗皆編髮性凶悍無憂戚貴壯而賤老無屋宇並依山水掘地爲穴架木於上以土覆之狀如冢墓相聚而居夏則出隨水草冬則入處穴中父子相承世爲君長

俗無文字兵器有角弓及楛矢其畜宜豬富室至畜數百口食其肉而衣其皮死者穿地埋之以身襯土無棺斂之具殺其乘馬於屍前設祭其酋曰大莫拂瞞咄按即滿洲二字之來源有鹽泉氣蒸薄鹽凝樹顛當渤海建國時白山伯咄安車骨號室四部地皆屬之黑水部亦斥大土地亞於渤海其全盛時分十六部落武王仁安三年其酋倪屬利稽朝唐玄宗拜爲勃利州刺史六年唐安東都護薛泰請於其部內置黑水軍續更以最大部落爲黑水府仍以首領爲都督諸部刺史隸屬焉唐置長史就其部落監領之先是黑水部朝唐使經渤海境有事必以告且嘗與其使偕至是末告而往武王怒七年遣將伐之九年唐賜其都督姓李氏名獻誠授雲麾將軍兼黑水經略使仍以幽州都督爲其押使自武王訖簡王之世見於紀載者凡十六朝唐或云

二十五朝其首領名氏之可見者倪屬利稽之外曰屋作箇五郎子烏素可蒙諾箇蒙落職訖蒙阿布思利阿布利稽凡七人至宣王之世併服諸夷黑水部遂不復通於中國蓋亦畏而臣之矣迨渤海將亡復自通於後唐

拂涅部亦爲勿吉七部之一亦稱大拂涅在渤海國之東北黑水部之南武王文王之世凡十八朝唐獻鯨睛貂鼠白菟皮馬其首領名氏之可見者曰失異蒙如價朱施蒙魚可蒙薛利蒙那棄勃凡六人文王以後則渤海役而屬之不復通於中國宣王以後併其地設東平府部滅

虞婁部一曰挹婁在渤海上京之東黑水部之東南訖康王正曆七年尙通於唐其酋長名氏不詳其後則渤海役屬之康王時茹富仇官虞婁蕃長奉使朝唐即其部之押使也宣王以後

併其地設定理安邊二府部滅

越喜部在渤海上京之東北自武王訖康王之世凡十二朝唐其首領名氏之可見者曰烏施乃蒙勃施計奴布利破支蒙苾利施野古利烏舍利凡七人其後不復朝唐蓋渤海已役而屬之宣王以後併其地置懷遠安遠二府部滅

鐵利部地與越喜部相比武王文王兩世凡十三朝唐其首領名氏之可見者曰闥許離買取利可婁計倪處梨淏池蒙封阿利米象失伊蒙綿度戶凡九人其後不復朝唐蓋渤海已役而屬之宣王以後併其地設鐵利府部人北徙

五部以外又有思慕部郡利部窟說部即今庫頁島莫曳皆部大抵在黑水部之北渤海能否役而屬之史無可考故不悉載

論曰渤海屬部以黑水爲最强其役屬於渤海也亦以黑水爲

最後余考唐開元中以平盧節度使押兩蕃及渤海黑水四府經略處置使則以黑水之强亞於渤海故也迨永泰元年乃以淄青平盧節度增押新羅渤海兩蕃使而不及黑水蓋是時黑水已役服於渤海矣又考册府元龜鐵利部朝唐訖於開元二十八年拂涅部訖於二十九年越喜虞婁兩部訖於貞元十八年黑水部訖於元和十年是其役服之次第尚有可考其後則黑水獨存而其他四部俱見併滅新唐書謂以拂涅故地爲東平府越喜故地爲懷遠安遠二府虞婁原作挹婁故地爲定理安邊二府鐵利故地爲鐵利府是其證也雖然渤海亡後女眞繼興既雄視東北諸族復殄遼祀而代之女眞固黑水之裔也豈不異哉

渤海國志長編卷十二終

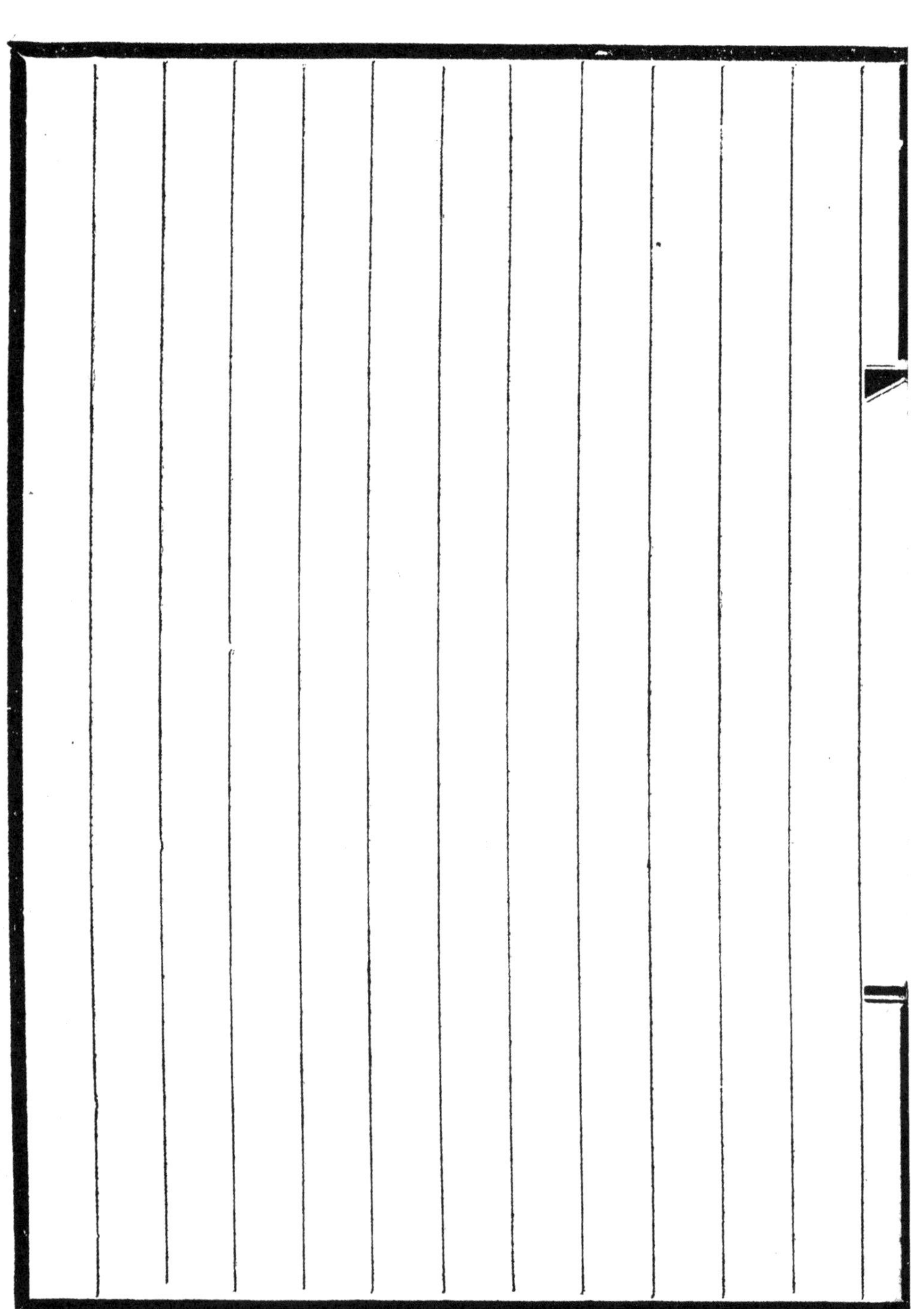

渤海國志長編卷十三

遼陽金毓黻 撰集

遺裔列傳第五

渤海國志十一

大素賢王族也末王時官司徒諲譔二十年國滅契丹建東丹國於忽汗城人皇王圖欲王之以素賢爲左次相甘露三年國遷於東平素賢隨往五年東丹王浮海適唐素賢乃佐王妃蕭氏主國政居位頗久十五年六月左相兼契丹東京留守耶律羽之劾其不法免職

載雄僧也國滅後一年隨工部卿吳興等奔高麗同行六十人

金神遺民也國滅後二年率六十戶奔高麗

大儒範王族也國滅後二年率衆奔高麗

隱繼宗遺民也國滅後二年九月率衆奔高麗見高麗王三拜

或謂失禮大相舍弘曰失土之人三拜合於古禮未爲失也

洪見遺民也國滅後三年以船二十艘載人口用具奔高麗

正近遺民也國滅後三年率三百餘人奔高麗

林昇遺民也國滅後十二年同三千餘戶附於高麗

東丹人皇王妃大氏王裔也生平王隆先

王繼遠其家牒稱爲漢太原王烈之後烈十七代孫文林仕高麗爲西部將歿於王事又八世曰樂德始爲渤海人以孝聞繼遠之曾祖也末王二十年國滅於契丹改建東丹國圖欲爲王都遼陽稱南京繼遠仕爲翰林學士甘露五年修南京王命繼遠撰大東丹國新建南京碑銘立於宮門之內孫咸飭

咸飭仕於契丹官中作使聖宗太平九年避大延琳之難遷居漁陽孫叔寧

叔寧仕於契丹官六宅使恩州刺史遷居中京大定府一稱白霫子永壽遷居韓州又於天祚帝天慶中遷居辰州之熊岳永壽子政事具於後

大昭佐王族也國亡仕於東丹甘露元年七月奉使入唐同使六人

高正祠遺臣也國亡仕於東丹甘露四年奉使入唐貢方物七月授正祠爲太子洗馬

王憲遺民也東丹甘露五年正月自唐歸國爲黑水部人剽劫

文成角遺臣也國亡仕於東丹甘露六年十二月奉使入貢於唐八年七月唐拜成角爲朝散大夫右神武軍長史賜金紫

高保乂遺臣也國亡仕於東丹官右錄事試大理評事甘露六年十二月同文成角入唐職奏事八年七月唐拜保乂爲朝散

郎右驍衛長史賜金紫

列周道一作道義遺族也仕於東丹官南海府都督甘露十年十一月奉使入唐貢方物十一年二月唐授周道檢校工部尚書

烏濟顯遺族也仕於東丹官政堂省工部卿甘露十年十一月同列周道入唐十一年二月唐授濟顯爲光祿卿

高徒煥仕於東丹官兵器寺少令甘露十三年同契丹使臣梅里捺盧古聘於南唐並以特別羊三萬口馬二百匹鬻之以其價市羅紈茶藥而歸南唐翰林院撰二丹入貢圖其主李昪復命中書舍人江文蔚作贊以彰之

烏斯多一作烏思羅又作崔烏斯多遺族也東丹二十九年斯多等三十人自東丹歸於周

高模翰一名松遺族也有膂力善騎射好談兵契丹初平渤海

模翰奔高麗王妻以女因罪亡歸遂仕於契丹坐使酒殺人下獄太祖知其才貰之太宗援石敬塘及伐晉末帝模翰皆與其役屢立戰功又嘗以通事使於晉太宗嘗曰朕統一天下此人之力也又稱卿英銳無敵如鷹逐雉兔當圖形麟閣累官上將軍加特進檢校太師封悊郡開國公開府儀同三司（宋宰相宋琪稱模翰曰渤海首領大舍利）穆宗應曆初授東丹國中臺省右相至東京父老歡迎曰公起戎行致身貴顯爲鄉里榮相如買臣輩不是過也九年遷左相尋卒

大鸞河王裔也東丹五十四年六月宋太宗既滅北漢移兵伐遼（即契丹之改稱以下同）鸞河統渤海兵與小校李勛等十六人部族三百騎歸宋太宗以鸞河爲渤海都指揮使後五年春太宗宴於大明殿召鸞河慰撫久之謂殿前都校劉延翰曰傒高秋戒候

當與駿馬數十匹令出郊游獵以遂其性因以緡錢十萬併酒賜之

李勛遺族也東丹五十四年六月以小校隨大鸞河入宋

烏玄明右姓也其先人於國亡後保聚故地建定安國而爲之王傳至烈萬華東丹國四十五年因女眞遣使朝宋附貢方物又傳至玄明年號元興五十六年宋太宗欲大舉伐遼乃以詔書賜渤海烏舍城琰府王令助攻又以詔賜玄明令張犄角之勢會扶餘府背遼歸定安玄明亦怨遼侵侮聞宋將用兵北伐欲依以攄宿怨其冬又附女眞使上表於宋曰定安國王烏玄明言臣本高麗舊壤渤海遺黎保聚方隅涉歷星紀頃歲契丹入寇境土攻破城砦俘略人民臣祖考守節不降與衆避地僅存生聚以迄於今而扶餘府昨背契丹並歸本國災禍將至無

大於此所宜受天朝之密畫率勝兵而助討必欲報敵不敢違命其末題云元興六年十月太宗答以詔曰得所上表且陳感激卿遠國豪帥名王茂緒彊敵吞併失其故土沈寃未報積憤奚伸矧彼獯戎尙搖蠆毒敗衂相尋滅亡可待今國家已於邊郡廣屯重兵俟至嚴冬即申天討卿若能追念累世之恥宿戒舉國之師當予伐罪之秋展爾復仇之志朔漠底定爵賞有加宜思永圖無失良便而況渤海願歸於朝化扶餘已背於賊庭勵乃宿心糾其協力克期同舉必集大勳因付女眞使齎詔還後八年（宋端拱二年）王子大元因女眞使附獻馬雕羽鳴鏑於宋又十二年（宋淳化二年）復因女眞使上表於宋又二十七年（宋天禧二年）國人骨須奔於高麗蓋已見併於遼矣

烏昭慶亦玄明之族也其先人於國亡後據混同江右岸自爲

一部稱烏舍國亦作兀惹東丹國五十六年宋太宗欲大舉伐遼賜其王詔曰烏舍城渷渝府浮渝一作渤海琰府王蠢茲北戎犯我封略今欲鼓行深入大殲醜類素聞爾國密邇寇讐勢迫併吞力不能制因而服屬困於宰割當靈旗破虜之際是鄰邦雪憤之日所宜盡出族帳佐予兵鋒俟其翦滅沛然封賞幽薊土宇復歸中朝朔漠之外悉以相與勗乃協力朕不食言久之宋兵不出而烏舍國亦未之應傳至昭慶仍與遼抗聖宗統和十二年以奚和朔奴爲都部署引兵來伐昭慶殊死戰頓遼兵於堅城之下未幾兵退是冬宋人復浮海與之相通未幾力竭遂修貢於契丹十五年昭慶以本國地遠請免歲時貢進鷹馬貂皮契丹許以生辰正旦如舊餘免貢進其後仍與之抗二十二年南京女眞獲昭慶妻子獻於契丹

遼景宗渤海妃某氏疑爲大氏遺裔也生一女名淑哥

遼聖宗妃大氏王裔也生臨海公主長壽

大道秀渤海王世子光顯之子也光顯事已具前道秀仕於高麗顯宗時爲大將裔孫金就

金就仕於高麗高宗時爲大將伐蒙古有功封永順君遂爲永順大氏一族之祖其後人改稱永順太氏

大仁靖王裔也仕於遼聖宗統和二年官東京宰相府右平章事

渤海陁失遺裔也其先亡入高麗以渤海爲姓顯宗時陁失官禮部郎中遼聖宗於統和二十八年自將伐高麗陁失來降

高清明遺裔也於遼聖宗時官渤海詳穩開泰七年詔東平郡王蕭排押爲都統伐高麗清明與焉十二月排押與高麗兵戰

於茶陁二河之間敗績天雲右皮室二軍沒溺者甚衆淸明亦
沒於陣事聞䘏其妻並錄其子弟
大康乂王裔也遼聖宗開泰中累官南府宰相出知黄龍府善
撫綏東部懷服榆里底乃部長伯陰與榆烈比來附送於朝且
言蒲盧毛朶界多渤海人乞取之詔從其請康乂領兵至大石
河駞準城掠數百戶以歸未幾卒
羅漢遺族也仕於遼官渤海帳司宰相聖宗太平八年九月權
東京統軍使
大延琳高王之裔孫也遼聖宗太平中官東京舍利軍詳穩九
年八月起兵於東京囚留守駙馬蕭孝先及南陽公主殺戶部
使韓紹勳副使王嘉四捷軍都指揮使蕭頗得即王位國曰興
遼建元天慶高麗史作建元天興時距國亡已百有三年初遼東無榷酤

鹽麴之法關市之征亦寬弛紹勳以燕地平山之法繩之民不堪命燕又大饑嘉獻計造船使民漕粟以振燕水路艱險多至覆沒申請不之信復加搒掠民怨思亂故延琳乘之首殺紹勳嘉以快衆心延琳先與副留守王道平謀並召黃龍府守者黃翩爲應道平不從夜踰城與翩往告變於遼聖宗徵諸道兵進討時遼國舅詳穩蕭匹敵治近延琳乃率本管及家兵先據要害絕其西渡之計又渤海帳司太保夏行美者率兵戍保州延琳密馳書使圖其統帥耶律蒲古行美反以實告蒲古遂殺渤海兵八百人而東路亦斷延琳知黃龍保州皆不附己遂分兵北取瀋州節度副使强傑聲言欲降故延琳攻之不急及知其詐而已有備不克而還九月延琳遣其大府丞高吉德往高麗告建國兼乞援高麗發兵攻遼鴨淥江東畔不克其太師大延

定亦引女眞兵攻遼未及取勝而遼之諸道兵皆至延琳嬰城固守十月遼以南京留守燕王蕭孝穆爲都統蕭匹敵爲副統督兵來攻十二月延定遣使再至高麗乞援其國相等議曰兵者危事不可不愼曩者輕出已爲失計且彼之相攻安知非我之利宜修城謹堠徐以觀變故援兵不復出十年正月延琳遣其水部員外郎高吉德再往高麗乞援三月孝穆去城四面築城堡以圍之延琳益困八月延琳將楊祥世密送欵於敵軍夜開南門納之延琳被擒時所部南海城被遼兵圍已經歲迨聞別部首長皆被擒乃降興遼國亡十二月遼敘用渤海舊族有勳勞及材力者餘分居來隰遷潤等州

高吉德遺族也延琳建國官大府丞遷水部員外郎兩奉使於高麗告建國兼求援事已具前

大延定延琳之昆弟行也延琳建國官太師引女眞兵攻遼未及取勝而遼之諸道兵皆至事已具前

劉忠正遺族也初仕高麗官左司郎中知銀臺事與閤門舍人庾行簡俱有寵於高麗穆宗後康兆作亂殺行簡忠正奔遼及延琳建國官行營都部署太平十年七月延琳被圍方急忠正統軍於外遣寧州刺史大翰慶齎表赴高麗乞援或云仕高麗者別爲一人

大翰慶王裔也延琳建國以翰慶爲寧州刺史事已具前

李匡祿遺族也延琳建國以匡祿爲郢州刺史太平十年八月延琳被圍匡祿往高麗乞師九月至高麗聞國亡遂留不歸

夏行美遺族也仕於遼官渤海帳司太保聖宗太平九年大延琳建興遼國於東京行美時總渤海軍於保州延琳密使率兵

圖統帥耶律蒲古行美執其使送於蒲古又誘其黨百人殺之延琳遂不得逞以功加同政事門下平章事明年遷忠順軍節度使重熙十七年遷副部署致仕卒

大力秋王裔也尙臨海公主太平十年大延琳起兵東京力秋坐死公主改適蕭慥古

大道李卿疑王裔也仕於遼爲水軍指麾使聖宗太平十年五月投大延琳被圍於東京道李卿以同爲渤海人見疑乃奔高麗同行六人

大道行郎疑亦王裔也仕於遼爲渤海軍監門軍太平十年八月興遼國滅十一月遼大徙渤海遺族於來隰遷潤四州及上京東北等處道行郎等不獲安居乃於七月投高麗同行十四人自是相繼來投者甚衆

高眞祥遺族也仕於遼爲渤海軍判官景福元年七月持牒投高麗
王光祿遺族也仕於遼爲渤海軍孔目景福元年同高眞祥投高麗
沙志明童遺族也興宗重熙元年正月自遼投高麗同行二十九人
史通遺族也重熙元年二月自遼投高麗同行十七人
薩五德遺族也重熙元年五月自遼投高麗同行十五人
亐音若己遺族也重熙元年六月自遼投高麗同行十二人
所乙史遺族也重熙元年六月自遼投高麗同行十七人
高城遺族也重熙元年七月自遼投高麗同行二十人
李南松遺族也重熙元年十月自遼投高麗同行十人

首乙分遺族也重熙二年四月自遼投高麗同行十八人

可守遺族也重熙二年四月自遼投高麗同行三人

正奇叱火遺族也仕於遼爲渤海軍監門隊重熙二年五月自

契丹投高麗同行十九人

先宋遺族也重熙二年六月自遼投高麗同行七人

奇叱火遺族也重熙二年十二月自遼投高麗同行十一人高

麗處於國之南鄙

大堅濟王裔也仕於遼重熙九年閏十二月被命爲東京回禮

使使於高麗

開好遺族也重熙十九年四月自遼投高麗

大永信王裔也仕於遼天祚帝乾統九年正月使於高麗賀生

辰

大仲宣王裔也仕於遼官泰州管內觀察使天祚帝天慶元年使於高麗賀生辰

古欲遺族也居於饒州遼天祚天慶五年二月起兵於饒州稱大王三月遼命蕭謝佛留率兵來攻四月古欲擊敗之遼以南面都部署蕭陶蘇斡爲都統再以兵來攻五月古欲復擊敗之聲勢頗盛六月陶蘇斡以計招之古欲遂爲所獲起事凡五閱月而敗翌年正月高永昌繼起兵於東京

高永昌先世爲右姓國滅遷居遼陽永昌仕於遼爲供奉官天祚帝天慶五年募渤海武勇馬軍二千人屯白草谷備禦女眞以永昌爲之魁東京留守蕭保先爲政酷虐渤海人素悍有犯法者不少恕六年正月朔夜永昌率徒衆十數人乘酒恃勇持刃踰垣入府衙登廳問留守所在紿云外軍變請爲備保先始

出即殺之東京戶部使大公鼎聞變作權行留守事與副留守高清臣集諸營奚漢兵千餘人據守永昌逸出公鼎於翌日搜索作亂首事者得數十人皆殺之即撫安民倉卒之際有濫被其害者人情洶洶不可禁戢永昌率渤海馬軍自外乘之初三日抵首山門大公鼎等登門說諭使歸永昌不從初五日夜城中舉火内應開門騎兵突入陣於通衢大公鼎高清臣等督兵拒之不勝領麾下殘兵百餘奪西門出奔永昌乃據東京稱大渤海皇帝一作國號大元建元隆基一作應順旬日之間下遼東五十餘州分遣軍馬略地惟不能禁戢所部頗有殺掠所在州郡奚人戶往往攜家渡遼水避之以是稍失人心閏月貴德州守將耶律余睹以廣州附於永昌獨瀋州未下遼命宰相張琳及蕭韓家奴募遼東失業者并驅轉戶强壯充軍得兵二萬五月初自顯

州來攻永昌設備於遼河三叉梨樹口以拒之琳遣羸卒數千爲疑兵別以精騎間道渡河趨瀋州永昌覺之遣兵迎敵旬日間三十餘戰永昌不勝退保東京琳兵距城五里隔太子河爲寨遣人移文招撫永昌不從琳乃令所部齎五日糧決策破城越二日命所發安德州義軍先渡河次引大軍齊渡永昌俟至半渡以鐵騎五百突出其傍出琳不意復斷其河路琳軍退保舊寨三日不得渡乏食初七日夜移寨歸瀋州永昌以騎兵尾追之殺掠甚衆琳率餘兵僅得入城先是永昌使其臣撻不野杓合奉幣求救於金且曰願併力以取遼金使胡沙補胡突古先後來謂永昌曰同力取遼固可惟應去帝號如能歸款當以王爵處之永昌再使撻不野同胡沙補胡突古偕往報命而表辭不遜且請還所俘渤海人金再遣大藥師奴同撻不野來招

諭永昌已而金命大將斡魯統諸軍趨東京攻永昌五月遇遼軍於瀋州時張琳方議再舉忽得金檄稱準渤海國王高永昌狀遼國張宰相統軍來攻伏望救援即約五月二十五日進兵琳見檄以爲永昌詐作不爲備未幾東北有軍擁至其兵呼曰女眞至矣琳急整軍迎敵衆已奪氣遂潰走琳緾城僅免退保遼州永昌聞金兵入瀋州大懼使家奴鐸剌以金印一銀牌五十赴金師請去名號稱藩斡魯已使胡沙補等來報會渤海人高禎降金言永昌非眞降特藉以緩師斡魯遂進兵來攻永昌乃殺胡沙補率衆拒之遇金兵於沃里活水不戰而卻金兵乘之遂至東京城下永昌出戰於首山下大敗以騎五千奔長松島東京人恩勝奴仙哥等執永昌妻子以城降金未幾撻不野亦與盧克忠執永昌及鐸剌送於金師皆見殺永昌建國凡五

月而滅時距大氏之亡已一百九十年自大延琳古欲訖永昌凡三起兵旋即覆滅其後遺胤散亡無復有能建國者矣

鐸刺遺族也爲高永昌之家奴事已具前

撻不野遺族也仕於高永昌後執永昌降於金事已具前

恩勝奴遺族也金太祖攻遼下寧江州獲東京渤海人皆釋之往往中道亡去恩勝奴與仙哥與焉諸將請殺之太祖曰既已克敵下城何爲多殺昔先太師嘗破敵獲百餘人皆亡去既而其部人多來降今此輩亡去日後當有効用者先太師謂世祖也收國二年金兵攻東京高永昌出亡恩勝奴仙哥首以城降太祖之言果驗

仙哥遺族也事已具前

大公鼎王裔也先世籍遼陽率賓縣遼聖宗統和中徙遼東豪

右因家於大定公鼎幼莊愿長而好學登道宗咸雍十年進士第調瀋州觀察判官時遼東雨水傷稼北樞密院大發瀕丁河壯以完隄防有司承令峻急公鼎獨曰邊障甫寧大興役事非利國便農之道乃疏奏其事朝廷從之罷役水亦不爲災瀕河千里人莫不悅改良鄉令省徭役務農桑建孔子廟學部民服化累遷興國軍節度副使時有隸鷹坊者以羅畢爲名擾害田里歲久民不堪公鼎言於朝即命禁戢會公鼎造朝大臣諭帝嘉納之意公鼎曰一郡獲安誠爲大幸他郡如此者衆願均其賜於天下從之徙長春州錢帛都提點道宗如春水貴主例爲假貸公鼎曰豈可輟官用徇人情拒之頗聞怨詈語曰此吾職不敢廢也俄拜大理卿多所平反天祚即位歷長寧軍節度使南京副留守改東京戶部使時高永昌起兵殺留守蕭保先民

多響應公鼎有人望單騎行郡曉諭有投兵而拜者曰是不欺我敢弗聽命已而亂愈甚公鼎乃去旋拜中京留守賜貞亮功臣乘傳赴官時盜賊充斥有遇公鼎於路者即叩馬乞自新公鼎給以符約俾還業聞者接踵而至不旬日境內肅清天祚聞之加賜保節功臣時人心反側公鼎慮生變請布恩惠以安之爲之肆赦公鼎累表乞歸不許會奴賊張撒八率無賴嘯聚公鼎欲擊而勢有不能嘆曰吾欲謝事久矣爲世故所牽不幸至此豈命也夫因憂憤成疾保大元年卒年七十九子昌齡左承制昌嗣洛州刺史昌朝鎭寧軍節度

遼天祚帝一稱海濱王文妃姓大氏小字瑟瑟王裔也聰慧閑雅詳重寡言乾統初天祚幸耶律撻葛第見而悅之納入宮中三年冬册爲文妃生蜀國公主晉王敖盧斡妃自少時工文墨善歌

詩見女眞之禍日迫而天祚醉心畋獵不以爲意一時忠臣多所疎斥時作歌詩以諷諫詞頗激切不避權貴天祚見而銜之是時境地日蹙天祚有倦勤意諸子中惟晋王最賢蕭奉先乃元妃兄深忌之會文妃之姊適耶律撻曷里妹適耶律余覩奉先誣告余覩欲立晋王尊天祚爲太上皇帝於是戮撻曷里並其妻文妃與晋王相繼賜死

高楨遼族也模翰五世孫居於遼陽少好學嘗業進士高永昌起兵東京楨在其軍金將斡魯來攻已下瀋州永昌懼佯請降是時楨母在瀋州楨遂自東京潛出降金並稱永昌請降非誠斡魯進兵遂破永昌金以楨同知東京留守事授猛安天會六年遷尚書左僕射判廣寧尹加太子太傅在鎮八年政令清肅吏畏而人安之十五年加太子太師提點河北西路錢帛事天

眷初同簽會寧牧及熙宗幸燕兼同知留守封戴國公改同知燕京留守魏王道濟出守中京以楨爲同判俄改行臺平章政事爲西京留守封任國公是時奚霫軍民皆南徙謀克別朮者因之嘯聚爲盜海陵患之即以楨爲中京留守命乘驛之官責以平賊之期賊平封河內郡王海陵至中京楨警夜嚴肅有近侍馮僧家奴李街喜等皆得幸海陵嘗夜飲干禁楨杖之瀕死由是權貴皆震慴遷太子太保行御史大夫封莒王策拜司空進封代王太子太保行御史大夫如故楨久在臺彈劾無所避每進對必以區別流品進善退惡爲言當路者忌之薦張忠輔馬諷爲中丞二人皆險詖深刻欲令以事中楨正隆例封冀國公楨因固辭曰臣爲衆小所嫉恐不能免尙可受封爵耶海陵知其忠直慰而遣之及疾革書空獨語曰某事未決某事未奏

死有餘恨薨年六十九海陵悼惜之遣使致奠賻贈加等楨性方嚴家居無聲伎之奉雖甚暑未嘗解衣緩帶對妻孥危坐終日不一談笑其簡默如此

高安國遺族也仕遼官興辰開三鎭節度使遂居辰州子六哥六哥於遼末官左承制累至刺史金將斡魯攻下東京六哥率其鄉人迎降金以爲榆河州千戶久之告老子彪

彪本名召和失始生其父用術者言爲其時日不利於已欲不舉其母營護得免居數歲竟逐之彪匿於外家遼調兵東京時其父已老當從軍悵然謂所親曰吾兒若在可勝兵矣所親具以實告彪因代父行與金兵戰於出河店遼兵敗走彪獨力戰金軍帥見之曰此勇士也宜生致之及金兵下東京隨其父降久之又代其父爲榆河州千戶金都統杲攻中京彪領謀克從

斡魯破遼將合魯燥及韓慶民於高惠之境已而駐軍武安合魯燥以勁兵二萬來襲從斡魯出戰與所部皆去馬先登奮擊敗之奚人負險拒命所在屯結彪屢戰有功宗望攻平州彪徇地西北道破敵招降石家山寨再從宗望伐宋爲猛安師次眞定彪率兵士七十人臨城築甬道城中夜出兵焚攻具彪擊走之大軍圍汴以五十騎屯於東南水門宋再以重兵出戰彪皆敗之師還屯鎭河朔復破敵於霸州擒其裨將祝昂河間夜出兵二萬襲金營壘彪率三謀克兵擊敗之天會五年授靜江軍節度使壽州刺史明年伐宋從帥府徇地山東攻城克敵數被重賞七年師至睢彪以所部招誘京西人民次柘縣其官吏出降彪獨與五十餘入城騎繼而城中三千餘人復叛彪率其衆力戰敗之撫安其民而還從梁王宗弼襲宋高宗至杭州師還

宋將韓世忠以戰艦數百扼於江北宗弼引而西將至黄天蕩
敵舟三十餘來逼南岸其一先至者載兵士二百餘彪度垂及
以鈎拽之率勇士數十躍入敵舟所殺甚衆餘皆逼死於水中
明年從攻陜西師至寧州彪與完顔昂率兵三千取鄜州始至
有來降者言城東北隅守兵將謀爲内應彪即夜從家奴二人
以登左右守者覺之彪與從者皆殊死戰諸軍繼進遂克其城
從攻和尚原及仙人關與阿里監護漕糧并戰艦至亳州宋人
以舟五十艘阻河路擊敗之擒其將蕭通擊漣水賊水寨進取
漣水軍其官民已遁去悉招降之彪勇健絶人能日行三百里
身被重鎧歷險如飛及臨敵身先士卒未嘗反顧大小數十戰
率以少擊衆無不勝捷齊國既廢攝滕陽軍以東諸路兵馬都
統撫諭徐宿曹單滕陽及其屬邑皆按堵如故爲武寧軍節度

使頗黷貨嘗坐贓海陵以其勳舊杖而釋之改忻州防禦使歷安化安國武勝軍節度使遷行臺兵部尚書改京兆尹封郜國公以憂去官起復爲武定軍節度使歸德尹正隆例授金紫光祿大夫久之致仕復起爲樞密副使舒國公賜名彪卒年六十七謚桓壯

高仙壽遺族也仕於遼官海州刺史天祚帝天慶四年七月金太祖集女眞諸部兵攻寧江州帝方在慶州射鹿略不介意命仙壽統所部渤海軍應援

梁福遺族也金太祖二年十月次來流城召福與斡答刺使之僞亡去招諭其鄉人曰女眞渤海本同一家我興師伐罪不濫及無辜也

斡答刺遺族也事已具前

楊朴遺族也先世遷居鐵州朴登遼進士第累官校書郎高永昌建國時降女眞頗用事勸阿骨打稱皇帝是爲金太祖建元天輔以旻爲名國號大金又陳說於太祖曰自古英雄開國受禪先求大國封册乃遣人詣天祚帝求封册其事有十徽號大聖大明皇帝一也國號大金二也玉輅三也袞冕四也玉刻御前之寶五也以兄弟通問六也生辰正旦遣使七也歲輸銀絹二十五萬疋分南宋歲賜之半八也割遼東長春兩路九也送還女眞阿骨產趙三大王十也天祚付羣臣議以爲自此無患乃備天子袞冕玉册金印車輅法駕之屬册立太祖爲東懷國皇帝使至金朴以儀物不全用天子之制又東懷國乃小邦懷其德之意册内復無爲兄之文其云遙芬多戩皆非美意彤弓象輅亦諸侯事渠材二字意似輕侮命來使歸易其文答云兄

友弟恭出自周書言友睦則兄弟之義見矣朴面折以爲非是太祖大怒叱出來使欲腰斬之粘罕諸人爲謝乃解人笞百餘朴尋進知樞密院事稱內相建議以爲混一封疆奄宅天命而六宮未備殊失四方觀覿欲備册命正后妃之位太祖從之册蒲察氏爲皇后又建言國家興自遐荒朝儀典章猶所未備以中朝言之威儀侍衛尊無二上諸親從諸王部族尊貴者馳驅戎行雖不可盡責其自番漢羣臣以下宜致敬盡禮合定朝儀典章上下尊卑粗有定序太祖從之後太祖出征以骨捨爲留守既而有中京之行召骨捨共謀乃以朴權知行營留守朴爲人慷慨有大志多智善謀建國之初諸事草創朝儀制度咸出其手

乙塞補遺族也遼末居於寧江州金太祖以兵取寧江州乙塞

補降從破黃龍府戰於達魯古城未幾叛去行軍千戶僕忽得追復之

高慶裔裔一作緒遺族也仕於金太宗天會六年左副元帥宗翰伐宋慶裔隨軍爲通使兵至曲阜方發孔子墓宗翰問慶裔曰孔子何人對曰古之大聖人曰大聖人墓豈可發乃盡殺諸發墓者故闕里得全累擢輔國大將軍西京留守大同府尹八年秋慶裔獻議於宗翰曰吾君舉兵止欲取兩河故汴京既得而立張邦昌後以邦昌廢逐故再有河南之役方今兩河州郡既下而官制不易風俗不改者可見吾君意非貪大亦欲循邦昌之故事也元帥可首建此議無以恩歸他人宗翰從之於是令右監軍希尹請於朝得旨允行乃遣慶裔至河南諸州郡訪求賢人可建國者初宋以景州劉豫爲濟南太守旋節制京東兵馬

徙守東平慶裔自雲中由燕京河間越舊河之南至景州會吏民於州治諭以求賢建國之意郡人莫敢言皆曰願聽所舉慶裔徐露意以屬豫郡人以豫景人復迎合敵情乃共戴之慶裔喜曰正與朝廷帥府意合遂令列狀舉之慶裔至德博東平一依景州之例既至東平則分遞諸郡以取願狀故豫得立慶裔歸雲中具陳諸州郡戴豫之意並上吏民願狀宗翰復令慶裔馳問豫可否豫佯辭再往乃諾九月金主以慶裔及禮部侍郎知制誥韓昉爲册禮使立劉豫爲帝於大名府國號大齊建元阜昌豫感慶裔立己以重賂酬之其子麟猊於慶裔稱曰恩府門生宗翰以慶裔爲腹心嘗諭樞密院磨勘文武官出身轉官以慶裔參主之奪官爵者甚衆慶裔亦教宗翰以淫刑毒政待其下以故怨者甚衆十三年熙宗即位十一月遷慶裔爲尚書

左丞以奪其權十五年六月宗磐之徒搆之以贓罪下慶裔於獄宗翰乞免慶裔官以贖罪熙宗不許斬慶裔於會寧市臨刑宗翰哭别之慶裔曰公早聽某言事豈至此月餘宗翰亦以憤恚卒

李善慶遺裔也仕於金太祖天輔元年宋徽宗宣和元年報宋使臣馬政之聘同行二人一名小散多熟女眞也一名勃達生女眞也齎國書並北珠生金貂皮人蓡松子爲贄二年正月丁巳至汴京時宋庭議結金夾攻遼恢復燕雲故地故有是聘三年三月宋遣朝議大夫直秘閣趙有開忠訓郎王瓌充使齎詔書禮物與善慶等渡海再往聘先是趙良嗣議報女眞儀欲以國書用信禮有開曰女眞之酋止節度使世受契丹封爵常慕中朝不得臣屬何必過爲尊崇止用詔書足矣問善慶如何善慶曰二

者皆可用惟所擇於是從有開議有開與善慶等至登州未行而有開卒會宋聞遼已割遼東地封女眞爲東懷國王且謂女眞嘗祈遼修好於是罷使人之行止差呼延慶等用登州牒遣之善慶等遂歸

高隨遺裔也仕於金太祖天輔四年宋遣趙良嗣等來議夾攻遼七月金遣孛堇斯剌習魯爲報聘使隨與大廸烏副之語具大廸烏傳

大廸烏王裔也仕於金太祖天輔四年宋遣右文殿修撰趙良嗣來議夾攻遼是年七月金遣孛堇斯剌習魯爲報聘使以廸烏及高隨副之皆渤海人也九月廸烏等至宋汴京宋旋以登州兵馬鈐轄馬政爲報聘使同廸烏等北還五年正月金又遣孛堇曷魯爲遣宋使廸烏副之五月至汴京八月廸烏等齎書

歸國

張壽昌遺裔也爲窩里嗢之妻金天會十三年窩里嗢卒宗弼取壽昌歸於黎陽

郭藥師遺族也居於鐵州遼末募遼東人爲兵使報怨於女眞得二萬人號曰怨軍以藥師爲帥金將烏楞古攻顯州敗藥師於城下天祚亡保天德耶律淳自立改怨軍爲常勝軍擢藥師爲諸衛上將軍淳死其妻蕭氏稱制藥師以涿易二州歸於宋藥師以宋兵六千人奄至燕京甄五臣以五千人奪迎春門皆入城蕭妃令閉城門與宋兵巷戰藥師大敗失馬步走踰城以免宋人猶厚賞之太祖割燕山六州與宋宋使藥師副王安中守燕山及安中不能庇張覺而殺之函其首以與宗望藥師深遂尤宋而無自固之志矣宗望軍至三河藥師等拒戰於白河

兵敗藥師乃降宗望遂取燕山太宗以藥師爲燕京留守給以金牌賜姓完顏氏從宗望伐宋凡宋事虛實藥師盡知之宗望能以懸軍深入駐兵汴城下約質納幣割地全勝以歸者藥師能測敵國之情中其肯綮故也及兩鎮不受約束命諸將討之藥師破順安軍營殺三千餘人海陵即位詔賜諸姓者皆復本姓故藥師仍姓郭氏子安國

安國累遷奉國上將軍南京副留守貞元三年南京大內火海陵使右司郎中梁銶同知安武軍節度使王全按問失火狀留守馮長寧都轉運使左瀛各杖一百除名安國及留守判官大良順各杖八十削三官火起處勾當官南京兵馬都指揮使吳濬杖一百五十除名失火位押宿兵吏十三人並斬論之曰朕非爲宮闕壯麗也自即位以來欲巡省河南汝等不知防愼致

外方姦細燒延殆盡本欲處爾等死罪特以舊人寬貸之押宿人兵法當處死疑此輩容隱姦細故皆斬也安國性輕躁本無方略海陵將伐宋以安國將家子擢拜兵部尚書改刑部尚書軍興領武捷軍都總管與武勝武平軍爲前鋒海陵授諸將方略安國前奏曰趙構聞王師至其勢必逃竄臣等不以遠近追之獲而後已但置之何地海陵大喜曰卿言是也得構即置之寺觀嚴兵守之及聞世宗即位海陵謀北還更置浙西道兵馬都統制府以完顏元宜爲都統安國副之及海陵遇弑衆惡安國所爲與李通輩皆殺之

大良順王裔也仕金貞元三年爲南京留守判官事具郭安國傳後官萬戶大定二年隨元帥左都監徒單合喜伐宋時宋將吳璘以兵圍德順合喜遣良順與萬戶完顏習尼列等各將本

部兵救之未幾兩國講和德順之圍遂解

大家奴王裔也爲金初渤海六謀克之一太祖天輔二年七月詔家奴等六謀克所屬貧民昔嘗給以官糧置之漁獵之地今歷日已久不知登耗可具其數以聞

大㚖一名撻不野王裔也居於遼陽世仕遼有顯者金太祖伐遼遼徵兵遼陽時㚖年二十餘在選中遼兵敗㚖脫身走寧江寧江破㚖越城而逃爲軍士所獲太祖問其家世因收養之收國二年爲東京奚民謀克是時初破高永昌東京旁郡邑未盡服屬使㚖伺察反側有聞必達太祖以爲忠實授猛安兼同知東京留守事取中西兩京隸闍母軍遼軍二十萬來戰闍母使㚖以本部守營㚖堅請出戰不許或謂㚖曰戰危事獨苦請何也㚖曰丈夫不得一決勝負尚何爲苟臨戰不捷雖死猶生也

闍母聞而壯之乃遣出戰既合戰闍母軍少卻遼兵後躡之臭
麾本部兵橫擊殺數百人由是顯名軍中天會三年宗望伐宋
信德府居燕汴之中可駐軍以濟緩急欲遂攻之恐不能亟下
議未決臭獨率本部兵選善射者射其城樓别以輕鋭潛升於
樓角之間遂克其城軍至濬州宋人已燒河橋宗望下令軍中
有能先濟者功爲上臭捕得十餘舟使勇悍者徑渡擊其守者
而奪其戍柵由是大軍俱濟明年再伐宋以臭所領渤海八猛
安爲萬戶賜金牌既破汴京臭爲河間路都統已克河間闍母
怒其不早降因縱軍大掠臭諫止之已掠者官爲贖還除河間
尹從攻襲慶府先一日臭命軍士預備畚鍤及薪既傅城諸將
方經營攻具未鳴鼓臭軍有素備遂先登軍帥以臭未鳴鼓輒
戰不如軍令請罪臭朝廷釋弗問仍例賞之宗弼伐江南濟淮

宋將時康民率兵十七萬來拒臯率本部從擊敗之復以騎二千與當海擊敗淮南賊十萬殺萬餘人王善來降將渡江臯軍先渡舟行去岸尚遠宋列兵江口臯視其水可涉則麾兵捨舟趨岸疾擊之宋兵走大軍相繼而濟俄遇杜充兵六萬於江寧之西臯與鶻盧補擊走之師還臯留爲揚州都統經略淮南高郵之間再爲河間尹兼總河北東路兵馬十一年入見太宗賜坐慰勞甚久特遷太子太保賜衣一襲馬二匹及鞍轡鎧甲改元帥右都監齊國廢臯守汴京熙宗念臯久勞降御書寵異之天眷三年罷漢渤海千戶謀克以臯舊臣獨命依舊世襲千戶是歲拜元帥右監軍宗弼再伐宋宋人稱臣乞和遂班師臯獨留汴行元帥府事皇統三年加開府儀同三司八年進左監軍天德二年改右副元帥兼行臺右丞遷平章行臺省事進行臺

右丞相右副元帥如故海陵疑左副元帥撒离喝以爲行臺左丞相使臭伺察之詔軍事不令撒离喝與聞撒离喝不知海陵意旨每與臭爭軍事不能得遂與臭有隙海陵竟殺撒离喝召臭入朝拜尚書右丞相封神麓郡王四年請老爲東京留守貞元三年拜太傅領三省事累封漢國王十二月有疾海陵幸其第問之是歲薨年六十八海陵親臨哭之詔有司廢務三日禁樂三日其三日當賜三國使館燕以不賜教坊樂命左宣徽使敬嗣暉宣諭之贈太師晉國王謚傑忠遣使護喪歸葬正隆奪王爵贈太傅梁國公或云擒高永昌之撻不野即臭也子磐

磐一名蒲速越天德末官驍騎指揮使海陵王遇弑磐整兵來救副指揮使王祥語之曰無及矣磐乃止未幾衆取磐衣巾裹海陵屍焚之後以大臣子累官登州刺史襲猛安大定三年遷

嵩州刺史從僕散忠義伐宋有功五年召爲符寶郎遷拱衛直都指揮使初磐以伐宋功進官一階磐心少之頗形於言上聞之下吏按問杖一百五十改左衛將軍詔求良弓磐多自取及護衛入直者輒以己意更代護衛妻室告其事詔點檢司詰問磐有妹在宮中爲寶林磐屬內侍僧兒員思忠使言於寶林曰我無罪問事者迫我使自誣服寶林訴於上上怒杖僧兒一百磐責隴州防禦使上戒之曰汝在近密執迷自用朕以卿父之功不忍廢棄姑令補外其思勉之改亳州防禦使遷武寧軍節度使坐事除名起爲韓州刺史改祁州刺史復坐事削四官解職久之尚書省奏大磐以年當敘上曰剛暴之人屢冒刑章不可復用太傅大臭別無嫡嗣其世襲猛安謀克不可易也

六斤遺裔也金海陵王時爲完顏亨家奴亨梁王宗弼之子也

襲封芮王官右衛將軍以材勇絕人爲海陵所忌出爲眞定尹數轉爲廣寧尹海陵任李老僧爲同知伺亨動靜且令搆其罪狀六斤頗黠亨使總諸奴老僧乃謂六斤曰爾渤海大族不幸坐累爲奴寧不念爲良乎六斤嘗與亨侍妾私通亨知之怒曰必殺此奴六斤聞之懼密與老僧謀所以誣亨者亨有良馬將因海陵生辰進之以謂生辰進馬者衆不能以良馬自異欲他日入見進之六斤乃言亨笑海陵不識馬不足進亨之奴有自京師來者具言徒單阿里出虎誅死亨曰彼有貸死誓券安得誅之奴曰必欲殺之誓券安足用哉亨曰然則將及我矣六斤即以爲怨望遂誣亨欲因間刺海陵老僧即捕繫亨以聞海陵使人鞫之亨言嘗論鐵券事實無反心而六斤亦自引伏與妾私通亨嘗言欲殺之狀海陵終以此爲亨罪使人蹴其陰間殺

之

完顏亨妻大氏王裔也爲亨之次妃正隆六年海陵遣使殺諸宗室於是殺亨妃徒單氏及大氏並其子羊蹄等三人大定間復亨官爵並改葬亨及其妻子

大懷忠王裔也於金海陵王時官點檢海陵與嫡母徒單太后有隙恐其有異圖乃詔懷忠與翰林待制斡論尚衣局使虎特末武庫直長習失殺太后於寧德宮又命護衞高福辭勒蒲速斡以兵士四十人從太后方樗蒲大懷忠等至令太后跪受詔太后愕然方下跪虎特末從後擊之仆而復起者再高福等縊殺之

完顏昂妻大氏王裔也又爲金海陵王從母姊昂本名奔睹在海陵時縱飲沈酣輒數日不醒海陵聞之常面戒不令飲得間

輒飲如故世宗大定初還自揚州妻子爲置酒私第未數行輒臥不飲大氏怪而問之昂曰吾非嗜酒者但向時不以酒自晦則汝弟殺我久矣今遭遇明時正當自愛是以不飲聞者稱之

高松遺裔也一名檀朶金世籍於澄州析木縣年十九從軍爲蒲輦有力善戰宗弼聞其名召置左右從破汴京及和尚原累官咸平總管府判官世宗即位充官押東京路渤海萬戶兵部尚書可喜謀反前同知延安尹李老僧曰我與萬戶高松謀之必從我矣衆曰若得此軍舉事易矣老僧往見松說松曰君有功舊人至今不得大官何也松曰我一縣令也每念聖恩累世不能報尚敢有望乎老僧遂不敢言可喜布輝阿瑣知事不可成遂上變共捕斡論赴有司松從征窩斡以功遷咸平少尹四遷崇義軍節度使卒年七十四

高壽星遺族也居於遼陽金熙宗時爲近侍皇統八年平章政事秉德與左司郎中三合議欲徙遼陽渤海人屯燕南壽星在徙中訴於悼平皇后后以白熙宗熙宗怒杖秉德而殺三合

金海陵王母大氏王裔也生於遼陽爲遼王宗幹之次室生三子長即海陵天德二年正月與嫡母徒單氏俱尊爲皇太后大氏居永寧宮曾祖堅嗣贈司空祖臣寶贈司徒父昊天贈太尉國公兄興國奴贈開府儀同三司衛國公十一月昊天進封爲王時太祖崇妃蕭氏尚在尊爲太妃大氏事之甚謹每有宴集太妃坐上坐大氏執婦禮海陵積不能平誣太妃以隱惡殺之大氏事徒單氏亦甚謹相得歡甚海陵自以其母大氏與徒單嫡妾之分心常不安徒單氏生日酒酣大氏起爲壽徒單氏方與坐客語大氏跽者久之海陵怒而出明日召諸公主宗婦與

徒單氏語者皆杖之大氏以爲不可海陵曰今日之事豈能尙如前日耶三年正月十六日海陵生日宴宗室百官於武德殿大氏懽甚飲盡醉明日海陵使中使奏曰太后春秋高常日飲酒不過數杯昨見飲酒沈醉兒爲天子固可樂若聖體不和則子心不安其樂安在至樂在心不在酒也及遷中都徒單氏獨留上京居永壽宫大氏常謂海陵曰永壽宫待吾母子甚厚毋相忘也貞元元年四月大氏有疾詔以錢十萬貫求方藥及病篤又謂海陵曰汝以我之故不令永壽宫偕來中都我死必迎致之事永壽宫當如事我戊寅崩詔尙書省應隨朝官至五月一日方治事中都自四月十九日爲始禁樂一月外路自詔書到日後官司三日不治事禁樂一月聲鐘七晝夜貞元三年大祥海陵率後宫奠哭於蕆宫海陵將遷山陵於大房山故大氏

猶在蕺宮也九月太祖太宗梓宮及宗幹柩至中都先是已尊謚宗幹曰德宗至是又尊謚大氏曰慈憲皇后海陵親行册禮與宗幹合葬於大房山升祔太廟大定七年降封海陵太妃削去皇后謚號及宗幹降帝號封遼王詔以徒單氏爲妃而大氏追降爲遼王夫人

金海陵王妃大氏初稱第二娘後進封貴妃

大頴王裔也金正隆間爲翰林待制嘗言海陵欲南伐多所徵發河北山東盜賊蠭起頴出使還朝因極言之海陵惡聞其言怒而杖之除名世宗即位嘉頴忠直起爲秘書丞

大興國一名邦基王裔也初事金熙宗爲寢殿小底權近侍局直長最見親信未嘗去左右每逮夜熙宗就寢興國時從主者取符鑰歸家主者即以付之聽其出入以爲常皇統九年海陵

生日熙宗使興國以宋司馬光畫像及他珍翫賜海陵悼后亦物附賜熙宗不悅杖興國一百而奪回所賜海陵謀弑意先得興國乃可伺間入宮行大事且度興國無罪被杖必有怨望心以可乘此說之乃因李老僧結興國既而知無異心可與謀乃召至臥內令解衣欲與之俱臥意有所屬者興國固辭不敢曰即有使惟大王之命海陵曰主上無故殺常勝又殺皇后乃以常勝家產賜阿林既又殺阿林遂以賜我我深以爲憂奈何興國曰是固可慮也海陵曰朝臣旦夕危懼皆不自保向者我生日因皇后附賜物君遂被杖我亦見疑主上嘗言會須殺君我與君皆將不免寧坐待死何如舉大事我與大臣數人謀議已定爾以爲如何興國曰如大王言事不可緩也乃約十二月九日夜起事興國取符鑰開門矯詔召海陵入夜二更海陵秉德

等入熙宗常置佩刀於御榻上是夜興國先取投榻下及亂作熙宗求佩刀不得遂遇弒海陵既立以興國爲廣寧尹賜奴婢百口犀玉帶各一錢絹馬牛鐵券如其黨進階金紫光祿大夫再賜興國錢千萬黃金四百兩銀千兩良馬四匹駝車一乘槖駝三頭眞珠巾玉鉤帶玉佩刀及玉校鞍轡天德四年改崇義軍節度使始賜名邦基再授降陽武寧節度使改河間尹世宗即位廢於家凡海陵所賜皆奪之大定中邦基兄邦傑自京兆判官還世宗曰大邦傑因其弟進濫厠縉紳豈可復用併罷其子弟與所贈父官及海陵降爲庶人詔曰大邦基與海陵同謀弒逆逋誅至今爲幸多矣遂磔於思陵之側

大邦傑興國之兄也官京兆判官事已具前

大慶山王裔也金海陵王時爲近侍局副使海陵之死慶山曰

事急矣當出避之海陵曰走將安往方取弓以中箭仆地慶山亦被殺

金世宗元妃張氏渤海遺族也父玄徵母高氏與世宗母貞懿皇后葭莩親世宗納爲次室生趙王永中而氏卒大定二年追封宸妃是歲十月追進惠妃十九年追進元妃

金世宗柔妃大氏渤海遺族符寶郎磐之妹也世宗大定五年在宮中爲寶林寶林者內官也次於才人後進位柔妃卒陪葬坤厚陵

高德基字元履遺族也居於遼陽金皇統二年登進士第六年爲尚書省令史海陵爲相專愎自用人莫敢拂其意德基每與之詳辨及簒位命左司郎中賈昌祚諭旨曰卿公直果敢今委卿南京行省勾當未行會海陵欲都燕京命德基攝燕京行臺

省都事改攝右司員外郎除戶部員外郎改中都路都轉運副使遷戶部郎中正隆三年詔左丞相張浩參知政事敬嗣暉營建南京宮室明年德基與御史中丞李籌刑部侍郎蕭中一俱爲營造提點海陵使中使謂德基等曰汝等欲乘傳往邪欲乘己馬往邪銀牌可於南京尚書省取之籌乞先降銀牌復遣中使謂籌曰牌之與否當出朕意爾敢輒言豈以三人中官獨高邪遂杖之二十遣乘己馬往德基中一乘傳往轉同知開封尹大定三年以察廉治狀不善下遷同知北京路都轉運使事是年秋土河泛濫水入京城德基遽命開長樂門疏分使入御溝以殺其勢水不能爲害遷刑部侍郎七年改中都路都轉運使九年轉刑部尚書有犯罪當死者宰相欲從末減德基曰法無二門失出猶失入也不從及奏上曰刑部議是也因召諸尚書

諭之曰自朕即位以來以政事與宰相爭是非者德基一人而已自今部上省三議不合即具以聞爲賀宋國生日使及還宋於禮物外附進臘茶三千胯不親封署德基曰姪獻叔而不署是無名之物也卻之十一年改戶部尚書德基上疏乞免軍須房稅等錢減農稅及鹽酒等課未報隨朝官俸粟折錢增高市價與之多出官錢幾四十萬貫上使人諭之曰卿爲尚書取悅宰執近臣濫出官錢卿之官爵一出於朕奈何如此於是決杖八十戶部郎中王佐員外郎盧彥沖同知中都轉運使劉銑副使石抹長壽支度判官韓鎮左警巡使李克勤右警巡使李寶判官強銳昌姚宗奭尼厖古達吉不皆決杖有差詔自大定十一年十一月郊祀赦後尚書省御史臺戶部轉運司警巡院多支俸粟折錢皆追還之德基降蘭州刺史王佐大興府推官盧

彥沖河北西路戶籍判官劉㬢東京警巡使石抹長壽東京留守推官韓鎭河東南路戶籍判官李克勤通遠縣令李寶淸水縣令强鋭昌姚宗奭尼龐古達吉不皆除司候大定十二年德基致仕卒子錫

錫字永之以廕補官積勞調淄州酒使課最遷萍鄕令察廉遷遼東路轉運支度判官太倉使法物庫使兼尙林署直長提舉都城所歷北京遼東轉運副使同知南京路轉運使事貞祐初累遷河北東路按察轉運使城破遂自投城下而死

高衎字穆仲遺族也居於遼陽敏而好學自少有能賦聲同舍生欲試其才使一日賦十題戲之衎執筆怡然未暮十賦皆就彬彬然有可觀年二十六登進士第乞歸養逾二年方調澤陰丞召爲尙書省令史除右司都事母喪去官起復吏部員外郎

攝左司員外郎王彥潛常大榮李慶之皆在吏部選中吏部擬彥潛大榮皆進士第一次當在慶之上彥潛洛州防禦判官大榮臨海軍節度判官慶之瀋州觀察判官左司郎中賈昌祚挾私欲與慶之洛州詭曰洛雖佳郡防禦幕官在節鎮下乃改擬彥潛臨海軍大榮瀋州慶之洛州慶之初赴選昌祚以慶之爲會試詮讀官而慶之弟慶雲爲尚書省令史多與權貴游海陵心惡之嘗謂左右司昌祚必與慶之善有大奉國臣者金海陵王母永寧太后族人先爲東京警巡院使以贓免去欲因太后求見海陵不許衎與奉國臣有鄉里舊擬爲貴德縣令海陵大怒於是昌祚衎吏部侍郎馮仲等各杖之有差慶雲決杖一百五十罷去未幾昌祚仲慶雲皆死衎降爲清水縣主簿兵部員外郎攝吏部主事楊邦基降宜春縣主簿吏部主事宋仝降滌

陰縣主簿尙書省知除楊伯傑降閭陽縣主簿居二年爲大理司直遷戶部員外郎同知中都都轉運使太常少卿吏部郎中大定初轉左司郎中世宗孜孜求諫羣臣承順旨意無所匡正上曰朕初即位庶政多未諳悉實賴將相大臣同心輔佐百姓且上書言事或有所補夫聽斷獄訟簿書期會何人不能如唐虞之聖猶曰稽於衆舍己從人正隆專任獨見不謀臣下以取敗亂卿等其體朕意使徧傳詔臺省百司曰凡上書言事或爲有司沮遏許進表以聞遷吏部尙書每季選人至吏部託以檢閱舊籍謂之檢卷有滯留至後季猶不得去者徧三爲吏部知其弊歲餘銓事修理選人便之五年爲賀宋國生日使中道得疾去職大定七年卒三子長守義大定十六年進士次守信以廕補官次守禮宣徽使守信子憲

憲字仲常外家王氏黄華山人王庭筠其舅也憲幼學於外家故詩筆字畫俱有庭筠之風天資穎悟博學彊記在太學中諸人莫敢與抗泰和三年乙科登第自言於世味澹無所好唯生死文字間而已使世有東坡雖相去萬里亦當往拜之年未三十作詩已數千首仕至博州防禦判官遼陽破殁於兵間

大奉國臣王裔也居於遼陽爲金海陵王母永寧太后族人官東京警巡院使事具高衎傳

張浩字浩然遺族也居於遼陽本姓高氏高祖樂夫仕遼官禮賓使曾祖霸官金吾衛上將軍始爲張氏祖祁官南海軍節度使父行願仕至右班殿直兄某爲僧名慧休金天輔中遼陽平浩以策干太祖太祖以浩爲承應御前文字天會八年賜進士及第授秘書郎太宗將幸東京浩提點繕修大內超遷衛尉卿

權簽宣徽院事管句御前文字初定朝儀求養親去職起爲趙州刺史官制行以中大夫爲大理卿天眷二年詳定內外儀式歷戶工禮三部侍郎遷禮部尚書田瑴黨事起臺省一空以浩行六部事簿書叢委決遣無留人服其才以疾求外補除彰德軍節度使遷燕京路都轉運使俄改平陽尹平陽多盜臨汾男子夜掠人婦浩捕得榜殺之盜遂衰息近郊有淫祠郡人頗事之廟祝田主爭香火之利累年不決浩撤其祠屋投其像水中强宗黠吏屏迹莫敢犯者郡中大治乃繕葺堯帝祠作擊壤遺風亭海陵召爲戶部尚書拜參知政事封虞國公天德二年丁母憂起復參知政事進拜尚書右丞天德三年廣燕京城營建宮室浩與燕京留守劉筈大名尹盧彥倫監護工作命浩就擬差除既而暑月工役多疾疫詔發燕京五百里內醫者使治療

官給藥物全活多者與官其次給賞下者轉運司舉察以聞貞元元年海陵定都燕京改燕京爲中都改析津府爲大興府浩進拜平章政事賜金帶玉帶各一賜宴於魚藻池浩請凡四方之民欲居中都者給復十年以實京城從之拜尚書右丞相兼侍中封潞王賜其子汝霖進士及第未幾改封蜀王進拜左丞相正隆二年改封魯國公表乞致仕海陵曰人君不明諫不行言不聽則宰相求去宰相老病不能任事則求去卿於二者何居浩對曰臣羸病不堪任事宰相非養病之地也是以求去不許海陵欲伐宋將幸汴而汴京大内失火於是使浩與敬嗣暉營建南京宫室浩從容奏曰往歲營治中都天下樂然趨之今民力未復而重勞之恐不似前時之易成也不聽浩朝辭海陵問用兵利害浩不敢正諫乃婉詞以對欲以微止海陵用兵奏

曰臣觀天意欲絕趙氏久矣海陵愕然曰何以知之對曰趙構無子樹立疎屬其勢必生變可不煩用兵而服之海陵雖喜其言而不能從也浩至汴海陵時時使宦者梁珫來視工役凡一殿之成費累鉅萬珫指曰某處不如法式輒撤之浩不能抗而與之均禮汴宮成海陵自燕來遷居之浩拜太傅尚書令進封秦國公海陵至汴累月不視朝日治兵南伐部署諸將浩欲奏事不得見會海陵遣周福兒至浩家浩附奏曰諸將皆新進少年恐誤國事宜求舊人練習兵者以爲千戶謀克而海陵部署已定惡聞其言乃杖之海陵自將發汴京皇后太子居守浩留治尚書省事世宗即位於遼陽揚州軍變海陵遇害都督府使使殺太子光英於南京浩遣戶部員外郎完顏謀衍上賀表明年二月浩朝京師入見世宗謂曰朕思天位惟艱夙夜惕懼不

遑寧處卿國之元老當勠力贊治宜令後世稱揚德政毋失委任之意也俄拜太師尙書令封南陽郡王世宗曰卿在正隆時爲首相不能匡救惡得無罪營建兩宮殫竭民力汝亦嘗諫故天下不以咎汝惟怨正隆而卿在省十餘年練達政務故復用卿爲相當自勉毋負朕意浩頓首謝居數日世宗謂浩曰卿爲尙書令凡人材有可用者當舉用之浩舉紇石烈志寧等其後皆爲名臣浩有疾在告者久之遣左司郎中高衎及浩姪汝弼宣諭浩力疾入對即詔入朝毋拜許設座殿陛之東若有咨謀然後進對或體中不佳不必日至省中大政可就第裁決浩雖受詔然每以退爲請三年夏復申前請乃除判東京留守疾不能赴任因請致仕初近侍有欲罷科舉者上曰吾見太師議之浩入見上曰自古帝王有不用文學者乎浩對曰有曰誰歟浩

曰秦始皇上顧左右曰豈可使我爲始皇乎事遂寢是歲薨上
輟朝一日詔左宣徽使趙興祥率百官致奠賻銀千兩重綵五
十端絹五百疋謚曰文康明昌五年配享世宗廟庭泰和元年
圖像衍慶宮所著有華表山人集久佚子六汝爲汝翼汝霖汝
能汝方汝猷

汝爲字仲宣登進士第官冀州節度副使河北東路轉運使

汝翼登祠科官東京鶴野縣主簿蚤卒

汝霖字仲澤少聰慧好學浩嘗稱之曰吾家千里駒也貞元二
年賜呂忠翰牓下進士第特授左補闕擢大興縣令再遷禮部
員外郎翰林待制大定八年除刑部郎中召見於香閣諭之曰
卿以待制除郎中勿以爲降朕以刑部闕漢官故以授卿且卿
入仕未久姑試其能耳如職事修舉當有陞擢爾父太師以戶

部尚書升諸相位由崇德大夫躐遷金紫卿所目見也當既厥心無忝乃父明年授太子左諭德兼禮部郎中先是知登聞檢院王震改禮部郎中世宗諭宰臣曰此除未允人望禮官當選有學術士如張汝霖者可也於是命汝霖兼之而除震别職擢刑部侍郎以憂解起復爲太子詹事遷太子少師兼御史中丞世宗召謂曰卿嘗言監察御史所察州縣官多因沽買以得名譽良吏奉法不爲表襮必無所稱朕意亦然卿今爲臺官可革其弊尋改中都路都轉運使太子少師兼禮部尚書俄轉吏部爲御史大夫時將陵主簿高德温大收税戶米逮御史獄汝霖具二法上世宗責之曰朕以卿爲公正故登用之德温有人在宮掖故朕頗詳其事朕肯以宮掖之私撓法耶不謂卿等顧徇如是汝霖跪謝久之上顧左諫議大夫楊伯仁曰臺臣不正如

此伯仁奏曰罪疑惟輕故具二法上請在陛下裁斷耳且人材難得與其材智而邪不若用愚而正者上作色曰卿輩皆愚而不正者也未幾復坐失出大興推官高公美罪謫授棣州防禦使頃之復爲太子少師兼禮部尚書拜參知政事太子少師如故是日汝霖族兄汝弼亦進拜尚書左丞時人榮之後因朝奏日論事上前世宗謂曰朕觀唐史見太宗行事初甚勵精晚年與羣臣議多飾辭朕不如是也又曰唐太宗明天子也晚年亦有過舉朕雖不能比迹聖帝明王然常思始終如一今雖年高敬慎之心無時或怠汝霖對曰古人有言靡不有初鮮克有終有始有卒者其惟聖人乎魏徵所言守成難者正謂此也上以爲然二十五年章宗以原王判大興府事上命汝霖但涓視事日且加輔導尋坐擅支東宫諸皇孫食料奪官一階久之遷尚

書右丞是時世宗在位久熟悉天下事思得賢材與圖致治而大臣皆依違苟且無所薦達一日世宗召宰臣謂曰卿等職居輔相曾無薦舉何也且卿等老矣殊無可以自代者乎惟朕嘗言某人可用然後從而言之卿等既無所言必待朕知而後進用將復有幾因顧汝霖曰若右丞者亦因右丞相言而知也汝霖對曰臣等苟有所知豈敢不薦但無人耳上曰春秋諸國分裂土地褊小皆稱有賢今天下之大豈無人才但卿等不舉而已今朕自勉庶幾致治他日子孫誰與共治乎汝霖等皆有慙色二十八年拜平章政事兼修國史封芮國公世宗不豫與太尉徒單克寧右丞相襄同受顧命章宗即位加銀青榮祿大夫進封莘先是右丞相襄言熙宗聖節蓋七月七日爲係景祖忌辰更用五月受外國賀今天壽節在七月雨水淫暴外方人使

赴闕有礙行李乞移他月爲便汝霖言帝王之道當示信於天下昔宋主構生日亦係五月是時都在會寧上國遣使賜禮不聞有霖潦礙阻之說今與宋講好日久遽以暑雨爲辭示以不實萬一雨水踰常愆期到闕猶愈更用別日參知政事劉瑋御史大夫唐古貢中丞李晏刑部尚書兼右諫議大夫完顏守道修起居注完顏烏者同知登聞檢院事孫鐸亦皆言其不可帝初從之既而竟用褱議時帝在諒陰初出獵諫院聯章言新喪中未宜其後冬獵汝霖諫之詔答曰卿能每事如此朕復何憂然時異事殊難同古昔如能斟酌得中斯爲當矣一日帝謂宰臣曰今之用人太拘資歷如此何能得人汝霖奏曰不拘資格所以待非常之材帝曰崔祐甫爲相未踰年薦八百人豈皆非常材耶時有司言民間收藏制文恐因而滋訟乞禁之汝霖謂

王者之法譬猶江河欲使易避而難犯本朝法制坦然明白今已著爲不刋之典天下之人無不聞誦若令私家收之則人皆曉然不敢爲非亦助治之一端也不禁爲便詔從之明昌元年三月表乞致仕不許十二月卒時帝獵饒陽訃聞勅百官送葬賻禮加厚謚曰文襄汝霖通敏習事凡進言必揣上微意及朋附多人爲說故言不忤而似忠也初章宗新即位有司言改造殿庭諸陳設物日用繡工一千二百人二年畢事帝以多費意輟造汝霖曰此非上服用未爲過侈將來外國朝會殿宇壯觀亦國體也其後奢用寖廣蓋汝霖有以導之云

汝能能文曾爲其祖撰墓志傳於世仕籍不詳

汝方字仲賢號丹華老人官秘書郎章宗命與王庭筠品第法書名畫累官至宣猷使

汝猷字仲猷仕至宣徽使張氏父子兄弟俱能詩除汝霖外餘均不傳

張玄素字子貞與浩同曾祖祖祐父匡仕遼官至節度使玄素初以蔭得官高永昌據遼陽玄素在其中斡魯軍至乃開門出降特授世襲銅州猛安天會間歷西上閤門使客省使東宮計司天眷元年以靜江軍節度使知涿州察廉最進官一階皇子魏王道濟遙領中京以玄素爲魏王府同提點尋改鎭西軍節度使遷東京路都轉運使改興平軍節度使正隆末年天下盜起玄素發民夫增築城郭同僚諫止之不聽未幾寇掠鄰郡皆無備而興平獨安世宗即位玄素來見於東京玄素在東京希海陵旨言世宗嘗取在官黃糧及撫其數事至是來見世宗一切不問玄素與李石力言宜早幸燕京上深然之遷戶部尙書

出鎭定武遂致仕年八十四卒玄素厚而剛毅人畏憚之往往以片紙署字其上治瘧疾輒愈人皆異之

汝弼字仲佐父玄徵彰信軍節度使玄素兄也汝弼初以父蔭補官正隆二年中進士第調瀋州樂郊縣主簿玄徵妻高氏與世宗母貞懿皇后有屬世宗納玄徵女爲次室是爲元妃張氏生趙王永中世宗即位於遼陽汝弼與叔玄素俱往歸之擢應奉翰林文字世宗御翠巒閣召左司郎中高衎及汝弼問曰近日除授外議何如宜以實奏毋少隱也有不可用者當改之衎汝弼皆無以對自皇統以來內藏諸物費用無度吏貪緣爲姦多亡失汝弼與宮籍直長高公穆入殿小底王添兒閱實之以類爲籍作四庫以貯之於是內藏庫使王可道等皆杖一百汝弼等各進階頃之兼修起居注轉右司員外郎母憂去官起復

吏部郎中累遷吏部尙書拜參知政事詔徙女眞猛安謀克於中都給以近郊官地皆瘠薄其腴田皆豪民久佃遂專爲己有上出獵猛安謀克人前訴所給地不可種藝詔拘官田在民久佃者與之因命汝弼議其事請條約立限令百姓自陳過限許人首告實者與賞上可其奏仍遣同知中都轉運使張九思拘籍之上問高麗夏皆稱臣使者至高麗與王抗禮夏王立受使者拜何也左丞襄對曰故遼與夏爲甥舅夏王以公主故受使者拜本朝與夏約和用遼故禮所以然耳汝弼曰誓書稱一遵遼國舊儀今行之已四十年不可改也上曰卿等言是也上聞尙書省除授小官多不稱職召汝弼至香閣謂之曰他宰相年老卿等宜盡心汝弼對曰材薄不足以副聖意耳進拜尙書右丞於是戶部糶官倉粟汝弼請使暖湯院得糴之上讓曰汝欲

積陰德邪何區區如此左丞相徒單克寧解政務爲樞密使是日汝弼亦懷表乞致仕上使人止之曰卿年未老未可退也進左丞與族弟參知政事汝霖同日拜族里以爲榮有年未六十而乞致仕者上不許汝弼曰聖旨嘗許六十致仕上責之曰朕嘗許至六十者致仕不許未六十者且朕言六十致仕是則可行否則當言卿等不言皆此類也久之坐擅增諸皇孫食料與丞相守道右丞粘割斡特剌參政張汝霖各削一階上曰准法當解職但示薄責耳汝弼在病告上謂宰相曰汝弼久居執政練習制度頗能斟酌人材而用心不正乃罷爲廣寧尹賜通犀帶汝弼爲相不能正諫上所欲爲則順而導之所不欲爲則微言以觀其意上責之則婉辭以引過終不忤之也而上亦知之且黷貨以計取諸家名園甲第珍玩奇好士論薄之二十七年

蕘汝弼既與永中甥舅陰相爲黨章宗即位汝弼妻高陀斡每以邪言怵永中覬非望晝永中母像侍奉祈祝使術者推算永中有司鞫治高氏伏誅事連汝弼上以事覺在汝弼死後得免削奪

王政一名南撒里永壽之子居於熊岳當遼季世浮沈鄉里高永昌據遼東知政才略欲用之政度其無成辭謝不就永昌敗渤海人爭縛永昌以爲功政獨逡巡引退吳王闍母聞而異之言於太祖授盧州渤海軍謀克從破白霫下燕雲及金兵伐宋滑州降留政爲安撫使前此數州既降復殺守將反爲宋守及是人以爲政憂政曰苟利國家雖死何避宋王宗望壯之曰身沒王事利及子孫汝言是也政從數騎入州是時民多以饑爲盜坐繫政皆釋之發倉廩以振貧乏於是州民皆悅不復叛傍

郡聞之亦多降者宋王召政至轅門撫其背曰吾以汝爲死矣乃復成功耶慰諭者久之天會四年爲燕京都麴院同監未幾除同知金勝軍節度使事改權侍衛親軍都指揮使兼掌軍資是時軍旅始定筦庫紀綱未立掌吏皆因緣爲姦政獨明會計嚴扃鐍金帛山積而出納無錙銖之失吳王闍母戲之曰汝爲官久矣而貧不加富何也對曰政以楊震四知自守安得不貧吳王笑曰前言戲之耳以黃金百兩銀五百兩及所乘馬遺之六年授左監門將軍歷安州刺史檀州軍州事戶吏房主事十三年正月太宗崩政以檢校右散騎常侍爲高麗報哀使天眷元年遷保靜軍節度使致仕卒年六十六子遵仁遵義遵古

遵古字元仲金正隆五年進士仕至中大夫翰林直學士文行兼備潛心伊洛之學言行皆可紀述章帝明昌時應詔有昔人

君子之目子孫因以昔人名所居之山君子名其泉嘗爲博州倅兼提舉廟學撰廟學碑陰記其爲政緣飾以儒雅北方稱爲遼東夫子歷亭孫鐸性敏好學遵古一見器之期以公輔後果如所言娶張浩女生四子庭玉庭堅庭筠庭掞

庭玉字子温官內鄉令累同知遼州軍州事卒

庭堅字子貞有時名能詩

庭筠字子端生未期視書識十七字六歲聞父兄誦書能通大義七歲學詩十一歲賦全題讀書五行俱下日記五千餘言涿郡王翛風岸孤峻少所許可一見庭筠許以國士弱冠登大定十六年進士第調恩州軍事判官臨政有聲郡民鄒四者謀爲不軌事覺逮捕千餘人中朝遣大理司直王仲軻治其獄而四獨竄匿不能得庭筠以計獲四分別詿誤坐預謀者僅十二人

人稱其平恕再調館陶主簿明昌元年三月章宗諭學士院曰王庭筠所試文句太長朕不喜此亦恐四方傚之又謂平章張汝霖曰庭筠文藝頗佳然語句不健其人才高亦不難改也四月召庭筠試館職中選御史臺言庭筠在館陶嘗犯贓罪不當以館閣處之遂罷庭筠蚤有重名士夫想望風采謂當一日九遷乃限於言者不得升秩殊不自聊在館陶秩滿單車徑去卜居彰德周覽山川以謂西山橫截千里隱然如臥龍起硔硌天平黃華至魯般門龍之首脊肋尾皆具而黃華蔚然涵濃秀之氣山有慈明覺仁二寺上下相去不半里所西抵鏡臺直雞翅洪之懸流幽林穹谷萬景坌集一水一石皆崐閬間物顧視塵世殆不可一日居也乃置家相下買田隆慮借二寺爲棲息之地時往嘯咏若將終身因以黃華山主自號山居數年悉力經

史無所不窺旁及釋老所詣益博而名益重後章宗與宰執語及學士乏材參政耶律守貞曰王庭筠其人也三年召爲書畫局都監俄授應奉翰林文字命與秘書郎張汝方品第內府法書名畫爲五百五十卷又集所見士大夫家藏前賢墨蹟古法帖摹刻之號雪溪堂帖十卷五年八月章宗顧謂宰執曰應奉王庭筠朕欲以詔誥委之其人才亦豈易得近党懷英作長白山册文殊不工聞文士多妬庭筠不論其文顧以行止爲訾大抵讀書人多口頰或相黨昔東漢之士與宦官分朋固無足怪如唐牛僧孺李德裕宋司馬光王安石均爲儒者而互相排毀何耶遂遷庭筠爲翰林修撰同知制誥承安元年知制誥趙秉文上書論胥持國當罷宗室守貞可大用章宗召問言頗差異於是命知大興府事完顏膏等鞫之秉文乃曰初欲上言嘗與

王庭筠等私議乃下庭筠獄坐削秩出爲鄭州防禦判官時人頗不直秉文爲之語曰古有朱雲今有秉文朱雲攀檻秉文攀人庭筠繼丁內外艱哀毁骨立幾不起四年復起應奉翰林文字泰和元年復翰林修撰扈從秋山應制賦詩三十餘首章宗嘉之明年十月卒年五十有二一作四十七章宗素知其貧詔有司賻錢八十萬以給喪事求生平詩文藏之秘閣又以御製詩賜其家其引云王遵古朕之故人也乃子庭筠復以才選直禁林首尾十年今茲云亡玉堂東觀無復斯人矣庭筠以名家子儀觀秀偉風流藴藉冠冕一時善談笑俯仰可觀外視若簡貴人初不敢與之接一見之後和氣津津溢於顔間殷勤慰藉如恐不及少有可取極口稱道他日雖百負之不恨也從游者如韓温甫路元亨張進卿李公度其薦引者如趙秉文馮璧李純甫

皆一時名士世以知人許之爲文能道所欲言如文殊院斲琴飛來積雪賦及漢先主廟碑記等辭理兼備爲人傳誦暮年詩律深嚴七言長篇尤以險韻爲工方之少作如出兩手朝使至河湟者多言夏人問庭筠及趙秉文起居狀其爲四方所重如此有藂辨十卷文集四十卷書法學黃魯直米元章論者謂元章得其氣而魯直得其韻氣之勝者失之奮迅韻之勝者流爲柔媚而庭筠則得於氣韻之間世以爲然與趙渢趙秉文俱以書名家畫品甚高山水有入品之妙墨竹殆天機所到每作一幅必以千文爲號不肯輕以予人妻張氏亦浩女孫三子萬安萬孫萬吉皆蚤卒無子以弟庭掞之次子萬慶爲後

庭掞字子文行誼無考

萬慶一作曼慶字僖伯以蔭補官宣宗時咸平王澮年六十有賢名

宣宗聞之遣萬慶往授遼東宣撫使澮不拜天興二年七月右丞相樞密使完顏賽不行尚書省事於徐州萬慶官行省左右司郎中賽不以州乏糧遣萬慶會徐宿靈壁兵取源州令元帥郭恩統之未幾敗還萬慶詩筆字畫能世其家自號澹游元人王惲嘗稱京師好事屏圍幀軸無非澹游詩翰乃知老成雖遠典型盡見於是又云公之老筆尤瀟灑可愛豈神完守固氣自清明雖耄而不衰者耶

明伯以字行失其名庭筠之猶子也幼歲學書以工見稱倜儻無機膂力過人亦能詩後死於鄧州年未四十

顯卿庭筠之姪孫也元初官中書省典史

大懷貞字子正遺裔也居於遼陽金皇統五年除閤門祗候三遷東上閤門使丁母憂起復符寶郎累官右宣徽使正隆伐宋

爲武勝軍都總管大定二年除洛州防禦使兼押軍萬戶改沂州再遷彰國安武軍節度使縣尉獲盜得一旗上圖亢宿詰之有謀叛狀株連幾萬人懷貞當以亂民之刑請誅其首亂者十八人餘皆釋之嘗以私忌飯僧數人就中一僧異常懷貞問曰汝何許人也對曰山西人復問曾爲盜殺人否對曰無之後三日詰盜果引此僧皆服其明察改興中尹錦州富民蕭鶴壽途中殺人匿府少尹家有司捕不得懷貞以計取之寘於法改彰德軍節度使卒

大簡之王裔也生於金代仕履未詳以畫名家工松石小景

高竑遺族也金代以蔭補官累調貴德縣尉提刑司舉任繁劇遷奉聖州錄事察廉遷內黃令累官左藏庫副使元妃李氏以皂幣易紅幣竑獨拒不肯易元妃奏之章宗大喜遣人諭之曰

所執甚善今姑與之後不得爲例轉儀鸞局少府少監改戶部員外郎安州刺史大安中越王永功判中山竑以王傅同知府事改同知河南府充安撫使徙同知大名府兼本路安撫使貞祐二年遷河北西路按察轉運使録大名功遷三官致仕興定四年卒

大晦王裔也居於遼陽中金大定間進士第東京淸安禪寺住持僧英公禪師卒瀋州樂郊縣主簿揚訥撰塔銘晦爲之書

大中王裔也金章宗時官審官院掌書以漏言除授事出爲蒲陰縣令參知政事賈鉉亦坐貶七年又坐與左司郎中劉昂等私議朝政下獄尚書省奏其罪參知政事孫鐸曰昂等非敢議朝政但如鄭人游鄉校耳章宗悟乃薄其罪

李英字子賢遺族也自遼陽徙居灤都爲布衣時以氣節聞中

金明昌五年進士第調淳化主簿登州軍事判官封邱令丁父憂服除調通遠令蕃部取民物不與直攝之不時至即掩捕之論如法補尚書省令史大安三年蒙古日偪集三品以上官議兵事英上疏曰軍旅必練習者朮虎高琪烏古孫兀屯納蘭佡頭抹撚盡忠先朝嘗任使可與商略餘者紛紛恐誤大計又曰比來增築城郭修完樓櫓事勢可知山東河北不大其聲援則京師爲孤城矣不報除吏部主事貞祐初攝左司都事遷監察御史右副元帥朮虎高琪辟爲經歷官乃上書高琪曰中都之有居庸猶秦之崤函蜀之劍門也邇者撤居庸兵我勢遂去今土豪守之朝廷當遣官節制失此不圖忠義之士將轉爲他矣又曰可鎭撫宣德德興餘民使之從戎所在自有宿藏足以取給是國家不費斗糧尺帛坐收所失之關隘也居庸咫尺都之

北門而不能衛護英實耻之高琪奏其書即除尚書工部員外郎充宣差都提控居庸等關隘悉隷焉英又請與侯摯田琢偕行二年正月乘夜與壯士李雄郭仲元郭興祖等四百九十人出城緣西山進至佛巖寺令李雄等下山招募軍民旬日得萬餘人擇衆所推服者領之詭稱土豪時時出與蒙古戰且有功被創召還遷翰林待制因獻十策其大槪謂居中土以鎮四方委親賢以收中都立藩屛以固關隘集人力以防不虞養馬力以助軍威愛禾稼以結民心明賞罰以勸百官選守令以復郡縣并州縣以省民力頗施行之宣宗南遷與左諫議大夫把胡魯俱爲御前經歷官詔曰扈從軍馬朕自總之事有利害可因近侍局以聞宣宗次眞定以英爲國子祭酒充宣差提控隴右邊事無何召爲御史中丞英言兵興以來百務皆弛其要在於

激濁揚清獎進人材耳近年改定四善二十七最之法徒爲虛文大定間數遣使者分道考察廉能當時號爲得人願改前日徒設之文遵大定已試之效庶幾人人自勵爲國家用矣宣宗嘉納之自兵興以來亟用官爵爲賞程陳僧敗官軍於龕谷遣僞統制董九招西關堡都統王狗兒狗兒立殺之詔除通遠軍節度使加榮祿大夫賜姓完顏氏英言名器不可以假人上恩又輕之何以使人伏見蘭州西關堡守將王狗兒向以微勞既以難得爲貴比來醲於用賞實駭聞聽帑藏不足惟恃爵命今蒙甄錄頃者堅守關城誘殺賊使論其忠節誠有可嘉若官之五品命以一州亦無負矣急於勸獎遂擢節鉞加階二品賜以國姓若取蘭州又將何以待之陝西名將項背相望曹記僧包長壽東永昌徒單醜兒郭祿大皆其著者狗兒邈然賤卒一朝

處衆人之右爲統領官恐衆望不厭難得其死力宣宗以英奏示宰臣宰臣奏狗兒奮發如此賞以異恩殆不爲過上然其言蒙古兵久圍中都丞相承暉遣人以礬寫奏告急詔元帥右監軍永錫左都監烏古論慶壽將兵英收河間清滄義軍自清州督糧運救中都英至大名得兵數萬貞祐三年三月十六日與蒙古兵遇於霸州北英戰死士卒殲焉慶壽永錫軍聞之皆潰歸五月中都不守初英出募兵河南民想望克捷遽喪敗共惋惜之事聞宣宗贈通奉大夫謚剛貞官護葬事錄用其子

論曰史也者所以考人類之遞嬗也非尋其因果甄其始末不足以明之渤海既亡其遺裔仍矯然自異不與他族相混歷二百餘年而無改今考宋遼金三史所謂某爲某地渤海人者皆其遺裔也茲悉爲比次大氏之族凡得四十三人他族凡得百

有七人迨金皇統五年罷遼東渤海人承襲猛安謀克之制九年又徙遼陽渤海之民於燕南其後遂不得聚族而居而漸就陵夷迨金亡其族習漢俗不能自別更無可考矣然於金代如遼陽張氏之顯以政事熊岳王氏之顯以文學且父子祖孫相承勿替足爲渤海一族之後勁底績若斯又烏可不述耶故考渤海民族遞嬗之跡必合宗臣諸臣士庶遺裔而並述之而後其始末備因果明此例爲唐氏所剏而余因之以其合史法也

渤海國志長編卷十三終

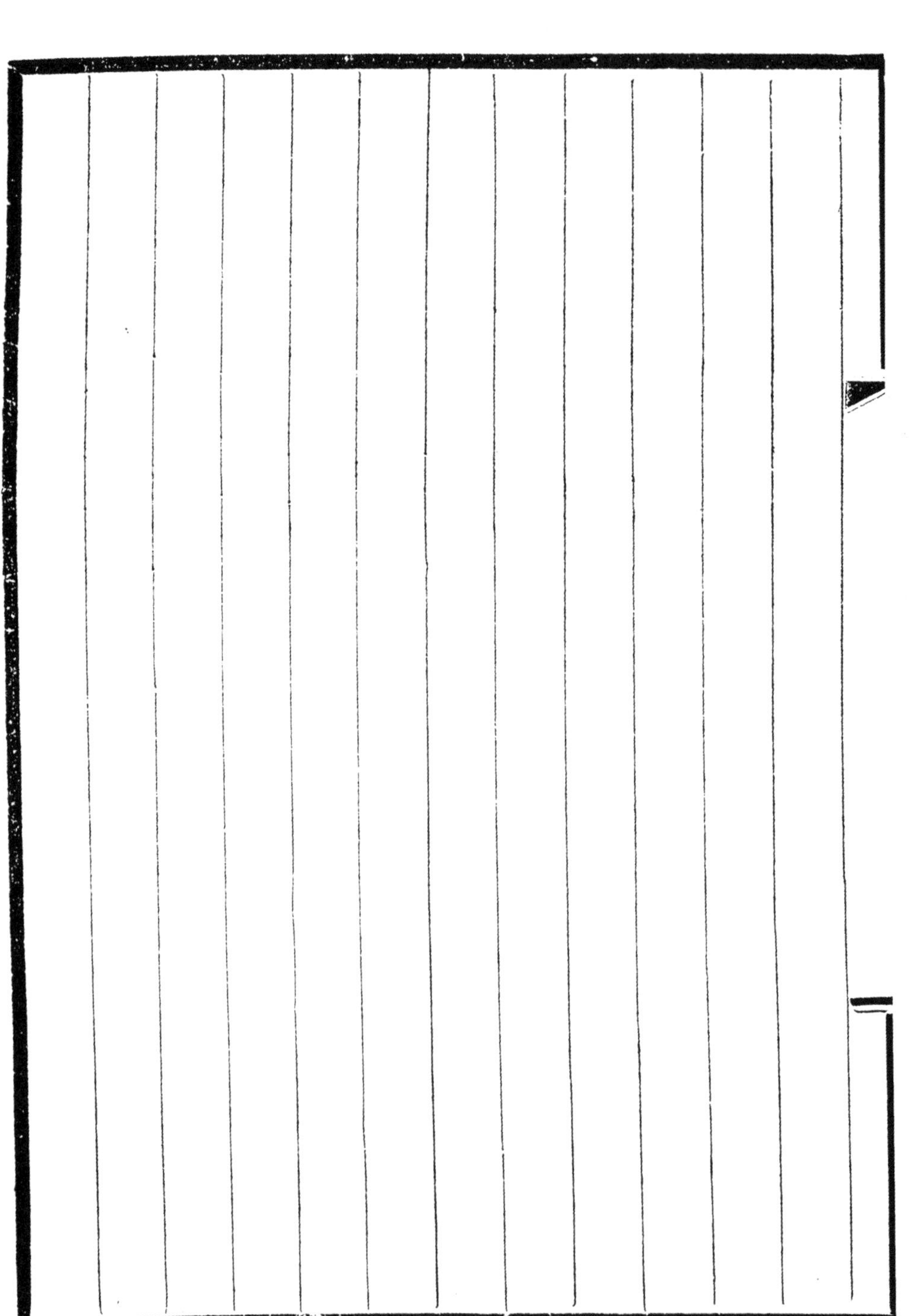

渤海國志長編卷十四

遼陽金毓黻　撰集

渤海國志十二

地理考第一

渤海建國之初蓋未暇將州縣之名悉加整齊釐定故有若忽木底諸州之名迨其後斥大土宇役屬諸部乃重定京府州縣之名新唐書渤海傳謂玄錫之世地有五京十五府六十二州此蓋舉其極盛之時言之也若夫京府州縣之名之釐定初不始於是時日本史紀渤海使史都蒙由南海府吐號浦指對馬島時爲文王大興四十一年已有南海府之名則不得謂始於玄錫明矣夷考名稱之整齊釐定殆宣王討伐海北諸部開大境宇之時乎今考渤海傳所載六十二州之名無若忽木底之名則易以新名久矣渤海傳既列舉其京府州之名甚晰遼史

地理志更將諸州所屬縣名采摭差備依此求之固可得十之七八然遼滅渤海之後改建東丹悉將其民遷徙他地或仍其舊稱或易以新名覈其性質實同僑置而元代修史諸氏不究原委往往以耶律僑置之名爲大氏始建之地遂使讀遼史者迷其所在誠鉅謬也近賢疏舉其誤頗得緦理後來者勝勢使之然本篇既將每府之地悉加考證明其所在復於每州之下條舉原流加之諟正其國内之山川四境之所至亦略爲甄敘復爲圖以佐之庶使讀者無少懵焉若夫近人考渤海史蹟者以地理一事爲繁别有專書可資詳説此考不能悉舉也

上京龍泉府一名忽汗城肅愼故地也領龍湖渤三州

天寶末欽茂徙上京直舊國三百里忽汗河之東新唐書渤海傳

營州東百八十里至燕郡城又經汝羅守捉渡遼水至安東

都護府五百里府故漢襄平城也自都護府東北經古蓋牟新城又經渤海長嶺府千五百里至渤海王城城臨忽汗海其西南三十里有古肅慎城其北經德理鎮至南黑水靺鞨千里　登州東北海行至鴨淥江口舟行百餘里乃小舫泝流東北三十里至泊汋口得渤海之境又泝流五百里至丸都縣城故高麗王都又東北泝流二百里至神州又陸行四百里至顯州又正北如東六百里至渤海王城（唐書地理志引賈耽道里記）

古肅慎城四面約五里餘遺堞尚在渤海國都三十里亦以石累城腳（松漠紀聞又契丹國志亦有此文蓋采自洪氏）

遼太祖天顯元年二月改渤海國爲東丹城爲天福（遼史本紀）

甯公臺（按即甯古塔）西南六十里曰沙嶺（即沙林）嶺東十餘里有古

城焉土人相傳曰東京道中遠望其上常有雲氣變幻如樓臺宮闕狀稍近之鬱鬱葱葱又如煙井廬舍萬家屯聚即而視之無有也故城甃石爲基土墉高丈許無復雉堞頹然短垣也圍可三十里城門石路車轍宛然南門内故址似宮殿三重前一重規模宏敞礎方廣三尺餘計一十有六後二重無存焉殿南向正中無馳道東西二闕門階墀陛城層級可辨前列五臺今高二丈許似京師鳳闕遺制後別有小城似宮禁左右石井二白石甃砌八角形明堂以外九陌三衢依稀可識旁石壘如部落軍伍所舍或官署環列如拱城内今宮室無存敗瓦亂蹟在榛莽中時有丹碧琉璃錯出間雜存漢字欵識土人取以爲玩掘地得斷碑有下瞰臺城儒生盛於東觀十字皆漢文字畫莊楷蓋國學碑也想像當時建國

荒漠重學崇儒如是城外大河繞城而東有圮橋亂石橫亘水中城南有古寺鏤石爲大佛高丈有六風雨侵蝕苔蘚斑然而法相莊嚴鏤鑿工巧今墮其首好事者裝而復之前有石浮屠八角形郭外平曠數十里其西七八里許有石磧數區各周環三四里似屯兵芻牧之所旁有古墓石方丈者數版掘地得石獸如白玉西南十餘里有長溪芰荷菱芡產焉夏秋之交芙蕖紅敷數十里燦若雲錦翠鳥野鳧迴翔上下土人盪小舟採蓮浮遊如畫緣溪而上三四十里瀑布土人曰水海水聲砰訇聞數里不知源所自出也蓋松花江以東風土形勝之美莫若東京云金史詳校三引張賁東京記

沙林東南十五里曰火茸城廣四十餘里中間禁城可里餘三殿基址皆在碎碧瓦棊布其上禁城外有大石佛高可三

丈許蓮花承之前有石塔向東小欹出大城而西則芰荷瀰渚逶迤綿渺莫窮其際間有亭榭遺址高士奇扈從東巡日錄

謹案今寧安縣之東京城即渤海上京龍泉府也依據諸書所記可得二證今牡丹江原作呼爾哈河呼爾哈與呼罕本爲一音呼爾哈河即呼罕河也高王建國於東牟山又阻奥婁一作鄂倫河樹壁自固奥婁音轉鄂多理又曰敖東今敦化縣之敖東城即其地也城在忽汗河西岸故唐玄宗以其統爲忽汗州册拜高王爲都督文王徙都於上京今東京城正在忽汗河東岸南距敖東城亦正爲三百里敖東城既爲舊國則東京城必爲上京舊國以臨忽汗河而稱忽汗州則上京亦以臨忽汗河而稱忽汗城驗之唐書北狄傳無一不合其證一也唐安東都護府即今遼陽

由此東北行至東京城約爲一千五百里再由鴨淥江口上泝六百餘里丸都縣爲今輯安又二百里至神州爲今臨江又行四百里至顯州爲今樺甸縣之蘇密城詳後又正北偏東六百里至上京正爲今東京城且其言曰城臨忽汗海忽汗海即今畢爾騰湖一名鏡泊驗之賈耽所記亦無一不合其證二也今東京附近有數小城不敢斷言孰爲肅愼城遺址然必爲其中之一古之肅愼實國於是故唐書謂上京爲肅愼故地也至渤海亡後遼改忽汗城曰天福史文極爲顯然或又以遼陽當之其謬誤有不待辨者矣

龍州領縣八永寧豐水扶羅長平富利佐慕肅愼永平

謹案龍州爲龍泉府之首州亦即忽汗城之所在也遼於扶餘府故地設黃龍府又名之曰龍州其渤海之故縣有

八即以長平富利佐慕肅愼四縣併設黄龍縣以永寧豐水扶羅三縣併設遷民縣永平之縣名仍舊蓋遼滅渤海後遷上京居民之一部於黄龍府雖仍用龍州之故名實已非其故地其遷徙他州之民多用此法况肅愼縣原應在上京附近或即古肅愼城之故址尤爲確證此考之遼史地理志而得之者故遼史雖未明言爲龍州故縣亦當如此斷定也

又案遼上京臨潢府長泰縣祖州長霸縣皆以渤海龍州長平縣民移置臨潢府保和縣以渤海富利縣民移置東京遼陽府肅愼縣即以渤海龍州肅愼縣民移置蓋遼滅渤海後盡遷其民或移置黄龍府或遷於臨潢祖州或遷於遼陽此又可考而知者也

又案日本史載渤海聘使王文矩官永寧縣丞縣丞而膺出使之任必爲附郭首縣故以永寧列前參職官考

湖州領縣未詳

謹案遼史地理志以下簡稱遼志僅云湖州興利軍刺史渤海置未著故縣之名其地是否遷徙亦不敢定至渤海之湖州當在忽汗海附近蓋州因水得名者也至興利軍及刺史蓋遼代之制故不以屬之渤海他州同此

渤州領縣一貢珍

謹案遼志云渤州淸化軍刺史統縣一貢珍皆渤海置

中京顯德府在上京之南領顯盧鐵湯榮興六州

顯州天寶中王所都唐書地理志引賈耽道里記

謹案顯州即中京顯德府之所在也前人考顯德府者有

二說一謂爲吉林省城南之那丹佛勒城一謂爲樺甸縣之蘇密城然那丹佛勒城稍偏於東且南北袤百步東西廣二百步規模極小不足當中京之名蘇密城去那丹佛勒之西一百餘里位於輝發河之北岸頗擅運輸之利其城周六里東西二門內有子城周四里近城四面十餘里皆有小城規模頗廣褰以賈耽所記當日行程應出松花江輝發河會合之處則此城適當其地也惟有謂中京地方即高王所都之舊國者然唐書北狄傳謂舊國直上京三百里賈耽謂顯州去上京六百里其里到不合爲可疑因又謂三字爲六字之誤改之以求合余不敢謂然賈耽所云天寶中王所都者謂天寶中曾一都於是也若高王之建國乃在武后聖暦中其初封渤海郡王亦在開元元

年若爲奧婁之舊國則當云祚榮之所都亦不必限以天寶矣考天寶之時正文王欽茂之世或已於彼時建爲中京故曰王所都耳唐書紀文王於天寶末徙上京又於貞元初徙東京已兩徙其都矣或者文王於天寶中自舊國徙都於是至天寶末又徙都上京若然則文王一世三徙其都何其頻也總之舊國與中京決非一地此可以斷言者

顯州產布 領縣五金德常樂永豐雞山長寧

謹案遼移置顯州於醫巫閭山曰顯州奉先軍以奉顯陵而其遺民又多移於遼陽故遼史又謂遼陽即中京顯德府也求顯州之故縣當不外此二處遼志遼陽府遼陽縣下云本渤海金德縣地又云渤海爲常樂縣顯州奉先縣

下亦云析常遼史作長疑爲常字之誤樂民以爲陵戶在顯州之常樂猶存舊隸藉此可以考見知常樂之隸於顯州則金德之必隸顯州明矣又遼陽府仙鄉縣下云渤海爲永豐縣又顯州山東縣下云割渤海永豐縣民爲陵戶此亦如常樂之例知永豐爲顯州故縣則知遼陽之永豐必屬顯州矣又遼陽府鶴野縣下云渤海爲雞山縣與遼縣下云渤海爲長寧縣依前常樂永豐二縣之例皆定爲顯州故縣而遷其民於遼陽者此因遼志未明言爲顯州故縣而參伍考定者也

又案遼遷長寧縣民於祖州爲咸寧縣又遷於永州仍用長寧之名遷永豐縣民於饒州爲臨河縣此皆移渤海民以實上京附近者

又案唐書地理志以下簡稱唐志以盧州列顯州之前然按之賈耽所記則顯州實爲中京顯德府之首州故移其次於前

盧州一名杉盧郡產稻在京東一百三十里領縣五山陽杉盧漢陽白巖霜巖

謹案遼志東京道盧州玄德軍刺史本渤海軍杉盧郡故縣五皆廢即右列諸縣也凡遼志言故縣者即渤海各州所屬之縣語最明顯依此可得十之七八惟除少數外多已移置如盧州之移置熊岳是也盧州本渤海所置而遼志云本渤海杉盧郡似杉盧爲正名者實則語有未晰或初名杉盧郡後改盧州或爲一地之二名要之其爲盧州無疑也領縣之中有杉盧則杉盧之得名可知余意杉盧爲附郭縣而原列第二不可曉姑仍之

又案遼志於盧鐵湯興榮五州之下皆繫至京方隅里到以今熊岳按之應在東京南東京即遼陽三百里此云盧州在京東一百三十里方隅里到皆不合他州亦然吉林通志云此渤海各州至中京原書中誤作四之里到非遼時各州至東京之里到也此論極諦顯州爲附郭州故無里到此渤海各州里到之僅存者可以考見當時之方隅故具載之

又案遼志東京道瀋州所統有巖州白巖軍本渤海白巖城此蓋盧州白巖縣民移置於此者也遼志語欠分曉故曰本渤海白巖城

鐵州在京西南六十里領縣四位城產鐵河端蒼山龍珍

謹案遼志東京道鐵州建武軍渤海置州故縣四皆廢即右列諸縣也其屬縣位城產鐵故以鐵名州遼移置於今

遼陽南仍用故名

湯州在京西北一百里領縣五靈峰常豐白石均谷嘉利

謹案遼志東京道湯州渤海置州故縣五皆廢即右列諸縣也又遼志乾州廣德軍所統靈山縣下云本渤海靈山縣此爲移置之證遼乾州在今北鎭黑山二縣附近則遼湯州之所在可以得之矣

榮州遼志作崇州在京東北一百五十里領縣三崇山溈水緣城

謹案遼志東京道崇州隆安軍渤海置州故縣三皆廢即右列諸縣也遼志有榮州之名而其下不詳此崇州與盧鐵湯與四州相次而崇榮字又相似滿洲源流考謂即渤海之榮州是也或唐書誤崇爲榮或以榮州有崇山縣而誤州名爲崇皆不可考姑仍其舊以存疑

又按遼志東京路貴德州統縣貴德縣下云渤海爲崇山縣此即榮州崇山縣之移置貴德者也

興州在京西南三百里領縣三盛吉蒜山鐵山

謹案遼志東京道興州興中軍渤海置州故縣三皆廢即右列諸縣也榮州興州遼皆南移故地今不可考

又案遼志中京道黔州所統盛吉縣下云太祖平渤海俘興州盛吉縣民來居因置縣此故縣雖廢而又移置他處者

又案今吉林那丹佛勒城在蘇密城之東百餘里蘇密城如爲渤海之中京則那丹佛勒城適爲渤海之盧州以盧州在中京東一百三十里也又蘇密城附近之小城皆當爲渤海故縣惜均不可考

東京龍原府一曰柵城府濊貊故地也領慶鹽穆賀四州
有宮殿壘石爲城周圍二十里遼史地理志
渤海國南海鴨淥扶餘柵城四府並是高句麗舊地也自新羅井泉郡至柵城府凡三十九驛三國史記三十七引賈耽古今郡國志
貞元時東南徙東京欽茂死華璵爲王復還上京新唐書北狄傳
謹案東京龍原府之地爲濊貊故地又爲高句麗舊地具見前紀茲一一考證之三國魏志濊南辰韓北與高句麗沃沮接東窮大海漢武帝分朝鮮爲四郡自單單大嶺以東七縣都尉主之皆以濊爲民考單單大嶺即今長白山之別名沃沮有南北之分詳後說魏志所云沃沮蓋指北沃沮當高句麗盛時蓋包南北沃沮及濊貊故地而俱有之故曰北與高句麗沃沮接濊貊之地蓋由長白迤東而東

盡於海北踰豆滿江即今圖們江今琿春和龍一帶皆爲濊地此濊貊故地一語所由出也新羅井泉郡即今朝鮮之德源自井泉而北三十九驛而達東京舊唐書職官志謂凡三十里一驛合三十九驛之程則爲千一百七十里依此路程求之則爲琿春濱海之地或謂即今琿春境内之八連城一作八壘城差爲得之然自來説者不一有謂在今朝鮮之鏡城或富寧則似偏南而與南海府近有謂在今俄沿海州之海參崴者則似偏北且與往日本之道不類比較言之寧取琿春附近渤海末與其地屬高句麗爲慶州故賈耽謂爲其舊地然濊人據此實在高句麗之前唐書云濊貊故地就其朔言之也鴨淥府爲高句麗故地唐書已有明文矣南海府亦久爲高句麗所據與龍原府同而唐

書云沃沮故地者亦就其朔言之也扶餘府本古扶餘國故地後亦爲高句麗所據唐征高麗攻下之扶餘城即其地也又長嶺府地亦爲高句麗故地賈耽何故遺之然與東京固無與也

又案遼志謂龍原府有宮殿疊石爲城周圍二十里即因渤海以此爲五京之一又曾以此爲首都故規模差爲宏壯也遼志又謂太祖平渤海徙其民於大部落城遂廢聖宗伐新羅復加完葺後又遷戶實之是爲開州鎭國軍據此文細繹之似開州仍在龍原故地未嘗南徙惟與所徙他州相去極遠殊爲可疑遼東志謂開州故城即在鳳凰山今之鳳城縣也然則鹽穆賀三州移置之處皆當於此附近求之

慶州領縣六龍原永安烏山壁谷熊山白楊

謹案東京道開州鎮國軍高麗爲慶州渤海爲東京龍原府故縣六皆廢即右列諸縣也此文敘述未晰當云高麗爲慶州渤海因之故縣六撰史者以慶州爲首州故與龍原府之大名混而爲一兹分敘之則憭然矣龍原縣蓋爲慶州之附郭縣遼改稱開州後因龍原縣建開遠縣其他諸縣皆廢

又案遼志上京道降聖州永安縣下云本龍原府慶州縣名太祖平渤海遷其人於此建縣此開州下所云徙其民於大部落是也此文明言永安爲慶州縣名以此例其餘五縣其屬於慶州必矣

又案遼志東京道宗州所統熊山縣下云本渤海縣地此

因渤海原地而置州縣者也

又案吳承志賈耽記邊州入四夷道里攷實云元史地理志征東等處行中書省至元十三年沿海立水驛自耽羅至鴨淥江及楊村楊村爲渤海白楊廢縣故城瀕江即九連城愚按此說誤也吳氏蓋以渤海東京在今鳳城縣故以楊村當白楊縣以一字之偶同遽下斷語未敢謂然

鹽州一名龍河郡領縣四海陽接海格川龍河

謹案遼志開州統州下鹽州本渤海龍河郡故縣四皆廢即右列諸縣也此如盧州之例不言鹽州爲渤海置實一地而前後二名也穆賀二州仿此志又云開州相去一百四十里鹽穆諸州如未移置他處此即鹽州至東京之里到也穆州仿此

穆州一名會農郡領縣四會農水岐順化美縣

謹案遼志開州統州下穆州保和軍本渤海會農郡故縣四皆廢即右列諸縣也又云東北至開州一百二十里統縣一曰會農蓋併四縣爲一縣也

賀州一名吉里郡領縣四洪賀送誠吉理石山

謹案遼志開州統州下賀州本渤海吉理郡故縣四皆廢即右列諸縣也無至開州里到

又案鹽州一名龍河郡以龍河縣得名穆州一名會農郡以會農縣得名賀州一名吉理郡以吉理縣得名疑此三縣俱爲附郭縣而龍河吉理俱不在前未詳何故

南京南海府沃沮故地也產昆布領沃睛椒三州

疊石爲城幅員九里遼史地理志

謹案三國魏志云東沃沮在蓋馬大山（即長白山之別名）之東其地形東北狹西南長可千里後漢書東夷傳云武帝滅朝鮮以沃沮地爲玄菟郡後徙於高句驪（驪麗通用）西北更以沃沮爲縣屬樂浪東部都尉又有北沃沮去南沃沮八百餘里南接挹婁余謂南沃沮即東沃沮以在蓋馬大山之東故謂之東沃沮又對北沃沮而言故謂之南沃沮其實一地北沃沮即肅愼故地之異名肅愼亦名挹婁其曰南接挹婁者蓋以其北部爲北沃沮也沃沮之地與濊地異者沃沮在西其南部濱海北部不濱海濊貊之地在東稍北全部濱海二地皆南北狹長東京龍原府蓋在濊貊故地東北部濱海之處南京南海府蓋在沃沮故地南部濱海之處此唐書所以稱南海府爲沃沮故地也南海府本爲

高句麗故地高麗既滅遂爲渤海所有其南與新羅北境相接至南海府之所在有二說一謂在今咸興之德源亦即高句麗之泉井郡一謂在今咸鏡北道之鏡城然日本松井氏謂泉井郡在渤海時已入新羅爲井泉郡渤海不能置府於異國境內其說是也鏡城爲咸鏡北道之大都會有爲首府之形勢此地又東臨鏡城灣似可假定在此惟今朝鮮北青郡新昌有渤海古都之遺址南距海岸約數里其地在鏡城之南或謂此南京南海府之所在也續日本紀載光仁天皇寶龜八年渤海使史都蒙由南海府吐號浦指對馬島此爲由南海府海行入日本之一證又新唐書謂渤海與新羅以泥河爲界因求之德源以北之龍興江以當泥河則南海府當在龍興江之北又以新昌

附近爲合理也遼志云海州南海軍本沃沮國地渤海號南京南海府者蓋遼遷東丹國時乃於今海城之地置海州南海軍以南海府沃州之民遷於此處又置耀州以遷椒州之民置嬪州以遷睛州之民撰遼史者以爲前後一地混敍不分故有此誤其實相去蓋千餘里也遼志所云疊石爲城幅員九里蓋指南海府舊制與後遷之海州無涉與龍原府下所說正同

又案東國輿地勝覽五十咸鏡北道鍾城府之古跡有南京注云自潼關堡豆滿江徑甫青浦渡舍春川有古城號南京疑此或爲渤海南京南海府之所在

沃州產棉領縣六沃沮鷲巖龍山產綢濱海昇平靈泉

謹案遼志東京道海州下云本沃沮國地渤海號南京南

海府都督沃晴椒三州此語殊欠分曉前已辨之矣其下又云故縣六皆廢所舉諸縣之名已具於左此舉沃州之故縣也沃州爲沃沮故地故以沃名州又以沃沮爲附郭縣之名遼志所敘欠分曉亦與龍原府之慶州同

晴州遼志作晴州領縣五天晴神陽蓮池狼山仙巖

謹案遼志海州所統嬪州元一統志嬪作濱柔遠軍本渤海晴州故縣五皆廢即右列諸縣也此爲渤海移晴州之民於此非其故地椒州同此

椒州領縣五椒山貂嶺澌泉尖山巖淵

謹案遼志海州所統耀州本渤海椒州故縣五皆廢即右列諸縣也耀州統縣一曰巖淵蓋遷移後仍用渤海故名今海城西南六十里有耀州城即其地嬪州當亦去海城

不遠今已無考
又案遼志嬪州下云東南至海州一百二十里耀州下云東北至海州二百里巖淵縣下云東北至海州一百二十里所記里到驗以今耀州故址相差太遠疑如盧鐵湯榮興諸州之例爲渤海故州至南京之里到然無顯徵姑存以備考
西京鴨淥府高麗故地也領神桓豐正四州
城高二丈廣輪二十里遼史地理志
謹案遼志東京道淥州本高麗故國號西京鴨淥府都督神桓豐正四州事蓋遼滅渤海後惟西京之民未盡遷惟改神州爲淥州而桓豐正三州之名仍舊故五京之地惟西京爲易考以此也賈耽記云鴨淥江舟行至泊汋口得

渤海之境又泝流五百里至丸都縣又東北泝流二百里至神州此所記各地之方位皆明晰可尋泊汋一名博索金代於其附近地置博索府有泊汋城故址泊汋口者今之大蒲石河口也（按蒲石爲泊汋之對音水道提綱中外一統輿圖皆作蒲西河）由此上泝五百里得丸都縣丸都即桓州之所在也再上泝二百里得神州即鴨淥府之所在也桓神二州皆瀕鴨淥江尋之甚易清光緒六年有吳光國者得魏毋丘儉丸都紀功碑於洞溝之地洞溝在今輯安附近然則輯安即高句麗之丸都亦即渤海之丸都縣也由此再上泝二百里適當今臨江縣地（舊名帽兒山）則即神州之所在矣遼志謂桓州在淥州西南二百里淥州即神州所記正與賈耽說合桓州爲高句麗丸都之所在其他三州皆爲高句麗故地此說

前已言之故新唐書稱爲高麗故地至云其城高二丈廣輪二十里其爲渤海西京舊制無待詳言

神州領縣三神鹿神化劍門

謹案遼志淥州下云渤海號西京鴨淥府都督神桓豐正四州故縣三皆廢即右列各縣也此文語有未晰與南海府之沃州同蓋以神州爲首州故將故縣繫於鴨淥府之下也

又案遼志上京道臨潢府宣化縣下本神化縣民太祖破鴨淥府盡徙其民居京之南此移置其民而被以新名者又於淥州下云大延琳叛遷餘黨於上京置易俗縣居之此又爲渤海亡後百餘年事與渤海故縣之存廢無與者也

又案吳承志賈耽記邊州入四夷道里考實云中外一統輿圖有破城子此爲渤海之神化城太祖破鴨淥府盡徙神化縣民居京之南城於大延琳之叛已廢垣壁不盡毀故尚存破城之名神州在破城子東北爲滿蒲城北之肖明問鎮（去渭原二百里）肖明問爲譯名依古虞芮作古呂延之例推之本當讀作小宏聞因遼舊縣加綴一字（遼淥州領縣有宏聞）愚按吳氏所說恐未必確姑存之以備一說

桓州在京西南二百里領縣三桓都（產李）神鄉淇水（元一統志淇作湨讀史方輿紀要滿洲源流考皆從之案湨水即朝鮮之大同江在鴨淥江之東與此無涉故不之從）

謹案遼志淥州所統桓州下云高麗中都城故縣三皆廢即右列諸縣也又云高麗王於此創立宮闕國人謂之新國五世孫釗晉康帝建康初爲慕容皝所敗宮室焚蕩桓

州之附郭縣曰桓都桓丸本一音微有洪細之别故賈耽稱曰丸都縣又曰丸都縣城故高麗王都與遼志正合然則桓州之所在即高麗丸都之所在也

又案遼志謂桓州隸淥州在西南二百里與賈耽所記合此正渤海桓州距西京之里到也故用盧鐵諸州之例繫入正文豐正二州亦同

豐州一名盤安郡在京東北二百一十里領縣四安豐渤恪隰壤硤石

謹案遼志淥州所統豐州下云渤海置盤安郡故縣四皆廢即右列諸縣也其一名盤安郡不詳其義豈以安豐得名乎唐宴謂渤恪即泊灼以音近也然泊汋口在神桓二州之西南而豐州在神州之東北渤恪縣又爲豐州所屬

不應遠在數百里之外故不之從

正州一名沸流郡在京西北三百八十里領縣未詳

謹案遼志淥州所統正州下云本沸流王故地渤海置沸流郡有沸流水此即好大王碑所紀鄒牟王造渡之沸流谷也所云沸流王蓋指鄒牟王志於此州不繫故縣之名豈原無領縣耶抑佚而不可考耶遼志正州統縣一曰東那未言渤海舊置故不之數

長嶺府高麗故地也領瑕河二州

謹案賈耽道里記謂長嶺府在襄平（今遼陽城）之東北渤海王城之西南（詳見上京條）依此求之當在今奉天省之東北及吉林省之西南等處滿洲源流考云今吉林西南五百里有長嶺子南接納嚕窩集北接庫勒納窩集自長白山南一

嶺環繞至此爲衆水分流之地東北流爲遼吉善輝發等河入混同江（即松花江）西北流爲英額占尼哈達葉赫赫爾蘇（即東遼河）等河長嶺府之名蓋取諸此吉林通志云納嚕窩集在吉林城西南五百四十九里即分水嶺之南麓密林叢翳周數十里城西南諸河及興京界內諸河俱發源於此又云庫勒納窩集在吉林城西南一百四十里其南即長嶺子城西諸河俱發源於此綜此以上諸說蓋爲今英額門以北亘於海龍東豐西豐雙陽伊通問吉林哈達大嶺一名分水嶺俗謂在嶺東者爲東流水即遼吉善輝發諸河是也謂在嶺西者爲西流水即英額占尼赫爾蘇諸河是也今雙陽縣界內有長嶺子即吉林哈達大嶺之北端在清光緒三十年前此地尚森林茂密自闢地設治後均

犁爲熟田矣渤海之長嶺府當於此等處求之丁謙謂在今海龍縣附近滿洲歷史地理謂在今英額城附近皆相去不遠新唐書以高麗故地貫鴨淥長嶺兩府唐薛仁貴征高麗由北道迂進取蒼巖木底南蘇諸城皆當在長嶺府附近迨高麗亡後唐人以甌脫視之不甚經營故漸爲渤海所據耳此又其前後之跡有可考者

又案吳氏承志云長嶺府界接蒼巖依滿洲源流考說似今威遠堡東北九十里之葉赫城葉赫有兩城南城稱新城爲明時葉赫所築北城建於明前宜即長嶺故城此與滿洲歷史地理謂在今英額城者不同未知孰是

瑕州領縣未詳

謹案遼志東京道僅有長嶺府之名下無他語他書亦不

見故瑕州之始末不可考然滿洲源流考謂爲長嶺府附郭之州大致不誤蓋隨府治以俱廢耳

河州領縣未詳

謹案遼志東京道有河州德化軍置軍器坊蓋渤海之舊置而遼仍之者也滿洲源流考引明人地志云廢河州在黃龍北遼置河州有軍器坊明人多以今之開原爲黃龍府則河州在其北尙無不合其州治當在前舉諸河之畔景氏方䄍謂爲一把單河下流爲伊通河入松花江故名曰河州也

扶餘府扶餘故地也產鹿領扶仙二州

常屯勁兵捍契丹新唐書渤海傳

謹案遼志東京道通州安遠軍下云本扶餘國王城渤海號扶餘城太祖改龍州聖宗更今名保寧七年以黃龍府

叛人燕頗餘黨千餘戶升置節度統縣四此即渤海之扶餘府也又同道龍州黃龍府下云本渤海扶餘府太祖平渤海還至此崩有黃龍見更名保寧七年軍將燕頗叛府廢開泰九年遷城於東北以宗州檀州漢戶一千復置統州五縣三此指移置於東北之龍州黃龍府而言也蓋遼太祖攻下渤海扶餘府之後見黃龍之異遂崩後於其地建龍州黃龍府迨景宗保寧七年燕頗叛於是遂廢府改爲通州證以景宗本紀保寧七年黃龍府衛將燕頗叛討之以餘黨千戶城通州正與地理志通州下所繫之語合所謂聖宗改今名（即改稱通州）蓋爲景宗之誤耳由保寧七年至開泰九年中間府廢四十七年始復置而遷其城於舊治之東北於是於通州之外別有一黃龍府金因之以置

濟州又曰隆州利涉軍後升爲隆安府今吉林之農安縣治一名隆安城者也余曩讀唐書東夷傳唐高宗乾封三年李勣征高麗拔扶餘城若在今之農安何以迂曲六七百里之遠頗以爲疑今乃知扶餘舊城尚在農安之西南於是乃悟其不爲迂曲也今考遼志通州龍州各有統縣兩不相混通州統縣確爲渤海之故縣而龍州統縣則自渤海龍泉府龍州移置此又本爲兩地之明證也或謂舊黄龍府爲今開原縣者自明以來即有此說然遼志東京道有咸州金升爲咸平府即爲今之開原徵諸故書其證甚多余別有說蓋元代曾置開元路於黄龍府明初又將開元改稱開原以名咸州故地此則致誤之由來耳至渤海扶餘府則决不在是地何以明之遼太祖自臨潢率兵東征

先圍扶餘府而下之再由此以進攻上京龍泉府其道必不甚迂曲故唐書謂由上京以至扶餘之路爲契丹道也若扶餘府果在今之開原則必南迂四五百里而轉向東北與行軍之途程不合且賈耽所謂由都護府東北以達長嶺府之道正經今之開原果如是説則契丹道與營州道合而爲一矣其誤不待辯而明也滿洲源流考謂遼史既言改扶餘府爲龍州又言改龍州爲通州疑龍州其地本廣因燕頗之役舊治已廢開泰中移黄龍府於東北又分置通州也其言頗爲得實第余謂遼史既謂遷城於東北則新城之龍州在東北而舊城之通州在西南可以憭然且通龍二州俱有統縣龍州且有統州則其地當非甚小即謂相距至近亦當在今農安城西南百里之外求之則今長

春縣之西南隅懷德梨樹等縣地庶有當耳蓋古扶餘國當在是處故唐書稱爲扶餘故地也余初疑今科爾沁右翼前旗東南五十里之錫伯城爲扶餘府故地後細驗之其地直今農安之西北在陀喇河（即洮兒河）歸喇河（即交流河）相會之處遠在數百里外因不之取

又案契丹壤接扶餘日漸强大故渤海以勁兵屯於扶餘其後遼太祖攻下扶餘擊破勁兵則其他如破竹之勢矣

扶州領縣四扶餘布多顯義鵲川

仙州領縣三强師新安漁谷

謹案遼志通州龍州下均無渤海扶餘府領仙扶二州之文亦未詳其故縣龍州之統縣多由龍泉府之龍州移置前已言之矣通州之統縣則扶餘府之故縣也志云通遠

縣本渤海扶餘縣併布多縣置安遠縣本渤海顯義縣併
鵠川縣置歸仁縣本渤海强師縣併新安縣置漁谷縣本
渤海縣凡遼志言渤海某縣併某縣者其所併縣亦渤海
故縣也於是得有七縣扶州當爲扶餘府之首州扶餘縣
亦當爲扶州之附郭縣布多爲其所併其屬於扶州亦可
推定其他五縣遼志既無明文自難臆定兹以扶餘等四
縣屬之扶州强師等三縣屬之仙州亦約略之辭耳
又案遼志上京道懷州所統扶餘縣下云本龍泉府太祖
遷渤海扶餘縣降户於此世宗置縣此處語有未晰葢太
祖初遷龍泉府之民於扶餘縣後又遷扶餘縣之民於懷
州因以扶餘爲名非懷州之扶餘縣爲龍泉府舊屬也又
臨潢府所統定霸縣下云本扶餘府强師縣民太祖下扶

餘遷其民於京西此則於移置之後而改新名者也
又案松漠紀聞云有蘇扶等州蘇與中國青州登州相直
東丹王自蘇乘筏浮海歸後唐遼志東京道蘇州安復軍
本高麗南蘇興宗置州又復州懷德軍興宗置此即松漠
紀聞所謂蘇扶二州也滿洲源流考引元一統志云廢復
州本遼遷民縣屬黃龍府後置復州號永寧軍改縣曰永
寧後又更爲永康省豐水扶羅入焉金因之據此則復州
即渤海扶餘府所統之扶州遼初先徙龍泉府之永寧豐
水扶羅三縣之民於扶州故地已見上京條迨興宗時始遷州
於南部濱海之地改扶爲復即今復縣原名復州是也遼復州
統縣有永寧蓋仍渤海故名而併移之此有蹤跡之可考
者高麗之南蘇城地在渤海扶州附近疑渤海之仙州即

置於是處遼初亦南徙改稱蘇州即今金州是也由金州之旅順可泛海南抵登州此即東丹王奔後唐之路也遼志復州下無釋語有元一統志所說可補其闕

又按遼志通州所統歸仁縣至金代猶仍其名遼東行部志謂歸仁縣遼時爲安州元一統志謂故城在咸平府（即今開原）北舊安州遼東志載開原以北之陸路有歸仁縣在韓州南韓州爲今之八面城歸仁縣當在今昌圖迤北歸仁縣者渤海扶餘府之强師新安兩縣故地也知歸仁縣之所在則知扶餘府之所在矣

鄚頡府扶餘故地也（產豕）領鄚高二州

謹案遼志東京道韓州東平軍下云本槀離國舊治柳河縣高麗置鄚頡府都督鄚頡二州渤海因之今廢所敘祗

此冢冢數語韓州是否爲鄚頡府故地抑尙有遷徙他無可考幸唐書北狄傳以扶餘故地冠扶餘鄚頡二府則知二府之地固相比也遼東志載開原以北之陸路次韓州於歸仁縣之北信州之南道光元年吉林將軍富俊在八面城得一出土銅鏡背面鑄楷書韓州刺史四字是今之八面城即遼之韓州信州即今之懷德縣也據曹廷杰東三省輿地圖說

設使置鄚頡府於此則有與扶餘府偪近之嫌丁鏞謂渤海極西之界最北曰鄚頡府次南曰扶餘府然則於今農安縣迤北之地求之爲近是矣葢開泰九年移黃龍府於故城東北之前其地無所屬也

鄚州領縣二奧喜萬安

謹案遼志韓州統縣柳河縣下云本渤海奧喜縣地併萬

安縣置此雖未明言爲鄚頡府故縣然以前後語意求之當屬之鄚頡府茲姑置於鄚州之下

高州領縣未詳

謹案遼志以高州作頡州與唐書異所謂鄚頡府領鄚頡二州也然上京道遂州下云本高州地西北至上京一千里其相比之州曰鳳州下云槀離國故地渤海之安寧郡境在韓州北二百里西北至上京九百里韓州鳳州同爲槀離國故地高州又與鳳州相比同在遼上京之東南滿洲源流考謂即渤海之高州尙屬可信惟是否爲高州故地抑已遷徙則不可定耳安寧郡疑爲鄚高二州之別名如盧州名杉盧郡之例

定理府挹婁按應作虞婁故地也領定潘二州遼志潘作瀋

謹案遼志東京道定理府下云故挹婁國地蓋空存其名府已久廢惟雙州瀋州下皆云本挹婁地且其名與定瀋二州近似蓋即移置二州之地也新唐書謂定理府爲挹婁故地然考之前記皆謂挹婁即古之肅愼名異而實同渤海上京龍泉府既爲肅愼故地而於此外又有所謂挹婁故地究應如何分別實一至難之事其後讀新唐書北狄靺鞨傳始悟此所謂挹婁即虞婁定理府之所在即渤海國東北虞婁部之故地也新唐書謂拂涅虞婁越喜鐵利等部其地南距渤海北東際於海初亦通於中國渤海盛時皆役屬之詳見屬部列傳後稍侵併其地設府以治故於拂涅故地設東平府越喜故地設懷遠安遠二府鐵利故地設鐵利府虞婁故地設定理安邊二府此其本末之序極

爲明憭虞婁與挹婁音近故誤書作挹婁實與肅愼故地有別然字變而爲挹婁則不知其爲虞婁矣茲特辨之定理府應在龍泉府之東黑水部之東南近人以烏蘇里江下游之地當之差爲得實若遼之瀋州乃後來移置之地相去不止千里自不得併爲一談也

定州一名安定郡領縣五定理平邱巖城慕美安夷

潘州領縣四瀋水安定保山能利

謹案遼志東京道雙州保安軍下云本挹婁故地渤海置安定郡久廢太宗南征以俘民置州又瀋州昭德軍下云本挹婁國地渤海建瀋州故縣九皆廢九縣之名均佚惟本書考證引元一統志云渤海建定理府都督瀋定二州應作定瀋二州下列九縣之名已具於右疑此爲遼志之佚文可

補其闕然原文未分二州所屬余考定州爲定理府之首州而定理縣名與府同當爲定州之附郭縣而遼志雙州所統雙城縣下云本渤海安夷縣地雙州爲渤海安定郡亦即定州之一名則安夷之屬於定州可知故元一統志所列自定理至安夷等五縣自當屬之定州餘四縣瀋水在前當然爲瀋州之附郭縣故俱以屬之瀋州瀋唐書作潘未知所從然遼代移置之後作瀋不作潘已無疑義惟不敢據以改原書耳瀋州移置之地即今瀋陽定州移置之後改稱雙州當於今鐵嶺附近求之又金於瀋州北置挹婁縣即今懿路近人因其名之偶同又與唐書挹婁故地之說合遂謂渤海定理府實設於此者非也

又案遼史本紀太祖神册六年十二月詔徙檀順民於東

平瀋州是時渤海尙未滅則屬於定理府之瀋州自不能隸入遼之版圖且神册四年二月修遼陽故城改爲東平郡亦見本紀茲則瀋州與東平並舉其近於遼陽必矣依此推之則遼之瀋州不僅爲渤海瀋州之移置且其設置尙在前此有待考證之一事也

安邊府挹婁（按應作虞婁）故地也領安瓊二州

謹案遼志東京上京兩道皆無安邊府之名祇有定理府不知何指亦無解說唐書北狄傳以挹婁故地冠定理安邊兩府則其故地亦當在烏蘇里江流域愚以定理府當在南安邊府當在北如於今俄領伯利附近求安邊府則大略得之矣

安州領縣未詳

謹案遼志東京道有安州隸北女直兵馬司未云有故縣蓋遼代已移置於今開原之北元一統志謂歸仁縣故城在咸平北舊安州歸仁縣爲渤海扶餘府强師縣改設已見前則其移置之地大略可考矣

瓊州領縣未詳

謹案遼志不見瓊州之名蓋故州廢而未嘗移置也

率賓府率賓故地也產馬領華益建三州

謹案遼志東京道率賓府下云故率賓國地又顯州所統康州下云世宗遷渤海率賓府人戶置所統縣曰率賓縣下云本渤海率賓府地前所言者蓋指故地後所言者則遷置之地也率賓不爲古國亦當爲虞婁越喜等之旨爲一部渤海併有其地以置府故唐書紀曰率賓故地也遼

志康州下言遷渤海率賓府人戶置而於統縣之率賓乃云故率賓府地前後自相抵牾余疑爲本渤海率賓縣修史者誤書耳遼志中類此者極多至其地之所在爲吉林綏芬河迤東之雙城子屬於俄領沿海州又稱尼古里司是也金史地理志上京恤品路西北至上京一千五百七十里東北至胡里改一千一百西南至合懶路一千二百又有蘇濱水明一統志作恤品河金海陵王嘗置速頻節度使金上京即今阿城縣之白城以地望診之與雙城子方隅里到皆合率賓蘇濱恤品速頻綏芬皆一音之轉金之蘇濱水明之恤品河皆今之綏芬河也其爲率賓府故地無疑今其地有故城遺址附近亦多遺蹟或欲以置龍原府於此則將置率賓府於何地乎無徵不信故未之從

華州領縣未詳

謹案遼志無華州之名蓋爲率賓府之首州後廢而移置其民於康州者也

益州領縣未詳

謹案遼志東京道龍州黃龍府所統有益州下無注語可考其地當在今農安縣之北契丹國志金太祖攻遼賓祥威三州進薄益州即其地也宋許亢宗奉使行程錄自黃龍府而北道傍有契丹舊益州空城今農安縣爲黃龍府故址故知在其北也然此爲移置之益州非故地也余頗疑遼志之辰州爲益州移置其文云辰洲本高麗蓋牟城渤海改爲蓋州又改辰州以辰韓得名此文頗繚繞不清按唐太宗征高麗行軍所向及賈耽所紀蓋牟城應在今

遼陽之東北太宗拔其城以爲蓋州見唐書東夷傳非渤海始改蓋州也余意遼移渤海益州之民於今蓋平縣即遼益州之地以益蓋形似而誤爲蓋州又以有古蓋牟之名亦移而遷就之故前云高麗蓋牟城而後又云渤海改爲蓋州也遼志以渤海之榮州爲崇州潘州爲瀋州沱州爲陀州比州爲北州睛州爲晴州皆以形似而異可知余說之有因不然六十二州之外不容別有蓋州故不之取耳或云遼志之渤海指東丹國而言如是則爲後置之州與渤海固有之州無涉矣

又案遼志辰州統縣一曰建安此即唐征高麗所攻之建安城遼移蓋州於此地而附郭縣猶仍故名此又可證遼之辰州非在蓋牟城故地也

建州領縣未詳

謹案遼志中京道有建州保靜軍太祖時置其地在今熱河省境遼志未言爲渤海故州之移置則故州已廢可知也元一統志云混同江即松花江源出長白北流經舊建州西五十里又元史塔出傳乃顏叛塔出棄妻與麾下十二騎直抵建州距咸平千五百里據此則元代之舊建州在今松花江東而去開原即咸平千五百里然今雙城子之地遠在牡丹江即呼罕河之東建州既爲率賓府所領當於雙城子附近求之至遠亦當在三百里以內元一統志之舊建州在松花江之東僅五十里似不合也若云去咸平一千五百里則固與今之率賓爲近考建州之名至不易辨遼東志云建州東瀕松花江江上有河曰穩禿深山多產松國

初明初謂於此造船乘流至海西浮江而下直抵其地又卷首有地圖云遼東都司東北去東建州老營七百九十里開原東北去東建州六百五十里瀋陽東北去建州五百里據此則建州老營當在今松花江濱遼東志又云穩秃河在開原東北五百里源出房州北山北流入松花江吉林通志謂即今之温德亨河據此則建州老營當在今吉林省城之南近松花江西岸之地與元一統志在東岸者又不合矣此西岸之建州老營爲清初祖所居之地後又南遷於赫圖阿拉後稱興京仍稱建州衛然建州之名實始於渤海元代乃顏所奔者似爲故地其後逐漸西移蓋遼金以後未嘗置州因其地居人之遷徙隨而名之猶清初祖之建州亦隨其部族所居之地以名非有一定之地也至

遼中京所統之建州嘗爲晉出帝所居既與渤海故地無與亦無遷徙之跡故不置論

東平府拂涅故地也領伊蒙沱黑比一作北五州

謹案遼志遼州始平軍本拂涅國城渤海爲東平府太祖伐渤海先破東平府遷民實之故東平府都督伊蒙陀唐書作沱黑北唐書作比五州共領縣十八皆廢此文應云渤海東平府本拂涅國地而云遼州渤海爲東平府則語欠分曉矣然曰遷民實之曰故東平府則將故東平府之民遷於此可知矣拂涅爲勿吉七部之一在安居骨部之益東或謂安居骨即按出虎水爲金代發祥之地其益東則應在今寧安迤東黑水部之南或謂寧安東京城一名佛訥和城佛訥即拂涅之對音古拂涅部當在此然渤海已於此地

置上京且唐稱爲肅愼故地矣則東平府必不在此以余度之當在龍泉府之東北其今密山縣興凱湖西岸一帶之地乎拂涅部後併於渤海故於其地設東平府所領有沱州其名產有湄沱湖之鯽今興凱湖漁業最盛爲俄人握其多半得此一證故當於是地求之知拂涅部在是則知東平府亦近於是矣參屬部列傳

又案丁謙云光緒新修會典謂黑比二州在三姓城境伊蒙沱三州在寧古塔之北境雖無實證地望頗合據此則東平府不在今寧安附近矣

又案遼志東京道同州鎭安軍按五局本作尙州鎭遠軍此從元刋本下云渤海爲東平寨太祖置州此東平寨不知與東平府有何關係豈東平府之異名耶姑存於此同州既以渤海戶移

置則亦非渤海故地也

伊州領縣未詳

蒙州領縣一紫蒙

謹案遼志東京道遼州所統棋州祐聖軍下云本渤海蒙州地遼州爲今之遼濱塔屬今新民縣棋州爲其所統蓋非蒙州故地其爲移置可知又遼陽府所統紫蒙縣下云拂涅國置東平府領蒙州紫蒙縣後徙遼城併入黃嶺縣渤海復爲紫蒙縣據此則紫蒙即渤海蒙州之屬縣也又蒙州所領恐不止此一縣說詳後

沱州產鯽領縣未詳

謹案新唐書北狄傳渤海所貴有湄沱湖之鯽或謂湄沱湖即今畢爾騰湖屬於上京之湖州然余謂渤海稱此湖

曰忽汗海並無湖名即謂湖州在此亦不能確指爲湄沱湖東平府既有沱州以爲湄沱湖之所在尚爲近似遼志沱作陀恐爲傳寫之誤未敢據改

黑州領縣未詳

謹案舊拂涅部北與黑水部接此豈渤海取之於黑水部者故以黑名之歟

比州領縣未詳

謹案遼志比作北恐亦因形似而誤未敢照改

又案遼志僅於棋州下有渤海蒙州之語餘四州則未之見蓋久廢亦未移置也於其故縣云五州共領縣十八未著其名今僅考得紫蒙一縣其餘則已佚矣

鐵利府鐵利故地也領廣汾蒲海義歸六州

謹案遼志東京道鐵利府下云故鐵利國地此蓋虛存其名如率賓定理諸府之例其故地已久廢也渤海東北有鐵利部在黑水部之東南其地濱海蓋在今俄屬伯力附近渤海盛時侵併其地設鐵利府故唐書曰鐵利故地也鐵利一作鐵驪渤海亡後尚能通於中國是否未亡或其遺族重振均不可考參屬部列傳然渤海設府於其故地當無疑義或謂在今在瀋陽附近蓋爲遼史所誤如所屬之廣州乃爲遼初移置不能以此爲佐證也

廣州領縣未詳

謹案遼志東京廣州下云渤海爲鐵利郡太祖遷渤海人居之建鐵利州統和八年省開泰七年以漢戶置此云渤海爲鐵利郡者言廣州爲鐵利府屬郡也云太祖遷渤海

人居之者言遷廣州於是地也而前後語欠分曉似渤海廣州即在是地者則作史者之過也金史謂瀋州章義縣爲遼廣州即今瀋陽城西南之章義站遼末高永昌據東京貴德州守將耶律余覩以廣州附於永昌即其地也

汾州領縣未詳

蒲州領縣未詳

謹案元一統志蒲河在瀋陽路源出鐵利國蒲谷流經蒲水田過故名按今瀋陽北有蒲河然與鐵利國無涉恐所記出於渤海舊史指鐵利府境之蒲河州以是得名者也

海州領縣未詳

謹案遼志東京道海州南海軍爲南海府之移置與此海州無與鐵利府在今俄領沿海州地東瀕海故有海州之

名

義州領縣未詳

謹案遼志上京道慶州所統富義縣下云本義州太宗遷渤海義州民於此又永州義豐縣下云本鐵利府義州遼兵破之遷其民於南樓之西仍名義州又嘗改富義縣屬慶州始末不可具考此僅富義義豐二縣之民由渤海義州遷來而未嘗言用其故名故不以當義州之領縣

歸州領縣未詳

謹案遼志東京道歸州下云太祖平渤海以降戶置未明言爲屬於鐵利府之故州然以歸州之民移置於南則大略可知遼東志謂歸州故城在今蓋平城南九十里當爲移置之地其統縣曰歸勝遼志既未言爲渤海置則亦非

歸州之故縣也

又按以上五州領縣皆不可考又僅廣義歸三州尚有移置之迹可尋餘則不詳盖久廢亦未移置也

懷遠府越喜故地也領達越懷紀富美福邪芝九州

謹案遼志東京道信州彰聖軍下云本越喜故城渤海置懷遠府今廢聖宗開泰初置州此盖遼滅渤海後移置懷遠府而後廢之故府初未在是也考舊越喜部與鐵利虞婁等部相比曾數朝唐其地盖在今俄領東海濱省東部濱海之處後爲渤海所併於其地設懷遠安遠二府二府均以遠命名即以其處於極東邊遠之地也參屬部列傳唐書謂爲越喜故地極有根據知越喜部之所在則知在信州爲非矣

達州領縣三懷福豹山乳水

謹案遼志信州所統武昌縣下云本渤海懷福縣地又定武縣下云本渤海豹山縣地併乳水縣人戶置據此則懷福豹山乳水三縣皆懷遠府之故縣移置於信州者也依遼志龍原府鴨淥府之例故縣皆屬之首州茲依次求之達州爲懷遠府之首州故以此三縣屬之

越州領縣未詳

懷州領縣未詳

謹案或疑懷州爲懷遠府首州如顯德府首州名顯州之例以無顯證故不敢擅易

紀州領縣未詳

富州領縣二富壽優富

謹案遼志東京道銀州富國軍下云本渤海富州太祖以銀冶更名所統延津縣下云本渤海富壽縣地又永平縣下云本渤海優富縣地遼之銀州爲今鐵嶺縣蓋移置渤海富州於此富壽優富二縣則爲富州之故縣也遼志又於銀州所統新興縣下云本越喜國地渤海置銀冶嘗置銀州據此則銀州亦爲渤海故名而遼仍用之余考今鐵嶺縣無古銀冶之遺蹟疑遼志所稱銀冶仍在渤海富州故地銀州亦爲富州之一名迨將富州南移遂以銀州名之然與銀冶則無關矣如余說爲不謬則銀州名實不符之故可以憭然

美州領縣三山河黑川麓川

謹案遼志東京道遂州下云本渤海美州所統山河縣下

云本渤海縣併黑川麓川置此爲遼移渤海美州於遂州之證山河黑川麓川皆美州故縣也遂州之地不詳所在遼志置於通州遼州之間當相去不遠其爲移置明矣

福州領縣未詳

謹案遼志上京道有福州西北至上京七百八十里又胡嶠陷虜記謂自十三山東行數日至福州十三山在今錦縣其所經之福州即在上京道與遼志合此爲遼代所置且此地在西南與渤海之福州無涉即用其名亦移置也

邪州領縣未詳

芝州領縣未詳

謹案越懷紀福邪芝六州皆無領縣可考蓋皆廢於遼代而未移置者也

安遠府越喜故地也領寧郿慕常四州

謹案遼志東京道有定遠府與定理鐵利二府相比疑即安遠府之誤惟空存其名下無說解又慕州下云本渤海安遠府地此又因移置慕州而詳其所自也安遠府與懷遠府同爲越喜故地說已見前

寧州領縣未詳

謹案遼志東京道寧州統和二十九年以渤海降戶置其地在南雖與渤海寧州同名不得認爲移置也

郿州領縣未詳

謹案郿與湄通爲湄沱湖之所得名則郿州應在今興凱湖東岸又可證明安遠府應在懷遠府之東南矣說詳下

文

慕州領縣二慕化崇平

謹案遼志東京道淥州所統慕州下云本渤海安遠府地故縣二久廢即右列二縣也此盖遼滅渤海後移置於鴨淥江流域者故爲淥州所統

常州領縣未詳

謹案寧郿常三州領縣無考蓋皆廢於遼而又未移置他處者也

又按遼志東京道懿州寧昌軍統縣曰寧昌下云本平陽縣元一統志作本渤海平陽縣此必遼史脫落平陽爲渤海諸縣之一或爲寧州之故縣易名寧昌而移置於懿州者遼之懿州故城在今彰武縣界

右五京十五府五十七州一百二十五縣內有十八縣失其名

郢州獨奏州也領縣未詳

謹案遼志東京道郢州彰聖軍下云渤海置東國通鑑載興遼國郢州刺史李匡祿赴高麗告急參遺裔列傳是遼時有郢州之明證惟已移置於南非其故地故地何在今已無考滿洲源流考曰獨奏州者猶今直隸州不轄於府而事得專達也吳氏承志以德里鎮爲郢州舊號並爲邊界要州理或然歟

銅州獨奏州也領縣一花山

謹案遼志東京道銅州廣利軍下云渤海置所統析木縣下云渤海爲花山縣初隸東京後來屬又遼陽府所統析木縣下云渤海爲花山縣此蓋在一地而前後所隸不同然花山爲銅州之故縣則較然可知也遼析木縣在今海城縣界此亦遼時移置其銅州故地則不可考

又案遼志咸州下云渤海置銅山郡地在龍泉府南地多山險寇盜以爲淵藪愚疑此爲渤海舊志之文與後置之咸州無涉銅山郡即銅州之別名也據此則銅州之所在或爲渤海舊國之地崇其體制故列爲獨奏州依此求之或能得其髣髴歟

涑州獨奏州也領縣未詳

涑州以其近涑沫江蓋所謂粟末水也新唐書渤海傳

謹案遼志涑州下云渤海置是否遼初移置殊不能詳涑沫江即今松花江渤海大氏爲粟末部人以此水得名蓋在今吉林省城附近或爲今之烏拉城惟不能確指其地耳

右三獨奏州一縣

集州領縣一奉集統於何府未詳

謹案遼志東京道集州懷衆軍下云渤海置所統奉集縣下亦云渤海置此集州爲渤海故州之明證也惟其故地已不詳遼時移置於今瀋陽東南有曰奉集堡者即其地也

麓州領縣三麓郡麓波雲川統於何府未詳

謹案遼志東京道麓州下云渤海置又乾州所統司農縣下云本渤海麓郡縣併麓波雲川二縣入焉余疑麓郡二字不類縣名或爲麓州之别名其文應曰司農縣本渤海麓州故縣而語意無此明曉遼志一言麓州者其故地也一言麓郡縣者言其領縣已移置乾州也以此釋之或有當歟

又案遼志東京道賓州懷化軍下云本渤海城此蓋因渤海故城而置州或謂賓州亦渤海故州則非也

右二州四縣

謹按新唐書北狄傳言渤海有六十二州而所列舉之州名祇有六十茲由遼志考出二州適符六十二州之數疑唐書有漏列耳

右凡五京十五府六十二州一百三十縣縣非確數就可知者計之

太白山一曰徒太山在國之南境南海鴨淥二府交界之處

粟末部居最南抵太白山亦曰徒太山新唐書黑水靺鞨傳

保太白山之東北同上渤海傳

謹案太白山本名不咸山亦稱蓋馬大山其綿亘之脈曰單單大嶺今稱長白山朝鮮稱曰白頭山

天門嶺在扶餘府迤西與契丹交界處

則天命右玉鈐衛大將軍李楷固率兵度天門嶺以迫祚榮舊唐書渤海傳

謹案舊書敘渤海高王東奔事先言契丹李盡忠反叛祚榮與乞四比羽亡命東奔李楷固率兵度天門嶺以迫祚榮祚榮拒敗楷固次言屬契丹及奚盡降突厥道路阻絕則天不能討祚榮遂率衆東據東牟山築城居之此文於先後次第敘述最明又新書安祿山傳天寶十一載率河東兵討契丹至土護眞河乃敕人持一繩欲盡縛契丹晝夜行三百里次天門嶺會雨甚弓弛矢脫不可用舊書祿山傳云土護眞河即北黃河也又契丹傳云祿山就黃水南與之戰大敗而還日本津田左右吉氏云土護眞河即

今之老哈河老哈河爲大遼水上源之一再據舊書所紀則天門嶺即契丹牙帳之所在也天門嶺今爲何名尙待考證其所在地當於潢水右岸迤東三百里內外求之且必在大遼水之右岸後此渤海斥地漸廣或得有契丹地之一部然天門嶺亦必在扶餘府西境與契丹交界之處不能引而置於遼河左岸之迤東地可斷言也新書敘高王東奔事不如舊書之晰始則曰東度遼水保太白山之東北阻奧婁河樹壁自固繼則曰楷固窮躡度天門嶺以度天門嶺一語敘於東度遼水之後則天門嶺似在遼水之東矣丁謙謂天門嶺爲今嵩領俗呼張廣才嶺固爲推想之詞而滿洲歷史地理置天門嶺於今英額城附近亦屬未加詳考細求舊書所敘次第及新書安祿山傳用兵

所向則可識其大略矣

東牟山渤海舊國之所在也

祚榮遂率其衆東保桂婁按新書桂作挹是之故地據東牟山築城以居之舊唐書渤海傳

謹案新書又言保太白山之東北阻奥婁河樹壁以自固奥婁河與東牟山皆渤海舊國所在前後分敘似不如舊書之分明然奥婁河之名實藉此以考見海東繹史謂東牟山在寧古塔近地吉林通志謂東牟爲寧古塔之山皆未能指實惟丁謙謂即今塞齊烏稽圖稱老嶺者爲長白山北行之一支丁鏞則謂今鏡泊之南二百里有額敦山其高六十里正當呼爾哈河之西或是東牟山其説近是蓋爲今敦東城附近之山舊國之所在也至滿洲源流考

以瀋陽城東二十里之天柱山當之則以挹婁故地爲在瀋陽城北其誤固不足辨也

忽汗河本名奧婁河其中部瀦水爲湖之處曰忽汗海

保太白山之東北阻奧婁河樹壁自固新唐書渤海傳

欽茂徙上京直舊國三百里忽汗河之東同上

渤海王城臨忽汗海同上地理志

謹案曹廷杰東三省輿地圖說曰舍利乞乞仲象父子至鄂多里城建國鄂多里城在今牡丹江西岸牡丹即僕斡忽汗之轉忽汗即呼爾罕之轉則所謂奧婁原作鄂掄河者乃忽汗河之本名土人呼鄂多里城爲敖東城其音近於奧婁又呼爲阿克敦城似皆奧婁之轉因先天中賜名忽汗州始有忽汗河之名又曰自鄂多里城至東京城實三百

里故曰直舊國三百里呼汗河之東余謂曹氏之說是也鄂多里城爲渤海舊國之所在後徙於東京城建上京龍泉府適在忽汗河東岸也忽汗河之中部水潴爲湖今名畢爾騰湖一名鏡泊俗稱鏡泊湖中並受數河之水此所謂忽汗海也曹氏謂忽汗海爲衆水所歸故稱海張賁東京記謂東京城西南十餘里有長溪即指忽汗河又云緣溪而上三四十里瀑布土人曰水海水聲砰訇聞數里即指忽汗海也

粟末水亦稱涑沫江粟末靺鞨及沫州之所以得名也

粟末部依粟末水以居新唐書渤海傳

謹案粟末水一作速末水又作涑沫江金史稱爲松阿哩又稱宋瓦江今稱松花江皆一音之轉也或稱混同江以

合諸水而得名下流稱曰黑水則以合黑龍江而得名也

涑州得名之故已見前不再舉

鴨淥江西京鴨淥府之所以得名也

謹案賈耽記由登州海行入渤海道至鴨淥江口上泝經桓州至神州則鴨淥江者渤海境内之大水也鴨淥府之得名亦以此

湄沱湖產鯽於是地置州

俗所貴者湄沱湖之鯽新唐書渤海傳

謹案寧安縣志謂鏡泊即忽汗海西南有貢魚泡產鯽極富肥美異常新唐書所謂湄沱湖之鯽是也據此則湄沱湖即忽汗海之別名龍泉府所屬之湖州蓋置於此

又案今吉林密山縣東南之興凱湖亦名新開湖形橢圓

周約八百里幾與洞庭相埒其中產魚沿岸黑斤人依以爲生此湖於渤海時屬於境內海東繹史謂湄沱湖似即今之興凱湖余亦頗主是說姑闕疑以待考

又案吳向之先生云湄沱湖應爲今興凱湖渤海安遠府有郿州鄚亦可作湄東平府有沱州湄沱湖因在鄚沱二州之地而得名也愚按渤海諸府之位置東平府之沱州應在興凱湖西岸安遠府之鄚州應在興凱湖東岸湖處二州之中因有湄沱之名否則鏡泊本有忽汗海之名何以又名湄沱自以後說差爲得實且興凱湖漁業既盛當亦產鯽特不如鏡泊之鯽著名故未敢遽爲斷定耳

泊汋口 泊汋城

鴨淥江北泊汋城故安平縣也　自鴨淥江舟行百餘里乃

小舫泝流東北三十里至泊汋口得渤海之境新唐書地理志引賈耽道里記

謹案泊汋城之名又見新唐書高麗傳蓋高麗之故城也近人考泊汋口之所在者以滿洲歷史地理爲最晰據其所考謂泊汋口者即今大蒲石河入鴨淥江之口也蒲石之音與泊汋近其河口距鴨淥江口約在百三十里以上而泊汋城當於今九連城附近求之此其考證之大略也愚按水道提綱及中外一統輿圖於鴨淥江右岸九連城之北有浦西河即滿洲歷史地理所指之大蒲石河又明人稱今佟佳江曰婆豬江音亦與泊汋相近然其入鴨淥江之口遠在上流與賈紀之里數不符故不之取韓鎭書海東繹史補謂泊汋口爲今朝鮮義州津渡似謂口在鴨

淥江左岸吴氏賈記考實又謂泊汋城即今義州亦在左岸愚皆未敢以爲然也泊汋口爲渤海與唐分界之處賈記已有明文至泊汋城故址之所在當於大蒲石河口附近求之

右山川

舊國者高王始建國之地也

上京直舊國三百里新唐書渤海傳

謹案舊書渤海傳祚榮率衆東保桂婁之故地據東牟山築城以居之此即舊國之所在也曹廷杰東三省輿地圖說云仲象父子應東渡遼水至鄂多理城建國後徙上京龍泉府今稱東京城自鄂多理城至東京城實三百里故曰直舊國三百里遍考此外距東京城三百里者别無城

基可當近人丁謙即用曹氏之說惟謂鄂多理城即中京顯德府尚欠精審

回跋城屬長嶺府

康默記與韓延徽下長嶺府軍還已下城邑多叛默記與阿古只平之破回跋城遼史康默記傳

渤海既平改東丹國頃之已降郡縣復叛盜賊蠭起阿古只與康默記討之會賊游騎七千自鴨淥府來援勢張甚阿古只帥麾下精銳直犯其鋒一戰克之遂進軍破回跋城同上阿古只傳

謹案回跋城即今輝發城近城之水曰輝發江城在渤海時屬長嶺府故康默記進軍破之遼時又有回跋部爲國外十部之一見遼史營衛志又聖宗開泰八年回跋部太

師踏剌葛來貢又興宗重熙十二年置回跋部詳穩都監見遼史部族表又作回霸文獻通考四裔考云自咸州東北分界入谷口至涑沫江中間所居者以隸咸州兵馬司與其國往來無禁謂之回霸回霸者非熟女眞亦非生女眞也據此則回霸又爲部族之名蓋因居回跋之地而得名者也至明末扈倫四部之輝發部明人多書作灰扒亦出於此總之回跋回霸灰扒輝發皆一音之異書其名始見於遼史爲渤海諸城之一其原已不可考即謂置自渤海無不可也

德理鎭在國北界

渤海王城北經德里鎭至南黑水靺鞨千里新唐書地理志

黑水靺鞨界南至渤海德理府太平寰宇記一百七十五

德鄰石之北古哩甸之民金史烏春傳

謹案滿洲源流考云德林石在寧古塔城西九十里自鄂摩和池東繞沙蘭站之南抵呼爾哈河有大石廣二十餘里孔洞大小不可數計或圓或方或六隅八隅如井如盆如池深或丈餘或數尺中有泉澄然凝碧或潛鱗游泳或生樺榆等樹夏無蚊蝱麋鹿羣聚於中名曰德林石渤海有德里府亦是其處寧安縣志云德林石土人曰德林倭赫倭赫滿語謂石也又有石頭甸子相連俗呼黑石甸子石縫時有魚躍出甸上草木皆異車馬行其上如聞空洞之聲其石或損即有水自隙出探之深不可測西十餘里有池周八十餘里俗稱海眼此即金史所稱之德鄰石亦渤海德里鎮之所在也按太平寰宇記之德理府即德里

鎭之誤此鎭去上京極近恐不能置府於此唐書所載十五府亦無此名又今寧安縣城西二百十里有古城曰都林谷城瀕都林谷河都林亦與德里音近或在是歟黑水靺鞨在今黑龍江下游與松花江會合之處唐書謂去德里鎭千里亦無不符

又案吴承志賈耽記邊州入四夷道里考實云德理鎭當近三姓三姓以諾雷喀喇克宜克勒喀喇祜什哈哩喀喇得名祜什哈哩明一統志作兀里哈里思與什皆語衍省讀則爲兀哈里亦可作兀里兀與特聲近蓋即德理今三姓之西一百二十里呼爾哈河西岸有西古城城南六十里河東岸有東古城城北二里有北古城三城蓋即三喀喇舊城滿洲源流考不得德理所在乃以沙蘭之德林當

此鎭德林之名雖見金史烏春傳爲今名所從出其地在上京腹中不得更有三姓之界錯入愚按吳氏之說是也滿洲歷史地理附圖以德里府置於今依蘭縣即三姓附近尙爲得實

右城鎭

若忽州

仍差若忽州都督胥要德等充使續日本紀十文王致日本國書

謹案渤海六十二州中無若忽之名蓋爲文王時諸州之一其後釐定諸州改用新名故不可考也唐封渤海諸王爲忽汗州都督忽汗與若忽雖有一字之同實則無涉姑存以俟考

又案新唐書地理志附載唐收高麗降戶九府中有哥勿

府勿一作忽又三國史記所載高麗降唐諸城之名多以忽字爲尾據此則若忽亦高麗故城也

木底州

渤海大使輔國大將軍兼將軍行木底州刺史楊承慶續日本紀

二十一

謹案新唐書高麗傳薛仁貴拔南蘇木底蒼巖三城又同書地理志高麗降戶十四州中有木底州蓋唐滅高麗置此州後爲渤海侵據者也考渤海六十二州中亦無木底之名蓋初沿用舊名而後乃易之今東遼河一稱赫爾蘇河古稱南蘇水高麗之南蘇城當置於是吉林通志謂南蘇爲今吉林省之伊通是也木底州當近於是或謂在今新賓縣界尚待攷證

玄菟州

渤海使輔國大將軍兼將軍玄菟州刺史高南申續日本紀二十二

謹案後漢書東夷傳武帝滅朝鮮以沃沮地爲玄菟郡後爲夷貊所侵徙郡於高句驪西北讀史方輿紀要云公孫度據遼東置玄菟郡於遼東東北二百里蓋因舊名非復故治也晉玄菟郡仍治高句驪縣蓋因公孫度所置蓋唐滅高麗時玄菟之名尚存而渤海仍之其後釐定州縣別製新名故玄菟州不復見耳

右舊州

南與新羅以泥河爲境西南與唐以鴨淥江之泊汋口爲境東窮海西界契丹東北至黑水靺鞨西北至室韋地方二千里地直營州東二千里南與新羅相接此下疑有奪字越憙靺鞨東北

至黑水靺鞨地方二千里舊唐書渤海傳

地直營州東二千里南北疑爲與字之誤新羅以泥河爲境東窮海

西契丹地方五千里新唐書渤海傳

登州東北海行至鴨淥江口舟行百餘里乃小舫泝流東北

三十里至泊汋口得渤海之境同上地理志引賈耽道里記

謹案渤海四境所至以新書本傳語最明晰然舊書所言

之東北境賈耽所言之西南境皆爲新書本傳所未載正

可取以補之依此求之則已得其梗概矣泥河在南海府

之南日人以德源以北之龍興江當之自當以此爲渤海

之南界也丁鏞大韓疆域考云泥河者我江陵之北泥川水新羅慈悲王時徵瑟羅人築泥河城又炤知王時追擊句麗靺鞨兵於泥河之西即此地也賈耽所記泊汋口即大蒲石河入

鴨淥江之處也應以此爲西南界再西則應以長嶺府之

邊境與唐爲界約在今開原以北英額門以南正西應以扶餘府之邊境與契丹爲界故曰西界契丹東部虞婁拂涅鐵利越喜諸部既均爲渤海所併則東盡於海無疑也今人考黑水靺鞨者多謂在黑龍江下游之地江南爲南黑水靺鞨江北爲北黑水靺鞨余意黑水以在今黑龍江東境及俄領沿海州北部之地而偏北者爲近似故云東北爲黑水靺鞨也惟其西北境尚無明文若謂與契丹接則不應遠至是地若謂與室韋接亦無顯證然考之唐書室韋傳謂其四境東黑水靺鞨西突厥南契丹北瀕海則其東南與渤海接壤明矣自來考渤海疆域者其說紛紜莫衷一是自吉林通志考定遼志所列渤海州縣多爲後來移置非其故地始爲掃除障翳砉然四解然猶多游移

之說茲依舊新兩書所說考其四境所至則益爲明白可曉矣余嘗疑遼時移置渤海州縣多用舊名必有其故嗣經考得太祖建東丹國命其子突欲王之悉仍渤海舊制故其州縣之名猶仍舊貫迨太宗即位移東丹國於遼陽不惟移其民併移其州縣之名蓋其時遼陽一帶之地於唐滅高麗後僅示羈縻未置郡縣平原千里丁壯無多至遼太祖得其地始移渤海民以實之以南易北肥瘠頓殊而東丹規模不失渤海之舊此太宗因時制宜之計亦所以慰藉其兄也考東丹立國於遼太祖天顯元年突欲已死國猶未除世宗嗣位曾以其叔祖安端爲王且其時嘗稱東丹爲渤海於是人知有渤海而不知有東丹故余嘗疑遼志所稱某州爲渤海某府某州某縣多指東丹之府

州而言前後乖舛不可爬梳亦以此故渤海諸府惟鴨淥府以僻在南隅與遼陽近猶仍故地其他皆空其故地引之而南遼東一隅州縣棋布戶口殷盛歷金及元以至今日猶獲其賜此實當日遼東及肅愼民族盛衰一大轉捩不容忽視者也而渤海州縣移置之故亦可於此得之矣至唐書云地直營州東二千里者蓋謂高王始居東牟山之地唐營州治於今熱河朝陽縣朝陽去今敖東城即今吉林敦化縣正爲二千里非指其西界契丹之境也舊書言地方二千里指高王之初而言新書言地方五千里極宣王之盛而言否則舊書言其直徑新書言其輪廓二者初不相背讀者可以意會之

右國境四至

龍原日本道也

東南瀕海新唐書渤海傳

謹案前經考定渤海之東京龍原府爲今吉林省琿春濱海之地則其與日本通聘之使必皆取道於此可斷言也其曰東南瀕海者謂以上京龍泉爲中心而龍原府在其東南瀕海之地也大抵渤海使臣赴日本之途徑自首都南出取道今之哈爾巴嶺在今延吉縣境東轉而至龍原府又琿春附近之樸西得灣似爲當日出航之港考其使航之所向嘗止於日本能登加賀等郡由是更北而止於出羽佐渡諸港焉惟渤海使航之止是處多因風漂所致不能恰如預期此采日本稻葉岩吉博士説此徵諸日本史乘而可知者也

南海新羅道也

開元二十年武藝遣將攻登州令太僕卿金思蘭往新羅發兵以攻其南境舊唐書渤海傳新唐書同

太祖用師吞併奚國大諲譔深憚之陰與新羅諸國結援契丹國志

謹案渤海南京南海府之南境與新羅相接以泥河爲界說已見前賈耽古今郡國志所紀自新羅井泉郡至栅城府之三十九驛其中途或經南海府而渤海與新羅往來交通或經此三十九驛之南段蓋可想而知也唐玄宗命金思蘭發新羅兵所攻渤海之南鄙與末王諲譔遣往新羅結援之使所經之路其爲南海府也必矣

又案三國史記新羅本紀憲康王十二年春北鎮奏狄人入鎮以片木挂樹而歸此所謂狄國疑即渤海其使人入

鎮者必南海府之長吏也此亦渤海與新羅相涉之一證

鴨淥朝貢道也

登州東北海行過大謝島龜歆島末島烏湖島三百里北渡烏湖海至馬石山東之都里鎮二百里東傍海壖過青泥浦桃花浦杏花浦石人汪槖駝灣烏骨江八百里自鴨淥江口舟行百餘里乃小舫泝流東北三十里至泊汋口得渤海之境又泝流五百里至丸都縣城故高麗王都又東北泝流二百里至神州又陸行四百里至顯州天寶中王所都又正北如東六百里至渤海王城（賈耽道里記登州海行入高麗渤海道）

開元二十年武藝遣其將張文休率海賊攻登州（舊唐書渤海傳新唐書同）

文宗開成元年六月淄青節度使奏渤海將到熟銅請不禁

斷冊府元龜九百九十九

開成二年三月渤海國隨賀正王子大俊明一作明俊並入朝學生共一十六人敕渤海所請生徒習學宜令青州觀察使放六人到上都餘十人勒迴唐會要十六

謹案賈耽所記即所謂鴨淥朝貢道也渤海朝貢之使蓋由上京龍泉府經中京而至神州再由神州乘舟經鴨淥府又南出鴨淥江口逾海而至登州而達唐之長安其與賈記異者一爲自北而南一爲自南而北耳武王武藝遣將越海攻登州一役即由鴨淥府出鴨淥江口而至登州當此之時渤海朝貢之使出於營州道以達唐京故鴨淥一道尚不爲朝貢之所經洎唐有安史之亂營州一道有契丹爲之梗於是朝貢之使舍長嶺之陸路而出於鴨淥

之水路此所以有朝貢道之名也玄宗開元二十八年以平盧節度使兼押渤海黑水兩府經略處置使平盧節度治於柳城亦即營州之所在肅宗上元二年以柳城陷於契丹乃移平盧節度於青州號淄青平盧節度使仍押渤海此即營州路阻轉而出於登州之證册府元龜所紀渤海運熟銅之事必有貢使隨以俱來唐會要所載渤海賀正使亦即貢使也登州與青州相比且爲其所屬故一曰淄青節度奏請一曰敕青州觀察使勒迴此又渤海貢使出於登州之證也新唐書謂鴨渌朝貢道也語極分曉本無可疑乃滿洲源流考卷十謂朝鮮二字舊譌朝貢應據通考改正然余檢通考明經廠本清殿本及浙江書局本皆同仍作朝貢與唐書同且其時高氏之高句麗早滅王氏之高麗未興別無

所謂朝鮮則其不應擅改又不待論矣

又案登州一道不僅爲渤海貢使之所經而唐遣渤海之使亦每由於此道今已得一顯證即旅順黃金山（遼東志作黃井山）下之鴻臚井遺蹟及刻石是也舊唐書渤海傳睿宗先天二年（即玄宗開元元年）遣郎將崔訢往册大祚榮爲渤海郡王訢之往也究由何道尚不可考惟於翌年（即開元二年）五月還經今之旅順登岸鑿井二口有刻石文云敕持節宣勞靺鞨使鴻臚卿崔忻井兩口永爲記驗開元二年五月十八日二十九字今其遺蹟及刻石尚在（刻石已歸日本內府）唐書之崔訢應從刻石作崔忻蓋因形似小誤又唐有攝卿之例忻蓋以郎將攝鴻臚卿而往者也據此則唐使還時所經之道即渤海貢使往來之道也今之大連灣舊稱青泥窪疑

即賈記之青泥浦依此求之則今之大連灣正當賈記東
傍海壖之處此又可考而知者

長嶺營州道也

營州東百八十里至燕郡城又經汝羅守捉渡遼水至安東
都護府五百里故漢襄平城也自都護府東北經古蓋牟新
城又經渤海長嶺府千五百里至渤海王城賈耽道里記營州入安東道

開元二十年武藝遣將率海賊攻登州詔遣門藝往幽州徵
兵以討之舊唐書渤海傳

幽州節度使與相聘問自營平距京師蓋八千里新唐書渤海傳

謹案賈耽所記即所謂長嶺營州道也依此記求之渤海
之使蓋由上京龍泉府經長嶺府以達營州今之朝陽再由營
州以達唐之長安營州道之得名也以此唐嘗以幽州節

度副使安祿山充平盧節度副使平盧屬於幽州道故言幽州則賅營州指平盧此又新唐書所紀幽州節度使與渤海聘問之由來也又唐遣大門藝往幽州徵兵以討渤海則其所徵之兵必出營州道而東下此亦爲唐與渤海自營州交通之證然此皆在安史之亂以前其後則契丹猖獗營州道塞非轉至登州不能通矣

扶餘契丹道也

常屯勁兵捍契丹新唐書渤海傳

謹案契丹在渤海之西與扶餘府接壤由渤海上京以至契丹必經扶餘故以爲契丹道扶餘府之所在已考於前其道路之所經大抵由渤海上京經今之嵩嶺即張廣才嶺而至扶餘府再由今懷德梨樹遼源通遼等地以達於契丹

之臨潢今林東縣此可以意定者也唐玄宗時武王武藝表云突厥遣使求合擬打兩蕃奚及契丹見張曲江集惟以渤海扶餘府與奚契丹接壤故突厥以此相要遼太祖之滅渤海也先圍扶餘府城扶餘下而後進攻忽汗城此皆渤海與契丹交通必經扶餘之證渤海盛時契丹亦漸强渤海畏其偪故屯勁兵於扶餘以捍之迨遼太祖攻下扶餘破其勁兵則其他如破竹之勢矣

右交通五道

渤海國志長編卷十四終